D1196783

MEXICO:
EN LA FRONTERA DEL CAOS

ANDRES OPPENHEIMER

MEXICO: EN LA FRONTERA DEL CAOS

Javier Vergara Editor s.a.
Buenos Aires / Madrid
México / Santiago de Chile
Bogotá / Caracas / Montevideo

Título original
BORDERING ON CHAOS

Edición original
Little, Brown & Company

Traducción
Isabel Vericat

© 1996 Andrés Oppenheimer
© 1996 Javier Vergara Editor S.A. (Argentina)
© 1996 Vergara Editores S.A. de C.V.
Kansas 161, Col. Ampl. Nápoles
03840 México, D.F.

ISBN 968-497-203-2

PRINTED IN MEXICO
IMPRESO EN MÉXICO

No está permitida la reproducción total o parcial de este libro,
ni la recopilación en un sistema informático, ni la transmisión
en cualquier forma o por cualquier medio, por registro o por
otros métodos, sin el previo permiso del editor.

Esta obra está producida por:
Ediciones Étoile, S.A. de C.V.
Recreo 30-3, Col. del Valle, México, D.F.
FAX: 534.59.63
en el mes de abril de 1996

Este libro es para Thomas Oppenheimer,
su madre Marina
y sus abuelos Evelyn, David y Alda.

Indice

Agradecimientos

Mi agradecimiento a Doug Clifton y Saundra Keyes, los dos editores jefes del *Miami Herald*, que me concedieron el tiempo para escribir este libro; a Tom Shroder, editor de la revista dominical *Tropic* del *Miami Herald*, un periodista ingenioso que me hizo excelentes sugerencias para amenizar el manuscrito; a Mark Seibel, editor de la edición internacional del *Miami Herald*, una de las personas más agudas que he conocido en el medio periodístico; y a la bibliotecaria y maga de la computadora Liz Donovan. Estoy especialmente agradecido al politólogo mexicano Jorge G. Castañeda, con quien a veces discrepo pero por cuyo intelecto tengo un enorme respeto, por sus lúcidos comentarios.

Hay tres personas sin las que este libro no hubiera sido posible: Kris Dahl, mi agente con ICM en Nueva York; el vicepresidente de Little, Brown & Co., William D. Phillips; y el editor de Little, Brown & Co., Roger Donald. Kris Dahl tuvo la clarividencia de apoyar mi idea de escribir un libro sobre México en 1992, mucho antes de que el país empezara a ocupar los titulares de los periódicos. Phillips y Donald tuvieron la valentía profesional de creer en este proyecto desde el inicio, más de un año antes de que México hiciera su irrupción en las noticias.

Son muchos los periodistas y académicos en México a los que estoy profundamente agradecido por haberme dado su tiempo y sus consejos. Entre ellos se cuentan el director general editorial del periódico *Reforma*, Ramón Alberto Garza, un periodista de alma; el columnista de *El Financiero*, Jorge Fernández Menéndez, y sus colegas Carlos Ramírez y Gustavo Lomelín; el corresponsal en México del *New York Times,* Anthony De Palma; el corresponsal de *Newsweek,* Tim Padgett; el corresponsal de *Le Monde,* Bertrand de la Grange; la corresponsal del *Frankfurter Rundschau,* Rita Neubauer; el reportero de *La Jornada,* José "Pepe" Ureña; el director de *El Nacional,* Guillermo Ibarra; el reportero de *El Universal,* Fidel Samaniego; el escritor José Terán, residente en Sonora; el historiador Héctor Aguilar Camín; la historiadora Laura Delgado; el corresponsal de la NBC, Hermes Muñoz; y el antropólogo chiapaneco Juan Castillo Cocom. Mis ayudantes de investigación, Guadalupe López de Llergo y Claudia Calvin Venero, son dos respetadas académicas que fueron una valiosa ayuda por su iniciativa, sentido del humor y conocimiento de la sociedad mexicana.

También recibí gran ayuda de muchos funcionarios gubernamentales y de políticos, cuyos nombres no voy a mencionar para preservarlos de posibles críticas por haber colaborado en este libro. Pero me gustaría mencionar a dos que, a pesar de no siempre coincidir con mis impresiones de México, fueron de gran ayuda: el activista del PRI Gerardo Cajiga, uno de los operadores políticos más jóvenes y eficaces con que me he topado en cualquier país, y María Elena Pérez Jaén. Ambos forman parte de una nueva generación de mexicanos que dan más valor a la eficacia que a la retórica.

Por último, quisiera dar las gracias a tantos mexicanos de toda condición que hicieron un hueco en sus apretadas agendas para ayudarme a entender su país. Muchos no estarán de acuerdo con mis conclusiones. Sólo les pido que acepten este libro como un esfuerzo sincero de un periodista extranjero para comenzar a entender los agitados acontecimientos de México a mediados de los años noventa, y para contribuir a ampliar lo que tradicionalmente ha sido un debate muy restringido sobre la naturaleza de la política de su país.

Prólogo

"En los primeros días de 1995, el retiro masivo de inversiones puso al país al borde del colapso financiero y productivo."

—Presidente Ernesto Zedillo Ponce de León,
Primer Informe de Gobierno, 1 de septiembre de 1995.

¿Podrá México hacer una transición gradual y ordenada hacia una democracia moderna? O estará el país condenado, como si fuera víctima de algún maleficio heredado del pasado, a vivir en una especie de montaña rusa emocional que lo lleve periódicamente de grandes expectativas hasta las más profundas depresiones económicas y sociales?

Pocos períodos de la historia reciente mexicana ofrecen una mejor oportunidad para hacer una radiografía del país, detectar los males que lo afectan y sus posibilidades para el milenio que se avecina, como la crisis iniciada a principios de 1994. Nunca como ahora habían aflorado tan crudamente las tensiones internas que escondía el Partido Revolucionario Institucional (PRI) tras su fachada de solidez y estabilidad. Nunca como ahora había existido una mayor apertura —fruto de las presiones ciudadanas e internacionales, más que de la benevolencia de sus gobernantes— que permitiera conocer de cerca a políticos y empresarios, muchos de los cuales hasta hace poco no sentían necesidad alguna de someterse a preguntas de algún periodista extranjero.

Comencé a trabajar en este libro en 1992, cuando recién empezaba a

13

hablarse sobre la posibilidad de un acuerdo de libre comercio entre México y Estados Unidos. En ese momento, pensé que México pasaría a convertirse en un protagonista cada vez más importante en el futuro de Estados Unidos y America Latina. Me había llamado la atención que tan pocos periodistas extranjeros hubieran escrito libros sobre la actualidad mexicana en la última década: en las librerías de Estados Unidos, México parecía ser un dominio de académicos y cronistas de viajes. Pensé que sería una buena idea escribir un libro sobre el México de los noventa, y sobre el futuro de su sistema político.

En ese momento, México estaba muy lejos del centro de atención de la política exterior norteamericana. Después de más de seis décadas de gobierno ininterrumpido del PRI, México era considerado como uno de los países más estables del mundo, un lugar donde nunca pasaba nada. Pero esta imagen se derrumbó repentinamente el día de Año Nuevo de 1994, cuando un grupo guerrillero mayoritariamente indígena se alzó en armas en el estado sureño de Chiapas y sacudió el sistema político del país. En los meses siguientes, cayeron asesinados Luis Donaldo Colosio y José Francisco Ruiz Massieu. De pronto, México era la noticia del momento. ¿Estábamos frente a una segunda Revolución Mexicana? ¿Sería esta la primera de una serie de insurgencias regionales en el mundo postcomunista?

Cuando comencé mis investigaciónes, ante el escepticismo de más de un editor norteamericano sobre la viabilidad comercial de un libro sobre la política mexicana, lejos de mí estaba prever el estallido de Chiapas, o los trágicos acontecimientos que le sucedieron. Durante los cuatro años siguientes, viajé por todo México y entrevisté exhaustivamente a más de seiscientas personas de los más diversos ámbitos, incluyendo al presidente Ernesto Zedillo Ponce de León, el ex presidente Carlos Salinas de Gortari, el líder zapatista subcomandante Marcos, campesinos, amas de casa y estudiantes. Muy pronto, la rebelión zapatista y los crímenes políticos que le sucedieron se convirtieron en el eje sobre el que tejía mi narración.

Lo que sigue es un intento de contar la historia de los dramáticos acontecimientos que sacudieron a México a mediados de la década del noventa, y de interpretar su significado para el presente y futuro del país. La tarea fue tan difícil como lo había anticipado, y no solamente por el frenesí con que se sucedieron los acontecimientos. A pesar de haber trabajado durante dos décadas como corresponsal viajero de medios norteamericanos en América Latina, no tardé en confirmar mi premonición de que México sería —de lejos— el país más difícil de cubrir. Tal como los mismos mexicanos lo admiten, México es un país de máscaras y cortinas de humo. Las cosas raramente son lo que aparentan ser. La desinformación es un arte que los sucesivos gobiernos mexicanos han perfeccionado como pocos, desde los días de la colonia. Los titulares periodísticos de hoy son objeto de ridículo mañana. Y hasta la legitimidad de documentos oficiales repletos de sellos y firmas es cuestionada al poco tiempo de secarse su tinta, haciendo que hasta las más convincentes pruebas pronto se disipen en una nube de contradicciones.

Gran parte del trabajo para este libro consistió en penetrar en la jungla de los titulares de los periódicos, tratando de deslindar la ficción de la realidad visitado el lugar de los acontecimientos para hablar con sus protagonistas una vez que la atención pública se había desviado hacia la próxima crisis. A menudo, me encontré con realidades que distaban mucho de coincidir con el pensamiento "políticamente correcto" en círculos políticos, periodísticos y académicos. Aunque muchos criticarán mis conclusiones, espero que mis observaciones contribuyan a ampliar el debate sobre México.

Como el lector verá, todos los nombres y acontecimientos narrados en este libro son reales. Para hacer más ágil la narrativa, he incluido las fuentes de cada cita textual o descripción de eventos en una sección especial al final del libro. Finalmente, unas palabras de precaución: la mayoría de los acontecimientos narrados en este libro son cicatrices abiertas que tardarán años en cerrarse. Seguramente, nuevas versiones sobre estos eventos saldrán a la luz en el futuro próximo. Este libro, por lo tanto, sólo aspira a comenzar a narrar la verdadera historia de los turbulentos años noventa, aprovechando la memoria fresca de sus protagonistas en el lugar de los hechos, desde la perspectiva de un observador extranjero.

Andrés Oppenheimer
Febrero de 1996

1

Fin de fiesta

Había una atmósfera jubilosa en las oficinas de Salomon Brothers en el piso 36 del World Trade Center de Nueva York en la mañana del martes 20 de diciembre de 1994, cuando los agentes de la casa de Bolsa comenzaron a llegar a sus despachos con sus clásicos trajes oscuros. El clima de fin de año ya se había apoderado de la ciudad: voluntarios del Ejército de Salvación vestidos de Santa Claus hacían sonar sus campanas rítmicamente en las banquetas, el sonido de villancicos parecía llegar de todas partes, y la gente en los elevadores y los pasillos se saludaba con esa cordialidad que sólo afloraba una vez al año. En sus escritorios, los agentes de Bolsa esperaban el más dulce de los regalos: una cuantiosa gratificación navideña.

Aquel día, los miembros de la división de valores de Salomon Brothers debían asistir temprano en la mañana a un informe de John Purcell, el director del departamento de investigación de mercados emergentes de la empresa, un hombre de 54 años, alto y de aspecto juvenil. Tema: el panorama internacional para el año entrante. La reducida audiencia siguió el discurso ligeramente optimista de Purcell con gran atención: como en la mayoría de las empresas de correduría, el departamento de mercados emergentes de Salomon Brothers era un división de elite. Sus ejecutivos eran las estrellas de la compañía. Desde que los inversionistas norteamericanos habían redescubierto México a principios de los noventa y obtenido ganancias de hasta un 50% anual en el mercado de valores de ese país, las corredurías bursátiles habían obtenido ganancias enormes de un auge en las inversiones norteamericanas en las economías emergentes de América Latina, Europa del Este y el Sudeste asiático.

Purcell había sido un pionero en esta historia de éxito: con un doctorado en ciencias políticas en la Universidad de California en Los Angeles, había renunciado a la docencia a los cuarenta años para probar suerte en el excitante mundo de Wall Street, y había sido uno de los primeros en descubrir el potencial de la Bolsa de valores mexicana. A fines de los ochenta —en un momento en que pocos norteamericanos siquiera consideraban arriesgarse a invertir un centavo al sur del río Bravo— Purcell había publicado un informe titulado "México: una economía de primera clase en los años noventa". Después de vivir un año en México durante la ola nacionalista de los setenta y fascinado por las audaces reformas de libre mercado que el presidente Carlos Salinas de Gortari había empezado a poner en práctica desde su toma de posesión en 1988, Purcell había pronosticado un futuro dorado para México. La subsiguiente alza excepcional de la Bolsa mexicana le había dado la razón. A principios de los noventa, Salomon Brothers había colocado más de 15 mil millones de dólares en México, obteniendo jugosas ganancias para sus clientes. En el proceso, el departamento de investigación de Purcell había crecido de una oficina con una sola persona —él— a un departamento de 25 empleados.

Pero alrededor de las 9.30 de esa mañana, el mundo se derrumbó sobre Wall Street. Purcell acababa de finalizar su discurso y había regresado a su escritorio cuando escuchó una repentina conmoción fuera de su despacho; un boletín de prensa que destellaba en las pantallas de las computadoras decía que el gobierno mexicano acababa de anunciar una devaluación de la moneda. Todo el mundo estaba atónito. En Wall Street, pocos esperaban este bombazo, al menos no tan pronto. Sólo unas semanas antes, en un informe del 22 de noviembre sobre México, Salomon Brothers había dicho a sus clientes que "aunque creemos que puede llegar a ser necesaria una eventual depreciación más rápida del peso, las probabilidades de una devaluación repentina son virtualmente nulas". Durante una visita reciente a la Ciudad de México, Purcell no sólo había recibido la seguridad de altos funcionarios mexicanos de que no iba a haber devaluación, sino de que sus proyecciones económicas —basadas en cifras del gobierno mexicano supervisadas por instituciones financieras internacionales— mostraban que las reservas exteriores del país eran lo bastante altas para resistir presiones de una devaluación en el futuro cercano. De repente, las probabilidades "virtualmente nulas" se habían convertido en una terrible realidad.

En unas horas, los inversionistas norteamericanos cuyas acciones mexicanas estaban denominadas en pesos habían perdido 10 mil millones de dólares, cifra que iba a subir a más de 32 mil millones en las próximas semanas. Los norteamericanos que habían colocado su dinero en fondos de inversión de firmas como Fidelity Investments, Alliance Capital, Scudder, Stevens & Clark, Goldman Sachs y Salomon Brothers, ahora enfrentaban enormes pérdidas. Esta vez, a diferencia de lo ocurrido en la crisis de la deuda externa latinoamericana de 1982 —que también había sido desencadenada por México— los grandes perdedores no eran unos cuantos gigantescos bancos neoyorquinos, sino cientos de miles de pequeños inversionistas norteamericanos —jubilados, enfermeras y oficinistas en todo el país— cuyos planes de retiro y de pensión habían colocado parte de sus ahorros en el mercado de valores mexicano. En México, el impacto fue incluso peor: una pérdida calculada en 70 mil millones de dólares en los valores bursátiles de las corporaciones mexicanas, una avalancha de quiebras y casi un millón de despidos en los doce meses siguientes.

Los teléfonos de Salomon Brothers empezaron a sonar. Purcell y sus ayudantes trataban de comunicarse con sus contactos en el Banco de México y la Secretaría de Hacienda, personas con las que habían comido en la Ciudad de México a principios de mes, pero nadie venía al teléfono. Un funcionario de bajo nivel con el que finalmente se comunicaron no fue de ninguna ayuda: no sabía qué decir. Purcell y sus ayudantes comenzaron a llamar a sus colegas en otras corredurías de bolsa de Nueva York, algunas de las cuales estaban sufriendo pérdidas mayores que Salomon Brothers. Todos en Wall Street estaban llamando frenéticamente a todos los demás, pero nadie parecía obtener alguna respuesta sobre lo que estaba ocurriendo en México. El contagioso mundillo de los corredores bursátiles neoyorquinos comenzó a inquietarse. Al mediodía, los habitualmente impávidos agentes de Bolsa de Wall Street habían perdido la calma. El rebaño se puso en movimiento. Purcell empezó a decir a los enojados clientes de Salomon Brothers que le llamaban desde todas las partes del país: "No me gusta lo que está pasando". Para la mayoría, esto sólo podía significar una cosa: "¡Vendan!"

Semanas después, en medio de temores cada vez mayores de que el retiro masivo de inversionistas norteamericanos de México se extendería a mercados tan lejanos como Italia y Singapur, el presidente Clinton se apresuró a reunir un paquete internacional de ayuda a México que incluía 20 mil millones de dólares en préstamos de los Estados Unidos. En dólares nominales, era el programa de rescate más grande del mundo, dejaba pequeño al Plan Marshall y a cualquier ayuda financiera que Washington,

D.C., hubiera concedido alguna vez a Europa, Israel o a la Rusia postcomunista. Se trataba de la seguridad nacional, explicaron los funcionarios norteamericanos: un derrumbe en México desencadenaría una crisis financiera latinoamericana que podía extenderse a Europa del Este y al Sudeste asiático. Y golpearía a los Estados Unidos como a ningún otro país: México ya estaba compitiendo con Japón para convertirse en el segundo socio comercial de los Estados Unidos después de Canadá, y cientos de miles de empleos norteamericanos se perderían si México se veía forzado a reducir sus importaciones norteamericanas. Además, según aseguraron funcionarios del Tesoro de los Estados Unidos, una crisis financiera en México aumentaría en un 30% el número de inmigrantes ilegales a través de la frontera de California y Texas: 430.000 inmigrantes ilegales más al año.

Por cierto, la decisión de otorgar la ayuda también obedecía a consideraciones políticas internas. Clinton, que ya tenía puesta la mirada en las elecciones de 1996, no podía permitirse que México se fuera al traste. Era uno de sus proyectos claves. Había apostado parte de su futuro político en México, apoyando la aprobación del Tratado de Libre Comercio (TLC) en el Congreso por encima de las objeciones de sindicatos enfurecidos y muchos productores domésticos opuestos al convenio. Sólo dos semanas antes de la devaluación mexicana, en la Cumbre de las Américas en Miami, con la asistencia de 34 países, Clinton había elogiado a México como modelo de desarrollo económico y había propuesto expandir el acuerdo comercial Estados Unidos-Canadá-México hasta convertirlo en una zona de libre mercado de todo el hemisferio. Ahora, sus grandiosos planes se veían amenazados, y el presidente enfrentaba una ola de críticas por concederle ayuda económica a México en momentos en que Estados Unidos estaba haciendo recortes dramáticos en su propio presupuesto.

Pero aunque el derrumbe financiero de México tomó por sorpresa a Wall Street y al resto del mundo aquel martes 20 de diciembre, no había sido un episodio aislado, sucedido de la noche a la mañana: había sido precedido por una serie de acontecimientos espectaculares a lo largo de los once meses anteriores, muchos de ellos sin precedentes en la historia de México desde los días turbulentos de la Revolución Mexicana en 1910-1917. El primero de una cadena de golpes devastadores a la tan preciada estabilidad económica y política de México había tenido lugar casi un año antes, en una noche histórica que parecía sacada de la primera página de un guión de Hollywood, pero que no había tenido nada de ficticia.

El presidente Salinas de Gortari y sus esposa Cecilia Occelli estaban de excelente humor el 31 de diciembre de 1993, mientras se vestían para la fiesta de la noche de Año Nuevo que ofrecían en la residencia presidencial de Los Pinos. Iba a ser el último Año Nuevo que celebraban en el palacio presidencial. Salinas estaba a punto de terminar su sexenio en diciembre de 1994 y habían decidido pasarlo con sus familias y sus mejores amigos. Salinas, un hombre de baja estatura y prematuramente calvo, con orejas que parecían desproporcionadamente grandes para su cabeza, estaba bronceado y parecía descansado después de haber regresado aquel mismo día de su primeras verdaderas vacaciones de Navidad en años. Había pasado una semana jugando tenis y corriendo con sus hijos en el sureño balneario de Huatulco, después de regresar de una visita oficial a Asia durante la cual había sido recibido entusiastamente por el gobierno y la comunidad empresarial de Japón.

Para Cecilia, la fiesta de la noche de Año Nuevo iba a ser una ocasión para hacer de anfitriona —disipando los rumores de que la primera pareja de México vivía virtualmente separada desde que se había corrido la voz de que el Presidente frecuentaba a una actriz de telenovelas con la que supuestamente había concebido un hijo— y de invitar a todos los familiares y amigos que por una u otra razón no habían sido incluidos en el programa oficial del presidente durante el año. No sólo iba a ser una fiesta para estar juntos y pasar un buen rato, sino también para celebrar el extraordinario éxito de Salinas.

Cuando iniciaba su último año en la presidencia a los sólo 45 años, Salinas estaba en la cima del mundo. Pocos presidentes mexicanos se habían acercado al final de sus mandatos gozando de tanta popularidad. Salinas acababa de conseguir la aprobación del TLC, el tratado comercial que abría nuevos horizontes con los Estados Unidos y Canadá y que iba a entrar en vigor a medianoche, dentro de unas horas. El acuerdo, que iba a eliminar gradualmente los aranceles aduanales entre los tres países a lo largo de un período de quince años, iba a propulsar a México a las grandes ligas del comercio internacional. A partir de ahora, México y sus dos socios se convertirían en el bloque comercial más grande del mundo. México, estereotipado desde hacía mucho como un país atrasado de campesinos dormitando bajo los cactus, estaba a punto de dar un salto espectacular al Primer Mundo.

"Carlos Salinas de Gortari está dando la vuelta a la historia de México", había proclamado la revista *Time* al nombrar al Presidente mexicano el Hombre-noticia Internacional del Año en América Latina. "Salinas ha vigorizado casi por sí solo a un país que solía estar celoso y resentido por el dinamismo mostrado al norte de su frontera."

Administrador público educado en Harvard que según sus ayudantes estaba tan impresionado por el éxito económico de Asia que había mandado a sus hijos a una escuela japonesa en la Ciudad de México, Salinas había deslumbrado a Wall Street y Washington, D.C., En los informes de prensa de los Estados Unidos se le había puesto con tanta frecuencia la etiqueta de Harvard que los mexicanos divertidos bromeaban que "educado en Harvard" había pasado a formar parte del nombre de pila del presidente. En los Estados Unidos se veía a Salinas como al primero de una nueva casta de dirigentes mexicanos, el tipo de políticos jóvenes, pragmáticos y educados en los Estados Unidos que corrían todas las mañanas, llevaban relojes de plástico Cassio, zapatos de trabajo Timberland y firmaban sus decretos gubernamentales con bolígrafos comunes, en agudo contraste con los pomposos y visiblemente corruptos dirigentes del pasado. La prensa mexicana le había apodado "la hormiga atómica" porque parecía estar en todas partes, desplazándose como un insecto, presentándose a media docena de reuniones al día y generando más titulares de los que los periódicos podían dar cabida.

Un hombre de los noventa, Salinas parecía decidido a enfrentar algunos de los viejos y desgastados dogmas de México. Era alguien con quien los funcionarios norteamericanos y los inversionistas extranjeros podían hablar en su propia lengua. Dejando de lado un siglo de accidentadas relaciones Estados Unidos-México —y fiascos económicos recientes como la nacionalización de la banca mexicana en 1982—, las firmas inversionistas de Wall Street habían encontrado por fin un líder mexicano en el que podían confiar.

Las cifras lucían espléndidas. La inversión externa en la Bolsa de valores mexicana había subido un alentador 98% en 1993. Las casas de Bolsa de Wall Street y Londres presionaban a sus clientes para que compraran todas las acciones mexicanas que pudieran y sacaran provecho del milagro económico mexicano liderado por el joven presidente del país. México se podía jactar de reservas internacionales récord de 24.5 mil millones de dólares, 25% más que el año anterior. La inflación había bajado al 8%, de un récord de 160% anual cuando Salinas había tomado posesión. Las casas de Bolsa neoyorquinas pronosticaban tasas de crecimiento económico de más del 3% anual para los próximos años. La lista de las personas más ricas del mundo de la revista *Forbes* acababa de incluir a 13 mexicanos, colocando a México justo después de los Estados Unidos, Alemania y Japón como el país con más multimillonarios. "Ya no se puede pensar en México como un país del Tercer Mundo", había proclamado la revista.

El presidente Clinton, después de vacilar durante su campaña presidencial sobre si apoyar o no el TLC, había abrazado decididamente el proyecto. Siguiendo los pasos del presidente Bush, había utilizado la imagen del presidente mexicano "educado en los Estados Unidos" para impulsar el acuerdo de libre comercio en el Congreso, indicando que los Estados Unidos estaban frente a una oportunidad única para llevar a México a su redil. Clinton proclamó su "enorme admiración por el presidente Salinas y por lo que está haciendo" y calificó al presidente mexicano de "uno de los principales reformadores económicos del mundo". Salinas estaba en éxtasis. Era virtualmente el máximo elogio que un líder extranjero podía esperar de un presidente norteamericano.

Esta nueva imagen no era sólo producto de una buena campaña de relaciones públicas, por la que, por cierto, el gobierno de Salinas estaba pagando más de 11 millones de dólares al año sólo en los Estados Unidos. De hecho, el presidente había cambiado el curso económico de México en el transcurso de los últimos cinco años. Un hombre con una sonrisa de zorro que iba con su astuta personalidad, Salinas había profundizado las medidas de libre mercado iniciadas por su predecesor para lanzar una dramática apertura comercial, revirtiendo varias décadas de políticas estatistas. Había privatizado 252 empresas estatales, incluidos los bancos comerciales más grandes de México, el monopolio de teléfonos y cientos de empresas que perdían dinero, capturando alrededor de 23 mil millones de dólares para las reservas gubernamentales y logrando reducir los masivos subsidios del gobierno a esas empresas. También había acelerado la transición de México de un país que había dependido de las exportaciones petroleras controladas por el gobierno para el 78% de sus ingresos externos a principios de los años ochenta a una nación que ahora recibía el 81% de sus ingresos externos de productos manufacturados del sector privado, aunque los críticos apuntaban que esa transformación se debía en buena medida a la baja en los precios internacionales del petróleo. A la vez, había abierto las puertas a la inversión extranjera en áreas previamente prohibidas, cambiando rápidamente el rostro —o por lo menos la fachada— del país.

Casi de la noche a la mañana, las calles principales de casi todas las ciudades mexicanas habían visto alumbradas con anuncios de neón de flamantes instalaciones de McDonald's, Domino's Pizza y Pizza Hut. Hasta Taco Bell había abierto una franquicia en México en aras de una meta antes inimaginable: que las nacionalistas gargantas de los mexicanos deglutieran tacos hechos en Estados Unidos. Los restaurantes de la Ciudad de México, en otro tiempo llenos de burócratas, ahora desbordaban de hombres de negocios jóvenes y enérgicos, pegados a sus teléfonos celulares mientras cerraban tratos durante la comida. Las grandes tiendas norteamericanas se habían trasladado en masa a México, ofreciendo todos los productos made-in-USA imaginables.

El hecho de que las importaciones masivas norteamericanas estuvieran provocando que México sufriera déficits comerciales cada vez más altos no parecía motivo de alarma: las cifras del gobierno mostraban que al país entraban suficientes inversiones extranjeras para ayudar a pagar sus importaciones. Además, ¿no había padecido Japón durante cincuenta años déficits comerciales antes de convertirse en uno de los principales exportadores del mundo?, preguntaba a los escépticos el presidente rebosante de confianza. Y si quedaba alguna duda, Salinas podía hacer incluso gala de una proeza que hubiera sido ridiculizada apenas unos años antes: el mismo país que había aspirado hacía sólo unos años a un rol de liderazgo del Tercer Mundo estaba a punto de ser aceptado como miembro pleno de la Organización para la Cooperación y el Desarrollo Económico (OCDE), un grupo selecto de las naciones más ricas del mundo. Salinas era casi universalmente aclamado como el hombre que había llevado a cabo una segunda revolución mexicana, la mayor transformación de sus país desde la Revolución Mexicana de 1910-1917.

La noche de la fiesta, Salinas tenía aún más motivos para estar contento. Hacía sólo cinco semanas había conseguido imponer a su protegido Luis Donaldo Colosio como candidato presidencial del Partido Revolucionario Institucional, el partido de Estado conocido por sus iniciales, PRI, que había gobernado México durante los últimos 64 años.

· Colosio era otro administrador público educado en los Estados Unidos, que llevaba un corte de pelo estilo afro discreto y tenía una afición por las motocicletas. Tan sólo dos años más joven que Salinas, había hecho toda su carrera política bajo las alas del presidente. Salinas lo había reclutado primero como joven economista, le había nombrado director de su campaña presidencial y después lo había puesto sucesivamente al timón del PRI y de la Secretaría de Desarrollo Social, dos puestos clave para un joven político con aspiraciones presidenciales. Aunque ambos hombres corrían juntos, compartían una pasión por las mujeres atractivas y se tuteaban en privado, Colosio siempre caminaba un paso atrás de Salinas cuando ambos aparecían en público. A diferencia de otros precandidatos, se refería a él como "el señor presidente" aún cuando Salinas no estuviera presente. Colosio era el hijo político del jefe de Estado mexicano.

Considerando las circunstancias, el nombramiento de Colosio había logrado sorprendente aceptación. No había sido fácil: dentro del PRI y entre los líderes de opinión con mentalidad democrática, había habido crecientes críticas a la tradición política mexicana por la cual los presidentes escogían a sus sucesores mediante un "dedazo". Los críticos pedían que México empezara a escoger a sus candidatos presidenciales a través de elecciones primarias. A principios de los noventa, cuando el bloque soviético se había derrumbado y el PRI quedaba como el partido político gobernante más antiguo del mundo, los analistas políticos independientes sostenían que lo menos que el PRI podía hacer era iniciar un proceso democrático dentro de sus filas. El sistema político mexicano de un partido fuerte que colocaba al presidente en el poder y lo sustituía cada seis años había sido denunciado entre otros epítetos como una "dictadura rotativa", y una "monarquía sexenal hereditaria". Pero gracias a la sorprendente popularidad de Salinas y al carácter bonachón y medido de Colosio, la decisión de Salinas de continuar la tradición y escoger por sí mismo al candidato del PRI había sido ampliamente aceptada por los caciques del partido. Una vez más, el partido se había alineado detrás de un candidato escogido a dedo. Colosio parecía un ganador seguro de las elecciones del 21 de agosto de 1994. Y era casi seguro que su sexenio garantizaría la continuidad de las reformas económicas de Salinas hasta el año 2000.

A las 10 de la noche, en momentos en que un radiante Salinas y su esposa Cecilia se preparaban para hacer su aparición en el salón López Mateos de la residencia presidencial de Los Pinos, era difícil imaginar que algo pudiera descarrilar a México de su nuevo cauce de modernización económica. Los invitados, que habían estado sorbiendo cócteles en otro salón y empezaban a trasladarse al comedor, conversaban animadamente mientras esperaban a la pareja presidencial. Una atmósfera de júbilo flotaba en el aire.

La plática entre tequilas y margaritas antes de la cena había abarcado todo menos la política. Había muchas otras cosas de las que hablar, todas ellas buenas. El equipo mexicano de fútbol acababa de clasificar para la Copa Mundial de 1994 en los Estados Unidos. Las victorias del equipo sobre los equipos norteamericano y canadiense en los partidos de entrenamiento previos al Mundial habían desencadenado celebraciones masivas en la Ciudad de México. Casi simultáneamente, el campeón mundial de boxeo Julio César Chávez, que declaraba públicamente su admiración por Salinas, acababa de ganar su 89 pelea consecutiva. El corredor de maratón Andrés Espinosa, un obrero siderúrgico mexicano de nacimiento, había ganado el 23 maratón de la Ciudad de Nueva York. La película "Como agua para chocolate", escrita por la novelista mexicana Laura Esquivel, estaba batiendo todos los récords de taquilla para una película en lengua española en los Estados Unidos.

Parecía que México despegaba en todos los campos. Las encuestas mostraban que el pueblo mexicano estaba más optimista sobre el futuro de lo que lo había estado en años. Para Salinas y sus invitados aquella noche en el palacio de Los Pinos, las cosas parecían casi demasiado buenas para ser ciertas.

Y lo eran, pero el presidente no lo descubriría hasta más tarde esa noche. Cuando Salinas y su esposa hicieron su entrada triunfal en la fiesta de Año Nuevo minutos después de las 10 de la noche, él tenía una sonrisa de oreja a oreja. La primera dama, una mujer algo introvertida, estaba inusualmente elegante con un vestido de dos piezas color beige con la parte de arriba de algodón y cubierta de lentejuelas, lo bastante escotado para mostrar un collar con dos grandes perlas en medio.

Una banda de marimba de doce músicos con un enorme sintetizador elevó el volumen de la música para anunciar la llegada de la pareja presidencial, arrancando los aplausos de todos. Salinas y su esposa agradecieron a la multitud con la cabeza, cruzaron el salón y tomaron asiento en la mesa presidencial sobre un pequeño podio contra la pared al fondo de la sala. Desde allí, podían inspeccionar a los casi 200 invitados sentados en unas veinte mesas redondas desplegadas alrededor de la pista de baile.

El presidente compartía la mesa con su padre Raúl Salinas Lozano, un ex secretario de Industria y Comercio que había enviudado hacía poco, y los tres del jefe de Estado con sus respectivas esposas. Estaba su hermano mayor, Raúl, un ex activista de izquierda que junto con otros estudiantes de la Ciudad de México había intentado sin éxito desencadenar un alzamiento social en Chiapas a principios de los setenta. Desde entonces, Raúl se había convertido plenamente al capitalismo, volviéndose un político-empresario cada vez más próspero en diversos puestos administrativos del gobierno. Lucía un bigote cuadrado que acentuaba su parecido físico con su hermano menor y servía de recordatorio constante de su estatus como el ayudante para todo propósito del presidente mexicano. Desde sus puestos sucesivos como director de los programas de distribución de alimentos del gobierno a los que había sido nombrado por el presidente, Raúl era conocido como el conducto para los negocios y acuerdos políticos más delicados del gobernante mexicano, mientras encontraba aún tiempo para escribir libros de cuentos con títulos como "Muerte calculada". Después estaba Enrique, un asesor empresarial de carácter introvertido que evitaba los reflectores; Sergio, un sociólogo bohemio que se movía en círculos académicos; y Adriana Margarita, cuyo amargo divorcio del antiguo compañero de estudios y cercano asesor de Salinas, José Francisco Ruiz Massieu, había sido desde hacía tiempo un foco de recriminaciones mutuas dentro de la familia.

Era una de las fiestas más animadas que se habían celebrado en Los Pinos, en buena medida porque rara vez había habido un grupo tan numeroso de adolescentes con ánimo de divertirse en una cena en el palacio presidencial. Los cuatro hermanos de Salinas y los nueve hermanos y hermanas de la primera dama habían ido con sus hijos. Los hijos adolescentes del presidente —Carlos Emiliano, que había sido bautizado con el nombre del dirigente revolucionario Emiliano Zapata, Juan Cristóbal y Cecilia— también habían invitado a algunos amigos. Después de haber comido el plato principal —una opción de salmón o filete—, el grupo de primos no tardó en apoderarse de la pista de baile y en formar una hilera de lambada que fue serpenteando con júbilo entre las mesas.

"Era un asunto más bien familiar y de amigos, nada oficial ni de protocolo, donde los adultos éramos una minoría", recuerda el gobernador de Nuevo León, Sócrates Rizzo, uno de los pocos políticos presentes en la fiesta. "Había mucho entusiasmo, una sensación de que las cosas políticas iban bien. Todos esperábamos que con el año que entraba y el tratado de libre comercio iban a empezar a entrar capitales."

Hasta los invitados de aspecto más serio —Rizzo y los gobernadores Manlio Fabio Beltrones, del estado norteño de Sonora, Otto Granados, del estado central de Aguascalientes, y Rubén Figueroa, del estado sureño de Guerrero, que estaban sentados con sus esposas al fondo del salón— pronto se unieron al baile. La pareja presidencial bailó cinco canciones de un tirón, riendo y bromeando con otras parejas entre pieza y pieza.

Cuando faltaban dos minutos para la medianoche, Salinas se levantó de la silla con una amplia sonrisa y miró su reloj digital a la espera del momento de dar el brindis de Año Nuevo. Todo el salón estalló en sonrisas cuando un mesero detrás de él, al que el presidente le había dado el visto bueno para que descorchara una enorme botella de champagne, comenzó a verse en apuros para hacerlo. Batallaba con el corcho y se ponía cada vez más nervioso a medida que pasaban los segundos y se acercaba la medianoche. Cuando finalmente consiguió hacer volar el corcho, todos aplaudieron, y el animado grupo empezó a contar hacia atrás. "Diez, nueve, ocho...", coreaban, con los vasos de champagne en la mano. Al llegar a cero, todos alzaron las copas y, en medio de gritos de "¡Viva México!", brindaron a diestra y siniestra deseando a todos un buen año, besándose en las mejillas y abrazando a sus hijos.

Eran casi las 2 de la madrugada y Salinas estaba bailando un corrido con su hija, cuando un ayudante presidencial de aspecto sombrío entró en el salón. El hombre fue directo a la pista de baile, susurró algo al oído de Salinas y le entregó una tarjeta escrita a máquina. Sonriendo aún, el presidente salió del salón. Tenía que contestar una llamada telefónica, le dijo a su mujer. El general Antonio Riviello, secretario de Defensa, tenía un mensaje urgente. Volvería enseguida.

Salinas regresó a los cinco minutos. Su rostro había cambiado, y el de México también. Un secretario de Defensa casi sin aliento había sacado

27

al presidente de su fiesta de Año Nuevo para decirle que acababa de haber un levantamiento guerrillero en el lejano estado sureño de Chiapas. Más de dos mil indígenas mayas, que llevaban de todo, desde machetes hasta rifles AK-47, habían tomado la ciudad de San Cristóbal de las Casas poco después de medianoche y se decía que también habían tomado las poblaciones cercanas de Ocosingo, Altamirano y Las Margaritas. Se autoproclamaban un ejército indígena —el Ejército Zapatista de Liberación Nacional— y prometían solemnemente reparar los 500 años de explotación de los mayas por los blancos.[1]

Fueran quienes fueran, los insurgentes amenazaban con marchar directo a la Ciudad de México y derrocar al gobierno, había informado el general. Por muy absurdo que sonara esto, Salinas sabía que era un problema grave. Había habido docenas de muertos, quizá cientos. Los informes eran aún incompletos porque los altos mandos militares en Chiapas estaban fuera del lugar celebrando el Año Nuevo. El jefe del Ejército en Chiapas se había ido con su familia a visitar las ruinas de Palenque y aún no había podido ser localizado. El secretario de Gobernación, un ex gobernador de Chiapas, estaba pasando las vacaciones en algún lugar cercano a la zona rebelde y no había sido contactado. Pero se habían recibido varias llamadas de oficiales de rango menor y de ciudadanos particulares en la zona. Un Salinas alterado pidió que se le entregara un nuevo informe de la situación en Chiapas más tarde esa misma noche, y regresó a la fiesta.

Parecía un chiste de mal gusto. México no había tenido una revuelta campesina masiva desde principios de siglo y había prácticamente desterrado la violencia guerrillera en las últimas dos décadas. Todos los grupos rebeldes que los servicios de inteligencia del gobierno habían catalogado como potenciales focos guerrilleros —incluidos varios en Chiapas— estaban infiltrados por agentes del gobierno, o sus dirigentes habían sido comprados. Sonaba extraño, absurdo, casi imposible.

En el salón, el grupo en la pista de baile se había ya duplicado y la euforia había aumentado proporcionalmente. El presidente hizo lo que pudo por bailar y posó para algunos invitados que habían llevado sus cámaras de vídeo. Pero minutos después, alrededor de las 2 de la madrugada, el ayu-

---

1 En una entrevista con el autor durante una visita a Cartagena, Colombia, el 15 de enero de 1994, Salinas dijo que había recibido las primeras noticias sobre el levantamiento en Chiapas a las 3.30 de la madrugada, cuando ya estaba en sus habitaciones y a punto de dormir. Pero su relato contradice el de varios invitados a la fiesta que presenciaron la breve salida del presidente y su subsiguiente cambio de humor, así como el testimonio de un ayudante presidencial que confirmó la versión de los invitados.

dante presidencial entró otra vez en el salón e interrumpió al presidente una vez más: el secretario de Gobernación, Patrocinio González Blanco Garrido, estaba al teléfono. Salinas se excusó y abandonó el salón. Ya no habría de regresar.

"Las risas comenzaron a decaer", recuerda otro gobernador presente en la fiesta. "Media hora más tarde, nos disponíamos a irnos, y todos nos quedamos extrañados porque el señor presidente no había venido a despedirse." Alrededor de las 2.30 de la madrugada, algunos invitados empezaron a irse. Poco después, la orquesta dejó de tocar. Los últimos invitados se marcharon en silencio.

Unos días después, un diario de la Ciudad de México mostraba una caricatura de Salinas en *smoking*, luciendo una gran sonrisa, alzando su copa de champagne para celebrar el Año Nuevo, mientras una bala que venía de una ventana estaba a punto de hacerle pedazos la copa. Otros caricaturistas evocaron imágenes de la revolución cubana de 1959, cuando el dictador cubano Fulgencio Batista se enteró del avance de las guerrillas de Fidel Castro sobre la ciudad mientras celebraba el Año Nuevo en una espléndida fiesta en el palacio presidencial. Como los parientes de Batista, Cecilia, la esposa de Salinas, y sus hijos partieron a los Estados Unidos el día primero de enero temprano en la mañana. Los voceros presidenciales dijeron que se habían ido a un viaje para esquiar planeado desde hacía tiempo, pero a la luz de los acontecimientos sin precedentes del día, a muchos mexicanos les resultó difícil creerlo. La rebelión zapatista había aplastado las ilusiones de México de paz y estabilidad. La fiesta había llegado a su fin.

2

El bastón de mando

En lo profundo de la selva lacandona, cerca de la frontera con Guatemala, más de mil rebeldes indígenas vestidos con uniformes militares estaban en posición firme, con la mano derecha alzada en un saludo militar y los ojos fijos en la distancia. A una señal de sus jefes, comenzaron a cantar el himno zapatista: "El horizonte". "Ya se mira el horizonte, combatiente zapatista", entonaron las tropas rebeldes con devoción. Al finalizar el himno, una docena de jefes indígenas vestidos en sus trajes respectivos —los tzeltales con camisa blanca y jorongos negros, los tzotziles con sus jorongos rojos característicos, los choles con pantalones anchos negros y los tojolabales con su vestimenta toda blanca— dieron un paso adelante y entregaron el bastón de mando, un cetro de ocote, a un hombre blanco erguido frente a ellos.

Era el subcomandante "Marcos", un revolucionario que fumaba pipa y había logrado desde su llegada a Chiapas diez años antes lo que ningún otro guerrillero latinoamericano había conseguido en décadas: mezclarse con la población nativa y ganar su aceptación. Había aprendido a comunicarse con las distintas etnias mayas en sus respectivas lenguas y había unido a una parte considerable de media docena de tribus mayas que habían estado enemistadas entre sí durante siglos con su plan de luchar unidos por tierra, libertad y justicia.

El dirigente guerrillero, un hombre en sus treinta avanzados con una barba frondosa, nariz prominente y manos delicadas, era una figura imponente al lado de los mayas: les llevaba una cabeza a la mayoría de los indígenas y se destacaba entre ellos por su atuendo todo negro. Llevaba un jorongo negro, pantalones anchos negros, cartucheras con municiones y un revólver y una metralleta Ingram metida en el cinturón, un atuendo estilo Rambo que sobresalía de inmediato entre la variedad de trajes rojos y blancos que llevaban los dirigentes mayas. Marcos inclinó humildemente la cabeza y tomó la rama de ocote con ambas manos, acentuando el significado que atribuía al momento. Los jefes indígenas lo estaban comisionando formalmente para liderarlos en una revolución contra el gobierno mexicano.

Con el bastón en la mano, Marcos se sentó en una banca y recibió uno por uno siete atributos de un número igual de tribus: una bandera mexicana, una bandera zapatista rojinegra, un rifle, una bala, un recipiente con sangre humana, un pedazo de maíz y un puñado de tierra. Los cuatro primeros eran emblemas de combate, los otros tres señales de vida. Uno de los jefes indígenas clausuró la ceremonia con una oración en tzeltal: "Siete palabras, siete fuerzas, siete caminos: Vida, verdad, hombres, paz, democracia, libertad y justicia. Siete caminos que dan fuerza al bastón de mando. Toma el cetro de las siete fuerzas y llévalo con honor".

La solemne ceremonia indígena, llevada a cabo unas cuatro semanas antes del levantamiento zapatista, había marcado el comienzo de las preparaciones de los rebeldes para su ofensiva final. Era en parte tradición indígena, en parte un síntoma de la inclinación innata de los mexicanos hacia el ritual, y en parte un resultado de la tendencia de Marcos a la teatralidad. Pero la entrega del bastón de mando a Marcos había sido un momento sumamente importante: en México, una larga historia de engaños había enseñado a la gente a no confiar en las palabras, y a sellar sus compromisos mediante símbolos y rituales. Marcos había echado mano de antiguos ritos mayas para ayudar a dar al nuevo ejército zapatista un ferviente sentido de misión.

El ataque zapatista de Año Nuevo a San Cristóbal de las Casas, una pintoresca ciudad colonial de 74.000 habitantes que era una de las atracciones favoritas de los turistas norteamericanos y europeos, empezó con una astuta táctica de distracción cuatro días antes: pequeños grupos de zapatistas mayas empezaron a secuestrar camiones el 27 de diciembre en Ocosingo, a unos 100 kilómetros al este de San Cristóbal. Habían escogido el tiempo y el lugar para engañar a las autoridades y hacerles creer que algo iba a suceder en esa población.

Efectivamente, el jefe de la región militar de Chiapas, general Miguel Angel Godínez, un hombre alto e imponente a principios de sus sesenta, partió rápidamente a Ocosingo el 28 de diciembre. Después de pasar el día en la población verificando informes sobre una inusual actividad delictiva en la zona, el general y sus ayudantes llegaron a la conclusión de que no estaba sucediendo nada extraordinario. Pensaron que grupos campesinos mayas probablemente se estaban preparando para una de sus frecuentes tomas de tierras.

Grupos de campesinos mayas habían estado tomando propiedades en Chiapas durante muchos años. Muchas veces, reclamaban tierras de las que habían sido expulsados injustamente por funcionarios gubernamentales pagados por ricos hacendados, o bien exigían la entrega de terrenos que se les había prometido bajo las leyes de la reforma agraria mexicana, pero que nunca se les había concedido. No era inusual que los indígenas llevaran armas ligeras durante sus invasiones de tierras: las podían comprar con relativa facilidad de soldados del ejército corruptos o de narcotraficantes. Generalmente, después de prolongadas batallas legales y protestas callejeras, los presidentes mexicanos solían concederles títulos de tierras, casi siempre en época de elecciones. Había sucedido cientos de veces. Tan a menudo que, después de su visita a Ocosingo, Godínez y sus ayudantes llegaron a la lógica conclusión que los campesinos estaban secuestrando vehículos para usarlos en una toma de tierras, algo que seguramente sucedería después del Año Nuevo. Todo el estado vivía ya en un clima de fin de año. No era probable que alguien decidiera interrumpir las fiestas con un hecho de violencia.

Cuando el ejército envió refuerzos para proteger Ocosingo y las tierras vecinas, los rebeldes zapatistas —siguiendo un plan que habían estado ensayando durante meses— cruzaron las colinas en dirección a San Cristóbal. Cientos de ellos fueron en líneas regulares de autobús, escondiendo sus uniformes militares en pequeños bultos que las mujeres mayas cargaban a sus espaldas, mezclándose con los miles de indígenas que viajaban para visitar a parientes para las vacaciones de fin de año. Otros llevaban armas en maletas viejas y traqueteadas.

La tarde del 31 de diciembre, cuando el general del ejército Godínez presidía un brindis de Año Nuevo con altos oficiales en el cuartel militar de Rancho Nuevo a las afueras de San Cristóbal, los rebeldes mayas habían rodeado silenciosamente la ciudad, esperando que anocheciera. A las 9 de la noche, cuando la elite de San Cristóbal —en su mayoría gente adinerada de tez blanca— empezaba a celebrar el Año Nuevo, los rebeldes comenzaron a secuestrar los autobuses y camiones con los que horas más tarde harían su espectacular entrada en la ciudad. La mayoría de las tropas rebeldes eran muchachos y muchachas adolescentes que llevaban pantalones anchos verde olivo y camisas color café con paliacates rojos alrededor del cuello. Sólo unos cuantos oficiales rebeldes llevaban cubierto el rostro, ya fuera con pasamontañas negros o paliacates. Los oficiales del ejército rebelde se distinguían por llevar una o dos estrellas rojas sobre el bolsillo de sus camisas.

Cerca de la medianoche, cuando las calles de San Cristóbal estaban casi desiertas, los primeros autobuses llenos de rebeldes indígenas empezaron a entrar en la ciudad. Cientos de otros soldados zapatistas penetraron San Cristóbal a hurtadillas a través del sistema de drenaje subterráneo, cuyos túneles, en su mayoría secos en esa época del año, conducían a diversos barrios de la ciudad. Sus oficiales portaban rifles AR-15 hechos en los Estados Unidos y escopetas de la Segunda Guerra Mundial. Algunos de los soldados rebeldes iban armados sólo con machetes o rifles de juguete hechos de madera. La rebelión zapatista había comenzado.

Alrededor de las 4 de la madrugada, una camioneta azul Volkswagen conducida por un hombre con pasamontañas empezó a dar vueltas por la plaza central de San Cristóbal entregando rifles. Era el dirigente zapatista subcomandante Marcos, con su uniforme negro, portando una metralleta ligera Ingram y un walkie-talkie metido en el cinturón, escoltado por dos mujeres. Había capturado las armas que llevaba en la camioneta poco antes, al tomar del cuartel local de policía con un pequeño grupo de sus mejores tropas. Marcos era a todas luces un oficial rebelde de alto rango, pero en aquel momento no había señales visibles de que se tratara del "jefe máximo" de los zapatistas.

Un líder rebelde surgió de la multitud frente al palacio municipal de San Cristóbal y dio la primera conferencia de prensa de los zapatistas a dos representantes del diario de San Cristóbal *El Tiempo*, que ya se encontraban allí, cámaras en mano. Era un indígena en sus cincuenta, con el rostro descubierto, un sombrero de paja revestido con un plástico y un paliacate alrededor del cuello. Se identificó como el comandante "Felipe", miembro del Comité Revolucionario Indígena Clandestino, un grupo de jefes indígenas al que describió como la autoridad máxima del movimiento zapatista. Rodeado de jefes indígenas como él, el comandante Felipe sacó un pedazo de papel arrugado y escrito a mano del bolsillo de su chaqueta negra, y empezó a leer con las dificultades propias de un campesino semianalfabeto. Marcos, oculto tras su pasamontañas negro, observaba la escena a unos pocos metros de distancia.

"Hemos venido a San Cristóbal de las Casas a hacer una revolución contra el capitalismo", dijo el comandante Felipe en un arranque de fervor ideológico que los rebeldes minimizarían frente a los medios de comunicación en los días siguientes. "Hemos luchado pacíficamente durante años tratando de obtener soluciones, pero el gobierno nunca se ha preocupado de resolver nuestros grandes problemas sobre derechos de tierras y otras cuestiones."

La declaración leída por el dirigente indígena señalaba que los campesinos chiapanecos eran el síntoma más dramático de la distribución desigual de la riqueza en México. Chiapas era uno de los estados más ricos en recursos naturales, pero su población se contaba, junto con la de Oaxaca y Guerrero, entre las más pobres del país. Chiapas suministraba casi el 60% de la energía hidroeléctrica de México, 47% del gas natural y 21% del petróleo del país, y era uno de los productores máximos de madera, café y carne. Aun así, alrededor de una tercera parte de los hogares del estado no tenían electricidad y la mitad de su población no tenía acceso al agua potable. En algunas poblaciones tomadas por los zapatistas, como Ocosingo, el 70% de los hogares no tenían electricidad.

Acto seguido, sacando del bolsillo otro folleto, este impreso, Felipe procedió a leer la declaración oficial de los rebeldes. El documento declaraba la "guerra al ejército federal mexicano, pilar básico de la dictadura que padecemos, monopolizada por el partido en el poder y encabezada por el ejecutivo federal que hoy detenta su jefe máximo e ilegítimo, Carlos Salinas de Gortari".

El comandante Felipe continuó diciendo que los rebeldes acababan de tomar las ciudades de Ocosingo, Altamirano y Las Margaritas, y que "nuestro objetivo es avanzar a la capital del país", liberando cada población que encontraran a su paso y convocando a elecciones democráticas para escoger nuevas autoridades en cada una de ellas. Unos cuantos residentes de San Cristóbal que, intrigados, estiraban el cuello por encima de los periodistas para captar la esencia de las demandas de los rebeldes, no podían creer lo que oían. Se miraban unos a otros, asombrados. ¿Hablaban en serio estos indígenas cuando decían que se proponían derrocar al gobierno?

A las 7 de la mañana, cuando la última columna de rebeldes había llegado a la plaza principal, el comandante Felipe se dirigió a las tropas zapatistas que se habían congregado en torno a él en la escalinata del palacio municipal. Para entonces, la plaza estaba cubierta de basura desparramada tras el saqueo del edificio durante la noche. El comandante zapatista habló a los rebeldes en una lengua maya, y después alzó los brazos y gritó:

"¡Viva la Revolución Mexicana!"
"¡Viva!", gritaron los rebeldes alzando las armas.

"¡Viva el Ejército Zapatista de Liberación Nacional!"
"¡Viva!", respondieron los soldados.
"¡Viva el pueblo indígena en armas!"
"¡Viva!"

El comandante Felipe, y no Marcos, era el hombre que había sido designado por el plan de guerra de los rebeldes para actuar de portavoz de los zapatistas, y ser el rostro más visible del ejército rebelde. Marcos, el jefe militar del grupo, debía permanecer en las sombras, lejos de los periodistas, y no atraer la atención; mucho menos convertirse en un símbolo sexual, estrella de los medios de comunicación y héroe guerrillero de los noventa. El motivo era sencillo: los zapatistas no podían pretender ser un ejército indígena campesino si su dirigente era un hombre de piel blanca, cultivado y con acento chilango.

Las apariciones públicas del comandante Felipe estaban destinadas a transmitir la idea de que el ejército rebelde estaba dirigido por un Comité Revolucionario Indígena Clandestino compuesto únicamente de indígenas. Oficialmente, los miembros del comité, que como Felipe detentaban el rango de comandantes, tomaban todas las decisiones políticas. Marcos, un subcomandante, afirmaría que su papel se limitaba a dirigir las operaciones militares del ejército campesino, y que estaba subordinado a las decisiones colectivas del comité indígena en asuntos estratégicos.

"Una, la (necesidad) prioritaria, es que tenemos que cuidar mucho el protagonismo, o sea que no se promueva mucho a alguien", dijo Marcos a los periodistas minutos después de la conferencia de prensa del comandante Felipe, mientras pedía a los fotógrafos que no le tomaran fotos. "Se trata de que estemos en el anonimato, no porque temamos por nosotros, sino para que no nos vayamos a corromper.... Ese enmascarado se llama hoy Marcos aquí, y mañana se va a llamar Pedro en Las Margaritas, o Josué en Ocosingo, o Alfredo en Altamirano, o como se vaya a llamar."

Pero el ascenso no programado de Marcos a la celebridad fue tanto producto de la casualidad como de sus propias ansias de figuración. Incluso en la misma conferencia de prensa en que aseguraba estar subordinado a la dirigencia colectiva zapatista, Marcos ya estaba llamando la atención sobre sí mismo. Cuando los periodistas en la plaza principal de San Cristóbal le preguntaron por qué se cubría el rostro, y el comandante Felipe no lo hacía, Marcos respondió con una sonrisa: "Siempre los que estamos más guapos tenemos que protegernos...". Poco después agregó: "No me creas eso que dije de que yo soy muy guapo. Me estoy haciendo propaganda".

Como suele suceder en la historia, fue un episodio menor el que terminaría echando a pique el plan original de los zapatistas de convertir a un dirigente indígena en su rostro más visible. Ocurrió que, en la confusión de las tempranas horas del primero de enero, un grupo de turistas norteamericanos deambulaban ansiosos por la plaza central de San Cristóbal, preocupados por su destino. Estaban aterrorizados. Habían ido a Chiapas a visitar las antiguas ruinas mayas de Palenque y se habían encontrado en medio de una revolución. Sin hablar ni una palabra de español, se acercaban a cualquiera con aspecto de hablar inglés para averiguar qué estaba pasando. Cuando el comandante Felipe empezó a leer la proclama rebelde y unos fotógrafos locales empezaron a tomarle fotos, los norteamericanos se dirigieron al grupo.

Después de que el comandante Felipe terminó de leer la declaración zapatista en su dialecto indígena maya y en español, uno de los angustiados turistas le preguntó qué le sucedería a él y los demás turistas. ¿Eran rehenes? ¿Podían abandonar la ciudad? ¿Se suponía que tenían que ir a algún lugar en concreto? El comandante indígena, para quien el español era ya una segunda lengua, miró al turista de habla inglesa con perplejidad: no entendía ni una palabra de lo que le estaba diciendo. Tampoco lo entendían ninguno de los dirigentes indígenas en torno a él, ni los fotógrafos, ni nadie en las cercanías. Necesitaban un traductor para ayudar a calmar a la docena de turistas que se encontraban en el lugar.

"Fue un accidente: Ni siquiera se suponía que yo estuviera en la plaza principal", me explicaría el subcomandante Marcos en una entrevista meses después. "A mí me tocaba dirigir el ataque al cuartel de policía. Los que tenían que hablar a la prensa en el caso que llegara eran los del Comité. Entonces, un compañero que se iba a encargar de llevar las armas del cuartel de policía al palacio quedó herido, y yo tuve que hacer el acarreo de armas. Cuando ya estaba haciendo el acarreo, se acerca el oficial que estaba a cargo de la toma del palacio y me dice que hay alguien ahí, un gringo, que está preguntando algo y no le entendemos. Y le dije, bueno, échamelo a mí".

El subcomandante Marcos recordó, divertido: "Era un turista que estaba preocupado si lo íbamos a violar, o a robar, o si iba a poder salir. Entonces, yo le empecé a explicar que no se preocupara, que no le íbamos a hacer nada, que era un movimiento para lograr mejores condiciones de vida para los indígenas, etcétera. Entonces, se empezó a juntar gente, llegaron los periodistas, y empecé a hablar. Fue como a las 8 de la mañana".

En unas pocas horas, corresponsales de prensa de todo el mundo estaban volando a la Ciudad de México para tomar el primer avión a Chiapas y entrevistar al carismático dirigente guerrillero mexicano que había dirigido la mayor rebelión campesina desde la Revolución Mexicana en 1910-1917. El comandante Felipe ofrecería una segunda conferencia de prensa en la plaza principal de San Cristóbal a las 11 de la mañana. Pero los periodistas ya estaban al acecho de Marcos, más articulado y de piel blanca. A los pocos días, los vendedores callejeros de San Cristóbal ya empezaban a vender camisetas con la imagen del subcomandante Marcos. Había nacido una leyenda.[1]

Pero como suele suceder en México, nada era exactamente lo que parecía. Salinas no era un cruzado del libre mercado y un pronorteamericano de toda la vida, ni los zapatistas eran un ejército campesino puramente indígena que se había alzado principalmente con palos, bayonetas hechas a mano y rifles de juguete, tal como aparecieron en imágenes que dieron la vuelta al mundo.

En realidad, Salinas se había convertido a la economía de mercado muy recientemente, y no está claro si su cambio había sido el resultado de nuevas convicciones o de urgentes necesidades políticas. El hecho es que sólo unos años antes de tomar posesión, Salinas —que como universitario había acompañado a su hermano Raúl a mítines de izquierda y había dado a uno de sus hijos el nombre de Zapata— había defendido con entusiasmo las políticas económicas estatistas del ex presidente José López Portillo. En una poco conocida serie de cuatro artículos en el diario *Excelsior* en 1981, Salinas —por entonces un joven y promisorio economista del gobierno— había censurado con dureza un libro recién aparecido del economista Luis Pazos en el que éste exigía una apertura económica.

"El señor Pazos exhibe un individualismo y un libre cambismo económico a ultranza que finalmente desemboca en el fascismo. Su persistente embate para socavar las bases del Estado actual y sustituirlo por un sistema librecambista de 'dejar hacer-dejar pasar' sólo provoca el entronizamiento de regímenes represivos y autoritarios", escribió el futuro

---

1 El comandante Felipe se esfumó en las sombras. Según intercepciones de radio del ejército mexicano y una entrevista del autor con el comandante del cuartel militar de Rancho Nuevo general José Rubén Rivas Peña en San Cristóbal de las Casas el 20 de julio de 1994, el comandante Felipe murió unos meses después, asesinado por un compañero zapatista en la selva después de una noche de demasiados tragos. Sin embargo, el subcomandante Marcos negó esta información en una entrevista con el autor en julio de 1994.

presidente. "Es a las empresas públicas a las que el señor Pazos endereza sus críticas más severas. Considera que las estatizaciones son robos... La historia ha mostrado que el costo social del librecambismo y el individualismo a ultranza que él propone ha sido la explotación, el neocolonialismo y la pérdida de la independencia nacional."

Puede que Salinas escribiera estas líneas bajo presión, o que cambiara sus puntos de vista en los años siguientes, pero su aceptación entusiasta del credo del libre mercado después de asumir el mando estuvo motivada al menos parcialmente por necesidades políticas: había ganado la elección más sospechosa en tiempos recientes. Según cifras oficiales, Salinas había ganado con el 50% a su favor contra el candidato de centro-izquierda Cuauhtémoc Cárdenas, un resultado que había sido calificado de fraudulento por muchos, y que había dado lugar a protestas callejeras que habían estremecido a México en las semanas siguientes a su toma de posesión. En ese contexto, había sido sólo a través de un abierto coqueteo con el gobierno de los Estados Unidos, la elite empresarial mexicana y la Iglesia católica —tres instituciones que los gobiernos mexicanos recientes habían mantenido a una prudente distancia— como Salinas logró superar el pecado original de la dudosa elección. Fueran cuales fueran sus verdaderas creencias en aquel momento, la cruzada por el libre mercado de Salinas era en parte un intento desesperado de conseguir el sello de aprobación de Washington.

De la misma manera, las imágenes de campesinos indígenas desposeídos que se alzaban con armas de juguete contra un ejército mexicano bien pertrechado que las cadenas de televisión habían emitido a todo el mundo —y que habían atraído el apoyo emocional de los grupos de derechos humanos en todas partes— no contaban la historia en su totalidad. En realidad, el ejército rebelde zapatista era una fuerza guerrillera bien adiestrada y dirigida por intelectuales blancos de clase media de la Ciudad de México, que estaban mucho mejor armados que los campesinos mal equipados cuyas imágenes recorrían el mundo.

Lo que el mundo vio los primeros días de enero era sólo una parte del ejército zapatista, la más improvisada. Como el jefe militar subcomandante Marcos reconocería más tarde, su estrategia militar consistía en rodear San Cristóbal con fuerzas de elite armadas con rifles AK-47, ametralladoras Uzi, lanzagranadas y mecanismos de visión nocturna que colocó en los cuatro accesos principales a la ciudad, mientras permitía que milicianos de a pie y mal armados —algunos de ellos sólo con palos, machetes y rifles de juguete de madera— marcharan hacia el centro de la ciudad para tomar el palacio municipal.

La idea era provocar al ejército para que tratara de recuperar San Cristóbal, atacando las posiciones rebeldes mejor pertrechadas en las afueras de la ciudad, lo cual hubiera provocado grandes números de víctimas civiles y hubiera expuesto al ejército a acusaciones de violaciones masivas a los derechos humanos. Si el ejército atacaba, perdería la guerra de propaganda. Si no lo hacía, también perdería: las cámaras de televisión enfocarían la toma del palacio municipal de San Cristóbal por un ejército heterogéneo de mayas sin tierras, en su mayoría armados con rifles de juguete. El plan funcionó exactamente como estaba programado.

Los periodistas que se dirigieron a la plaza principal de la ciudad con sus cámaras de vídeo en las primeras horas de ese helado primero de enero para registrar el levantamiento se encontraron con cientos de indígenas uniformados dando vueltas por la plaza aferrados a sus viejos rifles e improvisadas bayonetas hechas de palos con cuchillos amarrados en su punta. Llevaban los rostros sin cubrir y se sentaban alrededor de fogatas prendidas en la plaza o caminaban de un lado a otro para conservar el calor. Era difícil no simpatizar con un ejército rebelde tan mal armado —y tan justamente hambriento de justicia.

¿Qué diablos estaba haciendo Marcos?, se preguntaba en una casa de seguridad en la Ciudad de México poco despues del levantamiento un hombre alto y de cabello plateado que era el verdadero comandante en jefe de los zapatistas. ¿Quién se creía que era? Iba a acabar en una semana lo que su organización militar había estado construyendo durante décadas.

El comandante en jefe "Germán", jefe del politburó clandestino de los zapatistas con base en la Ciudad de México —la máxima autoridad de los zapatistas— había montado en cólera al ver a Marcos hablar con los periodistas en la televisión nacional, según relatarían más tarde desertores rebeldes al ejército mexicano, y confirmarían en entrevistas privadas fuentes allegadas a los zapatistas. Un revolucionario sumamente disciplinado en sus cincuenta, Germán era un hombre robusto que normalmente vestía en jeans y guayabera, cuando no estaba inspeccionando a sus tropas en la selva con su uniforme de comandante rebelde. Tenía poca paciencia para las infracciones a la disciplina dentro de su organización. En momentos como aquel, la subcomandante Elisa solía permanecer en silencio. Tenía otras preocupaciones en mente, además de la revolución proletaria.

Elisa tenía treinta y ocho años, y las líneas duras de su rostro sugerían un pasado más trágico de lo que probablemente había vislumbrado cuando se había unido por primera vez al movimiento guerrillero siendo una adolescente. Había sido detenida por primera vez en 1974, a los dieciocho años, en un sangriento asalto del ejército a una casa de seguridad rebelde en Nepantla, en el estado de México, donde cinco guerrilleros

—incluido su marido— habían sido muertos. Elisa había sido torturada y violada en la cárcel y se había vuelto a incorporar al movimiento rebelde después de su liberación, para perder poco después a su segundo marido en otra batalla guerrillera y a su hijita en Chiapas, donde la mala atención médica en un campamento rebelde había causado su muerte.

Revolucionaria comprometida, más tarde había encontrado un nuevo compañero dentro de su grupo rebelde, el subcomandante Vicente, y después de varios años de tratar de tener un hijo acababa de tener un hermoso bebé varón. Tal como lo había solicitado, Elisa había sido nombrada jefa de operaciones en la Ciudad de México, lejos de la selva y de la lucha armada. Vivía con su hijito, un perro y un gato en una modesta casa de dos pisos con una verja de hierro verde en la calle Tenayuca 32 del barrio de clase media de Letrán Valle. Desde allí, manejaba parte de la red rebelde clandestina de propaganda, enviando por fax los comunicados zapatistas a distintas partes de la ciudad y asegurándose de que llegaran a los periódicos adecuados, según documentos de la inteligencia militar. Más tarde, iba a ser identificada por el gobierno como el número tres en la jerarquía zapatista. En comparación, el subcomandante Marcos era el número cuatro: como dirigente del frente rebelde en Chiapas, su rango era equivalente al de otros subcomandantes a cargo de frentes guerrilleros en diversas zonas del país.[2]

Sin que el resto del mundo lo supiera, existían ya profundas grietas en la organización zapatista en el momento en que hacía su espectacular debut internacional. Según desertores del ejército rebelde, Germán estaba cada vez más molesto por el protagonismo y la independencia de Marcos. Unas semanas antes del levantamiento, durante una votación crucial celebrada en un campamento rebelde en la selva de Chiapas, Marcos y sus combatientes indígenas habían obtenido una victoria clave frente a su comandante en jefe en una discusión sobre cuándo lanzar la rebelión zapatista. Marcos, el jefe militar, había propuesto que la revuelta se lanzara el prime-

---

2 Después de su detención en 1995, Elisa firmó una declaración reconociendo que fue oficial de las Fuerzas de Liberación Nacional —la organización guerrillera que había creado el Ejército Zapatista— y que como tal había contribuido a lanzar la rebelión del primero de enero de 1994. Después de ser liberada meses después, Elisa denunció que había firmado su testimonio bajo tortura, y que no había participado en el levantamiento zapatista. Pero dos fuentes allegadas a la dirigencia zapatista reconocieron al autor que Elisa había desempeñado un papel en el levantamiento zapatista. Al preguntarles por qué lo había negado, una allegada señaló que podía ser objeto de nuevas acusaciones del gobierno si lo hacía. Asimismo, las fuentes indicaron que Elisa y otros dirigentes de clase media de las FLN habían decidido negar su participación en el levantamiento a fin de no contradecir el argumento de los zapatistas de que eran un movimiento dirigido por indígenas.

ro de enero. Marcos estaba siendo objeto de presiones cada vez mas fuertes de parte de sus oficiales mayas, que habían prometido a sus soldados tomas de tierras y mayores libertades políticas, y que empezaban a sufrir deserciones de los indígenas que se habían cansado del interminable entrenamiento militar.

Germán, el veterano comandante en jefe, quería lanzar un ataque mucho más amplio seis meses después, cuando el grupo hubiera obtenido armas más sofisticadas, más apoyo activo de otros grupos armados que se estaban preparando en el norte y el centro del país, y una mejor oportunidad de empezar una guerra con posibilidades reales de amenazar al gobierno central. Germán hablaba por experiencia: había sido un alto comandante de un grupo guerrillero que había sido destruido —y sus dirigentes, incluido el marido de Elisa, muertos— en 1974. Durante las últimas dos décadas, había estado formando un nuevo ejército guerrillero, y no quería repetir los errores que habían llevado a la aniquilación de su grupo en los años setenta.

Después de perder la votación sobre la fecha del levantamiento, Germán había regresado a la Ciudad de México para supervisar el levantamiento desde allí, y recaudar fondos para el suministro de armas para la rebelión. Era aún el comandante en jefe, pero a pesar de la aparente cordialidad en sus mensajes radiales con Marcos, no podía evitar sospechar que su comandante de campo en Chiapas había dado un virtual golpe de Estado desde el mismo momento en que había recibido el bastón de mando de los indígenas en la ceremonia celebrada en la selva. Según relatarían los desertores, Germán era consciente de que, como suele ocurrir en la mayoría de los ejércitos una vez iniciado el combate, los oficiales al frente de las tropas por lo general asumían el poder real. Marcos se había ganado la lealtad de sus combatientes, y parecía estar actuando cada vez con más independencia de sus superiores en la Ciudad de México.

Mientras Marcos ocupaba San Cristóbal de las Casas, otras columnas rebeldes estaban tomando las poblaciones cercanas de Las Margaritas, Chanal, Altamirano y Ocosingo.

En Las Margaritas, unos cuantos centenares de rebeldes hicieron su entrada a la población alrededor de la 1 de la madrugada, dirigiéndose directamente al cuartel de la policia municipal. No lejos de allí, cientos de personas asistían al concurso de Miss Año Nuevo en el Lions Club local cuando de repente se fue la luz. Uno de los invitados, Raúl Salazar, salió a tomar un poco de aire fresco justo cuando empezaba el tiroteo. A los pocos minutos estaba muerto.

"Estaba afuera y le tocó una bala", diría a los periodistas horas después uno de sus hermanos. "Sólo escuchamos el tiroteo. Toda la gente que estaba en la fiesta se alborotó."

El pequeño contingente de la policía huyó en pánico después de que los zapatistas mataran al agente de policía Gabriel Argüello e hirieran a otros más, dejando en claro que no se trataba de simplemente otra manifestación callejera. Los rebeldes no tardaron en tomar el control del cuartel de policía y del Lions Club, donde se ordenó a los invitados que quedaban y a la banda de música que se fueran a sus casas.

El combate más sangriento tuvo lugar en Ocosingo, una población del siglo XVI con unos 12.000 habitantes. Contrariamente a la extendida creencia de que las fuerzas de policía locales bastarían para sofocar las invasiones de tierra que se estaban esperando desde el secuestro de varios camiones cuatro días antes, más de 500 rebeldes llegaron de la jungla alrededor de las 4 de la madrugada y tomaron el palacio municipal en un feroz tiroteo una hora después. José Luis Morales, el comandante de la policía judicial de Ocosingo, y por lo menos cuatro agentes de policía que se habían escondido dentro del palacio murieron en la batalla. El pequeño destacamento de policía de la población alzó una bandera blanca y abandonó la plaza con las manos en alto al atardecer.

De allí, los zapatistas fueron a la estación de radio XEOCH y obligaron a sus operadores a difundir una grabación de la "Declaración de la Selva Lacandona". La cinta sería transmitida varias veces aquella mañana, llegando a todos los rincones de la selva de Chiapas. Los rebeldes que vagaban por las calles de Ocosingo, muchos de ellos adolescentes, se harían eco de la declaración zapatista en conversaciones con periodistas horas más tarde. En su español entrecortado, los indígenas decían que estaban luchando por trabajo, tierra, justicia y libertad. Algunos de los rebeldes de más edad, la mayoría al final de sus veinte y en sus treinta, dijeron que habían vendido sus cerdos y gallinas —los ahorros de su vida— para comprar sus armas. No importaba, afirmaban algunos de ellos con una candidez conmovedora: la revolución duraría sólo unas semanas y después todos tendrían una vida más digna con un gobierno mejor en el poder.

Para el 2 de febrero, no cabía ninguna duda de que el levantamiento de Chiapas equivalía a la mayor insurrección indígena desde la Revolución Mexicana. A medida que poblaciones de la selva previamente olvidadas se convertían en el centro de la atención internacional, los vendedores callejeros indígenas descubrieron que podían vender mucho más que sólo las camisetas de Marcos. Semanas después, estaban ofreciendo muñecas zapatistas —las mismas muñecas de trapo que las mujeres indígenas solían vender en la calle, pero ahora con un pasamontañas negro en la cabeza— y hasta una nueva marca de condones que se vendían bajo la marca de "Alzados", con la imagen de un rebelde enmascarado en el envoltorio. En un país donde desde el presidente para abajo todos adoraban a Zapata, los guerrilleros habían dado un sensacional golpe propagandístico.

Lo que pocas personas fuera de Chiapas sabían es que el fenómeno de la industria de objetos zapatistas no era tan espontáneo como lo sugerían los despachos que enviábamos los corresponsales extranjeros, dando cuenta de la aparición de camisetas y muñecas zapatistas con el asombro profesional de rigor. Se trataba más bien de un caso ejemplar de retroalimentación periodística.

Lo que ocurrió fue que, cuando aminoró el combate en San Cristóbal, los centenares de corresponsales de guerra procedentes de todo el mundo que habíamos llegado horas antes vagábamos por la ciudad —los más novatos por lo general enfundados en ropa de fajina de Banana Republic, cuantos más bolsillos mejor— buscando frenéticamente nuevos ángulos para mantener la historia en primera plana. Así fue como empezamos a escribir sobre las muñecas zapatistas, las plumas y otros souvenirs. Lo que el público no sabía —y a muchos periodistas les pareció innecesario aclarar, o no se enteraron sino hasta mucho después— era que la industria de los souvenirs zapatistas había sido generada por nosotros mismos, y para consumo nuestro.

El turismo en San Cristóbal había caído estrepitosamente desde el día del levantamiento zapatista. Aunque un pequeño ejército de corresponsales extranjeros se había instalado en la ciudad, éramos muchos menos —y con menos tiempo para hacer compras— que los vacacionistas alemanes e italianos que se habían ido. A medida que pasaban los días, las mujeres indígenas que vendían muñecas y otros recuerdos en las calles se frustraban cada vez más por el desinterés que mostraban los reporteros por sus mercancías. Con el transcurso de los días, las vendedoras se volvían cada vez más insistentes.

Una mujer indígena en la esquina de un hotel céntrico era incansable en sus esfuerzos. Joaquín Ibarz, el incansable corresponsal del diario español *La Vanguardia* al que la vendedora acosaba a cada rato, le sugirió una brillante estrategia de marketing: ¿Por qué no le pone pasamontañas a sus muñecas? Las vendería mucho más fácilmente. Dos días después, la mujer apareció en su esquina habitual vendiendo muñecas encapuchadas, junto a las que tenía antes. Otro corresponsal extranjero que regresaba a su hotel las divisó, las compró todas y corrió lleno de excitación al centro de prensa en el hotel Diego de Mazariegos a informar de su descubrimiento. ¡Las indígenas estaban vendiendo muñecas zapatistas!

Aquellos de nosotros que estábamos en el centro de prensa corrimos a la calle —las cadenas de televisión abriéndose camino para llegar primero— para presenciar el fenómeno. Pronto estábamos todos comprando muñecas zapatistas, plumas, camisetas y toda clase de recuerdos, y enviando despachos sobre la fiebre de la parafernalia zapatista que se estaba apoderando de México.

Horas después, los televidentes de todo el mundo se enterarían del auge de ventas de los recuerdos de Marcos. No importaba que el propio subcomandante estaba criticando la frivolización de su movimiento, o que los periodistas fuéramos los únicos en San Cristóbal que podíamos comprar los souvernirs. Incluso en otras partes del país, donde Marcos había alcanzado una amplia aceptación en los círculos intelectuales y otros sectores, pocos se podían dar el lujo de gastar dinero en adquirir las muñecas zapatistas. Los más ávidos compradores de las mismas, por lo menos en San Cristóbal, éramos los corresponsales extranjeros que tan febrilmente informábamos sobre la novedad.

Pasaron más de catorce horas antes de que Washington, D.C., tomara en serio las primeras noticias de un levantamiento indígena en Chiapas. La capital de Estados Unidos era una ciudad fantasma el primero de enero. El presidente Clinton estaba pasando el fin de semana de Año Nuevo en Hilton Head, Carolina del Sur, y el Congreso estaba en receso. Los personajes más influyentes de la capital estaban fuera de la ciudad y lo mismo el ejército de cabilderos, relacionistas públicos y periodistas que giraban en torno a ellos.

Robert Felder, jefe del buró de México del Departamento de Estado, fue el primer funcionario del gobierno norteamericano en ser informado sobre el levantamiento de Chiapas, y pensó que era una broma. Felder, un avezado diplomático de carrera que había prestado servicios en América Latina y Africa, estaba compartiendo el primer desayuno del año con su esposa argentina cuando recibió una llamada telefónica a eso de las 11.45 de la mañana. Un hombre que se identificaba como funcionario de la embajada de los Estados Unidos en México le informó que acababa de estallar una guerra de guerrillas en el sur de México. Felder le agradeció la información con cortés escepticismo. Informó a su jefe, el encargado de asuntos latinoamericanos del Departamento de Estado Alexander Watson, varias horas después, tras confirmar la historia con funcionarios del área política de la embajada norteamericana en México.

"Al principio pensé que era un chiste", recuerda Felder. "Pensé que algún viejo amigo con el que no había hablado en años estaba llamándome el día de Año Nuevo para tomarme el pelo con esta historia de un levantamiento en Chiapas. Sonaba demasiado extraño."

Era una reacción que reflejaba el generalizado optimismo que existía en Washington respecto de México. Al igual que la administración Bush poco antes, el gobierno de Clinton estaba tan compenetrado con su retórica optimista sobre las reformas económicas de México que el levantamiento de Chiapas le tomó totalmente por sorpresa. Las agencias de inteligencia norteamericanas habían advertido sobre la posibilidad de conflictos políticos en el estado sureño mexicano, producto de la pobreza que lo arrasaba, pero los informes secretos no preveían una amenaza directa al gobierno mexicano. Simplemente, dicha idea no encajaba con la imagen que Washington tenía del "nuevo" México.

Un informe secreto de la CIA con fecha de septiembre de 1991, que fue distribuido a funcionarios del área latinoamericana del Departamento de Estado y del Consejo Nacional de Seguridad, advertía sobre las tensiones sociales que se estaban acumulando en Chiapas. El informe de 15 páginas, titulado *México's Troubled South: Being Left Behind*, señalaba la proliferación del narcotráfico y de grupos rebeldes de izquierda a lo largo de la frontera de México con Guatemala en Chiapas. Señalaba que "el alto nivel de corrupción, que según informes incluye al gobernador de Chiapas", estaba "debilitando a las autoridades locales y contribuyendo a una violencia esporádica". El documento confidencial concluía que la caída en el nivel de vida y la creciente frustración de los chiapanecos "en nuestra opinión conducirán a un descontento político cada vez mayor".

Pero el informe no había despertado mayor interés en Washington, D.C., porque pronosticaba que los posibles actos de violencia serían aislados, y no resultarían en un movimiento guerrillero que pudiera amenazar la estabilidad de México. Tal como sus críticos a menudo le achacaban, la CIA había hecho un buen trabajo de información, pero uno pésimo de análisis. En los párrafos de conclusión, el informe decía que "los estados sureños tienen una tradición de agitación política local. Pero como los grupos de base defienden causas puramente localistas, no presentan una amenaza coherente a nivel regional al partido gobernante".

El informe de la CIA no constituía una alarma roja en momentos en que una ola de guerras civiles y religiosas estaban haciendo erupción en Europa del Este y Africa tras la desintegración del bloque soviético. Como era de esperar, el documento fue archivado a los pocos días, y los funcionarios que lo habían recibido pronto se olvidaron de él. Hasta la CIA había desechado sus informes sobre la violencia política en Chiapas por tener poca importancia en el contexto mundial del momento: la agencia ni siquiera creyó necesario enfocar alguno de sus satélites espías sobre el estado sureño mexicano. La embajada de los Estados Unidos en México, demasiado ocupada en promover el TLC y las maravillas de las reformas económicas de Salinas, no había escrito ni una sola línea en sus informes al

Departamento de Estado sobre la posibilidad de un levantamiento campesino en Chiapas.

"Nos agarraron con los pantalones bajos", me aseguró un funcionario de la embajada de los Estados Unidos unas cuantas semanas después del levantamiento zapatista. "No teníamos ni la menor idea."

Mucho después de la rebelión zapatista, el presidente Salinas también aseguraría que el levantamiento le había tomado por sorpresa. Atribuyó el alzamiento a "un fracaso total del sistema de inteligencia del Estado". En realidad, nada podía estar más lejos de la verdad.

Desde el mes de noviembre de 1990, los servicios de inteligencia mexicanos habían informado al gobierno sobre el entrenamiento militar activo de los zapatistas en Chiapas. En 1993, la presencia de los rebeldes en Chiapas se había convertido en un secreto tan público que varios medios de información independientes, como la revista *Proceso*, habían informado sobre su existencia.

Pero el gobierno de Salinas había negado rotundamente las informaciones sobre una presencia guerrillera en Chiapas. Por entonces, Salinas estaba peleando uno por uno los votos de los legisladores en el Congreso norteamericano para que aprobaran el TLC, y no quería que ninguna mala noticia echara a perder su proyecto. Salinas había llegado a la conclusión, apoyada por sus cabilderos en las negociaciones del TLC, de que noticias como la existencia de una fuerza guerrillera en México darían un arma poderosa a los congresistas norteamericanos que se oponían al tratado argumentando que México sería un socio comercial peligrosamente inestable.

En mayo de 1993, siete meses antes del levantamiento zapatista, había existido un enfrentamiento sangriento entre los rebeldes y el ejército en Monte Corralchén, cerca de la población chiapaneca de San Miguel. Una patrulla militar estaba verificando informaciones sobre actividades guerrilleras en la zona el 22 de mayo cuando, a las 5 de la tarde, había sido atacada por los rebeldes. La patrulla había llegado accidentalmente al campamento rebelde Las Calabazas, cuartel del Quinto Regimiento zapatista. Siguió un enfrentamiento armado de seis horas, hasta que el subcomandante Marcos emitió un mensaje por radio a los rebeldes ordenando que destruyeran el campamento y se retiraran. Cerca de la medianoche, los guerrilleros abandonaron la zona, dejando tras ellos un rebelde muerto, un indígena tzeltal adolescente conocido como Rafael. También fue muerto el subteniente del ejército José Luis Vera, nacido en la Ciudad de México, de veintidós años.

Cuando el ejército entró en el campamento rebelde, los oficiales quedaron asombrados: el cuartel era enorme, con espacio para albergar a 200 guerrilleros, y estaba equipado con electricidad, televisores, cocinas y hasta un campo de vóleibol a pocos metros de distancia. En el campo de entrenamiento rebelde, el ejército federal encontró réplicas en cartón de tanques y de los barracones militares de Ocosingo. Era obvio que la guerrilla planeaba un ataque al cuartel militar.

Unos días después, el ejército capturó a diez sospechosos armados —ocho indígenas tzeltales mexicanos y dos guatemaltecos— que fueron acusados de homicidio y "traición a la patria". Los documentos en los tribunales de Chiapas decían que los sospechosos llevaban 11 armas de varios calibres, equipo de radio y "propaganda subversiva", pero todas las referencias a la actividad subversiva desaparecieron inmediatamente de los comunicados gubernamentales. Las acusaciones contra los indígenas se sustituyeron rápidamente por "bandolerismo" y el ejército, según varios oficiales a regañadientes, hizo una declaración pública en que afirmaba que el enfrentamiento en Monte Corralchén había sido "contra un grupo de individuos cuyo número aún no ha sido determinado, que supuestamente realizaban actividades ilegales".

"Definitivamente, no hay guerrilla en Chiapas", me dijo Patrocinio González, el secretario de Gobernación mexicano, mirándome a los ojos en una entrevista en su oficina unos días después de la batalla de Monte Corralchén. Echando bocanadas de humo de su habano y con una sonrisa benévola, Patrocinio —un hombre medio calvo al final de sus cincuenta que estaba emparentado con la familia de Salinas por vía de su mujer— me recordó que había sido gobernador de Chiapas hasta hacía tan sólo unos meses, y que por lo tanto pocos conocían la situación en ese estado como él. "Hay invasiones de tierras y enfrentamientos que dejan heridos y hasta muertos, pero está lejos de ser un problema guerrillero. Son conflictos internos, no es una insurgencia."

Por supuesto, no estaba diciendo la verdad. El primero de varios informes del gobierno mexicano sobre los zapatistas había sido elaborado el 30 de noviembre de 1990 por el Centro de Investigación y Seguridad Nacional (CISEN), la agencia de inteligencia de la Secretaría de Gobernación, y llevaba el nada equívoco título de "La presencia de grupos guerrilleros en Chiapas".

El informe secreto de 16 páginas, que me fue entregado por un funcionario de la Secretaría de Gobernación un año después, estaba lleno de nombres, afiliaciones políticas y lugares de entrenamiento de los rebeldes, y no dejaba ninguna duda sobre sus preparativos para la guerra. Calculaba las fuerzas de la guerrilla en "600 individuos armados" y citaba a algunos campesinos desplazados que afirmaban que los rebeldes habían recibido su equipo de radio-comunicación del obispo de San Cristóbal, monseñor Samuel Ruiz.

En los tres años siguientes se redactarían numerosos informes del CISEN y de la inteligencia militar sobre la presencia de los rebeldes en Chiapas. Uno de los más explícitos era un informe de mayo de 1993, escrito por los comandantes militares de Chiapas poco después de la batalla de Monte Corralchén, en el que informaban a sus superiores sobre las réplicas de cartón de instalaciones militares que habían encontrado en el campamento guerrillero capturado.

Recordando este enfrentamiento, Marcos me diría meses después que la ausencia de represalias del gobierno tras la batalla le había dejado confundido. Marcos señaló que en los días que siguieron al combate, "el ejército hizo lo que hacen los ejércitos: empezaron a desplegar sus tropas, a tomar posiciones para acabar con las guerrillas. Pero de repente, al cabo de unos días, se retiraron. No era una decisión militar, era una decisión política.... En vísperas de la votación del TLC, esa retirada no podía haber sido un error del ejército federal. Estoy convencido de que fue una decisión política que venía de muy arriba. Sólo podía venir del presidente de la República".[3]

Salinas pensó que podría prevenir un estallido guerrillero en Chiapas con un enorme aumento de recursos gubernamentales para las poblaciones en que actuaban los rebeldes y, si esto no funcionaba, tal vez reprimiendo drásticamente a los insurgentes después de que la aprobación del TLC hubiera sido plenamente asimilada en Estados Unidos. Pero la rebelión zapatista le tomó de sorpresa: había sido lanzada antes de que él pudiera poner en marcha sus planes para desbaratarla.

Uno de los altos funcionarios del gobierno que había discutido varias veces con Salinas la necesidad de prevenir un levantamiento en Chiapas era el entonces secretario de Desarrollo Social y futuro candidato del PRI, Colosio. El secretario tenía información de primera mano sobre el tema,

---

3 En una entrevista con el autor en Cartagena, Colombia, el 14 de junio de 1994, Salinas dijo que no había tenido conocimiento de la dimensión del movimiento rebelde armado en Chiapas, y citó como prueba de ello el hecho de que había visitado la población chiapaneca de Guadalupe Tepeyac, que más tarde iba a ser el cuartel general de los rebeldes, el 5 de septiembre de 1993. Pero no había manera de que Salinas pudiera haberlo ignorado: además de los informes de inteligencia que según los ayudantes de Salinas llegaron a su escritorio, el semanario independiente mexicano *Proceso* había publicado un reportaje anunciado en la portada el 7 de junio de 1993, informando sobre la existencia de por lo menos seis campamentos guerrilleros en Chiapas. La noticia incluso atrajo la atención de algunos medios internacionales: el *Miami Herald* publicó un reportaje de primera plana el 28 de junio de 1993, con el título "¿Guerrillas en Chiapas?"

entre otras cosas porque varios de sus colaboradores más cercanos eran ex activistas de izquierda que habían trabajado en organizadores campesinas de Chiapas y conocían mejor que muchos el juego interno de los movimientos izquierdistas de la zona.

En una entrevista un día antes de su trágica muerte, ocurrida el 23 de marzo de 1994, Colosio me reconoció que a mediados de 1993 había recibido de su representante en Chiapas, Juan Manuel Mauricio Legizamo, un informe confidencial en que le pedía urgentemente el equivalente de 13 millones de dólares para programas sociales de emergencia en el estado. La comunicación, fechada el 16 de junio de 1993, exigía la creación inmediata de hospitales, caminos y sistemas de drenaje para ayudar a contrarrestar "la gravedad de la presencia de movimientos armados" en la selva lacandona.

Cuando le pregunté a Colosio si le había transmitido esa información al presidente, alzó las cejas y abrió las manos. El gesto era inequívoco: por supuesto que sí.

Entonces, ¿qué es lo que había fallado? Salinas había autorizado los fondos y había decidido enviar a Colosio a Chiapas en agosto de 1993 para distribuir dinero entre las comunidades indígenas más inquietas, dijo Colosio. Además, el presidente le había dado instrucciones para que se reuniera con los grupos de fachada de las organizaciones rebeldes y los invitara a participar en la decisión sobre cómo gastar el dinero, el primer paso para futuros intentos de cooptar a sus dirigentes. Colosio realizó su gira a Chiapas, pero no sirvió de mucho. "Mirando hacia atrás y considerando los niveles de sufrimiento y las demandas de la gente que encontramos allá, es obvio que llegamos demasiado tarde", concluyó Colosio.

El levantamiento zapatista había dejado por lo menos 145 muertos, cientos de heridos y más de 25.000 refugiados de guerra. En su prisa por lanzar a México al Primer Mundo —y ante su temor de alarmar a los Estados Unidos—, el gobierno de Salinas había ocultado las numerosas evidencias de la existencia de guerrilleros en México. En un sistema sin controles y contrapesos eficientes, en que el gobierno siempre había sido capaz de comprar a los medios de comunicación más importantes y escribir la historia a su antojo, Salinas pensó que podía salirse con la suya calificando a cualquier incidente de violencia en Chiapas como producto de ancestrales conflictos entre los campesinos por la tierra. Su política de negación le iba a costar muy cara a México.

3

Chiapas: ópera y revolución

Percibí que algo andaba mal en Chiapas desde el momento mismo en que llegué allí. Era el 2 de enero de 1994, un día después del levantamiento zapatista. Como cientos de periodistas procedentes de todo el mundo, había tomado el primer vuelo de Mexicana que salía de la Ciudad de México a la capital de Chiapas, Tuxtla Gutiérrez. Habíamos llegado con un retraso de dos horas debido al mal tiempo: una demora que, según se me aseguró, no estaba nada mal para ese vuelo.

Desde el aire, el aeropuerto de Tuxtla se veía como una pequeña mancha en medio de una zona árida y escarpada. Pero visto desde tierra, resultó ser un edificio moderno, bastante lujoso para lo que se suponía era uno de los rincones más olvidados del mundo. Tenía pisos de mármol superlustrados, hermosos techos de cedro y una enorme cafetería con vista panóramica a las pistas de aterrizaje. Aparte de esto, no percibí nada extraordinario sobre el aeropuerto de Tuxtla, hasta que tomé un taxi para dirigirme a la ciudad.

Llevábamos andando más de cinco minutos por una autopista cuando me entró curiosidad al no ver ninguna casa ni ningún otro signo de civilización en la carretera. Después de diez minutos, seguía sin ver signo de vida alguno a mi alrededor. Unos minutos después, no pude con mi curiosidad, y le pregunté al taxista cuánto tardaríamos en llegar al hotel en Tuxtla. El hombre se volteó y me dijo con un rostro inmutable, "Enseguida... Como una media hora a más tardar..."

¿Media hora? ¿Manejando en medio del desierto? ¿A quién se le había ocurrido la idea de construir este aeropuerto tan lejos de la ciudad? ¿Qué sentido tenía? El taxista alzó las cejas con una sonrisa perspicaz, casi riéndose del inocente extranjero en el asiento de atrás. El aeropuerto había sido construido a 35 kilómetros de la ciudad porque un ex gobernador de Chiapas había vendido el terreno al estado, dijo. El ex gobernador —un cirujano sin experiencia política que según la sabiduría popular había recibido la gobernatura como premio por operar al presidente Echeverría— supuestamente había hecho una fortuna con la transacción, lo mismo que sus amigos, que habían recibido contratos para construir la autopista sobre la que viajábamos, me señaló con la mayor naturalidad.

Pero esto en sí no era gran cosa, siguió el taxista, encogiéndose de hombros. El problema era que el aeropuerto era inservible. El terreno estaba situado en un terreno alto y próximo a un enorme dique, lo que producía una gruesa capa de niebla que cubría el aeropuerto —y paralizaba el tráfico aéreo— todas las mañanas durante más de seis meses al año. ¿No se había retrasado mi vuelo desde la Ciudad de México por malas condiciones del tiempo en Tuxtla esa mañana? Sí, dije, algo sorprendido. Por lo menos dos veces por semana, el vuelo de la mañana procedente de la Ciudad de México salía con demora por la niebla en el aeropuerto de Tuxtla. Con frecuencia, había que desviar los vuelos a los estados cercanos.

El aeropuerto había sido construido pese a un sinnúmero de estudios que recomendaban no hacerlo en esa ubicación. Pronto me enteraría de que existían todo tipo de chistes sobre el tema. Según una historia que los chiapanecos juraban era cierta, la niebla era tan densa que un día durante la construcción del aeropuerto en 1979 se había producido un choque de dos excavadoras por la mala visibilidad, y uno de sus conductores había resultado herido de gravedad. Poco después de la partida del gobernador-cirujano, su sucesor se había unido a las críticas generalizadas al aeropuerto, pero señalando que por lo avanzado de los trabajos no tenía más alternativa que terminar su construcción. En vez de llamarlo por su nombre, "Llanos de San Juan", lo había denominado burlonamente "Ya no se ve".

La ubicación del aeropuerto había sido tal fuente de vergüenza para los sucesivos gobernadores de Chiapas que ninguno había querido inaugurarlo. El aeropuerto había sido abierto al tráfico el 22 de agosto de 1980, pero nunca había existido una ceremonia de apertura ni una placa conmemorativa, porque ningún gobernador de Chiapas había querido que su nombre figurara en un letrero que lo asociara con el ignominioso aeródromo. De manera que, más de una década después, el aeropuerto seguía siendo quizás el único del mundo que nunca había sido inaugurado oficialmente ni denominado con el nombre de algún héroe nacional o local.

¿Había disminuido la corrupción bajo los siguientes gobernadores de Chiapas? Cuando días después planteé esta pregunta a prominentes ciudadanos de Chiapas, recibiría sonrisas sarcásticas. La saga de la construcción del aeropuerto de Tuxtla era sólo una de tantas historias de humor negro sobre la ineptitud y mala fe del gobierno en ese remoto rincón de México.

En 1992, el entonces gobernador de Chiapas, Patrocinio González, había anunciado con bombos y platillos que había conseguido permiso del cuartel militar de Tuxtla para usar parte del aeropuerto militar de la ciudad para vuelos civiles. Los residentes de Tuxtla y los viajeros frecuentes a la ciudad reaccionaron con júbilo: por fin, ya no tendrían que hacer el insufrible recorrido al lejano aeropuerto.

Gracias a Patrocinio, como se conocía comúnmente al entonces gobernador (aunque sus enemigos políticos lo llamaban Latrocinio), una línea aérea —Aviacsa— obtuvo permiso para aterrizar en el nuevo aeropuerto de la ciudad. Aviacsa construyó de inmediato una terminal de pasajeros en un costado del aeropuerto militar, y una extensión de 500 metros de pista de aterrizaje adicional. En 1993, cuando se finalizó la terminal, la mayoría de los pasajeros dejaron de volar en Mexicana —que aún aterrizaba, cuando podía, en el aeropuerto más lejano— para ir en Aviacsa. Se trató de un importante triunfo político del gobernador. Digan lo que digan sobre él, Patrocinio consigue las cosas, decía la gente.

No fue sino hasta un año después, en febrero de 1994, cuando los residentes de Chiapas leyeron con asombro en las páginas de finanzas de los periódicos de la Ciudad de México que Patrocinio era desde hacía tiempo un importante accionista de Aviacsa. Después de hacer prosperar a la línea aérea durante su gubernatura, los informes de prensa aseguraban que Patrocinio había vendido sus acciones a un grupo de Monterrey por 5 millones de dólares poco después de trasladarse a la Ciudad de México para asumir su nuevo puesto de secretario de Gobernación. Ahora, de ser ciertas las informaciones, la capital de Chiapas tenía dos aeropuertos, y dos ex gobernadores sumamente felices.[1]

---

1 Un multimillonario mexicano amigo de Patrocinio González señaló al autor que Aviacsa era propiedad del Estado de Chiapas, y que el ex gobernador había vendido la empresa en calidad de tal. Pero un funcionario de gobierno puso en duda dicha aseveración. González no respondió a llamadas del autor para esclarecer el asunto.

Enterrado en los periódicos del 2 de enero de 1994 entre las noticias sobre el levantamiento zapatista, encontré un pequeño recuadro en un periódico local que me llamó inmediatamente la atención. Era una historia que informaba, casi de paso, que el jefe de policía del ex gobernador Patrocinio González estaba siendo investigado en conexión con los asesinatos de 20 travestis.

En los dos últimos años, los travestis más famosos de Tuxtla Gutiérrez habían sido muertos en asesinatos estilo ejecución. Muchos habían sido levantados en la Avenida Central, donde prostitutas travestis solían esperar a sus clientes, y llevados a caminos poco transitados fuera de la ciudad, donde eran asesinados con una ráfaga de balas. Un travesti conocido como La Gaby había sido encontrado con nueve heridas de bala en el pecho. Otro, conocido como Chentilla, fue encontrado con un orificio de bala en la cabeza y otros nueve en el cuerpo. Varios otros habían seguido su misma suerte.

Cuando los travestis, aterrorizados, dejaron de caminar por las calles, los misteriosos asesinos empezaron a dispararle a hombres homosexuales. El ex gobernador le había minimizado el asunto, diciendo que los informes de veinte asesinatos de homosexuales eran una burda exageración y que, hasta donde él sabía, los casos eran sólo siete. Además, el futuro secretario de Gobernación se había valido de la controversia para congratularse por sus medidas para asegurar el orden, señalando que gran parte del escándalo estaba siendo provocado por grupos gay "que en los últimos meses no han podido ejercer con libertad sus desviaciones sexuales por la Avenida Central".

Durante dos años, hasta que el caso empezó a atraer la atención de grupos internacionales de derechos humanos, el jefe de policía de Chiapas había calificado las matanzas de "crímenes pasionales". Ahora, el propio jefe de policía estaba bajo investigación. Parecía que siempre había odiado a los gays, me decían funcionarios del gobierno local sin ningún asomo de ira, como si estuvieran explicando un fenómeno de lo más natural. Chiapas era el Far West de México, la tierra salvaje donde todo se valía.

Al final del segundo día del levantamiento, el antes desconocido Ejército Zapatista de Liberación Nacional (EZLN) había abandonado San Cristóbal y estaba rodeando el batallón militar de Rancho Nuevo en las afueras de la ciudad. Antes de abandonar San Cristóbal, los rebeldes habían tomado la cárcel y liberado a los 179 presos que calificaron de víctimas de la discriminación contra los indígenas (entre los que se encontraba un afortunado antropólogo norteamericano encarcelado bajo acusación de haber violado y golpeado salvajemente a la indígena chamula de 13 años con la que se había casado hacía poco).

Ahora, los zapatistas se encaminaban en varias direcciones. Ya habían tomado las poblaciones de Oxchuc, Chanal, Huixtla, Altamirano y Las Margaritas. Algunos informes decían que se dirigían a la capital del estado. Llevaban con ellos una tonelada y media de dinamita que habían tomado del monopolio estatal del petróleo, PEMEX, lo suficiente para hacer estallar cualquier instalación petrolera del país.

El 6 de enero, la crisis se había extendido más allá de Chiapas, provocando una creciente alarma en la comunidad financiera internacional. Los periódicos informaron que rebeldes sin identificarse habían hecho estallar torres de electricidad en los estados de Michoacán y Puebla. Documentos confidenciales de la Secretaría de Gobernación que me fueron mostrados meses después afirmaban que 12 torres de electricidad más habían sido derrumbadas o gravemente dañadas en otras partes del país. El 7 de enero, un potente coche bomba explotó en el centro comercial de Plaza Universidad en la Ciudad de México. El temor de un levantamiento guerrillero generalizado se expandía por todo el país.

En la Ciudad de México, Salinas enfrentaba una rebelión en el seno de su propio gabinete. Sus ayudantes de más alto rango estaban profundamente divididos entre quienes estaban a favor de un aplastamiento militar de los rebeldes, entre ellos el secretario de Gobernación Patrocinio González y el asesor presidencial José María Córdoba, y los que recomendaban un acuerdo de paz con los guerrilleros, liderados por el secretario de Relaciones Exteriores Manuel Camacho Solís. Este último, un político ambicioso que estaba sentido por no haber sido escogido por su amigo Salinas como candidato presidencial del PRI, amenazaba con renunciar. Sus exhortaciones privadas a Salinas en los primeros días de la rebelión de Chiapas de que se iniciaran negociaciones de paz habían sido ignoradas por el presidente. Ahora, la posible renuncia de Camacho en la cúspide de la ola de violencia amenazaba en convertir el conflicto armado de Chiapas en una crisis política nacional, exactamente lo que Salinas estaba tratando de impedir.

El secretario de Relaciones Exteriores, un hombre esbelto y de aspecto juvenil en la mitad de sus cuarenta que había hecho buenas amistades en círculos intelectuales de centro-izquierda durante sus años en la academia, solicitó una audiencia privada con Salinas el 8 de enero. Era un sábado en la mañana, y Salinas lo recibió en su despacho presidencial. Camacho comenzó por manifestar su desacuerdo con la estrategia del gobierno de minimizar el levantamiento zapatista y presentarlo como un problema limitado a un pequeño rincón de una provincia remota, donde un grupo de indígenas había sido engañado por "profesionales de la violencia".

"Mi acuerdo es muy simple. En una semana, el país ha perdido casi todo el prestigio internacional que había ganado en esta administración", dijo Camacho al presidente, depositando sobre la mesa una gruesa carpeta de recortes de prensa norteamericanos y europeos que llevaba con él. "Aquí tengo el análisis detallado. Todas las primeras planas, todos los noticieros del mundo destacan lo que ha sucedido en Chiapas y reprueban la acción del gobierno mexicano. Creo que las repercusiones financieras serán inminentes. Este es el último fin de semana de tranquilidad financiera. El retiro de fondos del exterior puede ser masivo y súbito."

Salinas escuchaba atentamente.

"Pero eso tampoco es ya lo más importante", continuó Camacho. "El Estado está en una crisis de fondo. Una cosa es que el ejército resista un ataque e incluso que pueda ganar la guerra, y otra son sus implicaciones políticas. ¿Podría México ganar la guerra contra sus propios indios? A eso lleva la posición actual del gobierno."

Camacho fue al grano: quería que el gobierno abandonara su postura de línea dura y ser designado mediador para resolver la crisis pacíficamente.

"No hay nada que pueda hacer yo en la Secretaría de Relaciones Exteriores para ayudar a resolver el conflicto. Puedo aparecer en uno, dos o diez programas de televisión en Estados Unidos, y eso ¿en qué cambia la situación? Y sobre todo, ¿qué es lo que voy a decir, y qué voy a defender?... Carlos..., yo no estoy dispuesto a ser el secretario de Relaciones que defiende si hubo diez muertos más o diez muertos menos. No creo en eso. No estoy dispuesto a defender eso."

La conversación duró horas. Camacho presentó un argumento convincente en favor de lanzar una ofensiva de paz. Era crucial que el gobierno cambiara su posición y fuera visto como la fuerza de moderación, paz y reconciliación nacional. Camacho se manifestó dispuesto a dejar de inmediato la Secretaría de Relaciones Exteriores y a convertirse en el negociador de paz del gobierno. El presidente terminó la reunión con la promesa de tomar una decisión en los próximos días. Tenía sentimientos encontrados: Camacho, de quien algunos decían que todavía estaba tratando de convertirse en candidato presidencial con o sin el apoyo del PRI, quería situarse en el centro de la nueva crisis por sus propias razones políticas. Y estaba el asunto de los vínculos de Camacho con la izquierda durante su reciente ejercicio como regente de la Ciudad de México: ¿no había —a sabiendas o no— proporcionado ayuda económica a algunos de los mismos grupos militantes de izquierda, como los chóferes de autobuses de la Ruta 100, que apoyaban a los rebeldes zapatistas?

Dos días después, el 10 de enero, Salinas nombró a Camacho como negociador de paz del gobierno. Los sondeos de opinión pública ya manifestaban un apoyo creciente al subcomandante Marcos y sus demandas de justicia para los indígenas. Siguiendo el consejo de los pacifistas en el seno de su gabinete —y de dos inverosímiles asesores externos, el jefe del ejército sandinista nicaragüense, general Humberto Ortega, y el ex jefe guerrillero salvadoreño, Joaquín Villalobos, que hicieron viajes secretos a México para ofrecer al gobierno sus opiniones desde su óptica de ex dirigentes guerrilleros—, el 12 de enero el presidente anunció un cese al fuego unilateral. Poco después, declararía una amnistía para los guerrilleros.

Los asesores de imagen de Salinas dijeron que el presidente había cambiado de estrategia porque se había conmovido por las demandas de justicia social de los indígenas. Los integrantes de su gabinete, sin embargo, sabían que su cambio de rumbo se debía por lo menos parcialmente a la rebelión de Camacho, y por el temor de que su secretario de Relaciones Exteriores hiciera escalar la crisis política nacional renunciando en protesta.

El nombramiento de Camacho como comisionado de la paz cayó como un balde de agua fría sobre la campaña de Colosio. Como era de esperar, el ambicioso negociador de paz prontó empezó a acaparar los titulares a costa de Colosio. Los columnistas políticos pronto empezaron a plantear una pregunta insistente: ¿iba Salinas a escoger a Camacho para sustituir a Colosio como candidato del PRI si el esfuerzo de mediación en Chiapas terminaba bien?

Uno de los más preocupados con el tema era el jefe de campaña de Colosio, Ernesto Zedillo Ponce de León. En un memorándum confidencial a su jefe fechado el 19 de marzo de 1994, Zedillo advertía a Colosio que las condiciones de la campaña habían cambiado: ya no se podía seguir contando con el presidente Salinas como un aliado incondicional. Salinas estaba cada vez más aislado, y sus principales colaboradores lo estaban abandonando a medida que se iba acercando el fin de su mandato. Hasta la rebelión de Chiapas a principios de enero, la prioridad máxima de Salinas había sido asegurar que su candidato fuera elegido, escribió Zedillo. Ahora, la prioridad máxima del presidente sería resolver el problema de Chiapas y terminar su presidencia en forma triunfal. "Todo esto alienta las tentaciones de Manuel Camacho y acentúa el riesgo de distanciamiento por parte del Señor Presidente", escribió Zedillo. Mucho después de la muerte de Colosio, cuando el comunicado de Zedillo se filtró al diario *Reforma*, los teóricos de la conspiración tuvieron un día de campo: señalaban que esto probaba que Salinas quería deshacerse de Colosio, y que miembros del círculo íntimo presidencial podrían haber ordenado la muerte del candidato. En rigor, el memorándum de Zedillo no contenía nada que pudiera avalar tal conclusión. Pero las palabras de Zedillo dejaban pocas dudas de que las tensiones se iban incrementando dentro de la elite gobernante.

La rebelión zapatista había reabierto —tal vez sin proponérselo— la lucha dentro del gobierno por la sucesión presidencial.

¿En qué medida eran los zapatistas un ejército de campesinos indígenas desposeídos y de ideología indefinida que sólo exigían sus derechos básicos, como habían sido presentados al principio por la mayoría de nosotros en los medios de comunicación? ¿Era su dirigente, el subcomandante Marcos, un verdadero demócrata? ¿O simplemente se trataba de una fuerza guerrillera marxista más, con buen entrenamiento, que se diferenciaba de otras sólo por las declaraciones públicas aparentemente moderadas de su comandante, tan consciente de su imagen?

De la manera en que fueron presentados a millones de televidentes norteamericanos, los zapatistas eran un fenómeno nuevo, un levantamiento indígena sin ataduras ideológicas cuyo único fin era la democracia. Hasta el programa *60 Minutes* de la cadena CBS dedicó su nota de portada a un perfil entusiasta del subcomandante Marcos, representándolo —como muchos de nosotros lo hicimos, algunos más que otros— como un virtual boy scout.

"Lo que Robin Hood fue para el pueblo de Sherwood Forest, el subcomandante Marcos se ha convertido para el pueblo de México, un luchador por los derechos de los campesinos atrapados en la pobreza por grandes terratenientes", señaló el corresponsal de *60 Minutes* Ed Bradley en las líneas de apertura del programa, sin plantear la posibilidad de que Marcos pudiera ser un luchador por un estado proletario de partido único.

"Queremos democracia, es decir, el derecho de la gente a escoger el gobierno y la forma de este gobierno", dijo Marcos a Bradley. "Queremos libertad, es decir, que cada quien tenga derecho a escoger una u otra cosa. Queremos justicia."

Bradley: ¿Así que básicamente, lo que están pidiendo son derechos individuales básicos?

Marcos: Sí.

Bradley: Lo que llamamos en Estados Unidos vida, libertad y la búsqueda de la felicidad.

Marcos: Sí.

Los zapatistas querían eso, y mucho más. Lo que la mayoría de los periódicos norteamericanos y europeos denominaban simplemente un "ejército indígena" era en realidad una de los brazos armados del grupo guerrillero marxista dominado por líderes de tez blanca y dirigido por el comandante en jefe Germán en la Ciudad de México. No había nada improvisado respecto a los antecedentes ideológicos de los dirigentes zapatistas: se trataba de la lucha de clases, en su modalidad más radical.

A juzgar por los primeros comunicados zapatistas, los documentos internos de los rebeldes y las propias respuestas de Marcos cuando le pregunté sobre el tema, no cabe duda de que los zapatistas nacieron como un grupo guerrillero marxista tradicional. Si se diferenciaban de sus antecesores, fue porque los zapatistas cambiaron su retórica tras la rebelión del primero de enero, cuando su dirigente, muy hábil en el manejo de los medios de comunicación, descubrió las ventajas de acentuar la participación indígena en su levantamiento. La mayor diferencia entre los zapatistas y los grupos guerrilleros latinoamericanos que los precedieron, sin embargo, fue que los rebeldes mexicanos habían triunfado allí donde el "Che" Guevara y tantos otros habían fracasado: los dirigentes rebeldes mexicanos, blancos y de clase media, se habían ganado la lealtad de un gran número de comunidades indígenas.

El ejército zapatista era el brazo rural de las Fuerzas de Liberación Nacional (FLN), uno de los grupos guerrilleros más antiguos de México. Las FLN nacieron el 6 de agosto de 1969 en la ciudad industrial norteña de Monterrey, como una rama de otro grupo rebelde marxista, el Ejército Insurgente Mexicano. En los años setenta, el nuevo grupo guerrillero había captado los titulares con acciones urbanas como ataques a grandes almacenes en Monterrey, y había empezado a desarrollar algunos grupos de apoyo campesinos en Chiapas. En 1980, según documentos internos hechos públicos por el gobierno, las FLN habían adoptado como símbolo una estrella roja de cinco puntas y habían establecido —al menos por escrito— una organización de cuatro niveles: una dirección nacional, un politburó, un frente urbano llamado "Estudiantes y Obreros en Lucha" y un frente rural llamado "Frente Zapatista de Liberación Nacional".

Según los documentos internos de las FLN, desertores zapatistas y fuentes allegadas al movimiento, el grupo había adoptado para entonces una estrategia maoísta de "guerra popular prolongada", que iba a combinar acciones guerrilleras urbanas y rurales en todo el país con protestas masivas de la población civil para desgastar al gobierno y acabar por derrocarlo. De acuerdo con este plan, un grupo de jóvenes marxistas, graduados en filosofía y sociología de la Universidad Autónoma Metropolitana de México (UAM), se había trasladado a Chiapas a principios de los años ochenta para poner en marcha el frente guerrillero rural de las FLN. Muchos militantes de izquierda habían pasado tiempo en Chiapas anteriormente, en los años setenta, como el hermano mayor de Salinas, Raúl. Pero aquella generación ya estaba en sus cuarenta y cincuenta, y muchos de sus cuadros ya habían regresado a la capital y aceptado puestos de gobierno para dirigir diversos programas sociales. Sin embargo, muchos de los dirigentes campesinos que habían sido capacitados por aquella generación de militantes izquierdistas habían permanecido en la selva y pronto fueron contactados por la nueva camada de activistas recién llegados de la Ciudad de México. Con el transcurso de los años, estos infiltraron a grupos de base católicos creados por monseñor Ruiz, el obispo de San Cristóbal de las Casas, el sacerdote a quien los ganaderos chiapanecos de derecha llamaban "el obispo rojo".

A principios de los noventa, el grupo guerrillero dirigido por el comandante en jefe Germán había formado un considerable ejército rebelde en Chiapas, constituido por intelectuales de la Ciudad de México, dirigentes campesinos mayas y activistas de grupos laicos de la arquidiócesis de San Cristóbal. Los pilares del brazo militar de las FLN en Chiapas eran tres subcomandantes —el subcomandante Marcos, que estaba a cargo de la zona de Ocosingo; el subcomandante Daniel, que encabezaba la región de Altamirano; y el subcomandante Pedro, que dirigía las tropas en la zona de Las Margaritas—, todos ellos intelectuales blancos procedentes de la capital mexicana. Los dirigentes zapatistas eran hombres jóvenes e idealistas, pero no eran Robin Hoods luchando por una democracia copiada de la norteamericana: su meta original, como ellos mismos lo apuntaban en sus documentos internos, había sido establecer una "dictadura del proletariado".

Los derechos indígenas nunca habían sido el eje central central del programa de las FLN: como otros grupos marxistas de línea dura, la organización se proponía —según sus estatutos— la toma del poder por parte de obreros y campesinos para "formar un partido político único basado en los principios del marxismo-leninismo". Sus principales enemigos eran "el imperialismo, sobre todo el norteamericano, sus socios locales, la burguesía mexicana, y los títeres que forman el Estado burgués mexicano y sus brazos armados".

Los primeros comunicados oficiales de los zapatistas después del levantamiento del primero de enero de 1994 hacían sólo referencias marginales a los derechos indígenas. *El Despertador Mexicano*, el primer periódico oficial de los zapatistas, casi no se refería a los indígenas como grupo étnico. La revolución zapatista, decía, estaba siendo llevada a cabo por "los pobres, explotados y miserables de México" contra "el gobierno opresivo y los grandes explotadores del pueblo nacionales y extranjeros".

¿Se trataba de un descuido? No lo parecía. En su "Declaración de la Selva Lacandona", la declaración oficial hecha pública por los rebeldes el día del levantamiento, el grupo declaraba la guerra a la "dictadura de Salinas" y enumeraba once demandas básicas: "trabajo, tierra, techo, alimentación, salud, educación, independencia, libertad, democracia, justicia y paz". El grupo rebelde de 2.500 miembros que se había alzado en armas contra el ejército federal de 170.000 hombres anunciaba su quijotesco plan de "avanzar hacia la capital del país, venciendo al ejército federal mexicano", y prometía solemnemente celebrar juicios sumarios por acusaciones de traición a los oficiales del ejército "que hayan sido asesorados, entrenados o pagados por extranjeros, sea dentro de nuestra nación o fuera de ella". Su declaración también prometía "suspender el saqueo de nuestros recursos naturales" por parte de compañías multinacionales y confiscar propiedades rurales "que excedan las 50 hectáreas en condiciones de mala calidad, y de 25 hectáreas en condiciones de buena calidad".

Fue sólo después de la primera semana de combates, cuando los rebeldes zapatistas habían ganado las primeras planas de los periódicos de todo el mundo, cuando el subcomandante Marcos comenzó a desenfatizar la convocatoria zapatista a la lucha de clases, y a subrayar la naturaleza indígena de la rebelión. Los servicios de inteligencia mexicanos pronto sacaron su propia conclusión: alguien —quizá simpatizantes de los zapatistas en la Iglesia Católica mexicana, o allegados a los rebeldes en Estados Unidos o Europa— había leído la reacción internacional al levantamiento y aconsejado a Marcos que dejara a un lado la retórica socialista, que ya había pasado de moda en el resto del mundo, y jugara la carta indígena. Era la causa de los indígenas lo que estaba llamando la atención en Nueva York, París, Madrid y la Ciudad de México, y lo que había contribuido a convertir a los rebeldes de Chiapas en estrellas de los medios de comunicación.

Marcos no negó el haber modificado su discurso político después de la rebelión. "El cambio fue una respuesta del Comité indígena a los ataques gubernamentales de que éramos extranjeros y 'profesionales de la violencia'", me señaló el líder guerrillero en una entrevista, citando las palabras con que el gobierno de Salinas se había referido a los zapatistas en los primeros días de la rebelión. "El Comité dice: 'Nosotros tenemos que hacer hincapié en la mexicanidad y en los indígenas, mostrar que no se trata de un movimiento financiado por gobiernos extranjeros, o por Castro, o por todo eso. Nosotros tenemos que decirle a la la gente que es un movimiento nacional, mexicano, que es de indígenas.'"

A medida que pasaban los días después del levantamiento zapatista, Marcos afinaría aún más su discurso para describir el alzamiento como una rebelión ideológicamente vaga, impulsada por la desesperación de los indígenas de Chiapas y su alarmante pobreza. La nueva línea resultó ser un éxito rotundo: pronto comenzaron a llegar entusiastas cartas de apoyo de grupos de derechos humanos de todo el mundo al cuartel de los rebeldes. Muchos intelectuales de izquierda, dolidos por el derrumbe del bloque soviético y decepcionados por la marcha progresiva de Cuba hacia un capitalismo totalitario, saludaron la aparición de lo que inmediatamente calificaron como la primera rebelión del mundo postcomunista. Así como la Revolución Mexicana de 1910 había sido el primer levantamiento social del siglo XX, precediendo a la Revolución Rusa en siete años, el levantamiento indígena en Chiapas pasaría a la historia como la primera rebelión étnica del siglo XXI, señalaban.

Marcos, un intelectual de izquierda cuya identidad seguiría siendo un misterio hasta más de un año después, rechazaba la idea de que su movimiento era, o había sido, marxista. Cuando le pregunté sobre la declaración del comandante Felipe del primero de enero acerca de que los zapatistas eran socialistas, Marcos se encogió de hombros: en los primeros días de la lucha, el dirigente indígena había sido acosado por los periodistas con preguntas sobre si eran capitalistas o socialistas y había respondido que lo segundo "por la sencilla razón de que no somos capitalistas", dijo. En cuanto a él: estaba luchando sólo por una apertura en el sistema autoritario mexicano.

Sin embargo, sin que se supiera en ese momento, Marcos había reafirmado sus votos marxistas hacía poco, en enero de 1993. Según testigos que luego desertaron del movimiento, Marcos se encontraba entre los altos dirigentes de las FLN que participaron en una reunión en la población chiapaneca de Prado en que el grupo había emitido una "Declaración de principios" que no tenía un ápice de moderación. En ella se declaraba, más de un año después del derrumbe de la ex Unión Soviética, que la meta de las FLN era "instaurar la dictadura del proletariado, entendida como un gobierno de trabajadores que impida la contrarrevolución y comience la construcción del socialismo en México".

La biblioteca personal que Marcos llevaba a cuestas tampoco parecía la de un apóstol de la democracia. Entre los pocos libros que conservaba en su cuartel general en la selva, una cabaña de seis habitaciones que debió abandonar a toda prisa tras una ofensiva del ejército más de un año después, los periodistas encontraron en la habitación del subcomandante *La historia me absolverá* de Fidel Castro, y *Obras revolucionarias* del Che Guevara, junto a manuales de Microsoft y Windows, y una pipa.

E incluso cuando sus declaraciones públicas eran mucho más moderadas que las de otros guerrilleros latinoamericanos que lo habían precedido, Marcos cada tanto hacía declaraciones que no eran precisamente ejemplos de tolerancia política. En una ocasión, en una declaración al diario *La Jornada* que más tarde se vería obligado a matizar, dijo que México enfrentaba la amenaza de una toma del gobierno por la "derecha fascista" y "la expresión más organizada de esa derecha, el PAN". No importaba que el Partido de Acción Nacional (PAN) hubiera estado luchando por la democracia representativa desde antes que Marcos naciera, al igual que muchos representantes de la izquierda democrática. A veces parecía que Marcos sólo aceptaba un tipo de gobierno democrático —el capitaneado por la izquierda revolucionaria.

Cuando le mencioné a una fuente mexicana cercana a la dirigencia zapatista que la Declaración de Principios de las FLN me sugería que los rebeldes no estaban luchando por una democracia representativa, el allegado a los altos mandos zapatistas le restó importancia al documento, sin negar su autenticidad. Me explicó que se trataba de un documento interno destinado a levantar la moral de las tropas, y por lo tanto estaba escrito en la retórica marxista a la que los cuadros indígenas se habían formado desde hacía tres décadas. No se podía cambiar ese lenguaje de la noche a la mañana, dejando a las tropas rebeldes en un estado de confusión ideológica en momentos en que se estaba preparando el alzamiento armado, señaló, a manera de justificación.

Tal vez fuera así. Quizás, Marcos estaba ya convencido en el momento de lanzar su levantamiento de que los días del comunismo habían quedado atrás. Pero un análisis serio de la rebelión zapatista no podía obviar el hecho de que el subcomandante había sido un oficial de alto rango de las FLN hasta el día mismo del levantamiento, lo cual planteaba dudas legítimas sobre si su moderación posterior a la insurrección no era una estrategia de relaciones públicas. Aunque la rebelión zapatista no podía explicarse simplemente como la obra de un pequeño grupo de radicales llegados desde la Ciudad de México, tampoco se trataba de una rebelión totalmente indígena, o puramente espontánea. Era un poco de ambas cosas: una ofensiva cuidadosamente planeada por un grupo guerrillero marxista dominado por gente de tez blanca, que había encontrado un considerable apoyo entre comunidades mayas que habían sido explotadas desde tiempos ancestrales.

No tuve que ir muy lejos para encontrar ejemplos de la miseria de la que estaban hablando los rebeldes zapatistas. Viajando por el sinuoso camino de montaña que unía la capital de Chiapas con San Cristóbal de las Casas, pasando por los retenes del ejército que detenían a los vehículos particulares para impedir su acceso a la zona de guerra, se veían a las mujeres indígenas caminando descalzas a la vera del camino, arqueadas por el peso de grandes fardos de leña que acarreaban en la espalda.

Eran asombrosamente pequeñas, de 1 metro 40 de estatura a lo sumo. Como no tenían agua potable ni electricidad en sus poblados, tenían que recorrer trechos de cinco horas para acarrear el agua y la leña que necesitaban para cocinar. Sus hombres —los que no habían emigrado a los Estados Unidos para ganarse la vida— trabajaban en el campo, librando una batalla perdida de antemano contra la realidad económica. Los drásticos recortes de los subsidios estatales y el rápido giro hacia la economía de libre mercado que los gobernantes mexicanos y norteamericanos pregonaban con tanto entusiasmo perjudicaban a los indígenas —los menos preparados para competir en el mercado global— más que a nadie.

Todo estaba en su contra. La reforma agraria, uno de los principales legados de la Revolución Mexicana, nunca se había puesto plenamente en práctica en Chiapas. Grandes números de indígenas habían vivido por varias generaciones en sus poblaciones, pero aún no tenían posesión legal de sus tierras. Tenían copias de decretos presidenciales que les concedían títulos agrarios, algunos de los cuales databan de hacía varias décadas, y habían pasado años tratando de conseguir que los "ingenieros" —como llamaban a los funcionarios del gobierno— reconocieran sus propiedades, pero todo era en vano. Ricos ganaderos chiapanecos habían bloqueado sus esfuerzos presentando recursos de amparo a esos decretos en los tribunales, y valiéndose de sus influencias política para asegurarse de que las leyes nunca se pondrían en vigor. En otras ocasiones, los grandes terratenientes infringían las regulaciones de la reforma agraria subdividiendo sus tierras en parcelas de tamaño legal, y registrándolas a nombre de amigos y parientes.

Cuando los frustrados indígenas protestaban, los ganaderos utilizaban sus influencias con las autoridades para que enviaran al ejército a reprimirlos, o contrataban a pistoleros privados —conocidos en Chiapas como Guardias Blancas— para someterlos. Cientos de indígenas habían sido muertos en esos conflictos de tierras en los últimos años. Pocos de los asesinos —si es que alguno— habían sido sometidos a la justicia. Los ganaderos tenían la ley de su lado: el artículo 225 del Código penal de Chiapas establecía sentencias de hasta cuatro años de prisión para los que tomaran tierras, edificios, plazas públicas, "u obstruyan las arterias de comunicación", lo cual significaba que los mayas corrían el riesgo de pasar largos períodos en la cárcel por el simple hecho de llevar sus protestas a las calles.

Cada vez más indígenas que tenían títulos legales se estaban quedando sin tierras para sus hijos. En los años sesenta, miles de indios chamulas habían migrado a la selva Lacandona, muchos de ellos evangelistas que dejaban atrás comunidades dominadas por la Iglesia Católica. Estos evangelistas habían fundado nuevas poblaciones en la selva a las que habían puesto nombre bíblicos, como Jerusalén, Jericó y Betania. En las dos décadas siguientes, les habían seguido los pasos indígenas tzeltales, choles, tzotziles y tojolabales procedentes de la parte norte y oriental del estado, que se habían quedado sin tierras y que veían la selva como un mundo de nuevas oportunidades, donde podían encontrar trabajo como leñadores y eventualmente conseguir un pedazo de tierra para sí mismos. Los nombres escogidos por los recién llegados para sus nuevas poblaciones reflejaban sus esperanzas: a lo largo y ancho de la selva Lacandona, habían surgido pueblos con denominaciones como El Triunfo, La Esperanza, y El Porvenir.

La migración silenciosa de miles de indígenas a la selva Lacandona también había sido impulsada por motivaciones místicas. Bajo el liderazgo del obispo Ruiz, la diócesis de San Cristóbal de las Casas había organizado hasta 4.000 trabajadores laicos para ayudar a difundir el evangelio de la teología de la liberación entre las comunidades indígenas de Chiapas. El texto principal de evangelización de los catequistas era el libro del Exodo, que en muchas comunidades era la única parte de la Biblia traducida a todas las lenguas indígenas. El mensaje de la Iglesia era que los indígenas oprimidos del norte de Chiapas representaban el pueblo de Israel, que huían de un régimen corrupto que era equivalente al de los egipcios en tiempos bíblicos, y que iban a construir una nueva sociedad en las tierras sin poblar de la selva Lacandona. El número de comunidades guiadas por la Iglesia Católica en la selva había crecido enormemente en las últimas décadas, y sus sacerdotes y catequistas habían estado predicando durante años la resistencia contra los despiadados barones del café y los generalmente corruptos funcionarios del gobierno.

Pero ahora, incluso los mayas que habían obtenido alguna tierra corrían el riesgo de perderla a consecuencia de un nuevo cambio constitucional: el gobierno de Salinas había derogado una norma constitucional inveterada por la que los campesinos que vivían en tierras ejidales tenían derechos de propiedad vitalicios sobre ellas, y por lo tanto no podían ser obligados a vender sus propiedades. A principios de los noventa, los indígenas chiapanecos se hallaban profundamente endeudados con sus proveedores y banqueros, quienes estaban a punto de reclamarles las propiedades para cobrarse sus préstamos.

La revocación constitucional de los títulos de tierras vitalicios no podía haber llegado en peor momento: los precios del café habían bajado más del 60% desde mediados de los ochenta, la ganadería se había derrumbado desde que los frigoríficos de todo el país habían dejado de comprar carne de Chiapas debido a informaciones oficiales sobre una epidemia en Ocosingo, y la tala de madera había caído enormemente por la decisión de Salinas de declarar una nueva prohibición al cortado de árboles por razones ecológicas en la víspera de viajar a la Cumbre de la Tierra en Río de Janeiro, Brasil. El decreto presidencial había sido aplaudido en las principales capitales del mundo, pero había provocado pánico en Chiapas.

Mientras ocurría todo esto, el crecimiento poblacional de Chiapas continuaba en aumento. Mientras que la población total del país crecía en un 2.1% anual, el crecimiento poblacional de Chiapas era de un 5.4%. En algunas de los poblados indígenas más pobres del estado, las tasas de crecimiento llegaban hasta un 7%. Las mujeres indígenas, ignorantes de los métodos de control de natalidad o desalentadas a usarlos por el obispo Ruiz —un hombre sumamente conservador en temas de control de natalidad—, solían tener siete, ocho o nueve hijos. La combinación de una economía en declive y el elevado crecimiento poblacional había dejado a muchos indígenas sin más opciones que abandonar sus comunidades y emigrar a las ciudades. No era fácil encontrar trabajo como bracero en el resto de México: desde el inicio del TLC, muchos agricultores mexicanos estaban sufriendo el impacto de una inundación de importaciones de maíz y trigo barato de Estados Unidos, que había llevado a muchos de ellos a la ruina.

Hacia el final del gobierno de Salinas, los indígenas que habían migrado del norte de Chiapas a la selva no sólo no habían logrado encontrar la tierra prometida, sino que sufrían una miseria aún mayor que la que habían dejado atrás. La mayoría de las comunidades indígenas de la selva tenían tasas de analfabetismo de más del 50%. En Altamirano, 75% de los hogares carecían de electricidad. En Las Margaritas, 73% carecían de agua potable. Y cuanto más se adentraba uno en la selva, menos se encontraba con lujos tales como techos de lámina, pisos de concreto o escuelas y hospitales. Cada año morían miles de enfermedades curables, como diarrea.

Chiapas era, como bien lo decía Marcos, "el sótano de México", una parte de la casa a la que no llegaba el glamour del norte de México, y que pocos visitantes de afuera veían. En ese contexto, Marcos y los militantes de izquierda que lo acompañaban habían encontrado un terreno fértil para reclutar los soldados de su ejército campesino. La labor misionaria del obispo Ruiz había caído en una enorme contradicción: el obispo había apoyado la resistencia activa contra la explotación y el maltrato de los indígenas, si era necesario con las armas, pero no aprobaba la guerra de guerrillas como medio para derrocar al gobierno. A medida que las reformas de libre mercado de Salinas hundían a las comunidades indígenas en una desesperación cada vez mayor, el ejército campesino de Marcos se convertía en una opción más atractiva para los indígenas que los llamados de Ruiz a una resistencia activa, pero pacífica.

En aquellos primeros días de la rebelión zapatista, mezclada entre la multitud de corresponsales extranjeros y activistas de derechos humanos que habían llegado a Chiapas, había una diminuta mujer filipino-norteamericana, vestida en blue jeans y tenis blancos, y con una cámara automática colgada al cuello. Su nombre era Josephine Jiménez. No era ni periodista, ni activista de derechos humanos, ni espía de algún gobierno extranjero, sino la encargada de mercados emergentes de uno de los grandes fondos de inversión norteamericanos, que viajaba de incógnito en calidad de turista.

Jiménez había leído todo lo que había podido encontrar sobre la rebelión zapatista en sus oficinas con vista a la bahía de su fondo de inversiones Montgomery Emerging Markets, en el piso 17 del edificio piramidal Transamérica de San Francisco. Pero había querido echar un vistazo personal a la situación. Mientras que la mayoría de sus competidores se alojaban en hoteles de cinco estrellas en la Ciudad de México, y se informaban sobre la crisis de Chiapas durante comidas con funcionarios de la Secretaría de Hacienda educados en los Estados Unidos, Jiménez había decidido convertirse en una corresponsal de guerra de la comunidad de negocios: después de pasar tres días en la Ciudad de México, tomó un vuelo doméstico a Tuxtla e hizo el viaje de dos horas en taxi desde la capital de Chiapas hasta San Cristóbal de las Casas.

Jiménez, una administradora de inversiones educada en el MIT cuyo fondo tenía alrededor de mil millones de dólares invertidos en más de dos docenas de mercados emergentes, ya había reducido levemente sus colocaciones en México antes de la rebelión zapatista, tras haber llegado a la conclusión de que las acciones mexicanas estaban sobrevaloradas. Pero aún tenía 70 millones de dólares invertidos en acciones mexicanas cuando emprendió el viaje a la zona de guerra, y quería decidir si dejar el dinero en México o transferirlo a otro país. En viajes anteriores a México, había pasado la mayoría del tiempo visitando compañías promisorias en busca de oportunidades de comprar acciones baratas. Ahora quería ver adónde se dirigía México en su conjunto.

Desde el principio de su viaje, Jiménez quedó aterrada: a unos cuantos kilómetros de Tuxtla fue detenida por primera vez en un retén del ejército, donde soldados jóvenes fuertemente armados —y sumamente nerviosos— le pidieron que bajara del taxi y empezaron a hacerle preguntas. Antes de subir de nuevo al vehículo, pudo preguntar a uno de los soldados si era de Chiapas, y su respuesta le sorprendió: resultaba que era de Tijuana, al otro extremo de México. El ejército había llevado a soldados de otros estados para reprimir a los rebeldes de Chiapas.

El resto del viaje a San Cristóbal, Jiménez había quedado sorprendida de lo fértil que era la tierra a ambos lados de la carretera. En la biblioteca pública de San Cristóbal, se enteró de que Chiapas producía una buena parte de la electricidad del país y de que el monopolio nacional del petróleo, PEMEX, dependía en buena medida de la producicón de gas natural del estado. También se enteró de que la mayor parte de las tierras de Chiapas estaban en manos de un pequeño número de terratenientes. La combinación del papel de Chiapas como suministrador clave de energía al resto de México y sus condiciones de extrema pobreza hicieron que la recién llegada inversionista se alarmara por el futuro del país. "Ya habíamos visto que la guerrilla en Colombia volaba oleoductos", Jiménez razonaría más tarde. "Los que habían organizado la rebelión en Chiapas no habían escogido ese estado al azar: a fin de cuentas, había indígenas sumidos en la miseria en muchas regiones de México. Habían escogido Chiapas porque desde allí podían atentar contra la economía del país."

Preocupada por una posible ola de sabotaje económico, Jiménez empezó a deshacerse de sus acciones mexicanas a poco de su regreso a San Francisco. Varios administradores de fondos de inversión siguieron sus pasos. Meses después, cuando la Bolsa de valores mexicana cayó estrepitosamente y otros fondos norteamericanos que habían dejado su dinero en México sufrieron pérdidas enormes, Jiménez sería vista entre sus colegas como una heroína visionaria. Pero funcionarios mexicanos y norteamericanos describirían a Jiménez y sus colegas como parte de un nuevo fenómeno mundial que había desencadenado la crisis financiera mexicana, y que podía hacer lo mismo con cualquier otro mercado emergente: un nuevo tipo de administradores de fondos con poca experiencia política, que se asustaban con facilidad por acontecimientos inesperados, y cuya reacción apresurada podía hacer caer las reservas de un país en cuestión de minutos. A diferencia de sus predecesores —los Citibank, Chase Manhattan y otros bancos de Nueva York que habían prestado el grueso de los depósitos norteamericanos en México en el pasado—, los nuevos inversionistas no tenían un historial de negocios con el país, ni compromisos a largo plazo.

Podían trasladar sus acciones o bonos mexicanos a cualquier otro país mediante el simple apretar de una tecla de sus computadoras y convertir una situación delicada en una crisis de proporciones.

¿Había olvidado a los indígenas el gobierno de Salinas, como pretendía el subcomandante Marcos? En términos económicos, no. Su pecado había sido permitir que los enormes recursos que enviaba a Chiapas fueran dilapidados por una camarilla de funcionarios corruptos del PRI, que desde hacía tiempo dirigían el estado a su antojo, muchas veces gastando millones en proyectos faraónicos que parecían surrealistas a los ojos de visitantes de afuera.

El gobierno de Salinas había derramado más dinero en Chiapas —en relación con su población— que en cualquier otro estado mexicano. Uno lo podía ver con sus propios ojos. En la carretera de Tuxtla a San Cristóbal de las Casas, había docenas de letreros recién pintados con el logotipo del programa de obras sociales de Salinas, "Solidaridad". Detrás de esos letreros, había barrios enteros de casas de concreto recién construidas o de escuelas en proceso de ampliación.

Cuando semanas después del levantamiento Salinas aseguró que había aumentado en diez veces la asistencia económica a Chiapas durante su mandato, tal vez no estuviera exagerando. Aunque sus programas no podían ni siquiera empezar a revertir las condiciones de miseria de siglos de antigüedad en que vivían los indígenas, el gobierno había llevado electricidad a 1.200 poblaciones, renovado unas 4.000 escuelas en todo el estado y construido cuatro hospitales nuevos.

Pero muchos de estos proyectos eran obras públicas extravagantes, más destinadas a salir retratadas en los periódicos que a satisfacer las necesidades reales de los indígenas. Por ejemplo, justo tres meses antes del levantamiento zapatista, el propio Salinas había volado a la población de Guadalupe Tepeyac, en el corazón mismo de la selva Lacandona, para inaugurar lo que quizá fuera el mayor hospital selvático del mundo, y tal vez el más inútil. El hospital, cuyo costo ascendió a 5.5 millones de dólares, era un complejo gigantesco en comparación con las alrededor de 400 pequeñas cabañas de madera esparcidas por las colinas en el poblado cerca de la frontera con Guatemala. Consistía en un edificio ultramoderno de 3.000 metros cuadrados, con otra área de 1.500 metros cuadrados para jardines y un estacionamiento pavimentado para los visitantes.

Pero Guadalupe Tepeyac no tenía ni un solo camino pavimentado, mucho menos coches para transitarlo. El hospital tenía aire acondicionado, un moderno quirófano, instalaciones de rayos-X con un cuarto oscuro para el revelado de las placas, y una sala de lectura para el personal de 92 personas. Los muros exteriores estaban pintados de un elegante color crema, y un enorme letrero de "Solidaridad" en blanco y verde. Pero poco después de que Salinas había llegado al hospital en helicóptero y se había retratado cortando la cinta inaugural de la gigantesca instalación, muchos médicos habían abandonado el lugar. En su mayoría, eran internos procedentes de la Ciudad de México, que habían encontrado excusas varias para regresar a la capital.

Cuando yo lo visité, varios meses después de su inauguración, el hospital de Guadalupe Tepeyac se encontraba prácticamente vacío, en buena medida a causa de la escasa población de la zona. Los pobladores hubieran preferido que el dinero se usara para construir varias clínicas en toda la selva. Lejos de constituir una señal de la preocupación del gobierno por sus necesidades, el magnífico hospital de la selva había sido recibido por los cada vez más militantes indígenas de Guadalupe Tepeyac como un recordatorio de que los dirigentes zapatistas y el obispo Ruiz tenían razón: poco se podía esperar del gobierno central.

Entre las obras públicas que me resultaron más intrigantes, estaban las canchas de baloncesto para los indígenas. Se podían ver desde cualquier camino: en todas las aldeas indígenas, junto a las cabañas de madera alrededor de las cuales merodeaban cerdos y perros a la deriva, se veía una cancha de baloncesto de concreto de tamaño reglamentario.

Con 3.700 campos de baloncesto en todo el estado y 12.000 equipos —la mayoría integrados por indígenas y organizados por trabajadores sociales del gobierno o religiosos—, Chiapas se había convertido en el estado mexicano donde más se había difundido el baloncesto. ¿Por qué se empeñaba el gobierno en entrenar a indígenas de 1 metro sesenta centímetros de estatura en un deporte para gigantes, y utilizando aros profesionales de casi tres metros de altura? ¿Por qué el gobierno no impulsaba a los indígenas a jugar fútbol, que de todos modos era el deporte más popular en el resto de México, estaba mucho más a tono con el físico de los indígenas y no requería canchas de concreto?

Resulta que el general Absalón Castellanos, un gobernador de Chiapas en los años ochenta, había sido un gran aficionado al baloncesto. En consecuencia, había incluido entre los elementos clave del "Plan Chiapas", el programa federal patrocinado por el gobierno en 1982-1988, la construcción de una cancha de baloncesto en cada comunidad indígena. El general había decidido que los indígenas necesitaban deporte, entre otras cosas, para ayudarles a permanecer alejados de la bebida, aunque los críticos más tarde especularían que había construido las canchas para usarlas como pistas de aterrizaje para helicópteros militares, como iban a ser utilizadas durante la insurrección zapatista. Pero el hecho era que los mayas se habían encontrado casi de la noche a la mañana con flamantes canchas de baloncesto en el centro de sus poblaciones, y con legiones de trabajadores sociales del gobierno que los impulsaban a hacer uso de ellas.

Una mañana me detuve en el camino para mirar uno de esos partidos. Era una escena peculiar. Muchos de los jugadores indígenas iban descalzos, y sólo podían colocar el balón en el cesto elevándose sobre los pies y tirando la pelota con ambas manos desde abajo de la cintura, el tipo de disparo que los niños norteamericanos llamaban burlonamente "tiros de abuelita". Algunos jugadores lograban encestar desde afuera del área con tiros sorprendentemente buenos, pero debían terminar el día con el cuello duro, tras estar todo el tiempo con la mirada fija en los aros de altura reglamentaria.

Gonzalo Ituarte, el militante vicario católico de San Cristóbal de las Casas, no sonrió cuando le conté mi asombro ante la proliferación del baloncesto en las comunidades indígenas de Chiapas. Para él, las canchas eran un símbolo de la insensibilidad del gobierno a las necesidades de los indígenas.

"Hicieron esa preciosas canchas para que nuestros indígenas malnutridos pudieran jugar al baloncesto después de trabajar 14 horas al día", me dijo sarcásticamente. "Mientras tanto, no tienen agua potable, ni electricidad, ni alcantarillado."

Pero la obra pública más extravagante de San Cristóbal de las Casas no era una planta de agua potable, ni una de electricidad, ni nada semejante. Era una gigantesca sala de teatro a nivel mundial, que había costado 11 millones de dólares, y que estaba en plena construcción cuando los zapatistas habían lanzado su rebelión armada.

Cuando llegué a San Cristóbal el día después del levantamiento zapatista, me asombró ver un pequeño ejército de cientos de obreros de la construcción con sus cascos dando los toques finales al nuevo complejo teatral no lejos de donde se estaban desarrollando los combates. Parecían totalmente abstraídos de la guerra que estaba atrayendo la atención mundial. Su misión era terminar el edificio —de lejos el más alto de la ciudad— a tiempo para su inauguración, que estaba programada para algunas semanas después. No tenían tiempo para distracciones, políticas o de otro tipo.

Un enorme letrero frente al edificio en construcción proclamaba:

"Teatro de la Ciudad: Para el bienestar del pueblo de Chiapas". El sofisticado teatro y complejo operístico de mil localidades iba a estar al servicio de la ciudad y varias aldeas indígenas aledañas que en su conjunto tenían menos de 100.000 habitantes, la mayoría de los cuales no sólo no podían permitirse una entrada de teatro, sino que ni siquiera tenían un par de zapatos para ingresar en el mismo. Como si los constructores hubieran querido acentuar el contraste entre los ricos y los pobres en Chiapas, el nuevo teatro se estaba construyendo junto a un edificio en ruinas del gobierno en el que se habían refugiado cientos de indígenas sin techo procedentes de la población cercana de San Juan Chamula.

Estos indígenas habían sido expulsados hacía poco de su pueblo en una pelea religiosa, principalmente porque habían abrazado religiones evangelistas y habían dejado la bebida, una decisión que entre otras cosas perjudicaba a los caciques indígenas del PRI que controlaban el negocio del alcohol. Los refugiados dormían en el suelo, cocinando en improvisados fogones de madera en un patio, y matando el tiempo contemplando el progreso de la monumental obra que se construía al lado. Dos niños indígenas —uno de un año de edad y el otro de sólo unos cuantos días— acababan de morir en el centro de refugiados: un médico había certificado que habían perecido de frío, por falta de condiciones de vivienda adecuadas.

El gobierno del estado parecía más preocupado en terminar el teatro a tiempo para su inauguración en marzo, durante la feria anual de San Cristóbal, una atracción turística que había sido anunciada en folletos de promoción durante meses. Las autoridades no habían escatimado recursos para el nuevo teatro: tenía una fosa para una orquesta de 100 miembros, un salón de ensayos aparte, una plaza de estacionamiento para 250 coches, marcos de puertas y ventanas de la más fina madera de caoba, y lo más moderno en sistemas de iluminación y sonido. Aunque la empresa constructora ICA —presidida por Gilberto Borja, uno de los amigos más cercanos del presidente— había recomendado un sistema de ventilación de aire más que uno de aire acondicionado para el teatro, debido al clima de por sí frío de San Cristóbal, el gobierno estatal había optado por el segundo.

"Nos ordenaron instalar un sistema de aire acondicionado con todas las de la ley", me dijo un joven ingeniero de la ICA nacido en la Ciudad de México, que trabajaba en el proyecto, meneando la cabeza con fastidio. "Les dijimos que no era necesario, porque aquí el clima siempre es frío en la noche, pero no nos escucharon."

Qué diablos. El aire acondicionado sólo iba a costar unos millones más. Lo peor, me dijo el joven ingeniero, era que el nuevo teatro había sido construido sobre una ciénaga. Para sus cimientos se habían necesitado varias capas gruesas de concreto que habían elevado significativamente los costos de construcción.

Mientras el joven ingeniero me paseaba por el gigantesco teatro, estaba claro en su mirada que sentía una mezcla de orgullo profesional por la calidad del proyecto, y de vergüenza por lo que a todas luces era un despilfarro del gobierno en uno de los rincones más pobres del mundo. Hacia el final de nuestro recorrido, casi como un comentario al margen, el ingeniero mencionó que el nuevo teatro no iba a ser el primero de San Cristóbal, ni el único. La ciudad estaba remodelando simultáneamente su viejo teatro colonial, a un costo de varios millones de dólares. San Cristóbal pronto iba a tener dos teatros de primera clase. Cuando nos separamos, no pude evitar especular en voz alta que —teniendo en cuenta los pocos centenares de habitantes de San Cristóbal que podían permitirse una entrada al teatro— la ciudad podría arrogarse el título de un centro cultural por delante de París o Nueva York en el número de localidades teatrales per capita para quienes asistían regularmente al teatro. El joven ingeniero asintió con la cabeza, elevando las cejas con sonrisa triste.[2]

¿Qué se podía hacer?, me preguntaban, los habitantes de Chiapas, encogiéndose de hombros. ¿A quien podía uno quejarse cuando un gobernador vendía sus terrenos para la construcción de un aeropuerto cubierto por la niebla, un jefe de policía perseguía a homosexuales, o el estado construía un teatro a nivel mundial en uno de los rincones más arrasados por el hambre en el mundo?

No había dónde recurrir. Salinas había ganado en Chiapas con el 90% de los votos en las elecciones de 1988, una cifra más reveladora de los trucos electorales del PRI que de su apoyo popular. En las elecciones legislativas de 1991, algunos distritos de Chiapas habían producido resultados oficiales que podían haber figurado en el *Guinness Book of Records* si alguien hubiera creído en su legitimidad: por ejemplo, en La Trinitaria, el PRI había ganado con 18.114 votos contra 0 de la oposición. El nuevo gobernador que había sucedido a Patrocinio era del PRI. Los alcaldes eran del PRI. El PRI gobernaba todos menos uno de los 110 municipios de Chiapas y controlaba el congreso del estado a su voluntad. Los jueces eran del PRI, y también las autoridades de policía y militares. No había nada que se pudiera hacer. Así eran las cosas.

---

2 El teatro de San Cristóbal abrió sus puertas al público el 24 de junio de 1994. Su primer espectáculo fue una comedia denominada *Adorables enemigos*. Su primera temporada de música clásica empezó un año después.

Chiapas era el epítome de todo lo que estaba mal en México. Era la zona más corrupta, autoritaria y atrasada de un país al que se aclamaba en el extranjero por sus espectaculares pasos hacia la modernización.

Los zapatistas querían corregir el trato injusto que recibía Chiapas de la capital del país, y el que recibía México por parte de los centros financieros mundiales. Como lo había expuesto el subcomandante Marcos cuando se le preguntó en una oportunidad por su ideología: "Hay una ley de la guerrilla respecto a la velocidad de una columna guerrillera: Dice que la velocidad de una columna guerrillera es tan rápida como su hombre más lento. Este país debe ser igual. ¿Cuál debe ser su avance económico? Tan rápido como su estado más pobre."

El subcomandante Marcos desafiaba la premisa misma del programa de modernización económica de Salinas: que México tenía que pasar cuanto antes a formar parte de las grandes ligas del comercio internacional para fortalecer su economía, y así poder construir un futuro mejor para su pueblo. Su rechazo armado a la idea que las riquezas de las grandes industrias que se beneficiarían de la apertura económica se filtrarían hacia el pueblo tocaba una fibra en México. Los mexicanos empezaban a plantearse un nuevo interrogante: ¿era el levantamiento zapatista el último estertor de las guerrillas latinoamericanas, o la primera revolución posterior a la guerra fría?

¿Pasarían los zapatistas a la historia como los rebeldes que cambiaron el curso de las reformas económicas de México, o como un síntoma fugaz de los traumas propios de un país en vías de modernización?

4

Marcos

Unos meses después del levantamiento, cuando partí hacia el territorio rebelde cerca de la frontera con Guatemala para entrevistar al subcomandante Marcos, el misterioso líder guerrillero estaba en la cúspide de su fama. Su rebelión zapatista había logrado sacar a la luz las limitaciones del "milagro" económico y político de Salinas, derrumbando de la noche a la mañana la imagen exitosa del gobierno mexicano dentro y fuera del país. De repente, a los ojos del mundo, México había pasado a ser de un modelo de estabilidad política y modernización económica a una nación plagada de tensiones sociales, al borde de una guerra civil. Titulares a toda página señalaban que se habían divisado supuestos campos de entrenamiento guerrillero en otros estados, hablaban del derrumbe de la Bolsa de valores, y alertaban sobre una posible ola de fuga de capitales y otras calamidades que amenazaban con llevar a un levantamiento popular, o a un golpe militar.

Sólo días después del estallido del coche-bomba del 7 de enero en la Ciudad de México, se informó de otros tres atentados terroristas en otras partes del país, incluido el que sacudió el palacio de gobierno de Acapulco. El 14 de marzo fue secuestrado el multimillonario banquero Alfredo Harp Helu, uno de los hombres más ricos de México y amigo cercano de Salinas.

La exigencia de 90 millones de dólares por parte de los secuestradores estremecieron a la comunidad empresarial e hicieron tambalear la Bolsa de valores.

Después, el 23 de marzo, México fue sacudido por la noticia del asesinato de Colosio, el candidato escogido a dedo por Salinas, por un asesino —aparentemente transtornado, según se dijo oficialmente— que le disparó en la cabeza durante una gira de campaña por Tijuana. Aunque era un hombre del sistema, Colosio era considerado por muchos como un político reformista. Menos de tres semanas antes de ser asesinado, el 6 de marzo, había pronunciado un discurso que había molestado al sector de vieja guardia del PRI: había criticado la "excesiva concentración de poder" en México en manos del presidente y prometía una serie de cambios democráticos "para acabar con cualquier vestigio de autoritarismo".

La muerte de Colosio estremeció al país como ninguna otra noticia en la historia reciente. Era el primer asesinato de un candidato presidencial desde que un pistolero le había quitado la vida al general Alvaro Obregón en 1928, y enterró la pretensión de México de ser inmune a la violencia política que durante tanto tiempo había sacudido a otros países de América Latina. Peor aún, el fiscal especial nombrado por el gobierno mexicano no tardó en revelar que había habido una "acción concertada" para llevar a cabo el asesinato, alimentando la especulación de que el golpe había sido encargado por poderosas figuras del sistema. Basándose en vídeos y fotografías que mostraban al asesino confeso, Mario Aburto Martínez, comunicándose con otros hombres segundos antes del asesinato, los investigadores detuvieron a siete sospechosos, incluidos varios ex miembros de servicios de policía notoriamente corruptos que se habían ofrecido como voluntarios para ayudar a proteger al candidato. Muchos columnistas de periódicos y comentaristas de radio concluyeron que sólo altos funcionarios del PRI o del gobierno podían haber tenido el dinero, los contactos y las motivaciones para eliminar a Colosio. ¿Habían sido los "dinosaurios" del PRI, miembros de la vieja guardia del partido, que trataban de frenar las reformas propuestas por Colosio?[1] ¿O habían sido los miembros del círculo cercano a Salinas, que habían decidido sacar a Colosio de la carrera presidencial?

Un mes después, el 28 de abril de 1994, el jefe de policía de Tijuana,

---

1 Semanas después, el mismo fiscal especial, Miguel Montes García, puso en libertad a todos los sospechosos menos a Aburto, citando falta de pruebas en su contra. Después, el 12 de julio, Montes García virtualmente cerró el caso, diciendo que una investigación posterior había demostrado que Aburto había actuado solo. Los críticos del gobierno acusaban a Salinas de haber ordenado un "carpetazo" para encubrir una guerra entre los niveles más altos del régimen.

José Federico Benítez, fue asesinado en Tijuana, muy cerca de donde habían matado a Colosio. Era como si la rebelión zapatista hubiera sacado a flote un sinnúmero de tensiones políticas reprimidas durante mucho tiempo. México estaba en la frontera del caos.

Cuando finalmente encontré a Marcos en un lugar previamente convenido en lo profundo de la Selva Lacandona, lo primero que me llamó la atención fue su aspecto físico: era mucho más bajo de lo que me había imaginado. De un metro setenta centímetros de estatura, era una figura mucho menos impresionante que el imponente guerrillero vestido de negro —una mezcla de llanero solitario, Batman y Darth Vader— que aparecía en las portadas de las revistas internacionales llevándole más de una cabeza a las tropas que le rodeaban. Marcos tenía una panza incipiente y manos cuidadas. La voz que salía de la boca de su pasamontañas —lo suficientemente grande para dejar ver una barba negra alrededor de los labios— parecía la de un hombre más joven que los 40 años que se estimaba que tenía.

A diferencia del Castro en Cuba, Marcos no hablaba ni caminaba con la pomposidad de alguien que jugaba constantemente el rol de un líder mundial. Al contrario, era sumamente informal. Su carisma era el de un antihéroe: alguien que seducía a su público combinando el aura varonil de un dirigente guerrillero con el sentido del humor burlón de un hombre sensible de los noventa.

Gran parte de su popularidad se debía a su enorme talento para ridiculizar al gobierno y revertir en su favor todas las acusaciones contra él que salían del palacio presidencial. Cuando el gobierno, en un intento por descalificar su condición de dirigente legítimo de los indígenas que constituían el grueso del EZLN, lo había descrito como un hombre de piel blanca, güero, y de ojos verdes, Marcos bromeó en una carta del 13 de enero de 1994 a los periódicos mexicanos que temía que esa descripción provocaría la detención del guapo protagonista de una popular telenovela, Corazón Salvaje.

Unos días más tarde, después de que Salinas había aparecido en televisión con un aire magnánimo para anunciar un cambio de actitud y ofrecer perdón a los dirigentes zapatistas si deponían sus armas, Marcos respondió con una carta del 18 de enero que puso los argumentos presidenciales patas para arriba, dejando al gobierno sin saber qué decir. El líder guerrillero respondió que era el gobierno quien debía pedir perdón por 500 años de abandono a los indígenas mexicanos: una acusación que ni siquiera los miembros más conservadores de la elite gobernante podían desechar como descabellada. "¿De qué tenemos que pedir perdón?", preguntaba Marcos. "¿De no morirnos de hambre? ¿De no callarnos nuestra miseria?... ¿De no haber aceptado humildemente la gigantesca carga histórica de desprecio y abandono? De habernos levantado en armas cuando encontramos todos los otros caminos cerrados?... ¿Quién tiene que pedir perdón y quién puede otorgarlo? ¿Los que, durante años y años, se sentaron ante una mesa llena y se saciaron mientras con nosotros se sentaba la muerte...?"

Como un luchador de judo que usaba la energía de su contrincante para devolver sus golpes, Marcos convertía una y otra vez los ataques del gobierno en triunfos propagandísticos. Cuando el gobierno de Salinas le llamó cobarde por llevar pasamontañas y ocultar su verdadera identidad, Marcos respondió con una metáfora que tocó un punto sensible para la mayoría de los mexicanos: todo el país estaba ocultando su verdadero rostro tras la máscara de un proceso de norteamericanización que le daba una falsa ilusión de prosperidad, dijo. "Propongo lo siguiente", continuaba Marcos respondiendo al desafío del gobierno. "Yo estoy dispuesto a quitarme el pasamontañas si la sociedad mexicana se quita la máscara que las ansias con vocación extranjera le han colocado. ¿Qué pasará? Lo previsible... al quitarse su propia máscara, la sociedad civil mexicana se dará cuenta, con un impacto mayor, que la imagen que le habían vendido de sí misma es falsa y la realidad bastante más aterradora de lo que suponía. Uno y otra mostraríamos la cara, pero la diferencia estará en que el 'subcomandante Marcos' siempre supo cómo era su cara realmente, y la sociedad civil apenas depertará del largo y perezoso sueño de la 'modernidad'."

Era una combinación de bravuconería y sentido del humor que funcionaba de maravillas, y que Marcos utilizaba eficientemente para seducir a los periodistas que le visitaban. Después de los primeros minutos de conversación, no pude evitar disfrutar del sentido del humor de este hombre.

Eran más de las 10 de la noche y Marcos me había invitado a sentarme en un tronco de árbol caído, en un claro en medio del denso follaje selvático en las afueras de Guadalupe Tepeyac. Marcos daba bocanadas a su pipa bajo su pasamontañas de lana negra, sobre el que llevaba una gorra verde olivo con tres estrellas. Tenía una pistola metida en el cinturón y llevaba un reloj pulsera de plástico Cassio en cada muñeca. Me explicó que el reloj de la mano izquierda registraba el "tiempo zapatista" —una hora más—, mientras que el del brazo derecho marcaba la hora real de México. Consciente de que podía herir sensibilidades, decidí no preguntarle si sus tropas eran tan impuntuales que necesitaban funcionar con una hora de adelanto. (De hecho, Marcos me había contado poco antes que el ataque del primero de enero se había retrasado una hora porque una importante columna zapatista no había llegado a tiempo a San Cristóbal de las Casas.) Me di por satisfecho con su explicación poética de que México alcanzaría la paz el día en que el tiempo mexicano se pusiera al día con el tiempo zapatista.

A lo largo de nuestra conversación hasta bien entrada la noche, Marcos siguió haciendo hincapié en que los zapatistas constituían una nueva clase de ejército rebelde: se trataba del primero de su tipo que no buscaba el poder, sino que sólo quería presionar al gobierno para que hiciera las reformas necesarias para convertir a su país en una democracia. Marcos se mantuvo a prudente distancia de la revolución cubana —refiriéndose a su máximo dirigente como "Castro" en lugar de "Fidel", como era habitual entre la izquierda latinoamericana— y negó cualquier vínculo con lo que quedaba de la izquierda internacional.

De acuerdo, dije, pero eso era lo mismo que muchos movimientos guerrilleros habían dicho antes de tomar el poder, para luego quedarse con el mismo durante décadas. ¿Qué pasaría si por algún accidente de la historia él se convirtiera en presidente de México?, pregunté. ¿Qué podía hacer el líder de un levantamiento indígena en un mundo cada vez más interdependiente, en el que —a pesar de las objeciones zapatistas— las políticas de libre mercado se estaban convirtiendo en la norma mundial?

Marcos me miró como sorprendido, elevando las cejas: "¿Qué? ¿Yo presidente de México?", preguntó, riéndose de sus propias palabras. "¡Estás loco! Sería un desastre. Yo soy un dirigente guerrillero, un poeta, un soñador. ¿Te puedes imaginar lo que sucedería con este país si yo llegara a presidente? Sería un desastre."

Lograr la entrevista con Marcos había sido un tedioso ejercicio de tenacidad periodística. Había que pasar días manejando por la selva, dejando mensajes al dirigente guerrillero en diversos retenes rebeldes, y paquetes de cigarrillos Marlboro para asegurarse de que serían transmitidos. Era una aventura sumamente incierta, y Marcos se aseguraba de dejar la impresión de que no cualquier periodista iba a conseguir una entrevista con él.

Algunos periodistas habían conseguido ver al dirigente zapatista en los tres meses anteriores, pero muchos más habían regresado a la capital de Chiapas sin éxito. Parecía depender en parte del momento —más de veinte mil soldados armados rodeaban el territorio rebelde y los guerrilleros parecían interpretar cada declaración algo hostil del gobierno como señal de un ataque inminente que los movía a retirarse a lo profundo de la selva— y en parte de los caprichos de Marcos. Aunque manejaba los medios de comunicación magistralmente, no necesariamente concedía entrevistas a medios importantes a costa de los más pequeños. Era una de las muchas maneras en que Marcos establecía que era él, y no el mundo exterior, quien ponía las reglas.

Con un jeep de doble tracción que había alquilado en el aeropuerto de Chiapas por la exorbitante tarifa de 150 dólares al día —tómelo o déjelo, había dicho la empleada de la agencia—, había hecho mi primer acercamiento a Marcos en la población de San Miguel, una aldea de calles de tierra, sin electricidad ni agua potable, en el umbral del territorio tomado por los zapatistas. Al tratar de cruzar el poblado, me topé con un retén improvisado: un tronco sostenido por dos ramas en forma de horqueta. Unos segundos después de que me detuve, cuatro campesinos jóvenes —vestidos de civil, tres de ellos en gastadas camisetas de los Chicago Bulls— salieron sin mucho apuro de unos matorrales caminando hacia mi vehículo.

Había como un aire de curiosidad en ellos, como si se tratara de campesinos que estaban paseando por el lugar más que centinelas zapatistas a cargo de un retén. Cuando les dije que quería ver a Marcos, me miraron con ojos desconcertados, como si no supieran de qué estaba hablando. Fue sólo después de más de media hora de insistencia —y después de entregarles varios paquetes de Marlboro— cuando uno de ellos aceptó pasar mi mensaje. Llevó una nota manuscrita con mi nombre a una cabaña cercana y transmitió por radio mi petición al dirigente guerrillero. Cuando regresó, trajo una respuesta contundente: "No hay paso". Repitió la frase varias veces en respuesta a mis renovados pedidos, como si fuera un mandato celestial que ningún hombre podía alterar. Tenía que intentarlo otro día, dijo el jefe del equipo de los Chicago Bulls. Hoy no había paso.

Fue sólo después de varios de estos intentos y después de enviar más de media docena de mensajes a Marcos cuando obtuve una respuesta positiva del subcomandante. El mensaje decía que me iba a ver tres días después en Guadalupe Tepeyac, en el rincón más sureño de Chiapas. Era un poblado pequeño con unas 40 cabañas al final de uno de los caminos de montaña más espectaculares del mundo. Me recordaba a las postales que había visto del Himalaya: desde el ondulante camino selvático en lo alto de las montañas, uno podía ver al mirar hacia abajo valles cubiertos de un mar de nubes blancas.

Hasta en ese camino bien adentrado en territorio zapatista, aún me toparía con varios retenes. No parecían estar subordinados a un comando rebelde único y bien disciplinado. El más memorable era un gigantesco árbol caído que bloqueaba el estrecho camino de la selva a unos pocos kilómetros antes de llegar a Guadalupe Tepeyac. Había parado el jeep y me estaba preguntando cómo quitar el enorme árbol del camino cuando un adolescente llegó corriendo desde una colina. Con semblante severo, me preguntó adónde iba. Me identifiqué como periodista, y le dije con orgullo que el subcomandante me había concedido una cita. Manteniendo su postura firme, me pidió mi identificación. Mi corazón empezó a latir más fuerte. ¿Había llegado una contraorden? ¿Me iba a obligar a regresar? El joven garabateó mi nombre, subió a la colina y —para mi gran alivio— regresó para decir que había recibido órdenes de que podía pasar. A propósito, ¿llevaba algún cigarrillo? ¿Y galletas? ¿Y alguna camiseta que por casualidad me sobrara? Le di todo lo que quería, excitado por haber cruzado lo que parecía ser el último obstáculo en la odisea para ver al subcomandante. Pero una hora después, me encontré con otro retén en la entrada de Guadalupe Tepeyac. Una media docena de guerrilleros llegaron a revisarme. Cuando protesté que un colega suyo ya me había chequeado —y limpiado de varias pertenencias— unos kilómetros antes, los guardias rebeldes se rieron. El muchacho no había sido un zapatista. Había sido un oportunista.

Los centinelas zapatistas en la entrada de Guadalupe Tepeyac me escoltaron por la calle principal del pueblo hasta una casa recién terminada junto a un gigantesco edificio de concreto. Era la casa de huéspedes del enorme hospital de Guadalupe Tepeyac. Allí debía esperar hasta que un mensajero llegara para llevarme hasta Marcos. Me senté en el suelo y empecé la espera. Una hora, dos horas, tres horas. Después de cuatro horas, caminé de regreso al puesto de guardia para preguntar —lo más cortésmente que pude— cuánto más iba a tener que esperar. La respuesta fue: "Al rato".

Esa medida de tiempo terminó siendo doce horas. Para combatir el aburrimiento, pedí permiso a mis guardias para caminar a una cabaña cercana donde me dijeron que se podían comprar refrescos. Guadalupe Tepeyac, con sus calles de barro y sus chozas construidas sobre dos colinas rodeadas de montañas, tenía su encanto. Conté tres vehículos en todo el poblado —una camioneta pick up y dos camiones viejos, todos estacionados— y más de una docena de techos de lámina, un signo de prosperidad en una región donde la mayor parte de los campesinos no se podían permitir más que techos de adobe. Hasta había un cine, me dijo el vendedor de refrescos. Cuando se inauguró el hospital, el gobierno había extendido unas cuantas líneas de electricidad a la población. Uno de los cafetaleros de Guadalupe Tepeyac había comprado de inmediato una videocasetera, y viajaba periódicamente a la población cercana de Las Margaritas para comprar cintas de vídeo de segunda mano. Su casa se había convertido en el cine del poblado: había películas todas las noches, por unos tres pesos.

Ya había caído la noche en la selva y yo me había tumbado para dormir en el suelo, cuando sentí que alguien me sacudía el hombro. Era una capitana zapatista, con el rostro cubierto con una capucha y un rifle cruzado a la espalda. El subcomandante me esperaba, me dijo. Había tenido suerte, comentó mientras nos alejábamos caminando: la mayoría de los visitantes tenían que esperar cuatro o cinco días antes de ser recibidos por el subcomandante.

Era una de los ardides que tanto le habían resultado a Marcos: como Fidel Castro, tenía la costumbre de dejar que reporteros y visitantes —no importaba cuán importantes fueran— esperaran varios días, cosa de que se ablandaran. Después de largos días de viaje por caminos de montaña a menudo intransitables y otra larga espera en el lugar del encuentro, pocos visitantes —por muy frustrados que estuvieran— decidían abandonar la misión. Hasta los periodistas más duros se convertían en perritos falderos para cuando un soldado guerrillero llegaba a buscarlos para llevarlos a la tan anhelada entrevista.

La selva estaba oscura como una boca de lobo cuando salimos de la casa de huéspedes del hospital. Un soldado rebelde me pidió que abordara la parte de atrás de una camioneta que llevaba un letrero del EZLN en cada puerta, y un potente proyector de luz sobre el techo. Habíamos viajado unos diez minutos fuera de la población a través de una senda estrecha cubierta de palmeras cuando nos topamos con casi dos docenas de guerrilleros zapatistas fuertemente armados que bloqueaban el camino. Nos estaban esperando.

Uno que parecía ser el jefe me pidió que me bajara. No tenían cara de buenos amigos. "¡Arriba las manos!", me gritó otro desde atrás de su pasamontañas apenas había puesto un pie en el suelo. Traté de sonreír para romper el hielo, pero mi esfuerzo no parecía surtir efecto alguno. Los rebeldes, que a juzgar por su corta estatura eran todos indígenas, apuntaron sus AK-47 hacia mí y me sometieron a un cateo corporal más que riguroso. Me palparon mis ropas, me pidieron que vaciara todos los bolsillos, y que me quitara los zapatos. Un guardia torció mis zapatos varias veces, hacia arriba y hacia abajo. Pensé que querían ver si llevaba un cuchillo, pero más tarde me enteraría que lo que buscaban era alguna pieza de metal que pudiera servir para rastrear al dirigente rebelde por medio de un radar.

Después me pidieron que me quitara los calcetines, exigiendo que levantara las manos mientras examinaban mis pies descalzos. ¿Temían un atentado a Marcos? Como ya había pasado por varios cateos, mi única conclusión era que los rebeldes estaban montando una escena. Querían mostrar a los periodistas extranjeros que no eran un mero grupo guerrillero, sino un ejército rebelde. Tal vez, habían recibido instrucciones de actuar como la severidad propia de una fuerza militar, cosa de no dejar dudas sobre su naturaleza.

Pero las extraordinarias medidas de seguridad en torno a Marcos revelaban un aspecto mucho más significativo del movimiento zapatista. Demostraban que, lejos de ser el subcomandante subordinado a un comité de jefes indígenas que pretendía ser, Marcos era indiscutiblemente el dirigente supremo del movimiento rebelde. En las aldeas zapatistas, si uno quería encontrar a algún miembro del Comité Clandestino que supuestamente gobernaba a los rebeldes, sólo tenía que preguntar por ellos para recibir indicaciones sobre dónde hallarlos. Para hablar con ellos, sólo se necesitaba llegar a donde estaban, darles una palmadita al hombro y presentarse. Se paseaban por las poblaciones rebeldes sin escolta ni mayores precauciones de seguridad. Marcos era definitivamente otra cosa. Estaba custodiado como un rey.

Hasta el lenguaje corporal de los indígenas que custodiaban a Marcos revelaba su completa lealtad al hombre blanco y de clase media que habían adoptado como su jefe. Los cinco indígenas que formaban la columna zapatista que me condujo hacia el claro en la selva donde se daría la entrevista con Marcos se detuvieron cuando llegamos al tronco caído. Se colocaron en posición firme y, a juzgar por los ojos llenos de excitación tras sus pasamontañas, esperaron ansiosos la llegada de su líder. Uno no podía dejar de preguntarse qué veían los mayas en Marcos. ¿Era una nueva versión del Ah K'in, o santo-rey sol, como los antiguos mayas habían venerado a algunos los frailes franciscanos blancos en sus tiempos? ¿Veían en la vestimenta negra de Marcos a alguno de los sacerdotes católicos que habían reverenciado durante siglos? ¿O Marcos había tocado simplemente una fibra de simpatía evocando la memoria de Zapata, el legendario combatiente que los indígenas asociaban con sus ancestrales reclamos de tierras? Me estaba preguntando todas estas cosas cuando apareció Marcos, como de ninguna parte, pocos segundos más tarde. Los indígenas se cuadraron, pegando los talones, y levantaron la mirada a la espera de sus órdenes.

"Hola, soy Marcos", me dijo el subcomandante con la mayor informalidad al salir del follaje de la selva. Dando bocanadas a su pipa, hizo un ligero movimiento de cabeza al oficial rebelde a cargo de la columna. Los guardias se relajaron y ocuparon posiciones a nuestro alrededor. Marcos, el cordial anfitrión, me indicó con un gesto que me sentara en el árbol caído, que obviamente usaba como sofá para sus visitantes.

El oficial rebelde a cargo de la columna que me había llevado hasta allí permaneció junto a nosotros a lo largo de toda la entrevista. Era el mayor Moisés, y parecía un clon de Marcos. Un hombre pequeño que llevaba un sombrero de hongo encima de su pasamontañas, caminaba como Marcos, hablaba como Marcos, y fumaba como Marcos. Era el único indígena que había visto fumando pipa. Permanecía de pie junto a nosotros, aspirando su pipa, y asintiendo con aprobación y acompañando con sus gestos casi todo lo que salía de la boca de Marcos.

El subcomandante no sólo era más grande que Moisés y los otros soldados rebeldes, sino que iba mucho mejor vestido. Era difícil conservar la ropa limpia en la selva. Yo mismo estaba hecho un desastre: agotado después de varios días de viajar por la selva, empapado por la lluvia intermitente y con comezón por la barba de dos días, fácilmente hubiera podido pasar por un rebelde. Pero Marcos tenía un aspecto impecable en lo que debe haber sido una chaqueta multibolsillos de Banana Republic y sus pantalones negros. Llevaba dos cartucheras cruzadas en el pecho sobre su chaqueta perfectamente planchada, y parecía que sus pantalones acababan de salir de la tintorería. No pude evitar pensar para mis adentros que debía tener un pequeño ejército de limpiadoras escondido detrás de los árboles, que mantenían su guardarropa listo para su próxima aparición en público. Marcos estaba bien cuidado.

Me recordaba a Lawrence de Arabia. Como el héroe de la película, era un intelectual blanco muy leído que dirigía una rebelión de tribus en su mayoría analfabetas con las que tenía poco en común, pero cuya lealtad ciega se había ganado mediante una combinación de valentía y talento. Compartía una meta política con sus soldados indígenas, pero resultaba claro para cualquier visitante que pasara un tiempo en el campamento zapatista que se debe haber sentido solo entre ellos.

Marcos escribía poesía, citaba a filósofos y novelistas, y tenía una tremenda nostalgia de la vida en la ciudad. Cuando hablamos de la vida en la selva y de lo que él —como hombre de ciudad— extrañaba más de la civilización, no pretendió haber superado los rigores de la vida guerrillera. Al contrario, hablando como un excursionista de fin de semana más que como un líder revolucionario en una entrevista clandestina, me confesó de buena gana sus mayores carencias.

"Chocolate", dijo, iluminándosele los ojos. "Lo que más extraña uno aquí es el azúcar, el chocolate, porque es lo único que no te da la selva. Cuando no puedes comprar un chocolate, entonces empiezas a recordarlo y a veces te causa obsesiones. Eso es lo que le pega a uno de la ciudad en la montaña. Lo otro es la luz: aquí no se puede leer después de que anochece. Se echa de menos la luz eléctrica para leer de noche."

Sobre todo, Marcos estaba enormemente hambriento de aprobación por parte de los intelectuales de la Ciudad de México. Había leído casi todos los libros de escritores mexicanos como Carlos Fuentes, Carlos Monsiváis y Elena Poniatowska y había escrito sobre ellos —y a ellos— desde que se había convertido en una celebridad internacional. Les había mandado cartas instándoles a que apoyaran el movimiento rebelde, o a que por lo menos fueran a Chiapas a escuchar sus demandas, invitaciones que Marcos no se había molestado en extender a los políticos mexicanos, a los que contemplaba con visible desdén.

"Debo hacer todo lo posible para convencerlo a usted de que, para que las armas callen, deben hablar las ideas, y deben hablar fuerte, más fuerte que las balas", escribió Marcos a Fuentes en junio de 1994, en una carta salpicada de citas del *Macbeth* de Shakespeare en la que imploraba al escritor que participara en una convención nacional convocada por los zapatistas. "Debo convencerlo a usted no sólo de que no podemos, solos, sostener esta bandera que con sangre indígena volvió a ondear sobre nuestro suelo. Debo convencerlo, además, de que no queremos sostenerla solos, que queremos que otros, mejores y más sabios, la alcen con nosotros". Cuando la escritora Elena Poniatowska le preguntó por qué buscaba tan afanosamente el apoyo de los intelectuales, Marcos dijo, "es que son líderes de opinión". Su rebelión era llevada a cabo por indígenas oprimidos y malnutridos, pero su público —y algunos de sus mayores admiradores— estaban en la Ciudad de México.

Además de poemas, Marcos escribía historias, cuentos de niños y ensayos políticos sobre los últimos acontecimientos a un ritmo febril. Los enviaba regularmente a *La Jornada*, que triplicó su circulación a principios de 1994 gracias a su nuevo corresponsal.

"Es el tipo de vida que llevo ahora lo que me impulsa a escribir", le dijo Marcos a otro visitante, trazando una raya con el dedo en el piso de tierra. "De un lado está la vida y del otro está la muerte. Y desde enero, yo estoy justo en la línea divisoria. Cualquier día puedo pasar fácilmente al otro lado. Así que no puedo tener ninguna ambición de escribir la gran novela, o de hacer una gran carrera literaria... Escribo como si cada día fuera el último."

Marcos pasaba gran parte del día escribiendo, tratando de usar lo mejor posible la luz del día, y recibía a sus visitantes tarde en la noche. Después, se ponía al tanto de las últimas noticias del mundo, políticas y artísticas.

"Escucho la Voz de América, la BBC y Radio Francia Internacional", me dijo cuando le manifesté mi sorpresa sobre cuán al día estaba con las informaciones de todo el mundo. "No podemos sintonizar emisoras de radio mexicanas en A.M. aquí en la selva. Pero en las emisoras de onda corta podemos escuchar muchas noticias."

Marcos corroboró que había llegado a Chiapas a principios de los ochenta como uno de tantos activistas de izquierda que querían impulsar un levantamiento armado en el rincón más atrasado del país. A diferencia de otros militantes que se habían dedicado a organizar sindicatos o grupos de derechos indígenas, Marcos dijo que él se dedicó a organizar un ejército rebelde desde el minuto mismo en que llegó a Chiapas. Empezó por crear un grupo de autodefensa para ayudar a los campesinos indígenas a protegerse de las "guardias blancas", los grupos de choque pagados por ricos terratenientes chiapanecos para expulsar a los indígenas de las tierras. Con el tiempo, los grupos de autodefensa se convirtieron en el ejército zapatista, dijo.

"Cuando llegamos, lo hicimos como un pequeño grupo de vanguardia, con la idea clásica de que con nuestro ejemplo irradiaríamos al resto", me dijo Marcos cuando le pregunté cómo un intelectual de clase media procedente de la ciudad se había convertido en un líder de los mayas. "Pero cuando empezamos a entrar en contacto con las sociedades, eso fue un choque, y terminó siendo una subordinación".

Los activistas de la capital no habían tardado mucho en descubrir que los indígenas no seguirían a un grupo de gente de la ciudad. Entre los mayas, todas las decisiones se tomaban colectivamente, hasta las más inocuas. Así había sido durante siglos, y no había cambiado en absoluto. De modo que Marcos empezó a someter cada uno de sus planes a la aprobación de los indígenas, y a aceptar sus decisiones colectivas.

"Tengo el honor de tener como mis superiores a los mejores hombres y mujeres de las etnias tzeltal, tzotzil, chol, tojolabal, mam y zoque", había escrito Marcos poco después del levantamiento zapatista, cuando los medios de comunicación lo presionaban para que revelara su relación con los indígenas. "Con ellos he vivido por más de diez años y me enorgullece obedecerlos y servirlos con mis armas y mi alma. Me han enseñado más de lo que ahora enseñan al país y al mundo entero. Ellos son mis comandantes y los seguiré por las rutas que elijan. Ellos son la dirección colectiva y democrática del EZLN."

Pero cuando le pedí que diera ejemplos de su supuesta sumisión a la dirigencia colectiva, se me hizo claro que esa relación se encontraba en algún punto intermedio entre una formalidad y un diálogo sincero en el que, en su calidad de oficial zapatista con mejor conocimiento del mundo exterior, Marcos llevaba una clara ventaja.

"Yo siempre fui el jefe militar, desde el primer día", me dijo Marcos. "A mí me tocaba también lo de los comunicados Comité, y las declaraciones escritas para la prensa, aunque aparecer físicamente en la televisión o dar discursos, eso fue un accidente. Pero en asuntos políticos, yo siempre he sido subordinado al Comité. Las decisiones generales las toman ellos, y las militares las tomo yo".

Pero si siempre había sido el jefe militar y también escribía los comunicados zapatistas, ¿qué decisiones le quedaban al Comité Clandestino?, le pregunté. ¿Podía citar algún ejemplo de una recomendación suya que hubiera sido rechazada por el comité?

Marcos tardó unos segundos en encontrar una respuesta. Dijo que el comité le había ordenado reescribir el comunicado zapatista en que se anunciaba la liberación del general Castellanos, el ex gobernador de Chiapas que había construido las canchas de baloncesto, al que los rebeldes habían tomado como rehén al principio del levantamiento. El comité exigía que la declaración fuera mucho más severa con el ex gobernador de lo que había escrito Marcos, y que citara los múltiples crímenes que había cometido durante su mandato, recordó. Sin embargo, no se trataba de una decisión política, o que cambiaba el sentido de la declaración.

Percibiendo que su ejemplo sobre la supuesta autoridad de la dirigencia colectiva indígena no era muy convincente, Marcos dijo que el Comité Clandestino había considerado seriamente ordenarle que se quitara la máscara y revelara su verdadera identidad. "En enero, cuando el gobierno empezó a referirse a los zapatistas como 'profesionales de la violencia' y 'extranjeros' y quedó claro que yo era el 'profesional extranjero de la violencia' del que hablaba, el comité consideró que tal vez fuera conveniente que Marcos revelara su identidad y mostrara que era un mexicano común y corriente", dijo.

Pero el hecho era que, a fin de cuentas, el comité había decidido en contra de la idea. Marcos había prevalecido y demostrado una vez más que, tal vez sin saberlo en un principio, se había convertido en el máximo líder de los mayas. El mismo casi lo reconoció cuando le pregunté cómo había cambiado su relación con los indígenas desde el levantamiento del primero de enero. "Me ven igual que antes", dice Marcos, encogiéndose de hombros y sonriendo. "Se burlan por lo del pasamontañas. Les da mucha risa eso. Me dicen que por eso me ven guapo las mujeres, porque tengo la cara cubierta con el pasamontañas." Después, poniéndose serio, reconoció que los guerrilleros mayas le trataban casi con veneración, la clase de respeto que sólo se concedía a líderes indiscutidos. "Es que, con respecto a la fuerza combatiente, yo a casi todos ellos les enseñé", explicó con naturalidad. "Ellos fueron llegando a la montaña después que yo."

No era un mero subcomandante. Más bien, era el supercomandante Marcos.

Marcos se rió cuando empecé a preguntarle sobre su pasado: uno de sus mayores logros propagandísticos había sido mantener su identidad en secreto, y dejar a los servicios de inteligencia mexicanos en ridículo por no poder descubrirla. Marcos había dado todo tipo de respuestas a los reporteros sobre su pasado, diciendo a algunos que había viajado mucho por Sudamérica y a otros que había vivido en los Estados Unidos. Incluso había sido citado diciendo que era homosexual, y que había trabajado en un restaurante gay en San Francisco. Le pregunté sobre sus más recientes declaraciones, según las cuales había vivido un tiempo en Perú.

—¿Estuviste en Perú, no?

—No, mentira. Mira, es que cuando llega un chileno, le digo que estuve en Chile. Cuando llega alguien de Los Angeles, le digo que estuve en Los Angeles. Cuando llega un francés, le digo que estuve en Francia....

—¿O sea que inventas para confundir a los servicios de inteligencia militar?

—Claro. Cuando empiezan con las preguntas personales, yo les pregunto: ¿Tú de dónde eres?. ¿De Veracruz? Ah, yo estuve en Veracruz. ¿Tú eres de Monterrey? Ah, yo estuve en Monterrey. ¿Tú eres de San Francisco? Ah, yo estuve en San Francisco, hasta trabajé en un bar gay. Según lo que me vayan diciendo, ahí he estado...

Había tenido la intención de preguntarle si su nombre era uno de los varios que los funcionarios de inteligencia de la Secretaría de Gobernación filtraban periódicamente a la prensa, pero decidí que no tendría sentido hacerlo: hubiera mentido de todas maneras. Su respuesta de rigor era que había nacido al llegar a Chiapas hacía diez años, que sus padres eran los indígenas que lo habían aceptado entre ellos, y que su verdadero nombre era Marcos. Su identidad era el mayor misterio de México, y no estaba dispuesto a revelarlo.

¿Qué se proponían los zapatistas? ¿Por qué habían rechazado en febrero de 1994 las ofertas del gobierno de aumentar drásticamente las inversiones en salud y educación para los indígenas chiapanecos? ¿Acaso no estaban luchando por mejores condiciones de vida para los pobres?

Marcos sacudió la cabeza, en un gesto de frustración por lo que indudablemente veía como una falta de comprensión del drama indígena por parte de un extranjero. Cuando el gobierno de Salinas había ofrecido un paquete masivo de obras públicas y dinero a Chiapas después de las conversaciones de paz de San Cristóbal en febrero de 1994, las comunidades indígenas zapatistas habían rechazado la oferta. Sólo alguien que conociera de cerca la historia de las relaciones de los indígenas chiapanecos con el gobierno podía entender por qué los mayas habían rechazado la ayuda, dijo Marcos.

"La vieron como otra maniobra del gobierno para construir unas cuantas carreteras y escuelas, calmar a la gente y volver a lo de siempre", dijo. "Ellos dicen que a menos que haya un cambio profundo, esas ofertas del gobierno serán un engaño."

Los indígenas habían sido defraudados una y otra vez, dijo Marcos, y no cabía ninguna duda de que, en este punto, tenía razón. Con el dedo índice, señaló en dirección al hospital de Guadalupe Tepeyac, en cuya casa de huéspedes me había pasado horas esperando la entrevista. "Toma el caso del hospital, el hospital de Guadalupe Tepeyac", dijo. "Lo inauguró Salinas. Llegó en un helicóptero, con camiones llenos de equipo. Bajaron los equipos, inauguraron el hospital y se fueron. Después que se fuera Salinas, se llevaron los equipos y los doctores. El hospital nunca funcionó."

"Si hubiéramos aceptado la oferta del gobierno, lo mismo hubiera sucedido con las carreteras, escuelas y puentes. Las carreteras se van a dejar que se deterioren, las escuelas no van a tener maestros, las tiendas no van a tener mercancías. No más nos lo van a dar mientras se calme el problema, porque así hace el gobierno, porque ya lo hicieron antes."

¿Pero no era un tanto fantasioso exigir la renuncia del gobierno, como los zapatistas lo estaban haciendo? A fin de cuentas, mientras nosotros hablábamos, las fuerzas rebeldes estaban rodeadas por decenas de miles de soldados federales.

No era fantasioso, respondió enfáticamente. Los zapatistas habían cambiado el curso de México el primero de enero al atraer la atención nacional y mundial sobre la dramática situación de los pobres de México, y habían logrado cambiar la agenda política del país. Los once puntos de su programa —en especial justicia y democracia— se habían convertido en los temas principales del debate político mexicano. En su opinión, los zapatistas estaban ganando la guerra política, que era la única que contaba. Si el pueblo mexicano apoyaba las demandas zapatistas, el gobierno no se atrevería a lanzar una ofensiva militar para aniquilarlos.

"Mira, nosotros pensamos que le hemos quitado el pasamontañas al país, y lo hemos mostrado como es. Salinas y su grupo han tratado de presentar al mundo la imagen de un México estable, con bonanza económica. También lo aplicaron adentro, tratando de convencer a los mexicanos de que estábamos bien, en camino al Primer Mundo. Pero el primero de enero nosotros le quitamos el velo al país, y mostramos al mundo su verdadero rostro. La gente empezó a ver Chiapas, Guerrero, Oaxaca, y a darse cuenta de que hay un México subterráneo, un sótano que antes no existía, ni en términos políticos, ni en términos sociales, ni en términos económicos, aunque en términos reales sí existía."

Marcos estaba convencido —y había convencido a sus soldados— de que no podía haber ninguna mejora en las condiciones de vida de los marginados de México mientras el PRI siguiera en el poder. México estaba gobernado por una dinastía política unida por lazos familiares y empresariales que nunca iba a renunciar al poder voluntariamente. A través del PRI, iba a seguir manipulando las elecciones indefinidamente. Marcos habló de los estrechos vínculos entre el PRI y más de dos docenas de multimillonarios mexicanos que figuraban en la lista de la revista *Forbes* entre las personas más ricas del mundo, y de las fabulosas aportaciones económicas de esos magnates a los candidatos del partido gobernante. Marcos descartó de hecho la posibilidad de que Zedillo, el candidato presidencial del PRI escogido después del asesinato de Colosio, cumpliera su promesa de campaña de reformar el sistema desde adentro.

"Zedillo está respaldado por la línea dura del partido, que está ganando terreno", dijo. "Zedillo llegó a su candidatura sin una personalidad política y los de la línea dura le hicieron la máscara. Se topa con la candidatura, y alguien le fabrica esa imagen de duro, de intolerante. Nosotros pensamos que ese no es Zedillo, que alguien le fabrica esa máscara, y ese alguien es la línea dura. Detrás de él está (el multimillonario secretario de Agricultura) Carlos Hank González y el grupo Atlacomulco".

Cuando Marcos hablaba de liberar a México de la "dictadura priísta" no estaba hablando sólo de la dirigencia del partido. Se estaba refiriendo a una dinastía política que había gobernado México durante las últimas seis décadas, y que rebasaba los límites del partido: la "familia revolucionaria".

Su visión de la elite gobernante mexicana no era exagerada. En realidad, el PRI era sólo un aparato electoral utilizado por una clase gobernante para continuar aferrada al poder. Más que un partido clásico con una ideología definida, el PRI era una tribu política que se mantenía unida para defender sus intereses. El PRI era el rostro público de la aristocracia política mexicana, pero no mucho más que eso. En agudo contraste con los partidos fuertes de la ex Unión Soviética u otros países semejantes, el Comité Central del PRI no era mucho más que una fachada, que en la práctica no tenía ningún poder. En cambio, el verdadero poder yacía en un máximo líder —el presidente mexicano— y un círculo áulico de unos veinte hijos favoritos que en muchos casos ni siquiera provenían de los altos rangos del partido. Solían ser los discípulos políticos del jefe máximo, que se habían unido a la élite gobernante en su calidad de hijos o seguidores de otros altos miembros de la tribu.

Marcos y otros críticos del gobierno no bromeaban cuando decían que México estaba gobernado por una "familia revolucionaria" que detentaba el poder desde la época de la Revolución. Vistos de cerca, los hombres —había relativamente pocas mujeres— que habían ocupado los principales puestos en los tres últimos gobiernos de México venían de una rancia estirpe política. Era como si los miembros del círculo áulico de la "familia revolucionaria" se pasaran sus puestos de generación en generación.

El gabinete del presidente Miguel de la Madrid, predecesor de Salinas, era un caso típico: su secretario de Gobernación, Manuel Bartlett, era hijo de un poderoso gobernador del estado de Tabasco; el secretario de Relaciones Exteriores, Bernardo Sepúlveda, era sobrino de un prominente consejero del gobierno en derecho internacional, e hijo de un médico de varios presidentes: el secretario de Hacienda, Jesús Silva Herzog, era hijo de uno de los intelectuales más respetados de México; el secretario de Energía y Minas, Alfredo del Mazo, era hijo de un ex secretario de Recursos Hidráulicos; y el secretario de Planeación, Carlos Salinas de Gortari, era hijo de un ex secretario de Industria y Comercio. El propio presidente era pariente lejano de una familia de gobernadores y había sido el protegido de su tío, el ex director del Banco de México, Ernesto Hernández Hurtado.

Con Salinas, el carácter tribal del círculo de poder había cambiado poco. El secretario de Gobernación, González Garrido, el ex gobernador de Chiapas que había construido la nueva ala del aeropuerto civil de Tuxtla, era hijo de un ex secretario del Trabajo, y sobrino de un gobernador. El secretario de Relaciones Exteriores y ex regente de la Ciudad de México, Manuel Camacho Solís, era yerno de un ex gobernador de Chiapas; el secretario de Educación, Bartlett, era hijo de un gobernador del estado de Tabasco; el secretario de Relaciones Exteriores, Manuel Tello, era hijo de un secretario de Relaciones Exteriores y hermano de un embajador; y el secretario de Hacienda, Pedro Aspe, era nieto de un subsecretario de Hacienda.

Las nuevas generaciones de políticos del PRI, en su mayoría educadas en los Estados Unidos, eran modernas y cosmopolitas, pero aún así eran vástagos de los caciques de la tribu. Incluso el principal rival de Salinas en las elecciones de 1988, el centroizquierdista y ex desertor del PRI Cuauhtémoc Cárdenas, era parte de la familia y un ejemplo clásico del mismo fenómeno: era el hijo del ex presidente Lázaro Cárdenas.

Si México había sido estremecido por el asesinato de su candidato presidencial y había sospechas de que su muerte había sido ordenada por políticos del partido gobernante, era porque la tribu distaba de estar unida. Después de más de seis décadas en el poder, la "familia revolucionaria" mostraba signos de crecientes tensiones internas, sobre todo en asuntos de negocios. Los corresponsales extranjeros, bajo limitaciones de tiempo y espacio para explicar el carácter intrincado de la política mexicana, solían describir al partido gobernante como un grupo constituido por tres sectores: los "dinosaurios", o miembros de la vieja guardia; los "bebesaurios", que pertenecían a las nuevas generaciones de dirigentes que hablaban un lenguaje más moderno, pero que en general suscribían las políticas de sus antecesores; y los reformadores. En realidad, la situación era más compleja: los miembros de la clase gobernante se vinculaban entre sí más frecuentemente por lazos económicos y pactos de protección mutua que por afinidades ideológicas.

La clase gobernante estaba dividida en camarillas, o clanes, que a menudo tenían su origen en alianzas ideológicas. Pero estos lazos políticos habían pasado a segundo plano con el transcurso de los años, y la mayoría de las camarillas había pasado a incorporar a dinosaurios, bebesaurios y reformadores por igual, que ahora permanecían unidos en defensa de sus intereses económicos y de ascenso en el poder. Y a medida que el pastel económico del gobierno mexicano se había ido reduciendo en los últimos años con cientos de privatizaciones, la competencia entre los varios clanes de la tribu gobernante por recursos económicos cada vez menores se acentuaba. Si detrás del asesinato de Colosio había políticos del PRI, como especulaban los columnistas, era probable que se tratara de una camarilla ideológicamente mixta que temía que sus intereses empresariales fueran amenazados por otras camarillas que pudieran adquirir mayor poder en el futuro gobierno de Colosio.

Un segundo nivel de poder, después de la clase política, estaba constituido por unos cuantos representantes del mundo de las finanzas, la industria y quizá los militares, aunque no pertenecían formalmente al PRI. Los dirigentes empresariales tenían desde hacía tiempo fácil acceso al presidente mexicano y con frecuencia influían en sus decisiones, pero nunca con la tranquilidad mental de pertenecer formalmente a la elite gobernante, y siempre sujetos a los repentinos cambios de opinión del jefe máximo.

Irónicamente, la burocracia del PRI —incluidos los dirigentes del partido— constituía sólo el tercer nivel de la clase política mexicana. Una vez que el aparato político del PRI cumplía su misión electoral de poner al candidato oficial en la casa presidencial, el partido se convertía en un instrumento dócil del jefe máximo por los próximos seis años.

De hecho, todos los presidentes mexicanos en las cuatro últimas décadas habían escogido a sus sucesores de entre sus propios ayudantes —a menudo amigos de la familia o tecnócratas sin mayor militancia en el PRI— y no de entre los líderes del partido. Entre 1928 y 1971, sólo el 14% de los miembros de los sucesivos gabinetes mexicanos habían detentado puestos de jerarquía dentro del partido. La proporción no había cambiado mucho desde entonces. Los más altos funcionarios del gobierno de Salinas —su principal asesor, José María Córdoba, y el secretario de Hacienda, Jaime Serra Puche— se habían afiliado al PRI sólo hacía cuatro y diez años, respectivamente, antes de ser nombrados en puestos gubernamentales. Esta curiosa circunstancia había llevado a concluir a muchos historiadores de que el PRI no era realmente un "partido gobernante", porque no gobernaba el país. Era el presidente quien dirigía la nación y el partido, y le daba a este último los fondos gubernamentales necesarios para mantener bien aceitada la maquinaria electoral de la tribu para las siguientes elecciones.

De manera que cuando los zapatistas habían pedido la renuncia de Salinas y un gobierno de transición que dictara nuevas reglas para las elecciones del 21 de agosto de 1994, no estaban sólo tratando de expulsar a un presidente cuyas ideas de libre mercado veían como perniciosas para los pobres. Querían aniquilar la institución de la presidencia casi imperial de México, cuyos titulares aseguraban la continuidad del sistema otorgándole ayuda económica al PRI y nombrando a sus sucesores al final de cada período presidencial.

¿Estaban los indígenas dispuestos a seguir a Marcos hasta la muerte? Mucho de ellos sí. No se trataba sólo de un compromiso ideológico. Era más bien porque —debido en parte a su aislamiento geográfico del resto de México, su proximidad con los grupos guerrilleros de Centroamérica y el estar expuestos desde hacía mucho tiempo a la radio del Frente Farabundo Martí de El Salvador y a Radio Sandino de Nicaragua— habían acabado viviendo en un mundo alejado de la realidad política de su país.

Me pude percatar de ello en una conversación con el mayor Rolando, un oficial rebelde indígena que era el comandante de la aldea zapatista de La Garrucha, no lejos de San Miguel. Rolando debe de haber tenido alrededor de 25 años. Aunque decía que sólo había ido a la escuela hasta el tercer año, hablaba un español fluido y era sumamente elocuente cuando hablaba de las metas políticas de los zapatistas. Estábamos a unas semanas de las elecciones presidenciales del 21 de agosto de 1994, y Rolando explicaba con entusiasmo la decisión de los rebeldes de dar a la sociedad civil una oportunidad de repudiar el régimen del PRI en las urnas.

"Si hay fraude o si no se permite a la gente ganar las elecciones, habrá un levantamiento masivo de la sociedad civil en todo el país", me dijo, a todas luces convencido de lo que estaba diciendo. "El pueblo mexicano saldrá a las calles para echar a los sinvergüenzas."

A Rolando no se le cruzaba por la mente la posibilidad de que el PRI pudiera ganar sin fraude. El levantamiento zapatista había sacudido a México, como nada ni nadie lo había hecho hasta entonces. Rolando lo sabía de buena fuente: reporteros de todo el mundo habían llegado hasta allí para entrevistar a los zapatistas. Los corresponsales extranjeros habían traído periódicos y revistas con la foto de Marcos en primera plana. México y gran parte del mundo habían despertado a la difícil situación de los indígenas mexicanos, dijo. Los mexicanos iban a cambiar la historia del país votando masivamente contra el PRI en las inminentes elecciones, o derrocando al gobierno si había fraude.

¿Tú crees?, manifesté con escepticismo. Le conté a Rolando que acababa de pasar tres semanas en la Ciudad de México, y que la gente allí no hablaba más que de una cosa. No era sobre la trágica situación de los indígenas mexicanos, sino de la Copa Mundial de fútbol en los Estados Unidos. No eran sólo los medios de comunicación oficiales: todo el país estaba en un estado de euforia por la buena actuación del equipo mexicano. Más de un millón de personas habían salido a las calles de la capital para celebrar la clasificación del equipo mexicano a un grupo más alto del campeonato. Decenas de miles de personas se habían pintarrajeado la cara con los colores de la bandera mexicana y andaban por las calles de la ciudad ondeando banderas y vitoreando a su equipo. La gente en la calle no hablaba de otra cosa.

Rolando me miró algo sorprendido. "Bueno, nosotros aquí no sabemos mucho de eso porque vivimos bastante aislados del resto del mundo", dijo, encogiéndose de hombros. "No tenemos electricidad y no podemos ver la televisión. Los vendedores de periódicos no llegan a la selva y si llegaran, no serviría de mucho, porque la mayoría de los indígenas son analfabetos." Levantando la mano y apuntando en dirección al poblado más cercano en la frontera con el territorio zapatista, Rolando dijo con una sonrisa resignada, "Mi mundo termina en San Miguel. No puedo ver mucho más allá."

Rolando no hizo ninguna conexión mental entre su convencimiento de que México estaba a punto de protagonizar un estallido social prozapatista y su propia cuarentena informativa. Si bien Marcos estaba siempre al día con últimas noticias —entre otras cosas por escuchar la Voz de América y la BBC por onda corta—, Rolando y sus soldados dependían para su información de las estaciones de radio rebeldes centroamericanas, de los sacerdotes de la teología de la liberación y de lo que el propio Marcos les decía. A Rolando no parecía importarle haberse perdido el Mundial: para él, se trataba de un asunto trivial en momentos en que México estaba por vivir una nueva revolución mexicana por paz y justicia. Ya verá, me dijo cuando estaba a punto de partir, los mexicanos van a probar que les preocupa más la justicia social que el fútbol.

Casi de paso, le pregunté si sabía quién había ganado el Mundial. Sólo unos días antes, virtualmente todo México se había paralizado para ver la final entre Brasil y Alemania, y aplaudir la victoria del equipo sudamericano.

Rolando se quedó unos segundos pensándolo. "¿Alemania?", preguntó, mirándome en busca de una respuesta. Cuando le dije adiós, no pude evitar temer por su vida, y las de los combatientes indígenas adolescentes que lo rodeaban. Aislados de todo lo que estuviera más allá de la próxima población, parecían confiar ciegamente en que todo el mundo los respaldaría en su lucha contra el opresivo régimen priísta. ¿Se lanzarían a un ataque suicida contra el ejército mexicano con la esperanza de que el pueblo de México los siguiera? ¿Morirían cientos de indígenas con rifles de juguete en sus manos, como había sucedido con muchos de ellos durante la ofensiva de Año Nuevo?

A juzgar por las palabras de Rolando, así parecía. Los rebeldes zapatistas, la mayoría de ellos semianalfabetos, desesperadamente pobres y abandonados, no eran conscientes de la triste realidad de que muchos mexicanos no estaban dispuestos a hacer nada por ellos. No pude evitar pensar que si el gobierno realmente quería lograr que los zapatistas depusieran las armas, debería bombardearlos con aparatos de televisión y radios. Tal como ahora estaban las cosas, el mundo de los indígenas —como Rolando lo había expresado— terminaba en San Miguel.

5

El banquete

Pocas cosas habían servido para ilustrar mejor la aseveración del subcomandante Marcos de que el sistema político mexicano estaba corrupto en sus entrañas que una cena privada celebrada en la casa del ex secretario de Hacienda, don Antonio Ortiz Mena, para recaudar fondos para la campaña electoral del PRI de 1994. Fue una de esas reuniones de alto nivel y estrictamente privadas que parecían sólo existir en las mentes de los teóricos de la conspiración, pero que había sido resultado ser absolutamente verídica.

El banquete, al que asistieron el presidente Salinas y los principales multimillonarios del país, había sido planeado como un evento confidencial. Había tenido lugar el 23 de febrero de 1993, un martes por la noche, unos diez meses antes del levantamiento zapatista. Eran las 8.30 de la noche cuando, uno por uno, los treinta hombres más ricos de México empezaron a llegar en sus limusinas a la mansión de Ortiz Mena en la calle Tres Picos 10 del exclusivo barrio de Polanco. En las invitaciones se les pedía que asistieran a "una cena privada" —frase que significaba que no era un evento social y por lo tanto no estaban invitadas las esposas, y que nadie debía decir ni una palabra a los medios de comunicación— con el presidente Salinas.

El programa de la reunión secreta, como se especificaba en la carta de invitación, era discutir un programa de cinco puntos para fortalecer al PRI con miras a las elecciones de 1994. Después de más de seis décadas en el poder, la maquinaria del PRI se había oxidado. Tenía necesidad urgente de poner al día su programa ideológico y sus estrategias de campaña para hacer frente a un reto creciente de la izquierda. Entre los puntos que se iban a discutir estaban una reformulación del programa del partido para reflejar un mayor acercamiento con los Estados Unidos y un giro a las políticas de libre mercado, como así también apuntalar el apoyo de las bases del partido y discutir la recaudación de fondos para la próxima campaña electoral. La propuesta clave que se iba a discutir era lograr que el PRI se autofinanciara, en vez de seguir recibiendo una ayuda económica masiva del gobierno. México ya no se podía permitir que sus críticos dentro y fuera del país lo describieran como un sistema de partido de Estado. Había llegado la hora de que el PRI cortara sus vínculos económicos con el gobierno, y contribuyera a darle una imagen democrática de México.

El presidente del PRI, Genaro Borrego, había organizado la cena con la ayuda de dos dirigentes empresariales cercanos a Salinas: el banquero Roberto Hernández y el magnate de la construcción Gilberto Borja. Borrego y los dos líderes empresariales se habían reunido varias veces en la sede del PRI, y a desayunar en el University Club. Habían planeado todo hasta el último detalle: desde la lista de los invitados y el orden de los oradores hasta el menú. Ahora, después de semanas de preparativos, su banquete estaba a punto de empezar.

Un guarda uniformado guiaba a los invitados —en su mayoría hombres algo excedidos de peso, aspecto algo campechano y en sus cincuenta— al elevador que los conducía al comedor en el segundo piso. Era una sala grande con muebles estilo francés siglo XXI y pinturas originales de los muralistas Diego Rivera, David A. Siqueiros y José Clemente Orozco, que valían millones de dólares. En medio de la sala había una mesa en forma de U, con tarjetas indicando los asientos de los invitados por orden alfabético. Entre las dos alas abiertas de la mesa, casi cerrando el cuadrado, había otra pequeña mesa para tres: Salinas, el presidente del PRI Borrego, y el anfitrión.

Ninguno de los visitantes se detuvo en los cuadros al entrar. Los había a docenas. Entre los huéspedes se contaba el magnate de la televisión don Emilio Azcárraga, conocido como "El Tigre" y descrito por la revista *Forbes* como el hombre más rico de América Latina (la revista calculaba su fortuna aquel año en 5.1 mil millones de dólares); el zar de las telecomunicaciones don Carlos Slim (fortuna neta: 3.7 mil millones de dólares); el barón del cemento, Lorenzo Zambrano (fortuna neta: 2 mil millones de dólares); Bernardo Garza Sada (fortuna neta: 2 mil millones de dólares); Jerónimo Arango (fortuna neta: 1.1 mil millones de dólares); Angel Losada Gómez (fortuna neta: 1.3 mil millones de dólares); Adrián Sada (fortuna neta: mil millones de dólares); y Carlos Hank Rohn, cuya fortuna multimillonaria en dólares estaba casi en su totalidad en empresas de propiedad familiar y era por lo tanto difícil de rastrear. Mezclados con los invitados estaban los organizadores del banquete, Borja y Hernández, quien había proporcionado, como un gesto adicional de apoyo al partido, el personal de cocina del banco Banamex —capacitado en París— para que surtiera el evento.

Según varios de los invitados, el último en llegar a la fiesta, a las 9 de la noche, fue el presidente Salinas. En el momento en que entró en el salón todos aplaudieron. Después de saludar a la mayoría de los presentes con una sonrisa de oreja a oreja y abrazos de oso, Salinas tomó asiento en la mesa más pequeña. La cena fue servida. Como entrada había salmón ahumado, seguido de filete a la pimienta. La atmósfera era jovial. Se había corrido la voz de que se iba a pedir a los líderes empresariales que recaudaran fondos para el PRI, y dirigentes gubernamentales y magnates se acicateaban mutuamente entre sonrisas sobre el tema frente a un presidente divertido y de buen humor.

"Bueno, ¿cuánto se supone que debemos juntar?", preguntó a Borrego uno de los dirigentes empresariales después de haber empezado a comer.

"Mucho", respondió Borrego sonriendo.

"¿Pero cuánto?", insistió el magnate.

"Muchísimo", respondió Borrego provocando la risa de toda la mesa.

Como una hora después, cuando estaban en los postres —helado de vainilla rociado de chocolate derretido—, Ortiz Mena, el anfitrión, se levantó. Golpeó con la cucharilla varias veces su vaso de vino y pidió silencio. Ortiz Mena presentó al primer orador, Borrego, que rápidamente recorrió los cinco puntos del programa de modernización del partido. Dijo que se acercaban las elecciones presidenciales de agosto de 1994 y el PRI enfrentaba un grave desafío de la izquierda. Era crucial que todos los líderes empresariales alrededor de la mesa hicieran una importante aportación para salvar al partido y al país. Salinas, que seguía sus palabras con la mirada en alto, asintió con la cabeza. Siguió después Ortiz Mena, que hizo un recuento de la historia del PRI, y subrayó el papel del partido gobernante como aglutinador social que había impedido que México estallara en el caos y el derramamiento de sangre a lo largo de toda la historia del país. Salinas cerró la presentación, diciendo que apoyaba de todo corazón las reformas propuestas para vigorizar el partido.

De acuerdo, dijeron los dirigentes empresariales, asintiendo con la cabeza unos a otros. Había apoyo general a la idea de terminar con el flujo de dinero del gobierno al PRI, y hacer que el partido recaudara dinero del sector privado, como todos los partidos del mundo. ¿Pero cuánto se suponía que tenían que aportar los empresarios? La discusión iba y venía. Los funcionarios en la mesa principal se abstuvieron de dar cifras en un principio, pero luego indicaron que el PRI necesitaba un fondo de campaña de por lo menos 500 millones de dólares. Entonces, el banquero Roberto Hernández, muy cercano a Salinas, lanzó la cifra que habían acordado con anterioridad los tres organizadores del banquete durante su desayuno en el University Club.

"Señor Presidente, me comprometo a hacer todo lo posible para reunir 25 millones", dijo Hernández.

Se hizo un inquietante silencio en la sala.

"¿De pesos o dólares?", preguntó uno de los multimillonarios.

"Dólares", respondieron Hernández y Borrego, casi a coro.

¿Veinticinco millones de dólares cada uno? Hubo murmullos de sorpresa y asombro alrededor de la mesa. Garza Sada, del emporio de refrescos Visa de Monterrey, dijo que estaba de acuerdo, era responsabilidad de la comunidad empresarial apoyar al partido. El magnate de las telecomunicaciones, Slim, que había ganado la licitación del gobierno para privatizar el monopolio nacional de teléfonos, apoyó la moción, agregando sólo que deseaba que los fondos se hubieran recaudado en privado, y no en una cena, porque la publicidad del banquete se podría convertir en un escándalo político. En un país en que casi la mitad de la población vivía debajo de la línea de la pobreza, habría preguntas inmediatas sobre cómo esos magnates —muchos de los cuales habían sido hombres de negocios de clase media hasta la reciente privatización de las compañías estatales— podían disponer de 25 millones de dólares en efectivo cada uno para el partido gobernante. Habría una ola de acusaciones de sobre la inmensa corrupción bajo la administración de Salinas.

Según testigos presenciales, el magnate Angel Losada aprovechó la oportunidad en ese momento para manifestar su preocupación personal sobre el monto de las aportaciones que se pedían. Recaudar 25 millones de dólares era una tarea exorbitante para alguien como él. Comparado con los demás en la mesa, él era pequeño. No podía siquiera soñar con juntar esa cantidad para una contribución política. Acababa de formar una empresa mixta con inversionistas norteamericanos. ¿Qué iban a decir sus socios gringos si destinaba 25 millones de dólares de su empresa para el PRI?

Antes de que otros donantes reacios pudieran unirse a Losada expresando su oposición al enorme monto que se estaba pidiendo, el magnate de la televisión Emilio Azcárraga se puso de pie, lleno de entusiasmo, para manifestar su apoyo. En el momento en que se levantó de su silla, todos se callaron. Azcárraga era el más grande entre los grandes, no sólo económicamente sino también físicamente. Un hombre imponente de 1 metro noventa de estatura, concentraba la atención inmediata —y cierto temor— dondequiera se encontrara. Podía ser brutal con sus colaboradores y tenía fama de avergonzar públicamente a muchos, menos al presidente. Azcárraga hizo un discurso acorde a su personalidad: con voz alta, arrogante, ampuloso.

"Yo, y todos ustedes, hemos ganado tanto dinero en los últimos seis años que creo que tenemos una gran deuda de honor con este gobierno", dijo don Emilio. "Estoy dispuesto a más que duplicar lo que se ha ofrecido hasta ahora, y espero que me sigan muchos de los presentes. Se lo debemos al presidente y al país."

Todos levantaron las cejas. Azcárraga estaba hablando de ofrecer más de 50 millones de dólares. El presidente Salinas, con una amplia sonrisa, aplaudió. Lo siguió el resto de la sala. Unos cuantos se esforzaron por sonreír, aún atónitos. Don Carlos Slim, en un intento de romper el hielo, dijo que le encantaría dar tanto como Azcárraga, si tuviera tanto dinero como él. El salón estalló en risas, mientras varios comensales se preguntaban si Slim no estaba minimizando su fortuna por conveniencia. Los hombres en torno a la mesa empezaron a bromear unos con otros sobre quién estaba en condiciones de dar cuanto, y quién de ellos estaba ganando más dinero a costa de quién. Pronto, las dudas que se habían expresado sobre la magnitud de las contribuciones fueron eclipsadas por la aceptación general. Ortiz Mena y Salinas parecían complacidos.

Para la medianoche, cuando el presidente partió, los empresarios más ricos de México se habán comprometido a contribuir con un promedio de 25 millones de dólares cada uno al partido gobernante, por un total de unos 750 millones de dólares. Los presentes se comprometieron a mantener la reunión en secreto, se despidieron con palmadas en la espalda, intercambiaron los últimos chistes de la velada y salieron a abordar sus limusinas.

El PRI tenía una gran urgencia de dinero, y no sólo porque quería evitar críticas durante la campaña electoral sobre la tradicional ayuda masiva que el gobierno solía darle al partido oficial. Después de décadas de funcionar como prácticamente una agencia de gobierno que obtenía su dinero directamente de la Secretaría de Hacienda, el PRI estaba sufriendo recortes en el flujo de fondos gubernamentales a sus arcas. Unos meses antes, el secretario de Hacienda, Pedro Aspe, había enviado un memorándum al presidente del PRI, Borrego, informándole de que el gobierno central ya no iba a financiar los gastos del partido.

El memo no cortaba totalmente el flujo de la ayuda gubernamental al PRI. Pero Borrego necesitaba urgentemente encontrar nuevas fuentes de financiación que cubrieran los casi mil millones de dólares que el gobierno había estado transfiriendo al partido en los últimos años. Estos fondos habían sido desembolsados mediante transferencias bancarias, y por lo general provenían de asignaciones disfrazadas en el presupuesto nacional como obras públicas. En el pasado, los presidentes del PRI sólo habían tenido que pedir el dinero para obtenerlo. Y si por una u otra razón la transferencia se retrasaba, siempre estaba la lotería nacional. "La lotería nacional es la caja chica del gobierno", me explicó en confianza un alto funcionario del PRI con conocimiento cercano de las finanzas del partido. "Cuando necesitamos unos cuantos millones de un día a otro, los conseguimos de allí."

Aspe, un economista ortodoxo con muchos contactos en la comunidad financiera mundial, había explicado en su memo a Borrego que la nueva medida era parte de la política general del gobierno de reducir el gasto público. Así como el gobierno estaba privatizando empresas estatales y reduciendo los subsidios en todos los rubros, necesitaba hacer drásticas reducciones en su apoyo financiero al PRI. Era necesario que el partido generara sus propios recursos. Borrego, un economista con mentalidad reformista, apoyaba la idea, aún cuando iba a hacerle más difícil la vida como presidente del partido, según participantes en las conversaciones internas que se sucedieron en la cúpula del partido. Borrego era sensible a las críticas de la oposición en el sentido de que el país no sería verdaderamente democrático hasta que el PRI fuera independiente del gobierno, y permitiera una competencia entre todos los partidos en iguales condiciones. Como muchos dirigentes jóvenes del partido, Borrego creía que las audaces reformas económicas de Salinas tenían que ir acompañadas de reformas políticas para convertir a México en una democracia moderna.

Borrego había escuchado que la organización local del PRI en el estado de México había creado un fideicomiso, y que los empresarios más poderosos del estado habían contribuido enormes sumas al mismo para lograr la independencia del PRI estatal de los recursos del gobierno. Después de discutir el asunto con Salinas y separadamente con Hernández y Borja, había dado instrucciones a un ayudante para que enviara las invitaciones al banquete. No había tiempo que perder. El secretario de Hacienda amenazaba con cerrar el flujo de fondos, y se estaban acercando las elecciones de agosto. Lo que ninguno de los organizadores del banquete sospechaba en aquel momento era que aquello se iba a convertir en un enorme escándalo político.

La cena en la residencia de Ortiz Mena provocó un alboroto público los meses siguientes, cuando los detalles de la reunión empezaron a filtrarse a la prensa. Parte de la conmoción se debió al monto exhorbitante de las sumas de las que se estaba hablando. ¿Cómo podían esos multimillonarios ofrecer tanto dinero, tan rápido?, se preguntaban atónitos los mexicanos de todas las clases sociales. ¿Qué clase de favores obtendrían a cambio de sus generosas donaciones políticas? Las contribuciones de los multimillonarios se convirtieron en un símbolo de la inmensa corrupción en los círculos cercanos al poder, un mundo en el que las cifras oficiales equivalían a una pequeña fracción de las sumas fabulosas que realmente se movían por debajo de la mesa.

El producto bruto nacional de México apenas llegaba al 5% del norteamericano, y equivalía al del estado de Ohio, pero los invitados a la cena de Ortiz Mena habían ofrecido más de cinco veces lo que el Partido Demócrata había gastado en las elecciones presidenciales de Estados Unidos en 1992. Comparada con la mayor aportación individual al Partido Demócrata aquel año —398.876 dólares del sindicato United Steel Workers of America—, la oferta individual de Azcárraga de donar 50 millones de dólares era gargantuesca.

Pero, lo que es más importante, las ofertas eran obscenas a la luz de la pobreza general de México y de la brecha en constante aumento entre ricos y pobres. Bajo Salinas, la concentración de poder económico había alcanzado alturas récord, y se había hecho poco para aumentar la contribución de los nuevos multimillonarios a la sociedad por vías impositivas o de caridad. La privatización de cientos de empresas estatales —y su adquisición por un selecto grupo de gente cercana al presidente— había llevado a la creación de emporios empresariales gigantescos y a una distribución de la riqueza cada vez más tergiversada.

A principios de los noventa, el 20% más rico de la población recibía el 54% del ingreso del país, mientras que el 20% de abajo obtenía sólo el 5%, según el Instituto Nacional de Estadística, Geografía e Información (INEGI). Un número cada vez menor de mexicanos tenía cada vez más; cantidades cada vez mayores tenían menos; y parecía como si los magnates empresariales del país gastaran mucho más en contribuciones políticas para conservar sus influencias con el partido gobernante que en contribuir a aliviar las crecientes condiciones de pobreza.

Los "doce de México", como pronto se dio en conocer a los multimillonarios de la revista *Forbes*, se habían beneficiado enormemente de la política económica impulsada por Salinas para sacar a México de su crisis de la deuda externa de 96 mil millones de dólares. Partiendo de una tímida apertura económica iniciada por su predecesor Miguel de la Madrid, Salinas firmó a principios de los noventa un pacto de renegociación de la deuda con los bancos acreedores para extender los pagos de la deuda por un período de treinta años. Pero pronto le quedó claro que el acuerdo —que se acabó siendo conocido como el Plan Brady, por el nombre del secretario del Tesoro norteamericano, Nicholas Brady— haría muy poca mella en los 10 mil millones de dólares que México estaba pagando anualmente a sus acreedores extranjeros.

Para detener la hemorragia financiera e inducir el ingreso de nuevos capitales a México, eran necesarios gestos más audaces. Era un momento de desaceleración económica mundial. Los inversionistas extranjeros, fascinados con el derrumbe del bloque soviético, fantaseaban sobre fabulosas oportunidades de negocios en Europa del Este. Salinas había descubierto con desconcierto durante una visita a Davos, Suiza, para hablar ante el Foro Económico Mundial, que sus anuncios de drásticas reformas de libre mercado generaban poco interés: su presentación sólo había atraído a un pequeño puñado de personas, comparada con la entusiasta multitud de hombres de negocios que habían atraído los oradores rusos y polacos. Los inversionistas extranjeros estaban demasiado ocupados en estudiar los nuevos mercados del ex bloque soviético para perder tiempo con México.

"Está cada vez más claro que nuestro futuro está cerca de casa", dijo Salinas con resignación a sus ayudantes en el avión de regreso. México sólo podía salir del pantano de su deuda externa si tomaba medidas drásticas de libre mercado para llamar la atención de la comunidad financiera mundial, en especial la de los Estados Unidos.

Salinas no tardó en tomar acción. Pronto anunció la privatización de 18 bancos comerciales mexicanos que habían sido expropiados en 1982 por el presidente José López Portillo. También anunció la privatización de Telmex, el gigantesco monopolio de teléfonos, y muchas otras compañías estatales, mientras hacía público que México quería firmar un tratado de libre comercio con los Estados Unidos que, entre otras cosas, garantizaría que los futuros gobiernos mexicanos continuasen con las nuevas reformas de libre mercado. La revolución económica de Salinas tuvo un impacto psicológico y económico inmediato: al principio lentamente, y después cada vez con más rapidez, empezaron a entrar flujos de capital al país. A lo largo de los tres años siguientes, México recibiría aproximadamente 20 mil millones de dólares mediante la venta de más de 300 compañías estatales al sector privado.

La revocación de la nacionalización de la banca marcó el fin de una era de distanciamiento entre el PRI y la clase empresarial mexicana. Pero Salinas hizo mucho más que recomponer una relación averiada. Brindó tal serie de privilegios a un pequeño grupo de empresarios —muchos de ellos cercanos a él— que los elevó al rango de una camarilla de poder unida por negocios y principios a la nueva dirigencia del PRI.

En su intento por aumentar los flujos de capitales al país, Salinas había puesto a los bancos estatales en venta a tres veces su valor contable, y a veces más. Contrariamente a las críticas de políticos de izquierda y a la creencia popular en México, las empresas estatales no se vendieron a precios de saldo. Pero a cambio de los altos precios pagados por ellas, Salinas ofreció a sus compradores generosos tratos regulatorios y pespectivas de riquezas fabulosas a largo plazo a través del TLC, que pronto iba a permitir a algunos de los nuevos propietarios vender sus monopolios a corporaciones multinacionales con ganancias récord. Más importante aún, a corto plazo, les ofreció un nuevo clima de cooperación entre el gobierno y el sector privado, que en el mejor de los casos se traduciría en nuevas oportunidades para la clase empresarial con una desregulación cada vez mayor y, si uno era malpensado, en una serie de favores oficiales detrás de bambalinas que garantizarían la rentabilidad de las nuevas inversiones.

A través de una política de desregulación "dirigida" o liberalización selectiva, Salinas allanó el camino para la formación de más de una docena de monopolios que iban a controlar industrias como la minería, el cobre y las telecomunicaciones. La idea era que estas empresas fueran suficientemente fuertes como para competir con empresas norteamericanas en el marco del libre comercio, y tal vez llegaran a convertirse en las primeras multinacionales mexicanas en penetrar exitosamente en el mercado norteamericano.

Ante los Estados Unidos y el resto del mundo, Salinas vendió su programa de privatización como el mayor cambio de política económica desde la Revolución Mexicana de 1910-1917. Lo que Salinas no estaba diciendo era que para conseguir que los empresarios mexicanos compraran las empresas estatales a precios que representaban varias veces su valor contable, había tenido que ofrecerles generosas recompensas por debajo de la mesa. Poco después de que el monopolio gubernamental de teléfonos Telmex fuera vendido a Slim, quien había hecho una fortuna en bienes raíces y en la industria del cigarrillo, Salinas autorizó aumentos espectaculares en las tarifas telefónicas sin exigir mejoras correspondientes en el servicio de la empresa. En 1991, se permitió a Telmex aumentar las tarifas telefónicas en 247.4%, cuando los salarios aquel año sólo habían subido un 18%. Cuando el anuncio de los aumentos de la tasas de teléfonos desencadenó protestas masivas, la compañía dio marcha atrás y aceptó que el aumento de las tasas fuera de sólo 170%. "Con aumentos salariales del 18% y aumentos en la tasa de teléfonos de 170%, no se necesita ser un genio financiero para triunfar en el mundo de los negocios", escribió el politólogo Lorenzo Meyer en esos momentos. "Y como el servicio de teléfonos en México es un monopolio, no hay libre competencia para beneficio del consumidor."

Es más, el gobierno aseguró a varios de los nuevos barones empresariales un monopolio a largo plazo sobre sus respectivas industrias, y protección gubernamental abierta o disfrazada para las mismas hasta bien adentrada la era del TLC. De acuerdo con el tratado de libre comercio que entró en vigor el primero de enero de 1994, industrias mexicanas clave —sobre todo las de los Doce de México— serían protegidas por hasta quince años. La cadena Televisa, de Azcárraga, que tenía cautivo más del 90% del público televidente mexicano y actuaba como un virtual portavoz del PRI, estaba protegida de la competencia externa por diez años, de acuerdo con el TLC. El magnate banquero de Banamex, Roberto Hernández, el amigo de Salinas que había suministrado la comida para la cena de recaudación de fondos del PRI en la casa de Ortiz Mena, estaba protegido de la competencia extranjera los 15 años siguientes.

El objetivo del TLC era, como su nombre lo indicaba, eliminar el proteccionismo, pero el gobierno y sus empresarios aliados tratarían de sacar el máximo provecho de los años antes de que entraran en vigor los efectos plenos del tratado. El TLC concedió al grupo selecto de magnates mexicanos una ventaja inicial en el nuevo juego de libre comercio, cosa que era lógica por tratarse de un tratado entre socios muy desiguales. Pero sus considerables privilegios les iban a permitir hacerse tan fuertes en México que no era probable que ningún competidor extranjero pudiera hacerles sombra antes de que se vieran obligados a competir abiertamente con empresas estadounidenses y canadienses a principios del siglo próximo. El libre comercio había creado su propia variante de proteccionismo, y los Doce de México iban a ser sus principales beneficiarios.

México a principios de los noventa estaba en una etapa similar a la del capitalismo norteamericano a fines de los años 1870. Azcárraga, Slim y Hernández no eran muy diferentes al magnate de los ferrocarriles y del acero Andrew Carnegie, o del barón petrolero John D. Rockefeller. Como los "Robber Barons" norteamericanos de su época, los Doce de México estaban haciendo una fortuna gracias a su estrecha asociación con el gobierno. Y para su inmenso alivio, México no estaba contemplando nada parecido a la Ley Sherman contra los monopolios de 1890, que había obligado a los monopolios estadounidenses a separarse en varias empresas mediante ventas obligadas.

"Descubrieron cuán conveniente les resultaba usar el poder del gobierno en favor de sus empresas y así acumular fortunas fabulosas", dijo Meyer de los multimillonarios mexicanos de los años noventa. "Los dirigentes del gobierno se paseaban del brazo con ellos, para beneficio de ambos y en detrimento de la sociedad."

Los grandes empresarios que asistieron al banquete de don Antonio se conocían muy bien entre ellos. La mayoría pertenecía a una organización pequeña y reservada llamada Consejo Méxicano de Hombres de Negocios (CMHN). Era un grupo privado constituido por 36 de los industriales más ricos del país, que se reunían con el presidente y sus principales colaboradores algunas veces al año para discutir los temas que más les preocupaban.

El consejo había sido creado en 1962, en un intento de combatir las políticas cada vez más antiempresariales del presidente mexicano Adolfo López Mateos y la retórica socialista que las amparaba. Después de que el presidente intensificara la distribución de tierras a los campesinos y se negara a seguir los pasos de otros gobiernos latinoamericanos que habían roto relaciones con el nuevo gobierno revolucionario de Cuba, el Consejo hizo su debut político publicando un anuncio en la prensa bajo el título de "¿Por qué camino vamos, señor Presidente?". Resultó ser asombrosamente eficaz para asustar al gobierno y conseguir que moderara su retórica populista, y de paso amenguar una ola creciente de fuga de capital que había sido alentada —quizá sin buscarlo— por el propio anuncio. Desde entonces, el Consejo se había reunido con todos los presidentes mexicanos, y había tenido una creciente influencia tras bambalinas en asuntos estatales.

Con Salinas había alcanzado la cima de su influencia. Había asesorado al presidente en cada paso de sus laboriosa lucha por hacer que los escépticos apoyaran el TLC en ambos lados de la frontera con Estados Unidos, mientras se aseguraba de que las empresas de sus miembros no iban a ser perjudicadas por el nuevo régimen de libre comercio que se proponía.

El Consejo, que nunca había tenido una sede y que se reunía sobre todo en casa del editor del diario *Novedades* Rómulo O'Farril, se estaba trasladando a su primera sede formal. El peso político que tenía se había vuelto demasiado obvio para seguir ejerciéndolo desde las sombras. Pero los miembros del Consejo —en la práctica una copia textual de la lista de invitados al banquete de don Antonio— tenían la memoria fresca de la nacionalización de la banca de 1982 y de otras impetuosas medidas presidenciales contra la clase empresarial. Estaban deseosos de transformar sus vínculos siempre oscilantes con el poder en una influencia política permanente y estructurada.

A sus 64 años, don Gilberto Borja era el prototipo de los grandes empresariales mexicanos cuyas empresas vivían desde hacía mucho tiempo de contratos privilegiados con el gobierno. Alto, de pelo plateado y aspecto aristocrático, Borja presidía la empresa de construcción y ingeniería más grande de México, el grupo ICA, con 30.000 empleados, que entre otros cientos de proyectos públicos había construido el teatro de 11 millones de dólares en San Cristóbal de las Casas. El consejo de directores y consejeros de ICA era como un quién es quién de los amigos más íntimos de Salinas en la clase empresarial. Los dos principales consejeros externos del directorio de ICA eran el director de Telmex Carlos Slim y el banquero Roberto Hernández.

Bajo Salinas, ICA había ayudado a construir, entre otros proyectos, la autopista del Sol entre México y Acapulco —un megaproyecto vial que según algunos era el más caro del mundo por kilómetro—, otra autopista que unía la Ciudad de México con Guadalajara, varios tramos del sistema del metro de la Ciudad de México, y un enorme sistema de oleoductos para el suministro de petróleo del monopolio nacional petrolero PEMEX a la cuidad de Guadalajara. En 1994, ICA se ufanaba de ser la empresa constructora más grande de América Latina, con obras públicas en Colombia, Turquía, las Filipinas, China y los Estados Unidos, donde estaba construyendo entre otras cosas las estaciones de metro de la Ciudad de Miami.

Unos meses después de haber ayudado a organizar el banquete secreto en la casa de don Antonio, Borja había adoptado una posición política más pública: director de las Células Empresariales del PRI. En su nueva condición part-time de consejero especial del candidato Ernesto Zedillo en asuntos de negocios, Borja estaba dirigiendo una campaña a nivel nacional para conseguir que los propietarios de pequeñas y medianas empresas se volvieran contribuyentes del PRI. Borja decía que se le había ocurrido la idea de formar las células como un manera de que los hombres de negocios pudieran exponer sus ideas sobre el país y transmitirlas al candidato del partido. Ya había presidido más de 40 reuniones de este tipo, muchas de ellas en una carpa que había instalado especialmente para ese fin en el jardín de su casa en la Ciudad de México. En realidad, se trataba de una campaña no tan disfrazada para recaudar fondos para el PRI, ya que al final de las reuniones o días después se pedía a sus participantes que hicieran una donación para el candidato.

"Creo que estoy dedicando unas 30 horas a la semana a la campaña de Ernesto Zedillo, y unas 50 horas a ICA", me explicó Borja con orgullo durante una gira de la campaña de Zedillo a Acapulco, el 17 de mayo de

1994. "Viajo unos dos días a la semana con Zedillo y celebro reuniones en mi casa en la Ciudad de México los demás días. Pero salgo de viaje con Zedillo y celebro las reuniones después de dejar la oficina a las 6 de la tarde."

"Cuando celebra las reuniones en su casa, ¿sólo hablan de problemas de negocios? ¿No discuten asuntos políticos?, le pregunté.

"El propósito principal es escuchar sus preocupaciones", respondió Borja. "Pero quiero decirle que cierro cada reunión con comentarios siempre parecidos. Le quiero confesar que hago la reflexión personal que el sistema político mexicano está cuestionado, que estamos en una etapa de gran competitividad, que el pueblo exige la democracia, que debemos tender a la limpieza del voto, pero que tenemos la obligación de reflexionar a quién le daremos el voto. Es ahí donde yo expreso mi punto de vista personal hacia Zedillo: les digo que por su capacidad, su formación, su moral, Zedillo es la persona que debe continuar el esquema económico de este país."

"Pero su rol de enlace entre PRI y la comunidad empresarial ¿no es un enorme conflicto de interés?", le pregunté, con la mayor cortesía posible. "Si Zedillo gana las elecciones e ICA luego gana las licitaciones de las principales carreteras y autopistas durante su sexenio, ¿no habrá una sospecha general de que el gobierno le estaría devolviendo favores a Ud.?"

Borja me miró con asombro, forzando una sonrisa. Sacudió la cabeza en sentido negativo. "Por qué?", preguntó, como si no entendiera de qué estaba hablando. "No lo veo para nada de esa manera", prosiguió. "Yo no tengo porqué mezclar a la ICA con Gilberto Borja... Yo no lo estoy haciendo como presidente de ICA, lo estoy haciendo como Gilberto Borja."

Más que enojado, Borja parecía desconcertado por la pregunta. En el mundo de los grandes negocios de México, donde el gobierno había sido desde siempre el principal cliente y los contactos políticos contaban más que ninguna otra cosa, no parecía habérsele cruzado por la cabeza que su papel cada vez más visible en la campaña de Zedillo podía ser visto como una posible fuente de favoritismo. El presidente del Grupo ICA llevaba su nuevo título de consejero oficial de Zedillo en asuntos de negocios como una medalla de honor. En realidad, más que grupos de discusión, sus células empresariales habían sido creadas como una nueva y más abierta forma de recaudar fondos para la campaña presidencial del PRI después del escándalo del banquete de Ortiz Mena.[1]

---

1 Borja se jubiló de ICA poco después de las elecciones del 21 de agosto de 1994. Semanas después, fue resucitado como funcionario del gobierno, cuando Zedillo lo nombró presidente de NAFIN, el enorme banco de finanzas del gobierno.

Los grandes empresarios mexicanos no siempre habían estado tan cercanos a la elite gobernante. Al principio, la habían apoyado con reticencia, como la alternativa menos mala para evitar que el país cayese en el caos. Inmediatamente después de la Revolución Mexicana de 1910-1917, cuando una serie de revueltas campesinas y de clase media en varias regiones del país habían dejado a México en un estado de anarquía, una parte considerable del sector empresarial había empezado a aceptar al triunfante gobierno revolucionario de Venustiano Carranza con una sensación de alivio. Aun cuando se estuviera creando un gobierno semidictatorial y un culto a la personalidad, por lo menos era un antídoto al caos creado por las rivalidades internas entre los caudillos revolucionarios. Carranza le dio al país una apariencia de estabilidad, y los barones empresariales lo habían aceptado en consecuencia.

Como lo señaló el premio Nobel mexicano Octavio Paz, la Revolución Mexicana se convirtió en "un compromiso de fuerzas opuestas: nacionalismo e imperialismo, obrerismo y desarrollo industrial, economía dirigida y régimen de libre empresa, democracia y paternalismo estatal". Irónicamente, la principal razón de ser del nuevo Estado revolucionario pronto se convirtió en el mantenimiento de la ley y el orden. Su principal logro fue de carácter negativo: impedir nuevos ciclos de dictadura y revueltas sangrientas como los que habían sacudido a México a lo largo de su historia.

Para poner fin a las tentaciones de poder ilimitado de los políticos, los gobernantes postrevolucionarios crearon sistema de elecciones cada seis años, sin reelección. La creación del partido gobernante, a su vez, ofrecía una garantía de continuidad pacífica. La revolución se convirtió en una institución, una dictadura rotativa que, aunque no proveía un sistema efectivo de frenos y controles, garantizaba la paz y un futuro predecible.

¿Cómo podían los grandes industriales mexicanos apoyar a un gobierno que se autoproclamaba revolucionario y veneraba a Zapata, un dirigente guerrillero que había hecho lo mismo que el subcomandante Marcos estaba haciendo ahora? Aún cuando no pudieran permitirse romper sus vínculos con el partido gobernante en un país donde la política y los negocios estaban tan entrelazados, ¿cómo podían apoyar con tanto entusiasmo a un régimen que ensalzaba la Revolución Mexicana de 1910-1917 como el primer levantamiento social del siglo, y que hasta el día de hoy era uno de los más fervientes —y últimos— aliados del régimen de Castro en Cuba?

La respuesta era que la clase empresarial mexicana nunca se había tomado demasiado en serio el credo revolucionario. No eran tan tontos. Gran parte del culto del gobierno a la Revolución Mexicana tenía como propósito hacer que la izquierda mexicana —a pesar de ser sistemáticamente ignorada en casi todo lo que tenía importancia— se sintiera más a gusto con las posiciones ideológicas del país.

En la cultura oficial, la Revolución Mexicana estaba por doquier. Las principales calles de la Ciudad de México llevaban nombres como "Revolución", "Héroes de la Revolución" y "Obrero Mundial". Había monumentos a héroes revolucionarios por todas partes y retratos de Zapata —mirando a la cámara con un aire entre desafiante y divertido, la mano derecha sosteniendo un rifle y la izquierda descansando sobre su espada, con cartucheras llenas de balas cruzadas en el pecho— en casi todas las oficinas del gobierno. Los libros de texto de la escuela primaria ensalzaban las glorias de virtualmente todos los héroes revolucionarios —vencedores y vencidos por igual— y describían gran parte de la historia moderna de México en torno a las intervenciones militares de los Estados Unidos que habían resultado en las anexiones de Texas y California en las décadas de 1830 y 1840. Mientras que los libros escolares norteamericanos tocaban sólo superficialmente el tema y muchos se referían elípticamente a la invasión como "el incidente de Texas", generaciones de estudiantes mexicanos habían crecido con mapas en los muros de sus escuelas mostrando a Texas y California en colores diferentes a los de los dos países, y con la leyenda "Territorios usurpados a México por los Estados Unidos", como para recordarles que las heridas abiertas por aquella guerra no habían cicatrizado.

El discurso oficial de México estaba dirigido desde hacía tiempo a construir defensas mentales contra el siempre amenazante Coloso del Norte. Una reforma del artículo 3 de la Constitución poco antes de la presidencia de Lázaro Cárdenas había ordenado que "la educación impartida por el Estado será socialista". Incluso mucho después de que ese principio fuera abrogado a finales de los cuarenta, los libros de texto oficiales a fines de los años cincuenta y sesenta —con los que se habían formado muchos de los actuales dirigentes políticos del país— dedicaban media página a Buda, una página a Jesucristo, tres páginas a Mao Tse Tung, aproximadamente el mismo espacio a Castro, y diez páginas a la Revolución Rusa.

El culto oficial de México al nacionalismo estaba simbolizado a la perfección por los murales encargados por el gobierno a Diego Rivera, David Alfaro Siqueiros y José Clemente Orozco, ensalzando el pasado prehispánico del país y poniendo en tela de juicio las contribuciones de la conquista española y las potencias capitalistas e imperiales que habían tratado de esclavizar a México desde entonces. Hasta los presidentes mexicanos que habían tratado de revertir las políticas nacionalistas y estatistas que se asociaban con la Revolución se sentían obligados a poner de manifiesto en sus discursos que actuaban para defender la soberanía nacional y el espíritu de la Revolución Mexicana. La elite empresarial mexicana había llegado a aceptar el nacionalismo y una dosis de retórica izquierdista como parte de la religión estatal, cuyos ritos debían seguirse aún cuando uno no creyera en ellos, o supiera que se basaban en mitos.

Muchos de los corresponsales extranjeros que cubríamos la política de México, al igual que nuestros colegas mexicanos, habíamos caído por mucho tiempo en lo que puede haber sido una trampa ideológica: contemplar la política mexicana en términos de una lucha entre las fuerzas que estaban intentando resucitar la Revolución Mexicana, y los "reformadores" —tecnócratas educados en los Estados Unidos como Salinas y Zedillo— que querían modernizar al país e impulsarlo a la economía global. En realidad, esto era sólo parcialmente cierto. Era una visión de México que había sido alentada desde hacía tiempo por la elite gobernante para presentarse ante el extranjero como la última línea de defensa contra un México bárbaro, poblado de nacionalistas e izquierdistas rábidos, que acechaba por debajo de la superficie. Sin embargo, las encuestas de opinión privadas en manos de los magnates empresariales de México mostraban que no tenían por qué perder el sueño: el país era mucho menos nacionalista y revolucionario de lo que los extranjeros eran llevados a creer.[2]

De hecho, los sondeos mostraban que a principios de los noventa, los mexicanos eran menos nacionalistas que los norteamericanos. En una encuesta en la que se preguntaba a los mexicanos si se consideraban "muy orgullosos" de ser mexicanos, sólo 56% de los encuestados había respondido afirmativamente. En comparación, 75% de los norteamericanos se habían manifestado "muy orgullosos" de ser norteamericanos.

Otros sondeos en los que se preguntaba a los mexicanos por los Es-

---

2 Cuando se les preguntó sobre sus inclinaciones políticas en una encuesta en 1991, 18% de los mexicanos que respondieron dijeron "derecha" o "centro-derecha", mientras que sólo 12% respondieron "izquierda" o "centro-izquierda". Fuente: *Los valores de los mexicanos*, volumen 2, por Enrique Alduncin, Fomento Cultural Banamex, México, 1991.

tados Unidos habían mostrado reacciones asombrosamente positivas para un país cuya historia se había construido en torno a temores y sospechas de su vecino del norte. En una encuesta en 1991 encargada por la respetada revista *Este País* sobre las actitudes de los mexicanos hacia los Estados Unidos, se preguntaba a los mexicanos si estarían en favor o en contra de formar un solo país con los Estados Unidos si esto tuviera por resultado un mejoramiento de sus niveles de vida. Para asombro de los encuestadores, 59% de los encuestados respondieron afirmativamente.

Años después, Market & Opinion Research International (MORI), la empresa que había llevado a cabo la encuesta para *Este País* y que también había trabajado para el candidato presidencial de centro-izquierda Cárdenas, preguntó en una encuesta confidencial de 1.450 personas quién tenía la culpa de la devaluación del 20 de diciembre de 1994 que había hecho tambalearse a la economía del país. Un abrumador 48% de los encuestados dijeron que "el gobierno", mientras que el 18% culpaban al subcomandante zapatista Marcos, 7% a "inversionistas extranjeros" y sólo 5% a "los Estados Unidos".

Otra encuesta patrocinada por la fundación Banamex había mostrado que los mexicanos de origen humilde tenían tanta simpatía por los Estados Unidos como sus compatriotas adinerados. A la pregunta "¿Como qué país le gustaría que fuera México?", los mexicanos encuestados colocaron a "Estados Unidos" al tope de la lista, solo después de la respuesta "ninguno". Veinte por ciento de los que mencionaron algún país optaron por Estados Unidos, y estaban divididos por igual entre personas de clase trabajadora y de clase pudiente. "Yo pensaba que sólo los mexicanos de clase alta tenían opiniones positivas de los Estados Unidos, pero me equivocaba", me dijo el director de MORI, Miguel Basáñez, mientras me mostraba las cifras en su despacho. "Las encuestas muestran que hay opiniones favorables sobre Estados Unidos tanto en la clase alta como en la clase baja, mientras que el principal recelo se encuentra en la clase media, sobre todo entre las personas que vienen de las universidades del sistema de educación pública."

Los ricos eran pronorteamericanos porque esquiaban en Aspen y tenían sus residencias de verano en San Diego. Los pobres porque pasaban años trabajando de braceros en los Estados Unidos —o tenían parientes cercanos que lo hacían— y, a pesar de ser perseguidos como extranjeros ilegales y ser discriminados, regresaban con recuerdos sorprendentemente buenos —y dólares— de sus años en los Estados Unidos.

Entonces, ¿qué hay del histórico antinorteamericanismo a ultranza de México, ese depósito oculto de resentimiento que muchos consideran como parte intrínseca del carácter nacional?

"Es un mito", dijo Basáñez. "El antinorteamericanismo acérrimo es un manejo gubernamental, tradicionalmente utilizado para mejorar su posición negociadora frente a Estados Unidos. Ha sido un arma que han usado los gobiernos mexicanos una y otra vez, pero que no está respaldada por los datos."

Existía incluso un gran interrogante sobre si la mismísima Revolución Mexicana había sido —como lo indicaban los libros escolares gubernamentales— un levantamiento campesino dirigido por Zapata que podía ser considerado como la primera rebelión popular del siglo, precediendo en siete años a la Revolución Rusa. La mayoría de los historiadores más reconocidos de México coincidían en que la historia oficial sobre la Revolución Mexicana era parcial, y quizás hasta equivocada.

De hecho, la Revolución Mexicana había sido una lucha caótica entre varios ejércitos que en definitiva había sido ganada por las fuerzas más conservadoras del norte de México, dirigidas por Carranza y Alvaro Obregón. Como mínimo, como lo ha observado el escritor Carlos Fuentes, no había habido una Revolución Mexicana, sino por lo menos dos: una dirigida por profesionales, intelectuales, ganaderos y comerciantes procedentes de una clase media emergente que quería un México moderno gobernado por un poder central, y una revolución campesina dirigida por los líderes guerrilleros Emiliano Zapata y Pancho Villa, que luchaban por el derecho a la tierra, justicia social y gobiernos locales. Después de años de batallas, lo que hoy conocemos como Revolución Mexicana habia sido ganada por Carranza y sus fuerzas del norte, apoyadas por una coalición de sectores empresariales y profesionales que pronto incluyeron entre sus máximas prioridades el destruir los movimientos campesinos de Villa y Zapata.

La batalla final entre las dos revoluciones mexicanas había tenido lugar en 1915, cuando el comandante de Carranza, Alvaro Obregón —que más tarde iba a llegar a presidente—, derrotó a las fuerzas de Villa en la batalla de Celaya. Cuatro años después, las fuerzas del norte acabarían con los últimos vestigios de la revolución campesina cuando Zapata fue asesinado por un oficial del gobierno que se había hecho pasar por desertor. El 10 de abril de 1919, Zapata había ido a un rancho en Chinameca para reunirse con el coronel Jesús Guajardo, un oficial que supuestamente había desertado del ejército de Carranza. Cuando Zapata hizo su entrada al rancho a las 2 de aquella tarde, la guardia de Guajardo presentó armas al dirigente guerrillero. En ese momento, al sonido de una trompeta, los guardias inclinaron sus fusiles y mataron a Zapata, que tenía sólo 39 años. Después se vino a saber que Guajardo en realidad nunca había desertado, sino que le habían prometido una cuantiosa recompensa por el asesinato.

Pronto fue ascendido a general, y el gobierno le entregó un premio de 50.000 pesos. Según algunos historiadores, el asesinato de Zapata inspiró la famosa frase del general Obregón —que iba a ser repetida por generaciones— de que "ningún general mexicano puede resistir un cañonazo de 50.000 pesos".

Pero fue Zapata quien fue convertido por futuros gobiernos mexicanos en el héroe de la Revolución Mexicana. En un esfuerzo por apaciguar a los campesinos que habían apoyado a la guerrilla popular, las fuerzas vencedoras incorporaron muchas de las demandas de Zapata a la nueva constitución, y erigieron monumentos al líder campesino en todo el país. Desde entonces, el culto había crecido con el tiempo. Hasta los presidentes mexicanos educados en los Estados Unidos, como Salinas y Zedillo, habían bautizado a sus hijos con el nombre de pila de Zapata, Emiliano. Los visitantes de la casa presidencial no podían dejar de observar las imágenes que la mayoría de los presidentes habían escogido para decorar sus oficinas: no tenían retratos de Carranza ni de Obregón, sino la orgullosa imagen de Zapata. Durante muchas décadas, los gobiernos mexicanos habian promovido una imagen parcial de la Revolución mexicana que hacía aparecer a Zapata y Villa —los líderes rebeldes que no sólo habían perdido en el campo de batalla, sino que habían sido asesinados en el proceso— como parte del grupo triunfante.

Desde hacía mucho tiempo, la elite empresarial mexicana había aceptado esta imagen de un México rebelde como una herramienta útil para los funcionarios gubernamentales en sus relaciones con los Estados Unidos. Alimentando la ilusión de una revolución campesina victoriosa, los presidentes mexicanos habían transmitido a sus amigos en Washington, D.C., la idea de que ellos eran los mejores aliados de Estados Unidos y los únicos que podían garantizar un México moderno y pronorteamericano, conteniendo al México insurgente que acechaba peligrosamente en el trasfondo de la psique nacional. En realidad, como lo mostraban los sondeos de opinión, era la versión oficial de la historia mexicana —más que los sentimientos del pueblo— lo que hacía que las heridas que México había sufrido se mantuvieran permanentemente abiertas.

Un ejemplo clásico de los mitos promovidos por el gobierno era la historia de los "Niños Héroes". Desde el primer año de la escuela primaria, los mexicanos aprendían la historia de los niños que se habían envuelto en la bandera mexicana y lanzado a morir durante el ataque norteamericano al castillo de Chapultepec en la Ciudad de México en 1847. Los heroicos niños, según la historia oficial, se habían suicidado antes que entregarse a la fuerzas invasoras norteamericanas. La historia se repetía año tras año, y era objeto de interminables discursos de los presidentes mexicanos.

Sin embargo, no pude encontrar a un solo historiador de renombre —a la izquierda o a la derecha del espectro político— que me dijera que esa historia fuera cierta. En realidad, entre los historiadores había unanimidad en que los "niños héroes" —por muy valientes que fueran— no habían sido niños, sino cadetes de la academia militar, y que no se habían suicidado masivamente, sino que habían muerto en combate o habían sido tomados presos por las fuerzas invasoras.

Pero ningún gobierno mexicano había osado corregir el error histórico en los libros de texto: un tímido intento de referirse a los "Niños Héroes" en los libros escolares como "cadetes de la academia militar" durante los años de Salinas —cuando Zedillo era secretario de Educación— fue rápidamente abandonado después de un diluvio de protestas de los miembros de la vieja guardia del partido gobernante, intelectuales de izquierda, sindicatos de maestros y oficiales del ejército.

"Son mitos cohesivos", me explicó Alfonso Zárate, un respetado analista político e historiador que se contaba entre los intelectuales que habían criticado las reformas a los libros de texto. "Puede que la historia no sea cierta, pero todos los países tienen sus mitos cohesivos. Y los que han sido tan golpeados como el nuestro, los necesitan más que ninguno...".

Aunque enormemente inflada por el aparato propagandístico oficial, la mitología semisocialista de México no podía ser desechada del todo por los superricos. Los mexicanos eran por naturaleza seres contradictorios —el producto de antepasados indígenas y españoles, estrujados entre los Estados Unidos y América Latina— que siempre podían sacar a relucir una parte reprimida de su carácter para satisfacer sus necesidades políticas del momento. Así como los magnates empresariales tenían encuestas que mostraban que los mexicanos eran más dóciles de lo que sugerían sus monumentos, muchas de las encuestas también mostraban que había otro lado de su carácter.

Un gerente de marketing norteamericano me enseñó un estudio de la Coca Cola que ilustraba este fenómeno. La gigantesca empresa de refrescos había encargado la encuesta en un intento por incrementar sus ventas de la Coca Cola de dieta en México. Aunque las ventas totales de Coca Cola en México eran fenomenales —los mexicanos son los mayores consumidores de refrescos del mundo, bebiendo un promedio de 306 botellas de ocho onzas por persona al año, debido en parte al clima seco del país y al limitado suministro de agua potable— muy pocos mexicanos bebían Coca Cola de dieta. Los directivos de la empresa en Atlanta estaban intrigados, y preocupados: la Coca de dieta representaba sólo el 2% de sus ventas en México, mientras que representaba el 30% de sus ventas en los Estados Unidos. ¿Por qué los mexicanos no bebían Coca de dieta?

Un estudio de mercado en 1994 llegó a dos conclusiones. La primera era que los hombres mexicanos percibían la Coca de dieta como un producto femenino, que no querían beber en público. La segunda, más interesante aún, era que los consumidores mexicanos eran mucho más impredecibles que sus equivalentes norteamericanos cuando se trataba de lealtad a un refresco en particular. El estudio descubrió que, mientras que los consumidores norteamericanos bebían solamente Coca Cola o Coca de dieta, los mexicanos cambiaban de una a otra, muchas veces en el curso de una misma comida. El estudio calificó a un gran porcentaje de mexicanos como "compensadores", una categoría que era sumamente pequeña entre los norteamericanos. ¿Qué eran los compensadores? El análisis los definía como personas que comen en exceso, se arrepienten, y tratan de compensar el daño al día siguiente, sólo para volver a sus antiguos hábitos pocos días después.

"En los Estados Unidos, la gente es consumidora de Coca Cola o de Coca de dieta, pero no de las dos", me explicó Alexandra Freeland, directora de marketing de NutraSweet en México, que había sido parte del equipo coordinador del estudio. "Los mexicanos, en cambio, se dan el gusto de comer mucho y divertirse una noche, y después se arrepienten y beben Coca de dieta a la mañana siguiente."

El estudio de la Coca Cola se refería al mercado de refrescos, pero bien podía servir como metáfora del carácter político del país. Los mexicanos eran compensadores políticos por naturaleza: equilibraban su conservadurismo innato con ataques de celo revolucionario. Los superricos de México tenían que estar en guardia ante esas eventualidades. Y estaban haciendo sentir su presencia en los círculos políticos, por si acaso.

Pero la razón principal de los estrechos vínculos de los multimillonarios mexicanos con el gobierno —a pesar de sus reservas sobre la religión revolucionaria adoptada por el Estado— era su propio interés comercial. Poco después de la revolución, el gobierno se había convertido en la principal fuente de negocios para las empresas privadas mexicanas. El mismo Estado mexicano que había expropiado la industria petrolera había contratado a empresas privadas de camiones para transportar productos petroleros, había otorgado permisos de gasolineras a empresarios privados —la mayoría de los cuales estaban asociados al partido gobernante— y había empezado a recompensar a sus seguidores políticos con contratos gubernamentales para enormes obras públicas. También había empezado a subsidiar a miles de compañías que producían alimentos y otros productos básicos, y a proteger virtualmente a todas las industrias de la competencia extranjera. Detrás de su retórica revolucionaria y antilibre empresa, México había creado una amplia clase empresarial de industriales nacionales cuyos negocios dependían en gran medida de la participación del Estado en la economía.

A diferencia de muchos otros países latinoamericanos, donde la elite empresarial siempre había puesto a sus amigos en el gobierno y sacado a sus enemigos del mismo, el poder político de los empresarios mexicanos en los primeros años después de la revolución había sido mucho más limitado. La política —y no los negocios— había sido desde siempre la manera de alcanzar el poder y de hacer dinero en México. "La política es la profesión más fácil y más rentable en México", había escrito en los años cuarenta Jesús Silva Herzog, uno de los más conocidos analistas políticos del país.

Y la historia mexicana estaba llena de ejemplos de empresarios que habían hecho fortunas gracias a su proximidad al poder, sin llegar nunca ellos mismos a meterse en la política. La anécdota que mejor ilustraba la rentabilidad que ofrecía la proximidad al poder —real o ficticia— contaba el diálogo que había sostenido el dictador prerrevolucionario Porfirio Díaz al ser visitado en su despacho por un amigo de infancia de apellido González, a quien el presidente no había visto en años.

"¿Qué puedo hacer por usted? Pida lo que quiera", le habría dicho el presidente a su amigo.

"No quiero que me dé nada", respondió González. "Lo único que le pediría es que, cada vez que me vea en público, me salude con un gran abrazo."

No fue sino hasta principios de los años noventa, en medio del proceso de privatización de las grandes empresas estatales bajo el gobierno de Salinas, en que los empresarios mexicanos pasaron a ocupar un lugar formal dentro de la estructura del partido gobernante, y asumieron un protagonismo cada vez mayor en asuntos políticos. En su Asamblea Nacional de 1990, el PRI había agregado una nueva ala a su estructura: junto a las ramas obrera, campesina, militar y "popular" del partido, se creó un ala "territorial" que representaría a organizaciones de todo el país, incluidos los grupos empresariales. Por primera vez, los grandes empresarios adquirieron un púlpito en el partido revolucionario, aun cuando fuera sin identificarse a sí mismos como tales.

En los años siguientes, los grandes empresarios mexicanos vivieron un idilio con el partido gobernante, que los llevo a participar del célebre banquete de 25 millones de dólares por cabeza en la residencia de Ortiz Mena.

Pero el banquete de los millonarios en casa de don Antonio pasó de ser un éxito rotundo a un fiasco en cuestión de horas. Como suele suceder en la historia, un asunto trivial —la indigestión de uno de los asistentes a la cena— hizo que el asunto saliera a la luz y se convirtiera en un escándalo político.

La historia de la cena privada llego a oídos de Luis Enrique Mercado, el director del diario financiero *El Economista*, de la manera más inocente. El 24 de febrero de 1993 temprano en la mañana, sólo unas pocas horas después de finalizada la cena, Mercado asistió a un desayuno empresarial en el hotel Camino Real de la Ciudad de México que había sido programado con semanas de anticipación. Había sólo cuatro mesas en el pequeño salón de conferencias, suficientes para acomodar a un grupo selecto de multimillonarios y a unos cuantos empresarios medios, como Mercado, que había sido invitado —tal vez en un descuido de los organizadores— en su condición de hombre de negocios exitoso más que como periodista. Mercado tomó asiento junto al presidente del Banco Atlántico, Alonso de Garay, uno de los primeros en llegar a las 8.30 de la mañana.

Los magnates más ricos de México empezaron a hacer su aparición después. Tenían un aspecto inusualmente cansado, muchos de ellos con los ojos rojizos. El zar del cemento, Lorenzo Zambrano, y el dueño de los grandes almacenes Gigante-KMart, Angel Losada, tomaron asiento en la mesa junto a Mercado y otros invitados, y empezaron a hablar entre ellos. ¡Qué noche!, comentó uno de ellos. Había llegado a casa cerca de la 1 de la madrugada, señaló. Uno de los otros comentó con una sonrisa resignada que él había llegado a casa más temprano, pero la donación a la que se había comprometido le había mantenido despierto toda la noche. Un tercero bromeó que por estar pidiendo tantos millones de dólares, don Antonio podría haber ofrecido un filete mejor: el hombre aún se sentía mal por algo que había comido en la cena.

"Los escuché hablar y no dije nada", recuerda Mercado. "Era el único periodista allí, pero había sido invitado en calidad de empresario. Si hubiera preguntado algo, me hubieran hecho jurar que no diría una palabra."

Al día siguiente, Mercado acompañó al presidente Salinas en una gira de tres días por el interior del país. El presidente, en campaña permanente, siempre llevaba a una media docena de invitados especiales —en su mayoría periodistas y hombres de negocios— en sus viajes semanales al interior. Mercado, cuyo viaje había sido programado con varias semanas de anticipación, había escogido acompañar al presidente a Guadalajara y Monterrey. Quería aprovechar la oportunidad para conversar con los grandes empresarios de ambas ciudades, cuyas industrias se contaban entre las más prósperas del país.

Cuando la comitiva presidencial llegó a Guadalajara, Mercado subió a la camioneta de Raymundo Gómez Flores, el dueño de la gigantesca fábrica de camiones DINA de Guadalajara y del emporio bancario Banca Cremi. Gómez Flores, como muchos otros grandes industriales, estaba en el aeropuerto para dar la bienvenida al presidente.

"¿Cómo estuvo la cena?", preguntó Mercado con una sonrisa, una vez en el carro.

"¿Qué cena?", preguntó Gómez Flores, abriendo los ojos, fingiendo sorpresa.

Cuando el director del periódico respondió con una sonrisita perspicaz, Gómez Flores empezó a soltar. Convencido de que Mercado se había enterado del banquete en el avión presidencial por el propio Salinas o sus ayudantes, el magnate camionero sacudió la cabeza y empezó a hacer comentarios sobre la cena. El propio presidente había pedido 25 millones de dólares a cada uno de los invitados, dijo el industrial, según recordaría luego Mercado.

La historia apareció en la primera plana de *El Economista* el lunes, 1 de marzo, bajo la firma del reportero político del periódico. La noticia más explosiva —el hecho de que el gobierno había pedido a cada invitado una contribución de 25 millones de dólares— estaba enterrada en el séptimo párrafo, pero en sólo cuestión de horas se convirtió en la comidilla de la ciudad.

Los líderes del centroizquierdista Partido de la Revolución Democrática (PRD) se sintieron reivindicados. La cena de recaudación de fondos demostraba lo que estaban diciendo desde hacía tiempo: que Salinas no estaba conduciendo a México a una sociedad democrática de libre mercado, sino a un sistema oligárquico en el que la cúpula del partido oficial y unos cuantos grandes empresarios se mantenían aferrados al poder a través de una sociedad secreta parecida a la de las familias de la mafia. Para entonces, el PRI no podía negar la reunión. La historia ya había salido a la luz, y demasiados testigos la habían confirmado.

"Fue una cosa que, en mi concepto, fue bien planteada pero mal difundida", me diría después Borja en una entrevista, hablando sobre la cena. "Como todas las cosas que no se difunden bien, apareció como un delito, como una cosa masónica, y no tenía nada de eso... La meta era que

118

cada uno recaudara 25 millones a través de sus asociados, de sus amigos, que captara esos recursos... El error fue el misterio, la mala difusión. Hoy, el partido actúa de manera más franca, más abierta".

Después de que el escándalo saliera a la luz, un Salinas desconcertado ordenó al senador Miguel Alemán Velasco, secretario de finanzas del PRI, que archivara el plan de crear un fideicomiso de multimillonarios. Alemán, hijo del ex presidente Miguel Alemán y a su vez uno de los hombres más ricos del país, obedeció de inmediato. Pero cuando lo visité en su despacho de abogado y le pregunté sobre el asunto, me insistió en que no había habido nada de malo en la idea del PRI de solicitar 25 millones de dólares a cada uno de los industriales más ricos del país. Al contrario, era una señal de la determinación del partido de volverse independiente del gobierno, señaló. ¿Acaso no estaba todo el mundo pidiendo que el PRI dejara de recibir fondos del gobierno? Pues bien, ¿de qué se quejaban ahora?

Alemán, un hombre de ojos azules y estilo aristócratico, me recibió en su palaciego despacho de la firma de abogados Alemán y Alemán, en el tramo más elegante del Paseo de la Reforma de la Ciudad de México. Era uno de los miembros más visibles de la aristocracia política mexicana: además de ser senador nacional y secretario de finanzas del PRI, era miembro del consejo de administración de Aeroméxico, Grupo Industrial San Luis, Seguros América, Grupo Chihuahua, Grupo Novedades, Grupo Industrial Minera México, Transportación Marítima Mexicana, Aluminio S.A., Almexa y Diversified Metal International Corporation. Gran parte de su fortuna la había hecho su padre, que había presidido uno de los gobiernos más favorables a la libre empresa —y según sus críticos, más corruptos— de la historia reciente.

"Aquí se asustaron el otro día porque en una cena alguien ofreció 25 millones de dólares. Ojalá todos ofrecieran lo mismo", me dijo Alemán. "Efectivamente, se habló de 25, de 30, de 50 y de 70 millones, porque el señor Azcárraga ofreció 70 millones de dólares. Pero esta no fue la primera ni la última vez que lo vamos a hacer. Llevamos once cenas así en toda la república, y cuarenta comidas.... Yo tengo que llegar a un mínimo de 300 millones de dólares, que sería el mínimo que vamos a necesitar para la campaña de diputados, senadores y presidente de la república en 1994."

No se trataba de algo tan extraordinario, decía Alemán. La acusación de que las donaciones de los multimillonarios les daría una enorme influencia sobre el futuro gobierno era "absurda". En primer lugar, el dinero sólo no consigue votos, y el PRI no iba a tener una deuda mayor con sus principales donantes particulares que con las organizaciones de masas responsables de conseguir los votos. En segundo lugar, había otros grupos de interés que iban a proporcionar tanto o más que los empresarios. "Los sindicatos dan más dinero, mucho más dinero. Un sindicato bien organizado, como la CTM o la CROC, puede dar cien millones de dólares cada uno, fácil", señaló el secretario de finanzas del partido oficial. "Y los grupos campesinos organizados pueden aportar en una campaña mucho dinero."

Irónicamente, lo que había sido concebido como un intento de cortar el cordón umbilical financiero entre el PRI y el gobierno había terminado siendo visto como un símbolo del contubernio al estilo de la mafia en la cúpula de la elite gobernante. La historia no tardó mucho en llegar a las primeras planas del *Washington Post, New York Times, Wall Street Journal* y *Miami Herald*, y Ross Perot pronto sacaría a relucir el ejemplo del banquete como una nueva arma para sus diatribas contra el TLC. Tres días después de que el escándalo saliera a la luz, el PRI anunció que cancelaría el proyecto del fideicomiso de los multimillonarios, y que redactaría un proyecto de ley estableciendo límites estrictos de no más de 600.000 dólares por persona a las contribuciones de campaña. Salinas, que había presidido el banquete y aplaudido cada una de las ofertas de donación, emitió una declaración erigiéndose en el máximo paladín de la causa de poner topes a las contribuciones políticas.

"En reiteradas ocasiones... he señalado que es necesario establecer transparencia en el financiamiento de los partidos, garantizar mejor acceso a los medios y, sobre todo, establecer límites a los gastos de campaña", dijo Salinas. "Me parece adecuada la decisión del PRI de revisar su estrategia de financiamiento, como lo ha anunciado el día de hoy... Resulta adecuado el propósito del PRI de que su financiamiento provenga de la sociedad, expresada en la diversidad a que el partido aspira a representar, y no de un grupo especial."

Semanas después, el presidente del PRI, Borrego, y el secretario de finanzas, el senador Alemán, fueron destituidos de sus puestos. Muchos interpretaron la movida como un intento de Salinas de limpiar el partido. En realidad, el plan de reducir la dependencia económica del PRI respecto al gobierno —y reemplazarla por una mayor ayuda financiera de la clase empresarial— continuaría en marcha, aunque de manera menos visible. Pronto se reanudaría la recaudación de fondos de pequeñas y medianas empresas mediante las células empresariales de Borja, mientras que a los grandes magnates se les pediría que hicieran sus aportaciones separadamente, y por debajo de la mesa.

La nueva estrategia del PRI para recaudar fondos dio buenos resultados. En unos meses, el PRI había acumulado un arca de campaña de 700 millones de dólares para las elecciones de 1994, más de veinte veces el límite legal para gastos de campaña. La cifra era astronómica comparada con los escuetos recursos de los partidos de la oposición: el Partido de Acción Nacional gastó sólo 5 millones de dólares en la campaña presidencial, y el Partido de la Revolución Democrática de Cárdenas dijo que sólo había logrado reunir 3 millones de dólares.

El PRI tenía dinero más que suficiente. Su problema, como lo iba a descubrir muy pronto, era su candidato.

6

El candidato accidental

Ernesto Zedillo no podía contener las lágrimas. Estaba triste, frustrado, enojado. Era sólo una semana después del asesinato de Colosio, y había estado sentado durante más de una hora bajo el calor de los reflectores detrás de un escritorio de utilería en los estudios de televisión Qualli, tratando en vano de grabar su primer anuncio de televisión en su nueva condición de candidato presidencial del PRI.

Una y otra vez, había tenido que levantar la mano y pedir que la toma se repitiera. Simplemente, no podía decir su texto como quería. Sus ojos no transmitían la seguridad en sí mismo que debía transmitir un futuro jefe de Estado. Las palabras que había memorizado —una promesa de combatir la delincuencia callejera y cambiar el corrupto sistema judicial mexicano— le brotaban de la boca sin convicción. No podía permitirse aparecer en cámara como un mal orador, y alimentar así las críticas de sus adversarios en el sentido de que era un candidato sustituto de última opción, un tecnócrata sin talento político.

Su primera sesión fotográfica como candidato unos días antes había sido un desastre. La fotógrafa había intentado hacerlo sonreír con chistes y bromas ocurrentes, pero había sido en vano. Acongojado por la muerte de Colosio y abrumado por sus nuevas responsabilidades como el candidato con más posibilidades de llegar a la presidencia, Zedillo no lograba arrancar una sonrisa franca. La fotografía oficial de campaña que había surgido de la sesión de fotos —lo mejor que la fotógrafa pudo lograr— había sido horrorosa. La sonrisa del candidato parecía una mueca forzada y artificial, como la de un hombre circunspecto que trataba de mostrar sus dientes caninos. A poco de aparecer la foto, los caricaturistas de la Ciudad de México se habían dado un festín retratándolo como Drácula. Era una imagen espantosa, y ya estaba en los muros de toda la ciudad.

Ahora, en los estudio de televisión, Zedillo necesitaba urgentemente reparar el daño causado por esa foto con un spot televisivo convincente. Sus jefes de campaña habían preparado un guión con un discurso breve y directo, en el que el candidato presentaba su plan de lucha contra la delincuencia. La idea era presentar a Zedillo como un hombre con su propia plataforma, y disipar los rumores de que era un opaco candidato escogido a último momento que se limitaría a recitar el programa de campaña de Colosio. Pero Zedillo no lograba ofrecer una imagen serena ante las cámaras de televisión. Todavía no había podido digerir los recientes acontecimientos. Estaba en un tal estado de confusión mental que no podía mirar convincentemente a las cámaras. Cuanto más lo intentaba, menos lo lograba. Frustrado, furioso contra sí mismo, se levantó y salió del estudio sin pronunciar una palabra. En una sala contigua, camino a la salida, abrazó a uno de los principales ayudantes de Colosio con lágrimas en los ojos. "Pinche Donaldo, ¿dónde estás?", testigos presenciales escucharon decir a Zedillo. "¿Dónde estás cuando más te necesitamos?" Segundos más tarde, el ayudante de Colosio escoltaba al nuevo candidato hacia la calle. La sesión de grabación tuvo que ser suspendida.

Los estrategas de la campaña de Zedillo se reunieron hasta tarde esa noche para diseñar un nuevo anuncio de televisión. Necesitaban sacar algo al aire de inmediato, pero no podían usar nada de lo que le habían grabado ese día: Zedillo parecía paralizado de miedo. De manera que concibieron una serie de cuatro anuncios de televisión basados en fotos del álbum de familia de Zedillo y en antiguos recortes de prensa. El primer spot hablaba de los humildes orígenes del candidato, mostrando fotos de su familia en la ciudad norteña de Mexicali. Acto seguido, los televidentes verían la espalda de un niño que iba por una calle de tierra vendiendo periódicos. Mediante un truco de computación, el joven —un actor— se daba la vuelta y la imagen de su rostro era sustituida por una foto de Zedillo en la escuela primaria. Un segundo anuncio televisivo, producido unos días después y destinado a resaltar la experiencia de Zedillo en el gobierno, estaba confeccionado con antiguas grabaciones de televisión de los discursos de Zedillo cuando era secretario de Educación.

Afortunadamente para la campaña del PRI, los anuncios estaban tan bien hechos que nadie se dio cuenta de que Zedillo no aparecía en ellos. Pero las personas que rodeaban al candidato lo sabían muy bien, y lo guardaron como un gran secreto. Zedillo no estaba preparado para el cargo. Es más, estaba aterrado.

Zedillo era, en efecto, un candidato accidental. Aunque había sido uno de los siete precandidatos que habían sido mencionados como con posibilidades de ser nombrado por Salinas para la candidatura del PRI, nunca había tomado en serio dicha probabilidad. Estaba apuntando hacia el año 2000.

Mientras que Colosio había sido colocado por Salinas en puestos políticos clave —había sido el jefe de la campaña del presidente, senador y presidente del PRI— Zedillo nunca se había postulado para un cargo electivo ni detentado un puesto político de importancia. "Nunca pensé que tuviera una oportunidad en esta vuelta", reconocería más tarde Zedillo en un raro momento de candor.

Incluso en los días después del asesinato de Colosio, Zedillo no había tenido expectativas de reemplazar al candidato asesinado, a pesar del hecho de que como su director de campaña, era sin duda uno de los máximos contendientes para el puesto. En el funeral de Colosio, Zedillo había permanecido sentado en un rincón, con la cabeza baja, lejos de la camarilla de gobernadores y senadores del PRI que ya estaban haciendo especulaciones en voz baja sobre quién sería el nuevo candidato. Dos días después, Zedillo fue a la sede de la campaña y, para sorpresa de todos, empezó a empacar sus pertenencias, según el propio candidato me lo relataría meses después. Desaparecido Colosio, estaba convencido de que su carrera política había terminado. El nuevo candidato del partido seguramente buscaría a su propio director de campaña, un hombre de su confianza. "Empezó a meter sus cosas en cajones", recuerda uno de sus colaboradores más próximos. "Me dijo que iba a dedicarse a la enseñanza, que aquí ya no había nada que hacer para él."

Zedillo era un seguidor, no un líder. Hasta la muerte de Colosio, siempre había tenido la fama de alumno predilecto: un estudiante modelo que había escalado posiciones desde un pasado humilde a altos puestos en el gabinete, gracias a una combinación de inteligencia, trabajo duro y lealtad a sus jefes.

Según su biografía oficial, era el segundo de seis hijos de un electricista y una ex estudiante de medicina, y se había criado en la ciudad norteña de Mexicali, en la frontera con California. Su familia se había trasladado allí desde la Ciudad de México en busca de un futuro mejor cuando Zedillo tenía sólo tres años. Se instalaron en una calle de tierra en el barrio humilde de Pueblo Nuevo, a sólo unos metros de la frontera con Estados Unidos. Pero el padre de Zedillo no había logrado encontrar un trabajo fijo en su nuevo hogar, y su madre había tenido que salir a trabajar de secretaria, y a completar el ingreso familiar vendiendo dulces en el cine de Mexicali los fines de semana, mientras sus hijos boleaban zapatos y vendían periódicos en las calles. Los sábados y domingos, Ernesto recogía chatarra en su barrio —latas de cerveza, clavos, cualquier pedazo de metal que encontraba— y la vendía a la acería local por diez pesos el saco, afirma la versión oficial.

La biografía oficial no era ciencia ficción. En realidad, la infancia de Zedillo fue dura, quizá más de lo que la propia historia oficial lo admitía. Según relatos no confirmados de algunos antiguos amigos de la familia en Mexicali, Ernesto y su hermano mayor, Luis Eduardo, no eran hijos biológicos de Rodolfo Zedillo, sino que eran el producto de un matrimonio anterior de su madre con otro hombre. La madre de Zedillo, según estos informes, era una mujer sumamente culta y preparada que había estudiado cuatro años de medicina, y había huido de la Ciudad de México con sus dos hijos pequeños después de que aquella relación se terminara. En Mexicali, se había casado con el electricista Rodolfo Zedillo, un hombre de voz afable que más tarde le daría su apellido a los muchachos.

"En la escuela primaria, Ernesto y Luis Eduardo tenían otro apellido", me dijo uno de los ex compañeros de clase de Zedillo en la escuela primaria Teniente Andrés Arreola. "Lo cambiaron por Zedillo cuando se cambiaron de escuela, en la segunda mitad de la primaria."

Uno de los principales colaboradores de Zedillo me negó esta historia "categóricamente", sugiriendo que esos rumores podrían haber surgido del hecho de que el papá de Zedillo era un padre distante, que en más de una ocasión se había ausentado del hogar durante varios meses. Sin embargo, me quedé con la duda. Había un hueco misterioso en la biografía oficial de Zedillo sobre su primer y segundo año de escuela primaria: no se hacía mención alguna de la escuela Teniente Andrés Arreola, ni de ninguna otra a la que hubiera asistido en su primera infancia. La única foto conocida de Ernesto de niño, hecha pública durante su campaña presidencial, lo mostraba a los tres años, de pie con su hermano Luis Eduardo y su tío materno Guillermo Ponce de León, en la plaza del Zócalo de la Ciudad de México.

Los tres están mirando a la cámara con una expresión casi solemne, como si la salida de los niños con su tío hubiera sido un gran acontecimiento social. El tío Guillermo lleva un traje con un pañuelo que le sale del bolsillo de la chaqueta, y está apoyando las manos en los hombros de los dos muchachos, a ambos lados suyos, vestidos en traje de domingo. El epígrafe oficial de la foto señala que data de 1954, supuestamente antes de que los dos muchachos se trasladaran al norte del país. ¿Por qué la campaña de Zedillo no había hecho pública una foto de los muchachos con su padre? Tal vez, como me dijo el alto asesor de Zedillo, porque la familia era tan pobre que no tenía cámara y por lo tanto, tampoco álbum de fotos. Pero tal vez, como lo especulaban algunos ex amigos de la familia en Mexicali, se debiera a que Zedillo —como candidato que había enfatizado los valores de la familia y utilizado el lema "Bienestar para tu familia" en su campaña— había reescrito la historia de sus primeros años para hacerla más congruente con la imagen que estaba tratando de proyectar.

Fuera cual fuera la historia real de su primera infancia, no había duda de que Zedillo decía la verdad cuando señalaba que venía de una familia humilde. En agudo contraste con la mayoría de los hijos de las familias políticas de México, que iban sólo a escuelas privadas de elite, Zedillo había cursado toda la primaria y secundaria en escuelas públicas. "El Zedillo", como lo conocían sus compañeros de escuela secundaria, había estado siempre entre los mejores de su clase. Cuando ya estaba en la secundaria, su abuela materna se había trasladado a vivir con ellos, y se ocupaba de los niños mientras su madre estaba en el trabajo. "Era flaquito, paliducho y muy aseado, siempre muy serio para su edad", lo recuerda Rosalba Castro, que trabajaba con la madre de Ernesto y era una de sus mejores amigas en aquella época.

Socialmente, Ernesto era cordial pero retraído. Muchos de sus compañeros lo recuerdan como un poco extraño, tal vez en parte porque era un muchacho de la capital en un lugar donde los chilangos, o habitantes de la Ciudad de México, no eran especialmente bienvenidos. Como en gran parte del norte de México, el estereotipo de los chilangos en Mexicali era el de gente engreída, que miraba de arriba a los provincianos. "En la primaria, le tomábamos el pelo por su tono de voz", recuerda Fernando Prince, un antiguo compañero de Zedillo en la escuela primaria Leona Vicario. "¡Era un chilango! ¡Tenía un acentito!"

A los catorce años, Ernesto regresó a la Ciudad de México para vivir con su hermano mayor Luis Eduardo y continuar sus estudios de preparatoria, haciendo el viaje de 48 horas en autobús solo. Al principio, los dos muchachos se quedaron a vivir con sus abuelos, y luego se trasladaron a un pequeño departamento donde vivirían por su cuenta. Después de terminar la escuela preparatoria, Zedillo empezó a estudiar economía en el Instituto Politécnico Nacional, una escuela estatal que había sido fundada como contrapartida de las universidades humanistas —y elitistas— del Estado. A los diecinueve años, Ernesto sufrió un golpe devastador: su madre, a la que amaba profundamente, murió de peritonitis, cuando tenía sólo 38 años.

Zedillo tuvo su primera gran oportunidad profesional en 1971 cuando —mientras aún seguía su licenciatura— se incorporó al PRI y consiguió un trabajo en la Oficina de Política Económica del gobierno. El jefe de esa oficina, Leopoldo Solís, lo tomó a su cargo, y el joven no tardó en convertirse en un eslabón de una de las tantas cadenas de lealtad dentro del partido gobernante. Gracias a su nuevo protector y a contactos del partido, no tardó en obtener becas del gobierno para estudiar en el extranjero, primero en la Universidad de Bradford en Inglaterra, y después para su doctorado en economía en la Universidad de Yale.

Era una historia de Hollywood con final feliz que, sin embargo, dejó profundas heridas en su carácter. Un perfil psicológico de la CIA preparado a principios de 1995 llegaba a la conclusión de que el presidente mexicano albergaba cierta "ira" y "resentimiento" contra los privilegiados, según funcionarios estadounidenses que tuvieron acceso al informe. Un hombre que se había hecho solo, y cuya infancia había estado plagada de privaciones, era muy probable que viera al mundo como un lugar poco hospitalario. Zedillo no sentía que le debía su éxito a nadie: desconfiaba de la clase política, los privilegiados hombres de negocios que habían hecho miles de millones gracias a sus contactos oficiales, y hasta tenía una relación distante —si bien cordial— con muchas de las personas que lo rodeaban. Su refugio emocional era el trabajo, la total dedicación rayana en la compulsión que le había hecho triunfar.

Sus dependientes lo veían como "frío, duro, rígido y sin sentido del humor", y como un hombre que "considera que la preparación, la disciplina y la puntualidad no son negociables", según otro informe de la Sección de Análisis de Líderes de la CIA que circuló entre diplomáticos norteamericanos en 1994 y principios de 1995. Más concisamente, algunos de sus ayudantes se referían a él como "El nerd" —el niño genio, pero inmerso en su mundo y poco sociable— señalaba el perfil psicológico de la agencia de inteligencia norteamericana.

Como estudiante en Yale, Zedillo había sido un ratón de biblioteca. Un joven delgaducho y serio —cuyos gruesos anteojos contribuían a darle una imagen de estudioso— no fumaba, no bebía, y sólo hacía una breve aparición en las fiestas estudiantiles. Cuando le pregunté sobre esto último, me señaló que se debía a que era uno de los pocos estudiantes mexicanos en Yale que ya estaba casado, y por lo tanto no vivía en los dormitorios de sus compañeros solteros. Se había casado a los veintitrés años, poco antes de ingresar en Yale, con Nilda Patricia Velasco, una ex compañera del Instituto Politécnico Nacional.

"Llevaba una vida bastante monacal", me dijo Zedillo, recordando sus días en Yale. A diferencia de Colosio, otro estudiante procedente de una familia de clase obrera que había obtenido becas del gobierno para estudiar en los Estados Unidos, Zedillo no se aventuraba mucho fuera del recinto universitario. Su prioridad era terminar sus estudios lo antes posible, y esto no le dejaba mucho tiempo para otras cosas.

La diferencia entre ambas personalidades era sorprendente. Cuando una vez le pregunté a Colosio qué era lo que más le había impactado en su época de estudiante en Estados Unidos, me dijo que eran las protestas contra la guerra de Vietnam, y la segregación racial que había visto en Filadelfia y otras ciudades norteamericanas. Cuando le hice a Zedillo la misma pregunta unos meses después, cuando había reemplazado a Colosio como candidato del PRI, su reacción instintiva había sido hablar de Yale, como si nunca hubiera salido más allá del recinto universitario.

"El primer año fue de una intensidad de trabajo impresionante, porque llegué a Estados Unidos con muchas desventajas. Mi preparación en México había sido muy distinta a la que reciben los estudiantes en Estados Unidos. Tenía una mala preparación en matemáticas, estadística y teoría económica", me señaló Zedillo. "Fue un año muy pesado, también, porque hablaba el inglés muy mal... Además, el primer semestre tuve un profesor, William Brainard, que era un maestro extraordinario, pero que hablaba tan rápido que ni siquiera mis compañeros norteamericanos lo entendían. Para mí era realmente dramático seguirlo en clase y tomar notas".

De regreso en México y con la ayuda de su antiguo jefe, Zedillo se incorporó al Banco de México, el banco central del país, a los veintisiete años. No tardó en convertirse en ayudante de Miguel Mancera, uno de los economistas más importantes del banco, que adoptaría al joven graduado de Yale como uno de sus protegidos, y le asignaría puestos oficiales cada vez más importantes en los años siguientes. En 1983, Zedillo fue nombrado director de un fideicomiso del gobierno para ayudar a las compañías mexicanas a reestructurar sus deudas externas, y en 1987 fue ascendido a subsecretario de Programación y Presupuesto. Cuando Salinas tomó posesión en 1988, nombró a Zedillo secretario de Programación y Presupuesto, y en 1992 secretario de Educación.

Pero a lo largo de su carrera en el gabinete de Salinas, Zedillo había continuado siendo visto como un protegido de Mancera, uno de varios tecnócratas jóvenes del Banco de México que tenían un currículum impresionante, pero ninguna experiencia política. Por eso, era uno de los pocos secretarios del gabinete que no era considerado un serio contendiente a la presidencia. Su insignificancia política era tal, que el nombre de Zedillo ni siquiera aparecía en la edición de 1993 de la Enciclopedia de México: saltaba de Zea a Zelis, pasando por alto al entonces secretario de Educación que pronto se convertiría en candidato presidencial del partido gobernante. Cuando finalmente fue designado candidato, los encuestadores de Zedillo se encontraron con una realidad escalofriante: sólo alrededor del 10% de los mexicanos reconocían el nombre del nuevo aspirante a la presidencia.

Si por algo se conocía a Zedillo dentro del partido gobernante era por su espíritu ahorrativo rayano en la tacañería, tanto en sus puestos de gobierno como en su vida personal. La clase política del PRI, acostumbrada a derrochar dinero del gobierno en su vida cotidiana, veía con desdén a Zedillo y otros discípulos de Mancera que hacían un culto de la frugalidad. En el mundillo de los políticos del partido oficial, Zedillo tenía fama de ser inflexible en los recortes al presupuesto, y llamaba la atención como un hombre que se enorgullecía de llevar modestos relojes de plástico, manejar coches poco llamativos y llevar una vida personal austera.

Zedillo y Nilda Patricia, una economista de aspecto severo que había abandonado su carrera para criar a sus hijos, se jactaban de no tener una muchacha de planta, una verdadera excentricidad para un funcionario del gobierno mexicano, mucho más aún para un miembro del gabinete presidencial. Nilda Patricia sostenía que desde que habían vuelto de Yale y se habían trasladado a un barrio de clase media en la Ciudad de México, habían preferido no tener una persona extraña en la casa. Hasta como secretario del gabinete, Zedillo se ufanaba de hacer su cama todos los días, y de tener un guardarropa que se limitaba a media docena de trajes, en su mayoría grises y negros, "uno para cada día de la semana". En el trabajo, mientras otros burócratas encargaban café o jugo de naranja a los meseros de sus despachos, Zedillo pedía "agua al tiempo". Zedillo era uno de los más austeros —y honrados— candidatos que el PRI jamás había postulado a la presidencia: ninguno de ellos había llegado a esa posición con un patrimonio económico tan modesto.

Pero lo que Zedillo consideraba como una forma de vida ejemplar para un funcionario público era visto por otros funcionarios —acostumbrados desde siempre a la gran vida a costa del gobierno— como un síntoma de mezquindad. "El chiste entre nosotros era que si Zedillo te invitaba a comer, tenías que llevar algo de dinero", me dijo un funcionario que había trabajado para Zedillo en el gabinete de Salinas. "Cuando llegaba la hora de pagar, siempre resultaba que él se había olvidado la cartera, o se había quedado sin efectivo, o salía con alguna otra excusa."

Horas después del asesinato de Colosio, cuando el país recién empezaba a recobrarse de la conmoción inicial, comenzó a circular la voz en círculos políticos de que la tragedia podía impulsar a Zedillo a la candidatura del PRI. De acuerdo con la Constitución mexicana, ningún miembro del gabinete, gobernador ni otros funcionarios públicos podían presentarse como candidatos hasta cumplidos los seis meses después de haber dejado su último puesto en el gobierno. La norma, cuyo objeto era garantizar que los funcionarios gubernamentales no utilizaran sus cargos para impulsar sus propias candidaturas, de hecho prohibía a Salinas escoger a ninguno de sus principales colaboradores para sustituir a Colosio.

Salinas tenía pocas opciones. Podía postergar las elecciones y hacer que el congreso enmendara la Constitución y le permitiera escoger a un sucesor idóneo, arriesgando que la demora desencadenara una lucha de poder dentro del PRI, una jugada peligrosa en momentos en que la guerrilla zapatista y los recientes asesinatos políticos amenazaban con desestabilizar el país. La otra opción era escoger como candidato oficial a alguien que no hubiera tenido un cargo gubernamental en los últimos meses. Si optaba por esto último, había sólo un puñado de personas a las que podía nombrar. Los dos candidatos más obvios eran Zedillo, que había dejado el gobierno tiempo atrás para convertirse en el jefe de campaña de Colosio, y el presidente del PRI, Fernando Ortiz Arana, un burócrata del partido sin ningún roce internacional ni experiencia económica. Estos no eran ni remotamente los mejores hombres en que Salinas podía pensar para dirigir a México en un momento tan turbulento como ese. Pero el presidente no tenía otras alternativas.

Salinas necesitaba tomar una decisión cuanto antes. La ola de especulaciones sobre una posible conspiración política detrás del asesinato de Colosio amenazaba con provocar el derrumbe de la Bolsa de valores y una estampida de capitales para cuando los bancos abrieran sus puertas nuevamente después de las vacaciones de pascua. Las luchas políticas dentro del partido gobernante estaban escalando peligrosamente. La tensión, y las presiones, aumentaban por minuto.

"A las pocas horas de la dolorosa muerte de mi entrañable amigo Luis Donaldo Colosio, en medio de la tragedia y de la incertidumbre económica que se gestaba, se desató una tremenda lucha por la sucesión de su candidatura", reconocería el propio Salinas mucho después. Las presiones al presidente llegaban de todas partes. Una noche, por ejemplo, Salinas estaba trabajando ya tarde en la noche en su despacho cuando llegó a la residencia presidencial el ex presidente Luis Echeverría y solicitó una cita de urgencia. Echeverría, el dirigente de la vieja guardia del partido que había enarbolado las banderas del Tercer Mundo durante su administración de 1970 a 1976, "se presentó de improviso en mi oficina de Los Pinos, con gran urgencia, para proponer a 'su' candidato", recordó Salinas. Echeverría, como otros caciques del partido oficial que no sentían gran entusiasmo por las reformas económicas que había impulsado el gobierno de Salinas, estaba proponiendo una figura que pudiera restaurar el orden y regresar al país a su histórico rumbo del nacionalismo revolucionario: quizás alguien como don Fernando Gutiérrez Barrios, el ex secretario de Gobernación que había dirigido los servicios de inteligencia mexicanos intermitentemente durante más de dos décadas.[1]

Salinas no sólo necesitaba escoger un candidato antes de que este tipo de presiones privadas diera lugar a una guerra política abierta, sino que tenía que lograr presentar su elección al mundo de una manera decorosa. Para proteger su propia legitimidad, debía mantener la ficción de que los candidatos del PRI eran escogidos por la dirigencia del partido, y no por el presidente saliente. Como un autoproclamado impulsor de las reformas democráticas, Salinas no podía permitirse que se lo viera como un presidente que perpetuaba las costumbres monárquicas de sus predecesores.

Salinas dio la primera pista sobre su candidato preferido poco después del funeral de Colosio, el domingo 27 de marzo de 1994, pero Zedillo no se apercató de inmediato de que se trataba de él. Como era costumbre en el código de conducta de la elite gobernante, la elección de Salinas no fue dada a conocer explícitamente ni siquiera a sus ayudantes más cercanos, entre otras cosas para evitar filtraciones que pudieran sacar a la luz una vez más la naturaleza poco democrática del proceso de sucesión presidencial. La cultura política de México era de cortesía, símbolos y gestos, un mundo en el que, a falta de mensajes directos, había que leer las intenciones del presidente a partir de datos tan sutiles como una sonrisa elocuente o una observación casual.

Era la mañana del domingo, y Salinas había telefoneado a Zedillo a su casa para encomendarle una tarea aparentemente rutinaria. Había informes de que existía inquietud en el ejército. A los generales les preocupaba que el asesinato de Colosio y los rumores de una posible postergación de las elecciones crearían aún más inestabilidad política. En su condición de jefe de campaña de Colosio, Zedillo debía reunirse con los altos mandos de las fuerzas armadas aquella misma tarde. Les haría un recuento de las disposiciones constitucionales para la sucesión del candidato presidencial,

---

1 En su declaración escrita a los medios de comunicación el 3 de diciembre de 1995, Salinas no especificó a quién había propuesto Echeverría como candidato. El diario *Reforma* informó un día después que el candidato de Echeverría era el ex secretario de Comunicaciones y Transporte Emilio Gamboa Patrón, mientras que *La Jornada* dijo que era Gutiérrez Barrios.

y les daría seguridades de que el presidente estaba decidido a evitar una despiadada lucha interna sobre la sucesión.

Zedillo llevó a cabo su misión. Era en cierto modo irónico que se encontrara a sí mismo hablando ante los militares: hacía sólo poco más de un año, cuando aún era secretario de Educación, Zedillo había sido el centro de un escándalo político por haber autorizado los nuevos libros de texto de historia para primaria que habían enfurecido a los militares y a los sindicatos de maestros. El señalamiento de los libros de que los Niños Héroes no habían sido tan niños, así como otros tramos que sugerían que las fuerzas armadas habían sido responsables de la masacre de estudiantes en la plaza de Tlatelolco de la Ciudad de México en 1968, habían provocado tal enojo entre los militares que Zedillo se había visto obligado a retirar de circulación los libros de texto.[2]

Pero aquel domingo en la tarde, la reunión con los militares se había desarrollado sin mayores tensiones. A la luz de la situación dramática del país después del asesinato de Colosio, el asunto de los libros de texto era un tema trivial.

A la mañana siguiente, cuando Zedillo analizaba la situación del país en su casa con Manlio Fabio Beltrones, el gobernador del estado norteño de Sonora y un funcionario que tenía fama de tener uno de los olfatos políticos más agudos del país, el dueño de casa empezó a ver la reunión del domingo con los militares bajo una luz diferente.

"¿No lo ves? ¡Eres tú! ¡El candidato serás tú!" le dijo Beltrones, abriendo las manos y con una amplia sonrisa.

Zedillo miró fijamente al gobernador. ¿Por qué estaba tan seguro?

"Está claro como el agua: si te mandan a hablar con los militares, es por algo", prosiguió Beltrones. "No es casual que manden al jefe de campaña de Colosio y no al presidente del PRI a instruirles."

Salinas había pedido a Zedillo que instruyera a los militares para medir la reacción de los generales, continuó el gobernador. El presidente no iba a correr el riesgo de preguntarle a los altos mandos de las fuerzas armadas si Zedillo era un candidato aceptable para ellos, sobre todo después de la historia de los libros de texto. Las cosas nunca se hacían tan abiertamente. En cambio, Salinas preguntaría a los generales después de la reunión con Zedillo si habían sido instruidos adecuadamente, y si todo había ido bien. El presidente tomaría una respuesta positiva —o el hecho de que los generales no hicieran ningún comenta-

---

2 Los 6.8 millones de libros, que habían costado 4 millones de dólares, terminaron juntando polvo en un almacén del gobierno, según la revista *Proceso*, 4 de abril, 1994.

rio negativo sobre Zedillo— como una indicación de que no habían vetado a su candidato.

Zedillo asintió con la cabeza, pensativamente. La interpretación del gobernador sobre los acontecimientos del día anterior empezaba a sonar plausible, hasta convincente.

Al no recibir ninguna objeción de los generales después de su reunión con Zedillo, Salinas pasó a su tarea siguiente, y más difícil: lograr que la renuente dirigencia del PRI anunciara un apoyo entusiasta a Zedillo. Era un secreto a voces que los caciques del partido apoyaban a su presidente, Ortiz Arana, para el puesto, en parte porque era su protector y en parte porque estaban convencidos de que México necesitaba un dirigente con grandes habilidades políticas, más que un tecnócrata, para resolver una crisis de neto corte político.

Afortunadamente para Salinas, el gobernador de Sonora lo ayudaría a resolver su problema con una idea brillante. En una audiencia con Salinas en el palacio presidencial el lunes por la tarde, Beltrones informó con entusiasmo al presidente que había encontrado en la videoteca de su oficina la grabación de la conferencia de prensa de Colosio el 29 de noviembre, en que el candidato asesinado había nombrado a Zedillo su jefe de campaña. En ella, Colosio había elogiado a Zedillo como "un verdadero patriota" y un "gran mexicano".

¿Por qué no proyectar el vídeo de Colosio ante la plana mayor del PRI y hacer que el propio difunto hiciera la nominación? ¿Quién osaría ir contra las palabras de un mártir de la patria? Mostrando la grabación, el presidente evitaría que lo acusaran de imponer la nominación de Zedillo y de perpetuar la práctica del "dedazo" que le había dado a México su etiqueta de monarquía hereditaria. En realidad, Salinas podría nominar a Zedillo sin siquiera pronunciar su nombre. Luego, podría decirle a la nación que la nominación del nuevo candidato había surgido del corazón del partido.

El presidente sonrió, animándose quizá por primera vez desde el asesinato de su amigo. "Muy interesante...", dijo, asintiendo con la cabeza varias veces, y luego agradeciendo al gobernador por su tiempo. Sin más palabras, Beltrones sabía lo que debía hacer a la mañana siguiente.

En conversaciones con varios de los más estrechos colaboradores de Salinas antes de su reunión con el jefe de Estado aquella tarde, Beltrones se había convencido de que Zedillo era el candidato del presidente y que su propio futuro político estaría ligado al del nuevo candidato. De modo que el gobernador, viendo para qué lado soplaba el viento, había decidido dar un paso al frente y apoyar abiertamente la nominación de Zedillo. Y en la cultura de sutilezas casi orientales de la política mexicana, la señal de asentimiento de Salinas con la cabeza —o el mero hecho de que no hubiera detenido al gobernador mientras exponía su plan—, equivalía a un claro mensaje de aprobación.

"La política tiene sus signos, mensajes y entendimientos tácitos", me diría Beltrones meses después, recordando esa tarde. "Era muy obvio que el presidente, como muchos de nosotros, pensaba que Zedillo era el mejor hombre para el cargo."

El día siguiente, martes 29 de marzo de 1994, a las 7.45 de la mañana, apenas seis días después del asesinato de Colosio, veintisiete gobernadores estatales del PRI llegaron con un aire de urgencia a la residencia presidencial de Los Pinos. La mayoría de ellos habían sido convocados el lunes por la tarde por la oficina de Beltrones, y por la oficina presidencial por la noche. La reunión, se les había dicho, era para "discutir" la nueva nominación presidencial del partido, lo que en un lenguaje más realista significaba que serían notificados de la decisión presidencial sobre quien sería escogido como el nuevo candidato. Los gobernadores luego tomarían su decisión, por así decirlo, y su veredicto sería más tarde aprobado por la dirigencia del PRI. Los gobernadores eran piezas claves en el aparato electoral del partido: así como el presidente era el dirigente de facto del partido a nivel nacional, los gobernadores eran los jefes de facto del PRI en sus respectivos estados. Como tales, eran la columna vertebral del partido, y era preciso que se sintieran partícipes de la decisión presidencial.

Los gobernadores del PRI y un puñado de otros dirigentes del partido se encontraban de pie en el salón Miguel Alemán del palacio presidencial, formando un semicírculo en torno a Salinas. En un clima de suspenso parecido al que se producía cuando el Consejo Vaticano se reunía en secreto para elegir a un nuevo Papa, toda una nación esperaba el resultado de esta reunión. Beltrones fue uno de los primeros en levantar la mano. Como gobernador del estado natal de Colosio y como "un sonorense agraviado" por el asesinato, quería hacer una propuesta que representaría mejor que nada la voluntad del candidato asesinado, dijo. Acto seguido, sacó un vídeo de una caja que llevaba bajo el brazo y se lo pasó al presidente. Un Salinas con cara inmutable tomó el vídeo en sus manos, lo colocó en una videocasetera, y prendió el aparato. Los gobernadores contemplaban la escena en silencio.

Cuando la grabación terminó y el presidente la había sacado de la videocasetera, Beltrones pidió la palabra. "En la voz de Luis Donaldo se encuentra nuestra propuesta", dijo el gobernador. Salinas hizo un ligero gesto de asentimiento con la cabeza. Para todos los presentes se hizo obvio que Salinas apoyaba la moción: Beltrones no iba a cometer el suicidio político de aventurarse por su cuenta sin respaldo alguno, razonaron. Beltrones tenía que estar actuando en nombre del presidente.

"¿Alguna otra propuesta?", preguntó Salinas.

No hubo respuesta.

"¿Alguna otra propuesta, señores?", preguntó Salinas por segunda vez. El jefe del sector obrero del PRI, Fidel Velázquez, que a los 93 años llevaba varias décadas ostentando el título de máximo dinosaurio del partido, y para quien la disciplina partidaria era el principio más sagrado, respondió en su voz apenas audible: "Esa, Señor Presidente, es también nuestra propuesta."

Caso concluido. Los gobernadores y otros dirigentes priístas fueron llevados inmediatamente a un autobús que los esperaba afuera del palacio presidencial. Se les pidió amablemente que dejaran sus teléfonos celulares con un ayudante presidencial, cosa de impedir filtraciones prematuras a los medios de comunicación y permitir un control completo de la noticia por parte de la cúpula del partido. Los dirigentes del PRI fueron depositados en la sede del partido, donde Zedillo había estado esperando nerviosamente toda la mañana en su oficina semiabandonada de jefe de campaña. En cuestión de minutos, el comité ejecutivo nacional del PRI redactó un breve comunicado, y posteriormente anunció por la televisión nacional que el partido había designado "en forma unánime y convencida" a "nuestro compañero y amigo Ernesto Zedillo" como su nuevo candidato.

En los días siguientes, los canales de televisión del país mostrarían un largo desfile de funcionarios del partido y del gobierno, aparentemente extáticos de alegría por la nominación de Zedillo. Según decía cada uno de ellos en sus declaraciones frente a las cámaras, Zedillo había sido su candidato preferido desde el primer momento. Salinas, a su vez, negaría categóricamente que hubiera influido —mucho menos propuesto— la candidatura de su sucesor. La decisión había sido tomada por el comité ejecutivo del PRI en un proceso interno verdaderamente democrático, afirmó el gobierno. Lo que es más, Salinas no había ni siquiera pronunciado el nombre de Zedillo, señalaban los dirigentes del partido a los escépticos reporteros que los interrogaban sobre el "dedazo". Técnicamente, los funcionarios tenían razón. Pero México había escogido a su nuevo líder al más viejo estilo autoritario, sólo ligeramente camuflado esta vez por la magia del vídeo, que había reemplazado la palabra presidencial por un vídeo de 30 segundos que habría de marcar el futuro inmediato del país.

Menos de una hora después del destape de Zedillo, la desgastada maquinaria política del PRI se puso en marcha nuevamente. Centenares de trabajadores del gobierno fueron acarreados en autobús a la sede del partido en el centro de la Ciudad de México para vitorear la nominación de Zedillo ante las cámaras.

Cuando llegué al lugar y comencé a caminar por entre la multitud en el patio del vasto cuartel central del PRI —el partido ocupaba un complejo de cuatro grandes edificios—, me sorprendió ver varios grupos de personas que llevaban banderas de Zedillo. ¿Cómo podían haberlas hecho tan rápido? ¿Habían sabido de antemano su nominación? Mirando más de cerca, me di cuenta de que Zedillo era la única palabra recién pintada en los estandartes. Las frases decían "Zedillo para presidente" y "Viva Zedillo", pero era obvio que habían sido escritas hacía algún tiempo, dejando apenas un espacio en blanco para ser llenado con el nombre que el partido —o, más bien, el presidente— escogiera. A juzgar por el corear mecánico de los que habían acudido al lugar para celebrar el nombramiento, era obvio que a nadie le importaba mucho quién era el nuevo candidato. Lo único que contaba era que el recién nombrado tomaría las riendas del partido a partir de entonces, y aseguraría que los leales seguidores del PRI continuarían siendo recompensados con puestos oficiales, dádivas y subsidios secretos.

Muchos en la multitud ni siquiera sabían quién era Zedillo. Un hombre parado bajo el sol hirviente con un letrero recién pintado de "Zedillo presidente" me dijo que si el partido había escogido a Zedillo, era porque probablemente se trataba del mejor hombre para el cargo. Los burócratas del partido que habían apoyado la precandidatura de Ortiz Arana se esmeraban por aplaudir lo más entusiastamente posible, especialmente si estaban cerca de quienes se suponía habrían de repartir puestos en la nueva administración. Un joven funcionario del PRI, quien en días anteriores me había dicho privadamente que no creía que Zedillo fuera el hombre indicado para el momento, se me acercó para susurrarme al oído el último chiste que circulaba entre los sectores reformistas del partido: "En México tenemos una democracia participativa: el presidente nos acaba de participar que Zedillo será nuestro nuevo candidato".

Aquella tarde, Zedillo dio un emocionado discurso de aceptación en la sede del partido del gobierno. Vistiendo un traje negro de luto, leyendo nerviosamente de un texto escrito a máquina, el economista parapetado detrás de grandes anteojos no hizo mucho por ocultar que no estaba preparado para el cargo. No sonaba como un hombre que estaba aceptando la nominación de su partido para presidente. Sonaba más bien como un hombre perdido en la congoja. "Asumo esta responsabilidad con el aliento de saber que los priístas no iniciaremos una campaña: la continuaremos", dijo Zedillo, casi sin apartar los ojos del texto. "Asumo la grave responsabilidad que me confiere el comité ejecutivo nacional... con absoluta conciencia de que el mejor hombre para llevar al PRI a la victoria y al país a cumplir con sus aspiraciones fue en todo momento Luis Donaldo Colosio."

En el transcurso de su discurso de veinte minutos de duración, Zedillo mencionó el nombre de Colosio la asombrosa cantidad de 38 veces, casi dos veces por minuto.

"En ese momento, había en mí una mezcla muy extraña de sentimientos", Zedillo me diría en una entrevista meses después. "Creo que el que dominaba era el de coraje, el de dolor, de indignación por el asesinato de Luis Donaldo Colosio. El discurso, que empecé a escribir esa noche, que me obligó a no dormir y que luego en la mañana mi esposa todavía me ayudó a terminar, es un discurso que refleja más que nada un sentimiento personal... En ese momento, creo que estaba pensando más en Luis Donaldo que en el país".

Zedillo no sólo no estaba preparado para asumir la presidencia, sino que también era uno de los candidatos más improvisados que el partido oficial había lanzado jamás a una campaña presidencial. Un orador tieso a quien le costaba sonreír naturalmente ante las cámaras, no salió bien parado en los primeros sondeos con grupos de consulta organizados por sus asesores de imagen para evaluar cómo reaccionaba el público ante él, y cuál sería la mejor forma de vender al candidato.

Uno de los primeros grupos de consulta conducidos por Estudios Psico Industriales (EPI), un empresa privada que había sido contratada por la campaña de Zedillo para realizar encuestas confidenciales, mostraba que los esfuerzos del candidato por hacer bromas y parecer simpatico fracasaban miserablemente ante el público. "Nadie se reía", me señaló un analista de los grupos de consulta. "Cuando se le preguntó a la gente por qué no se reía, contestaron que el candidato daba la impresión de estar tratando de ser gracioso porque se lo habían ordenado hacer sus asesores. No le salía naturalmente... La mayoría de nosotros sugerimos que dejara de hacer chistes."

Complicando las cosas para sus jefes de campaña, el nuevo candidato era también un virtual desconocido para los dirigentes locales del partido en el interior del país, los hombres y mujeres que debían reunir los votos en sus respectivos distritos. Durante su campaña, Colosio se había desplazado de población en población dando palmaditas en la espalda a miles de funcionarios locales, a muchos de los cuales conocía por sus nombres de pila. En su condición de presidente del PRI y más tarde como secretario de Desarrollo, Colosio había viajado semanalmente a los diversos estados mexicanos, y había llegado a conocer de primera mano a numerosos caciques locales. Pero Zedillo prácticamente no conocía a ninguno de ellos: sus puestos anteriores rara vez lo habían llevado a codearse con los caciques del partido en los diversos municipios del país.

Para peor de males para el nuevo candidato, las elecciones del 21 de agosto de 1994 se perfilaban como las más difíciles en la historia del PRI. Cediendo ante las presiones por un sistema más democrático, que habían aumentado enormemente, sobre todo desde la rebelión en Chiapas, Salinas había aceptado reformas electorales que hacían mucho más difícil el fraude electoral. Por primera vez, las elecciones no iban a ser controladas por el gobierno sino por un organismo semiindependiente, el Instituto Federal Electoral, que a su vez iba a ser supervisado por un consejo de seis ciudadanos que incluiría a varios miembros de la oposición. Se establecerían topes al financiamiento de las campañas, se expenderían credenciales electorales a prueba de falsificación, y se autorizaría la labor de observadores electorales de partidos de oposición. Asimismo, se permitiría por primera vez la presencia de observadores extranjeros no oficiales, a los que se les dejaría entrar al país la ambigua designación de "visitantes internacionales". El gobierno también había autorizado a partidos políticos y grupos de ciudadanos que llevaran a cabo sus propias encuestas de salida el día de las elecciones. Si estas encuestas mostraban una victoria de la oposición, el gobierno estaría en serios aprietos para aducir una victoria después del conteo de los votos.

Había sólo una manera en que Zedillo podía superar sus debilidades como candidato y ganar las elecciones sin quebrar las nuevas reglas: con recursos masivos, una ayuda considerable de las cadenas de televisión progubernamentales, y el pleno apoyo de los dinosaurios del PRI que aún controlaban el aparato del partido. A falta de un candidato fuerte, el PRI tenía que basar su campaña en la fuerza de su maquinaria política, y en los errores de sus adversarios.

7

Las elecciones más limpias

Faltaban apenas unas semanas para las elecciones del 21 de agosto de 1994, y encendí el televisor para obtener las últimas noticias sobre el rumbo de la campaña. Automáticamente, puse el dial en Televisa, la principal cadena de televisión de México. No es que tuviera muchas opciones: de los cinco canales de televisión de transmisión abierta en la Ciudad de México, cuatro eran propiedad de Televisa. Era la cadena de don Emilio Azcárraga, "El Tigre", el hombre que había ofrecido por lo menos 50 millones de dólares para el PRI en el banquete de los millonarios un año y medio antes, y a quien la revista *Forbes* había clasificado como el hombre de negocios más rico de América Latina. La Televisa de Azcárraga contaba con el 95% de la audiencia del país, prácticamente un monopolio de las ondas aéreas. En comparación, la circulación conjunta de todos los periódicos mexicanos apenas llegaba al 3% de la audiencia de la cadena.

Además de controlar un emporio paralelo de periódicos y revistas —que en su mayoría parecían diseñados para promover a las estrellas de Televisa—, la cadena tenía un canal de noticias de veinticuatro horas al día, ECO. El canal de noticias por cable se transmitía a los Estados Unidos, Europa, América Latina y Africa y, con 85 corresponsales alrededor del mundo, había superado hacía tiempo a la CNN en español como el canal de noticias más visto en América Latina.

Aquel día, la noticia más importante de ECO era de Bosnia. Los serbios habían atacado un depósito de armas de las Naciones Unidas en un lugar llamado Ilidza, al norte de la capital bosnia de Sarajevo. Un corresponsal de ECO con aire presumido informaba desde el frente de guerra, detallando los últimos movimientos de tropas serbias, advirtiendo sobre la posibilidad de inminentes ataques aéreos de la OTAN y entrevistando a refugiados que huían desesperadamente de la zona, anticipándose al ataque. Con un mapa en la mano, el corresponsal informaba que los refugiados corrían hacia dos pequeñas ciudades aledañas, y seguía proporcionando un sinnúmero de cifras sobre el tamaño, la población y las fuentes de ingreso de dichas ciudades.

Después, la cámara giraba hacia otro rincón de la ex Yugoslavia, donde otro corresponsal de ECO entrevistaba a un oficial serbio. Mientras la pantalla mostraba la imagen del oficial, la voz sobrepuesta del corresponsal traducía sus palabras, negando acusaciones de que sus fuerzas se habían apoderado de un tanque T-55 en abierta violación de una zona de exclusión de armas pesadas dictada por la OTAN. De allí, la transmisión de ECO se desplazaba a Nápoles, Italia, para mostrar imágenes de la conferencia de prensa de un comandante de la OTAN sobre los últimos acontecimientos en Bosnia. La historia, de varios minutos de duración, terminaba con un locutor de aspecto severo en los estudios de ECO en la capital mexicana, meneando la cabeza y haciendo un comentario final aparentemente improvisado sobre la rapidez con que la ex Yugoslavia se había convertido de un país pacífico y estable en un verdadero infierno.

No pude evitar quedar impresionado por la cobertura de ECO: la cadena mexicana parecía tener más corresponsales en el frente de guerra de Bosnia y dedicarle más tiempo a la historia que la CNN o cualquier otra de las grandes cadenas norteamericanas. Y no era sólo ese día, ni esa hora, ni ese canal. Cuando empecé a sintonizar regularmente ECO y el noticiero 24 Horas en la estación hermana de Televisa, parecía haber una historia importante de Bosnia en cada programa de noticias. La segunda noticia internacional de mayor importancia en Televisa parecía ser Oriente Medio: a lo largo del día, se veían reportajes desde Israel, Jordania o Egipto, que ofrecían la posición de cada una de las partes sobre el último desacuerdo —no importaba cuán minúsculo fuera— del tratado de paz de Oriente Medio.

¿Desde cuándo les preocupaba tanto a los mexicanos lo que ocurría en Bosnia Herzegovina? ¿O los últimos acontecimientos en la franja de Gaza? ¿Existía un vínculo histórico o económico entre México y esos lejanos países que yo desconocía? Por mucho que tratara de pensar en alguno, no se me ocurría ninguno. De hecho, los mexicanos no parecían gente excepcionalmente interesada en noticias de lugares muy lejanos a su país. Nunca había visto a los mexicanos enfrascarse en una discusión sobre Bosnia en una línea del metro, o en un cocktail. ¿Por qué ECO y 24 Horas destinaban tanto tiempo y dinero en la cobertura de cada detalle del conflicto de Bosnia?

Algunas semanas después, pasadas las elecciones, un funcionario del PRI me dio su explicación. El hombre, un político intelectualmente sofisticado que bordeaba los cincuenta años y era uno de los principales asesores del presidente del PRI, estaba tratando de convencerme de que el partido gobernante había ganado las elecciones sin fraude, cuando mencionó la cobertura de Televisa entre otros factores que habían contribuido a inclinar la balanza electoral a favor de Zedillo. Según él, la cobertura que hacía Televisa de Bosnia o de Oriente Medio había tenido muy poco que ver con esas regiones, y mucho con México. La cadena siempre había cubierto conflictos políticos en lugares alejados, y seguiría haciéndolo mucho después de las elecciones de 1994, pero había realizado un esfuerzo inusual en los meses anteriores a la votación, dijo.

"Después de la rebelión zapatista, Televisa bombardeó a sus televidentes con historias sobre la ex Yugoslavia, y sobre cómo el mariscal Tito había construido una nación próspera e independiente en la frontera de un gran imperio, que se había desmoronado en unos pocos meses por la violencia política", explicó el funcionario del PRI. "Fue parte de la estrategia general del gobierno para asustar al pueblo, contándole que algo similar podía ocurrir en México si las elecciones sacaban al PRI del gobierno."

¿Había un acuerdo explícito entre el gobierno y Televisa para crear un clima de angustia preelectoral, como lo estaba sugiriendo el funcionario? ¿O, como siempre me había inclinado a pensar yo, la cobertura de Bosnia era un síntoma de la grandiosidad con que Azcárraga hacía las cosas, un intento por mostrar al mundo que podía batir a las grandes cadenas de televisión internacionales en su propio juego?

Era más que esto último, respondió el funcionario priísta. Había habido una acuerdo "al más alto nivel" para intensificar la cobertura de Televisa de la violencia política en el extranjero como parte de la estrategia de propaganda subliminal del gobierno. Unos meses antes de las elecciones, el gobierno había concedido a Azcárraga licencias para operar 62 estaciones de televisión en todo México, gracias a lo cual Televisa había podido establecer su cuarta cadena de televisión nacional. Las contribuciones económicas de Azcárraga al PRI y la manipulación rutinaria que hacía Televisa de las noticias para ayudar al partido gobernante no eran un acto de generosidad política. "Teniendo en cuenta la ayuda que nos ha prestado, le tendríamos que haber dado muchas más licencias", sonrió pícaramente el funcionario del PRI, abriendo las manos.[1]

Si era cierto que Televisa había enviado mensajes subliminales a traves de su cobertura internacional, su manejo informativo de la campaña presidencial en México era mucho menos sutil. En los meses previos a las elecciones, los noticieros de Televisa dedicaron la mayor parte de sus espacios a cubrir la campaña de Zedillo. Mientras tanto, la cobertura de sus principales rivales, el Partido de Acción Nacional (PAN), de centro-derecha, y el Partido de la Revolución Democrática (PRD), de centro-izquierda, era mucho más reducida, y practicamente igual a la de una media docena de partidos minúsculos, muchos de los cuales habían sido creados por el gobierno para dividir los votos de oposición.

Un monitoreo de la cobertura de la campaña por la televisión realizado por el Instituto Federal Electoral, el organismo oficial independiente creado por Salinas para supervisar las elecciones, mostraba que el principal noticiero nocturno de Televisa, 24 Horas, había dedicado el 40.6% de su cobertura de la campaña a Zedillo. En comparación, el candidato del PRD, Cuauhtémoc Cárdenas, había recibido el 7.8% de la cobertura, y el candidato del PAN, Diego Fernández de Cevallos, había recibido el 7.6%.

Lo que era aún más sugestivo era la cantidad de tiempo que Televisa estaba dedicando a partidos políticos diminutos que en su mayoría estaban financiados por el gobierno, y que nunca habían obtenido más del 1% de los votos en elecciones nacionales. El principal programa de noticias de Televisa había dedicado más tiempo a cada uno de los candidatos del Partido Verde Ecologista de México (PVEM), del Partido Demócrata Mexicano (PDM) y del Partido Auténtico de la Revolución Mexicana (PARM) que a Cárdenas o a Fernández de Cevallos. Si una persona miraba Televisa sin estar muy al tanto de la realidad política mexicana, llegaría a la conclusión de que cualquiera de esos tres partidos pequeños era más importante que el PRD de Cárdenas, el partido que según muchos había obtenido tan-

---

1 El conductor de Televisa, Jacobo Zabludovsky, señala que ECO y 24 Horas habían cubierto las noticias de la ex Yugoslavia desde mucho antes de las elecciones mexicanas, y que continuaron haciéndolo mucho después de la votación. Negando la historia del funcionario del PRI, me dijo: "Nuestra única estrategia es la de proporcionar información a nuestros televidentes. Informamos de esos conflictos porque eran noticia. No teníamos ningún motivo ulterior".

tos votos como Salinas —si no más— en las disputadas elecciones presidenciales de 1988.

Por cierto, la cobertura de Televisa era más equilibrada de lo que lo había sido en la campaña presidencial anterior, cuando había mantenido a Cárdenas virtualmente fuera de las pantallas. En esa época, la cadena sólo había mostrado ocasionalmente imágenes mudas del candidato de izquierda, con la voz en off de un reportero parafraseando lo que Cárdenas había dicho, y sin permitir nunca que la voz del candidato llegara a la audiencia. Pero aunque ahora Televisa transmitía grabaciones de imagen y sonido de los principales candidatos de oposición, a menudo lo hacía para dejarlos mal parados.

Unas semanas antes de las elecciones del 21 de agosto, virtualmente todos los sondeos independientes habían llegado a la conclusión de que el principal rival de Zedillo no era Cárdenas, sino Fernández de Cevallos. El candidato del PAN, un carismático abogado de voz grave y barba estilo conquistador, había demolido a Zedillo en el primer debate televisivo de la historia de México en el mes de mayo, y había subido enormemente en las encuestas desde entonces. Algunos sondeos, incluido el realizado por Indermec-Louis Harris, había mostrado a Fernández de Cevallos más de cinco puntos por delante de Zedillo después del debate. No era sorprendente, entonces, que Televisa se dedicara durante el último tramo de la carrera presidencial a tumbar al candidato del PAN por todos los medios a su alcance.

El miércoles 17 de agosto, por ejemplo, el noticiero nocturno de Televisa dedicó sólo unos segundos a cubrir —muy al paso— la campaña de Fernández de Cevallos, y no le hizo ningún favor con ello. Fernández de Cevallos había pronunciado su discurso de cierre de campaña ante unos 20.000 seguidores en su plaza fuerte de Monterrey. En su encendido discurso, el candidato opositor había hecho énfasis en sus principales temas de campaña: la falta de democracia de México, y la necesidad de un cambio bajo el liderazgo de un partido conservador que no lanzara al país al caos. Pero el spot de Televisa sólo mostró un fragmento de su discurso en el que aparecía levantando el dedo índide y diciendo: "Reto a los dirigentes del PRI y del PRD a que presenten pruebas de las acusaciones que me están imputando". El segmento del noticiero no especificaba a qué acusaciones se refería, pero el público quedaba con la impresión de que el candidato había sido acusado de algo grave, probablemente relacionado con corrupción. En realidad, no había nada de eso: Fernández de Cevallos se había referido a las acusaciones cotidianas de Cárdenas de que el PAN había hecho un pacto secreto con Salinas para aplastar a la oposición de izquierda. Pero los televidentes del país no tenían manera de saberlo.

Unos meses antes, cuando era Cárdenas quien se perfilaba como el candidato más fuerte de la oposición, Televisa y su cadena rival Televisión Azteca habían contribuido a desacreditar la campaña del candidato de izquierda. Entre otras cosas, ambas cadenas habían puesto en el aire historias que se hacían eco de una campaña difamatoria contra el candidato del PRD tras su desafortunado encuentro con un grupo de travestis del cabaret Bum Bum en Jalapa, Veracruz. El incidente había sido un juego sucio de la peor calaña. Empezó cuando, para sorpresa de unos ciento cincuenta invitados a una reunión para recaudar fondos para el PRD en el Hotel Fiesta Inn, el grupo de travestis —en minifaldas, tacones altos y adornos de plumas— hizo su entrada en el salón cantando "A la Bio, a la Bau, todos estamos con Cuau". En unos segundos, los travestis se abrieron camino hasta la mesa principal, se presentaron como miembros de Les Femmes 2001, un grupo que actuaba en el club nocturno Bum Bum, y procedieron a besar al candidato en las mejillas. Mientras tanto, una nube de fotógrafos registraba febrilmente la escena.

A la mañana siguiente, las imágenes de Cárdenas rodeado de travestis eran difundidas por todo el país. Los periódicos progubernamentales hacían hincapié en que Cárdenas había sido respaldado por las organizaciones gay, y lo presentaban directa o indirectamente como el candidato de los grupos marginales de México. El semanario independiente *Proceso* y el diario de centro-izquierda *La Jornada* más tarde revelarían que todo había sido planeado por funcionarios del PRI de Veracruz para dejar en ridículo a Cárdenas. *Proceso* informó que cada uno de los travestis había recibido unos trescientos dólares por su actuación, pero millones de televidentes mexicanos nunca se enteraron de esto.

"La información veraz, amplia y diversa que queremos no se podrá tener mientras el grueso de los mensajes televisados que hoy saturan nuestros hogares obedezca a las finalidades políticas del régimen partido de Estado, y mientras una sola empresa controle el 90% de los auditorios", se quejó un airado Cárdenas. "Televisa, digámoslo con claridad, se ha constituido en uno de los pilares que hoy sostienen al régimen autoritario que padecemos". [2]

En otras ocasiones, los actos de campaña de Fernández de Cevallos y Cárdenas eran cubiertos de tal modo que —aun cuando no hubiera un intento visible de difamarlos— aparecían en las pantallas como anémicos en comparación con las multitudinarias concentraciones de Zedillo. Los actos de Zedillo eran cubiertos tanto por Televisa como por Televisión

---

2 Para crédito del conductor de Televisa, Jacobo Zabludovsky, él transmitió al aire la cita de Cárdenas criticando a Televisa en el noticiero 24 Horas de aquella noche.

Azteca desde el aire, con tomas desde helicópteros que mostraban a las enormes multitudes aclamando al candidato oficial. En comparación, los discursos de campaña de los principales rivales de Zedillo eran tomados desde tierra, mostrando poco más que la primera fila del público. Imágenes como estas, repetidas noche tras noche, contribuirían a dejar una clara impresión de que la campaña de Zedillo era la más exitosa.

Los monitoreos de cobertura de televisión dados a conocer después de las elecciones dejaban pocas dudas sobre la manipulación de las noticias realizada por Televisa. Además de dar a Zedillo ocho veces más tiempo en el aire que a sus adversarios, Televisa parecía haber seguido una estrategia consciente de darle mayor o menor espacio a los candidatos opositores según las necesidades del momento del PRI. Después de virtualmente ignorar la campaña de Cárdenas durante meses, de repente Televisa comenzó a darle aire al candidato de centro-izquierda dos semanas antes de las elecciones. En la semana final de la campaña, Cárdenas recibió 6.1 minutos de tiempo en el noticiero 24 Horas, casi el doble que los 3.2 minutos de Fernández de Cevallos. Los otros cinco principales noticieros de televisión de ambas cadenas mostraban un similar —y repentino— repunte en la cobertura concedida a Cárdenas en los días previos a la elección. No era un acto de arrepentimiento de último minuto: para entonces, Cárdenas estaba bien atrás en encuestas. La mayor amenaza para la campaña de Zedillo era Fernández de Cevallos, a quien el partido oficial necesitaba restarle la mayor cantidad de votos posible.

Mucho después de las elecciones, y tras un alud de críticas procedentes de todos los rincones de la oposición, "El Tigre" Azcárraga rechazaría acusaciones de que los hombres de Televisa eran soldados del partido gobernante. Azcárraga corrigió: "Somos soldados del presidente de la República, no del PRI". Se podía acusar a Azcárraga de muchas cosas, salvo de falta de franqueza.

"Hola", decía la voz de un niño en un spot de radio transmitido constantemente en los cinco días previos a las elecciones.

"Hola", respondía otro niño.

"¿Qué tienes?"

"Nada..."

"¿Qué tienes?", insistía el primer niño.

"Tengo miedo."

"¿Por qué?"

"Porque mi papá tiene miedo."

Entonces aparecía una voz de un hombre adulto, que ponía el toque final al aviso: "En ninguna época, en ninguna parte, por ningún motivo, un niño debe crecer con miedo. Porque creemos en la fuerza de la razón, rechazamos la violencia".

El anuncio, sin identificación de partido, era parte de la campaña radial "México rechaza la violencia", patrocinada por el gobierno de la Ciudad de México y la Asociación de Radiodifusores del Distrito Federal, una asociación de propietarios con fuertes vínculos con el gobierno. Como no estaba manifiestamente vinculada con ningún partido, podía transmitirse durante el período de veda de propaganda electoral de cinco días anterior a las elecciones. Como si los alarmantes reportajes de Televisa desde los principales focos de tensión del planeta no fueran suficientes, los spots radiales contribuían a recordar a los mexicanos que —después del levantamiento zapatista y el asesinato de Colosio— no había nada más importante para el país que la estabilidad política.[3]

Aunque el número total de lectores de los periódicos mexicanos era relativamente pequeño —los veintitrés diarios de la Ciudad de México, de los que apenas media docena tenía lectores reales, tenían una circulación conjunta de menos de 500.000 ejemplares—, la cobertura periodística de las elecciones tampoco fue dejada al azar. El partido gobernante había pagado secretamente millones de dólares a algunos de los principales periódicos de México al principio de la campaña para publicar propaganda electoral de Zedillo disfrazada en forma de noticias de primera plana.

A través de "convenios", como se conocían en el medio político a los contratos secretos con los periódicos, el PRI había pagado unos 800.000 dólares cada uno a varios de los principales periódicos de México —incluidos los diarios *Excelsior*, *El Universal* y el opositor *La Jornada*— para que publicaran regularmente noticias de la campaña de Zedillo en sus primeras planas. Además, varios gobiernos de los estados del PRI firmaron sus propios convenios con los mismos periódicos para obtener una cobertura favorable a sus candidatos locales, elevando a unos 3 millones de dólares la cifra total que cada uno de los periódicos había recibido de diversos organismos del gobierno y del partido.

---

3 La cobertura de la campaña en la radio estuvo incluso más inclinada hacia Zedillo que en la televisión, según el informe del Instituto Federal Electoral. El estudio decía que Zedillo recibió el 50.1% del tiempo en el aire en la radio, comparado con 49.9% de los ocho candidatos restantes juntos. El estudio monitoreó las estaciones de radio en la semana del 22 al 28 de junio de 1994.

Los reporteros que cubrían la campaña no estaban particularmente indignados por estos convenios: un 10% de cada contrato iba directamente a sus bolsillos, lo cual significaba que un periodista que cubría a Zedillo podía llevarse unos 80.000 dólares de comisión, una suma nada despreciable en un país en que la mayoría de los reporteros ganaba un mísero salario de unos 12.000 dólares al año. Teniendo en cuenta los abultados cheques que los editores y unos cuantos reporteros escogidos estaban obteniendo, no era sorprendente que pocos pusieran el grito en el cielo por la existencia de estos pactos subterráneos, que eran vox populi en las salas de redacción.

En algunos casos, los convenios firmados en época de elecciones constituían la mayor —y a veces única— fuente de ingresos para los periódicos pequeños. Cientos de los aproximadamente 1.100 periódicos del país eran diarios progubernamentales sin avisos ni lectores, o publicaciones supuestamente independientes cuyo principal propósito era darle empleo a ex activistas de izquierda o potenciales agitadores sociales.

La dependencia oficial de estos periódicos había sido ilustrada en una memorable escena de *La guerra de Galio*, una novela política de Héctor Aguilar Camín. En dicha escena, los directivos de un periódico de oposición invitaban a sus autores y colaboradores a una cena de fin de año en un elegante restaurante capitalino. Al llegar la hora de los brindis, uno de los jefes de sección del periódico alzaba su copa y hacía su chiste favorito: "Nuestra meta este año es tener más lectores que colaboradores." No se trataba de una alocada exageración: algunos de los diarios financiados por el gobierno tenían cientos de colaboradores, y un número de lectores que apenas llegaba a unas cuantas docenas de funcionarios públicos, que los recibían gratis en sus despachos.

Regino Díaz Redondo, el director de *Excelsior*, uno de los más grandes periódicos de México con 100.000 ejemplares de circulación, saltó de su asiento cuando le pregunté sobre los convenios secretos de su periódico con el gobierno.

"¡No hay ningún contrato secreto!", dijo el editor de cabellera plateada, casi a gritos, golpeando la mano contra el escritorio. "¡yo lo reto a usted a que me demuestre que tenemos subsidios del gobierno!"

"Pero don Regino", repliqué lo más amablemente que pude, tratando de proteger el nombre de un alto funcionario del PRI que me había dado precisos detalles sobre los contratos electorales del partido con *Excelsior*. "Todos saben que *Excelsior* publica gacetillas de publicidad del gobierno disfrazadas como noticias. Es vox populi. Y no sólo *Excelsior*, sino casi todos los periódicos mexicanos lo hacen.... ¿Por qué negarlo?"

De repente, Díaz Redondo alzó las cejas y echó la cabeza hacia atrás, alzando las manos como en una señal de alivio.

"¡Ahhh, usted habla de publicidad! Eso es otra cosa", replicó. "Nosotros a veces publicamos hasta 100 líneas en primera plana pagadas por el gobierno durante la campaña electoral, pero siempre pedimos un recibo de publicidad por ello. No tenemos ningún acuerdo a largo plazo, ni hacemos nada por debajo de la mesa."

Aparentemente, el estallido inicial de don Regino había sido una reacción a alegatos de que la administración del *Excelsior* estaba haciendo tratos lucrativos con el gobierno a espaldas de sus empleados. Como el periódico era una cooperativa de 1.200 trabajadores, Díaz Redondo era especialmente sensible a críticas de este tipo. Estábamos hablando en su despacho del edificio de *Excelsior* en el Paseo de la Reforma de la Ciudad de México, una de las zonas más cotizadas del país. El edificio y sus prensas se habían construido con un préstamo a bajo interés otorgado durante el gobierno de De la Madrid. *Excelsior* sólo había pagado dos de sus quince primera mensualidades, haciendo que su deuda con el gobierno creciera progresivamente hasta llegar a más de 5 millones de dólares a principios de los años noventa.

Más rico que otros periódicos gracias a la vista gorda del gobierno a su deuda, *Excelsior* había sido el periódico más influyente de México durante casi medio siglo, y durante algún tiempo en los años setenta —bajo la valiente conducción de Julio Scherer García— se había convertido en uno de los más independientes. Pero después de la expulsión de Scherer García en una maniobra interna orquestada por el gobierno, el periódico había pasado a depender cada vez más en las "noticias" pagadas por el gobierno. A pesar de su aspecto anticuado y su caótico formato —todos los días comprimía en su primera plana alrededor de dos docenas de titulares, cuyos textos había que rastrear en un laberinto de secciones a lo largo de todo periódico—, había conseguido conservar a parte de sus lectores a lo largo de los años. Sólo en tiempos recientes había empezado a perder a parte de su audiencia, que se había pasado a *Reforma* y *La Jornada*, más modernos e independientes y por lo tanto más atractivos para los lectores más sofisticados.

¿Qué hay de las comisiones que cobran los reporteros por la publicidad que venden a sus fuentes gubernamentales?, pregunté.

"Va del siete al quince por ciento", respondió Díaz Redondo con la mayor naturalidad. "Pero no hay subsidios ocultos de ningún tipo."

¿No sería mejor para *Excelsior* rechazar la publicidad camuflada del gobierno y adoptar una línea editorial más crítica?, pregunté.

Una vez más, don Regino se puso impaciente. Todo periódico mexicano, hasta el más rabioso opositor del gobierno, dependía de la publicidad oficial para su sobrevivencia, señaló, levantándose una vez más de su escritorio para enfatizar sus palabras.

¿Pero no debería *Excelsior* avisar a sus lectores cuándo publicaba noticias pagadas por el gobierno en su primera plana? ¿No le daría eso mayor credibilidad a su periódico?

"A veces alertamos a nuestros lectores cuando una historia está pagada por el gobierno, pero no lo hacemos muy a menudo", reconoció Díaz Redondo. "Mea culpa. Eso es un error que debemos subsanar en el futuro".

Hasta *La Jornada*, el periódico de la oposición de izquierda, publicaba titulares en primera plana dando cuenta de los discursos de campaña de Zedillo, acompañados de comentarios en tono neutral, cuando no abiertamente favorables. En un gesto que lo apartaba de *Excelsior* y de otros beneficiarios de la generosidad del gobierno, *La Jornada* solía publicar sus titulares de primera plana pagados por el gobierno en letras cursivas, para diferenciarlos de los otros titulares del periódico. En la clase política y entre los profesionales de los medios de comunicación, se sabía que las cursivas representaban anuncios pagos disfrazados de noticias, pero el público en general no tenía conocimiento de ello. Uno de los principales directivos del periódico me dijo una ocasión que el 70% de la publicidad de *La Jornada* venía del gobierno, y que como un 20% de la misma se publicaba camuflada en forma de noticias.

"Ojalá algún día podamos rechazar toda la publicidad del gobierno", señaló. "Por el momento, no podemos."

Tuve ocasión de experimentar en carne propia la generosidad del PRI con los medios de comunicación cuando acompañé a Zedillo en una gira de campaña por el interior del país. La gira se inició en capital, donde abordé uno de los jets Boeing 727 contratados por el PRI para transportar a unos doscientos periodistas mexicanos que viajaban con el candidato oficial en sus giras cinco días a la semana. Era un ritmo de campaña intenso, y que revelaba una excelente organización: en dos días de viaje, tocamos varios estados, corriendo de aviones a autobuses para llegar a tiempo a un sinnúmero de concentraciones callejeras y discursos del candidato en lugares cerrados. Nos alojábamos en los mejores hoteles, y comíamos en los mejores restaurantes. Y donde fuéramos, nos daban un nuevo paquete con souvernirs de Zedillo: camisetas, relojes, gorras de béisbol y hasta refrescos de manzana con la etiqueta "Zedillo."

A medida que avanzaba la gira, empecé a ponerme nervioso. Según mi acuerdo preestablecido con la oficina de prensa del PRI, se me cobrarían los gastos del viaje a mi regreso. Hice un rápido cálculo mental, y la cuenta que se vislumbraba —de seguir este tren de vida— prometía ser astronómica. Pero cuando pregunté a un colega mexicano cuánto creía que nos iban a cobrar, se encogió de hombros, restándole importancia al asunto: la verdad que no sabía, dijo, pero su periódico se encargaría de pagar o llegaría a un acuerdo con el partido para canjear los gastos de viaje por avisos gratis. Pronto se me hizo evidente que pocos de los que viajaban en ese avión, si es que alguno, pagarían sus gastos de viaje.

A nuestro regreso a la Ciudad de México, cuando fui a las oficinas del PRI para pagar mis gastos de viaje, no pude encontrar a nadie que recibiera el dinero. Todos los funcionarios me decían que me olvidara: esta vez invitaba el partido. ¿Se suponía que debía retribuir el favor algún día, invitándolo a Zedillo a viajar conmigo?, me pregunté para mis adentros. Cuando finalmente convencí a un funcionario de que hiciera un cálculo de mis gastos, no pudo encontrar ningún formulario del PRI para cobrar a periodistas sus gastos de viaje: al parecer, no existían.

Algo harto de mi insistencia, el funcionario fue a varias oficinas a consultar con sus superiores. Finalmente regresó —esta vez con una amplia sonrisa— y dijo que habían encontrado una solución. Sacó una hoja en blanco con el membrete del PRI, escribió la cantidad que habíamos calculado por los días del viaje de campaña, y la firmó. Cuando saqué varios cientos de dólares en efectivo, no pude evitar detectar un esbozo de alegría en la sonrisa cordial del funcionario. Probablemente, acababa de incrementar sus ingresos —y quizás el de sus amigos— en unos cuantos cientos de dólares.

Gracias a las históricas dádivas del gobierno y a las generosas donaciones de los multimillonarios que lo apoyaban, los recursos del PRI parecían ser inagotables, como así también el apetito de sus funcionarios por quedarse con una tajada ellos.

A medida que se acercaba el día de las elecciones, un mar de banderitas blancas y rojas empezó a cubrir las calles de la Ciudad de México. Al principio, las pequeñas banderas de plástico aparecieron flameando en los postes de teléfono. Después, un día, de la noche a la mañana, la ciudad amaneció con millones de banderitas colgando de los cables eléctricos y telefónicos, por dondequiera uno mirara. Era como si toda la ciudad hubiera sido cubierta con banderitas de plástico. Contrariamente a lo que se hubiera podido sospechar, no eran propaganda del bien financiado partido gobernante, sino anuncios del pequeño y poco conocido Partido del Trabajo.

Para asombro de los mexicanos en la capital y en otras ciudades importantes, el Partido del Trabajo, que sólo había obtenido el 1% de los votos en las elecciones legislativas de 1991, parecía tener más dinero que cualquier otro partido de oposición. Además de las banderas, tenía camionetas blancas de último modelo, con el emblema del partido sellado en las puertas, recorriendo todo el país y transmitiendo propaganda electoral desde altavoces que llevaban en el techo. Voluntarios del Partido del Trabajo regalaban camisetas y gorras del partido en los barrios obreros, como si el dinero nunca hubiera sido un problema para ellos. ¿De dónde sacaba el dinero Cecilia Soto, la atractiva y sumamente articulada candidata presidencial del partido?

Teodoro Palomino, un dirigente del sindicato de maestros y cofundador del Partido del Trabajo, me señaló mientras desayunábamos en un restaurante de la Ciudad de México lo que yo había escuchado de docenas de políticos opositores: que el dinero venía del gobierno. Palomino dijo que el presidente Salinas había ayudado a crear el Partido del Trabajo y ahora estaba financiando la campaña de Soto por dos razones: para dividir aún más a la oposición, quitándole votos a Cárdenas y Fernández de Cevallos —una diferencia de apenas un 1% del voto podía ser definitoria en una elección cerrada— y para tener un partido supuestamente opositor que validara una victoria de Zedillo en caso de que los resultados electorales fueran disputados.

¿Cómo lo sabía Palomino? Porque había estado en el lugar indicado en el momento preciso, me dijo. El Partido del Trabajo había nacido en 1989, en una reunión en el Hotel Ambassador de Monterrey entre Salinas y varios dirigentes laborales de izquierda encabezados por Alberto Anaya, un ex compañero de universidad y buen amigo del presidente. "Anaya hizo una larga presentación proponiendo la creación de un nuevo partido, y Salinas dijo que estaba de acuerdo, que esto ayudaría a fortalecer el sistema democrático en México", recordó Palomino. "Al poco tiempo, empezamos a obtener recursos para lo que quisiéramos. El dinero caía del cielo."

El Partido del Trabajo pronto consiguió una licencia de la Secretaría de Gobernación para importar sin derechos de aduana unas doscientas camionetas y furgonetas de Estados Unidos, y 4 millones de dólares para administrar un programa de desarrollo social en Monterrey. A medida que se acercaban las elecciones de 1994, sus oficinas de campaña en todo el país recibieron modernos equipos de computación, y se poblaron de cada vez más secretarias. La mayoría de los fondos provenían del programa oficial de desarrollo social Solidaridad, en tanto que otras contribuciones se canalizaban a través del hermano de Salinas, Raúl, quien también había sido compañero de universidad de Anaya, prosiguió Palomino. Los dirigentes del Partido del Trabajo actuaban bajo la premisa de que necesitaban mucho dinero para difundir sus ideas sociales a nivel nacional y que, si el gobierno quería financiar parte de la campaña del Partido del Trabajo para sus propios fines, ellos tenían que aprovechar la oportunidad. En política, uno hacía las alianzas más extrañas con los socios más inverosímiles y trataba de mantener lo pactado fuera de la luz pública.

En 1993, al llegar el momento en que los partidos debían escoger sus candidatos presidenciales, el secretario de Gobernación Patrocinio González había sugerido en reuniones privadas en su despacho con dirigentes del Partido del Trabajo que nombraran a Soto, según Palomino. El hecho de que Soto no hubiera sido jamás miembro del Partido del Trabajo —era diputada de otro partido de oposición financiado por el gobierno, el PARM— no parecía tener mucha importancia. En su calidad de principal contribuyente del Partido del Trabajo, el gobierno tenía derecho a sugerir un candidato. Soto obtuvo el puesto unas semanas después, y Palomino renunció silenciosamente al Partido del Trabajo, según él en protesta por la excesiva injerencia del gobierno en los asuntos internos del grupo.

Anaya, el líder del partido, sonrió bondadosamente cuando lo confronté con los alegatos de Palomino poco después de las elecciones. Un zorro político de mediana edad que caminaba rodeado de cuatro ayudantes y no parecía desprenderse de su teléfono celular, Anaya me confirmó que había discutido la creación del Partido del Trabajo con Salinas, y que el presidente le había alentado a formar el nuevo partido. En cuanto a de dónde provenían los fondos de su partido, Anaya volvió a sonreír, y procedió a darme una lección de historia sobre la financiación de los partidos políticos mexicanos. "En este país, todos los partidos políticos están subsidiados por el gobierno", dijo Anaya, aparentemente refiriéndose a los fondos legales de campaña concedidos por el Instituto Federal Electoral. "Ninguno de ellos puede pretender lo contrario."

"Si no entiendes que México es un Estado napoleónico, paternalista, no entiendes nada", me explicó amablemente. "En este país, el gobierno paga para todo, hasta para que lo critiquen."[4]

---

4 El Partido del Trabajo terminó en cuarto lugar en las elecciones de 1994, obteniendo 2.8% de los votos, mucho más que los otros partidos pequeños.

Tenía razón. En su ilimitada generosidad preelectoral, el gobierno había entregado fondos incluso a la organización más insospechada: el Ejército Zapatista de Liberación Nacional. Sin que sus seguidores lo supieran, hasta el propio subcomandante Marcos —el nuevo abanderado de la conciencia social de México —había aceptado dineros del gobierno para su propia ofensiva política en las semanas previas a las elecciones de 1994.

Marcos necesitaba desesperadamente fondos para llevar a cabo su Convención Nacional Democrática, una ambiciosa reunión nacional que había convocado para el 8 de agosto, dos semanas antes de las elecciones, en la Selva Lacandona. Su plan consistía en reunir por primera vez a todos los grupos de oposición auténticos del país, incluidos críticos conservadores del gobierno, para acordar una agenda común que pudiera conducir al país a la democracia.

Marcos esperaba que la reunión de unos cinco mil representantes de cientos de organizaciones obreras y cívicas de oposición sentara las bases para la creación de un gobierno de transición, o que por lo menos se acordara formar un gobierno paralelo si las próximas elecciones nacionales resultaban ser descaradamente fraudulentas. Pero Marcos carecía de fondos para invitar a sus miles de invitados, mucho menos para alojarlos y transportarlos a la selva.

Cuando se inauguró la convención zapatista, Marcos ya había resuelto el problema: el gobernador de Chiapas, Javier López Moreno, y varios organismos del gobierno, con la luz verde del presidente Salinas, habían canalizado secretamente a los zapatistas 173.000 dólares en equipos e infraestructura para llevar a cabo la reunión antigubernamental en la aldea selvática de Aguascalientes, cerca de Guadalupe Tepeyac. El gobierno proporcionó el sistema de sonido desde el que Marcos inauguraría la convención al aire libre —siete altavoces gigantescos que se instalaron a ambos lados del estrado desde donde habló el líder guerrillero, y cuatro altavoces pequeños que se colocaron en la parte inferior de la plataforma—, como así también docenas de letrinas, camiones cargados de agua potable, un techo gigantesco de plástico para proteger a los visitantes de la lluvia, y asistencia técnica para tender cables de electricidad desde Guadalupe Tepeyac hasta el auditorio improvisado en la selva.

"Decidí proporcionar apoyo a la reunión porque si los zapatistas llegaban a la conclusión de que el gobierno la estaba boicoteando, hubieran tenido más argumentos para oponerse a las elecciones generales", me dijo López Moreno meses después en una entrevista. "Pensé que una actitud conciliatoria por parte del gobierno contribuiría al proceso de paz."

"Nuestra mayor prioridad era evitar la violencia durante las elecciones", me dijo un cercano asistente de Salinas en una entrevista aparte, reconociendo que los fondos para los zapatistas habían sido aprobados por el propio presidente. "La convención planeaba aprobar una postura de compás de espera, de esperar y ver qué pasaba con las elecciones. Naturalmente, nosotros queríamos alentar esa posición, porque enviaría un claro mensaje a los grupos más radicales de la izquierda de que no interumpieran la votación."

A los periodistas intrigados por el despliegue de fuerza económica de los zapatistas durante la convención se les dijo que grupos de apoyo europeos habían contribuido generosamente a la reunión, y que la mayoría de los delegados habían pagado sus propios gastos. Ni el gobierno ni los zapatistas revelaron nunca la fuente real de los fondos, lo que permitió a Marcos imponer su postura moderada de no interrumpir las elecciones sin levantar sospechas de los grupos ultras. Como había dicho Anaya, el dirigente del Partido del Trabajo, al gobierno mexicano le encantaba pagar a sus críticos. Pero, lejos de ser un acto de masoquismo político, se trataba de una estrategia perfeccionada a lo largo de varias décadas, que en la mayoría de los casos había rendido sus frutos con creces.

Si el PRI podía gastar a sus anchas para comprar la cobertura de los medios de comunicación y financiar a sus amigos y enemigos, era porque tenía unas arcas de campaña casi sin fondo. Y no era porque México estuviera inundado de dólares: en realidad, los inversionistas extranjeros ya habían empezado a retirar silenciosamente su dinero de México, tanto por las crisis políticas derivadas del caso Colosio y Chiapas como por el cada vez mayor atractivo que ofrecían los depósitos en Estados Unidos por la subida de las tasas de interés norteamericanas. Las reservas extranjeras de México habían caído en picada de 29 mil millones de dólares en febrero a 17 mil millones en abril. Pero el gobierno de Salinas seguía sacando de la galera proyecciones económicas radiantes de optimismo: el presidente no iba a permitir que alguna mala noticia empañara la elección de Zedillo, o su propia campaña para la recién creada Organización Mundial del Comercio. "El nivel de nuestras reservas [externas] nos permite reforzar la solvencia de nuestra moneda", seguiría jactándose Salinas en su último informe presidencial en octubre de 1994, dos meses después de las elecciones. Unas semanas después, México y sus inversionistas extranjeros pagarían un precio dramático por la decisión de Salinas de no hacer nada ante la progresiva caída de reservas.

Parecía no haber límites a lo que el partido gobernante podía gastar.

Sólo en gastos de campaña reportados oficialmente, el PRI había desembolsado 105 millones de dólares, o casi el 80% de lo que los demás partidos políticos habían gastado conjuntamente para sus respectivas campañas presidenciales, legislativas y municipales, según cifras oficiales que se hicieron públicas varios meses después de las elecciones. Además, el PRI había recurrido a parte de los 700 millones de dólares que había recaudado de contribuciones privadas a través de las células empresariales de la campaña de Zedillo. Como si todo esto fuera poco, la campaña oficial recibía una enorme ayuda indirecta a través de la labor de varios organismos gubernamentales.

Según cálculos del PAN, el gobierno gastó unos 4 mil millones de dólares en programas de desarrollo social —sobre todo en zonas dominadas por la oposición— en los meses que precedieron a las elecciones. Los fondos fueron suministrados por los programas gubernamentales Solidaridad y Procampo. Solidaridad construyó escuelas, hospitales y sistemas de drenaje, en tanto que Procampo —sospechosamente lanzado hacia el final del sexenio de Salinas, poco antes de las elecciones— distribuyó subsidios en efectivo a agricultores en aprietos financieros.

A menudo, a los beneficiarios de estos dos programas se les decía que si el PRI perdía las elecciones, nadie podía garantizar que el nuevo gobierno continuara desembolsando lo que quedaba por pagar. Se trataba de una advertencia muy realista, sobre todo porque el gobierno se había encargado de que gran número de programas estuvieran a medio hacer para la fecha de las elecciones. Pude observar con mis propios ojos algunas de estas tretas electorales cuando visité San Miguel Xicó, una población de clase obrera a unos 60 kilómetros al este de la Ciudad de México, donde los habitantes me explicaron cándidamente las extrañas circunstancias que los habían llevado a votar por el PRI, aun cuando no simpatizaran con el partido.[5]

San Miguel Xicó era una de las varias poblaciones sumidas en la pobreza en el Valle de Chalco, un área que había sido escogida por el gobierno de Salinas como modelo de su programa Solidaridad. Era el lugar

5 El programa Solidaridad desembolsó 15.1 mil millones de dólares en más de 523.000 obras públicas durante la administración de Salinas, según el presidente Salinas en su Sexto Informe presidencial al Congreso Mexicano. El programa Procampo desembolsó 1.5 mil millones de dólares a 3.4 millones de campesinos en 1993 y 1994, según el mismo informe al congreso.

adonde el presidente había llevado al papa Juan Pablo II y a varios otros dignatarios mundiales para mostrarles lo mucho que su gobierno estaba haciendo para los pobres. El camino al pueblo estaba pavimentado —y por alguna misteriosa razón cubierto de perros muertos—, pero esa era casi la única obra pública que se había terminado.

El pueblo estaba hecho un desastre. Las calles eran una sucesión de baches que se habían llenado de agua, y que formaban largos canales. Para caminar por el pueblo, los lugareños habían construido estrechas aceras de concreto pegadas a las casas, que obligaban a uno a caminar de costado, casi con la espalda contra las paredes, para no caerse en el agua. Peor aún, el agua estancada estaba putrefracta, cubierta de bolsas de plástico y latas vacías, y se había convertido en el hábitat de un hervidero de insectos y ranas. Los habitantes del lugar juraban que ya había peces en los baches más grandes, y que sus hijos habían pescado varios, aunque —tal vez por las actividades vinculadas a la elección —no alcancé a ver a ningún pescador callejero durante mi visita.

Lo más asombroso de la escena era que había grandes pilas de sacos de cemento y equipos pesados de construcción en varias esquinas, emergiendo del agua podrida. Obviamente, habían sido dejados allí desde hacía tiempo. ¿Qué pasaba? ¿Quién había abandonado las obras, y por qué?

Dos hombres que estaban platicando en la calle me explicaron qué había ocurrido. Solidaridad había proporcionado los fondos y los equipos para pavimentar toda la población hacía más o menos un año. Un verdadero ejército de aplanadoras y camiones de cemento había llegado un día, y comenzado a allanar las calles de tierra. Pero después, las obras se habían detenido súbitamente. Los caciques del PRI dijeron que se trataba de un retraso temporal, y que la construcción se reiniciaría lo más pronto posible. Pero habían pasado los meses, las calles empezaron a agrietarse, el agua empezó a llenar los baches y los vecinos empezaron a enojarse. Resultó que la empresa constructora contratada por el gobierno se había olvidado de construir un sistema de drenaje. Con la estación de lluvias, las calles se inundaron, y San Miguel Xicó pronto se convirtió en una Venecia del subdesarrollo y luego, cuando acabaron las lluvias, en un pantanal. Poco antes de las elecciones, los caciques del PRI habían anunciado la buena noticia: los fondos de Solidaridad para construir el sistema de drenaje por fin habían sido aprobados, y estaban en camino.

"Nos dijeron, 'voten por nosotros y el sistema de drenaje estará terminado en dos o tres meses'", me dijo el encargado de una de las pequeñas tiendas de la población. "Obviamente, retrasaron las obras a propósito, para tenernos bien amarrados. Y van a lograr una mayoría de los votos, porque todos sabemos que sólo el PRI puede terminar las obras."

No cabía mucha duda de que si ganaba la oposición, las nuevas autoridades les dirían a los residentes de San Miguel Xicó que no había fondos para el proyecto: los partidos de oposición tenían sus propias bases electorales que satisfacer en las poblaciones que tradicionalmente habían votado por ellos, y ésta no era una de ellas. Los residentes de San Miguel Xicó no tenían más remedio que seguir votando por el PRI: el agua —no tan metafóricamente hablando— les estaba llegando al cuello.[6]

Pero el mecanismo de control político más burdo del PRI era el reclutamiento casi forzoso de millones de trabajadores para llenar las plazas durante los mítines de campaña del partido. Aunque era archiconocido que la campaña oficial recibía enorme ayuda de sindicatos corruptos, nunca supe cómo funcionaba esta alianza en detalle hasta que lo descubrí un día casi por casualidad, cuando estaba buscando un limpiabotas para lustrarme los zapatos.

Eran unos días antes de las elecciones de 1994, y no podía encontrar ningún limpiabotas en la calle. ¿Adónde se habían ido todos? ¿Dónde estaba Pedro Mendoza, el veterano bolero —como se conoce a los lustrabotas en México— que estaba siempre apostado en la esquina de Génova y Hamburgo en la Zona Rosa? Busqué boleros en sus puestos habituales por el Paseo de la Reforma y en la Zona Rosa, pero no se los veía por ninguna parte. Era como si, de pronto, se hubieran esfumado todos.

Resultó que los limpiabotas, al igual que los vendedores de billetes de lotería, voceadores de periódicos, vendedores callejeros, músicos mariachis y muchos otros trabajadores independientes, habían sido reclutados por el PRI para llenar los actos de cierre de campaña de Zedillo. Además del dinero para propaganda, el partido gobernante había utilizado sus tradicionales mecanismos de control político para llenar la céntrica Plaza de la Constitución con más de 100.000 personas para el cierre de campaña de Zedillo el 14 de agosto. Decenas de miles de vendedores callejeros habían sido coaccionados para asistir al acto, que fue televisado a todo el país.

No tenían más opción que ir. El PRI movilizaba a estos trabajadores a través de mecanismos autoritarios que eran en buena medida invisibles desde afuera, pero que habían sido desde hacía mucho tiempo un factor

---

6 El día de las elecciones, el PRI arrasó en San Miguel Xicó con 56% de los votos, seguido por el PRD con 23% y por el PAN con 13%.

clave para mantener el partido en el poder. Los limpiabotas y otros trabajadores independientes —incluidos gran número de taxistas y chóferes de autobús— constituían un gigantesco ejército cautivo del partido: como necesitaban permisos del gobierno para trabajar, dependían en buena medida de funcionarios del PRI que tenían a su cargo el otorgamiento de licencias laborales. Durante décadas, estos permisos se habían dado a cambio de trabajo político para el partido gobernante, y esta práctica no parecía haber variado mucho a pesar del nuevo discurso democratizador de Zedillo.

Me enteré de cómo hacía el partido para controlar a cientos de miles de trabajadores independientes unos días más tarde por Mendoza, el bolero de 56 años que llevaba cuarenta años trabajando en su esquina de la Zona Rosa. Como virtualmente todos los 6.000 limpiabotas en la Ciudad de México, Mendoza era miembro activo del PRI. Para poder trabajar de bolero, uno no podía simplemente comprar los utensilios y empezar a trabajar donde uno quisiera, me explicó. Se necesitaba un permiso, que sólo lo daba la Unión de Boleros afiliada al PRI. Cuando uno se hacía miembro de la Unión de Boleros, obtenía automáticamente una credencial del PRI y —dependiendo de cuanto pagaba de mordida a los funcionarios del sindicato— podía escoger la mejor de las esquinas disponibles. A partir de entonces, el partido te daba varias prestaciones sociales, incluidas atención medica subsidiada, un plan de pensiones, y dos uniformes azules al año con el emblema del PRI en el bolsillo del pecho. La única obligación para los miembros del sindicato era aparecer cada tanto en los mítines políticos del partido, sobre todo en tiempo de elecciones.

¿Qué pasaba si no ibas? Tenías que ir, replicó Mendoza. Si no te presentabas, el sindicato te suspendía por tres días, y no podías trabajar en tu esquina por ese tiempo. Como la mayoría de los boleros vivían al día —Mendoza era una excepción, porque se había sacado dos veces la lotería, y por lo tanto se sentía algo menos intimidado por la amenaza de perder tres días de trabajo—, era un lujo que pocos se podían permitir. ¿Y cómo sabía el sindicato quién asistía a los mítines, y quién no? Muy fácil: cada inspector del sindicato tenía asignado un espacio geográfico en la plaza donde se llevaba a cabo el acto, y verificaba los nombres de cada uno de los boleros presentes en sus lugares preestablecidos a medida que estos llegaban en los autobuses arrendados por el partido. Entonces, cada bolero recibía un boleto sellado, y con la fecha del acto. Al día siguiente, los inspectores sindicales visitaban a los boleros en sus respectivos puestos callejeros, y solicitaban ver los boletos. Si uno no lo tenía, era suspendido de inmediato. Esto es lo que había sucedido el día del acto de cierre de campaña de Zedillo: la mayoría de los boleros habían desaparecido de las calles para hacerse presentes en la plaza.

No pude menos que sacudir la cabeza un tanto escandalizado ante lo que estaba escuchando. En casi todos los países había acarreos electorales de algún tipo, pero no había visto un mecanismo de control político tan coercitivo como este en ninguna parte excepto en Cuba, le comenté. Pero Mendoza, que se preciaba de tener una mentalidad pragmática, no pareció compartir mi indignación. Mire, dijo, el PRI subsidiaba todo tipo de prestaciones sociales a los boleros. ¿Dónde más iban a encontrar un permiso de trabajo, atención médica subsidiada, uniformes y hasta entierro gratis por una cuota mensual del equivalente a menos de dos dólares?

"Ir a un acto de campaña de vez en cuando no es gran cosa, sobre todo si se considera el tipo de servicios que uno obtiene a cambio", me aseguró. "Aunque el candidato le importe a uno un pito, uno lo hace como parte del trabajo."

Deseoso de saber más sobre las tácticas de control político del PRI, fui a la Unión de Boleros. Era un edificio de tres pisos en un sector algo deteriorado de la parte antigua de la Ciudad de México, no lejos de la Plaza de la Constitución donde había tenido lugar el cierre de campaña de Zedillo. En el vestíbulo, había cuatro grandes capillas que contenían estatuas de la Virgen de Guadalupe, la santa protectora de los boleros. En las oficinas administrativas del primer piso, había una intensa actividad, con funcionarios yendo y viniendo con papeles en la mano, y un aire de emergencia permanente.

El presidente del sindicato era David Betancourt, un ex bolero de 52 años enfundado en una chaqueta de cuero negro, y que llevaba una cadena de oro y un prominente anillo del mismo metal. Su labor sindical lo había llevado a ser diputado suplente por el PRI durante un breve período diez años atrás, y desde entonces había sido nombrado secretario general de la Federación de Organizaciones de Trabajadores No-Asalariados del PRI. La federación, una de las docenas de coaliciones de grupos sindicales controladas por el partido gobernante, tenía como miembros a catorce sindicatos de trabajadores independientes. Además de los boleros, incluía a los 3.000 miembros de la Unión Mexicana de Mariachis, a los 800 miembros de la Unión de Lavadores y Cuidadores de Vehículos en la Vía Pública y a los 1.500 miembros de la Unión Mexicana de Fotógrafos y Camarógrafos de Vídeo y Ceremonias Eclesiásticas, Sociales y Oficiales (cuyas iniciales, para quienes podían pronunciarlas, eran UMFCVCESO, y que no había que confundir con la Unión de Fotógrafos de Cinco Minutos, Instantáneas y Similares, o UFCMIS, de 600 miembros, que tenía sus propios estatutos y un comité ejecutivo aparte).

Betancourt pasó a mostrarme el edificio. Con gran orgullo, me llevó al salón de clase en que 120 boleros recibían educación primaria gracias a becas del partido gobernante. De allí fuimos a otra sala donde había una pequeña clínica para los socios, y a una sala de música donde la banda militar del sindicato —de 25 tambores y 25 trompetas— ensayaba para sus actuaciones en los actos del PRI. Terminamos la gira en la cafetería del último piso del edificio, que había sido donada por el presidente Salinas después de una visita oficial al sindicato. Sentados allí en una mesa, Betancourt pasó revista a las prestaciones sociales que su sindicato ofrecía a los boleros, una larga lista de beneficios que comenzaban en la cuna y terminaban con un entierro gratis a cargo de una empresa funeraria que llevaba el curioso nombre de "La Solución Final".

Hacia el final de la entrevista, le pregunté a quemarropa: ¿era cierto que el sindicato pasaba lista de cuáles de sus miembros asistían a los actos de campaña de Zedillo? ¿Y que había castigos para quienes no acudían a los mismos?

"Sí", respondió Betancourt, con toda naturalidad, y aparentemente sin mucha preocupación por las críticas que se podía hacer a este tipo de prácticas. "En los actos, llamamos a los boleros por su nombre y les damos un pequeño boleto. Tenemos unos cien inspectores que después visitan a los miembros del sindicato en sus respectivas esquinas, y piden los boletos. Si los miembros no los muestran, se les castiga con una suspensión de tres días."

Esto no tenía nada de malo, dijo Betancourt. Al contrario, estaba en conformidad con los estatutos del sindicato, de la misma manera en que otras cláusulas del reglamento demandaban la lealtad de los boleros a las organizaciones laborales del PRI. Betancourt pidió a una empleada, que resultó ser su esposa, un ejemplar de los estatutos del sindicato. El capítulo 1, artículo 7 de los estatutos de la Unión de Boleros estipulaba que el grupo se incorporaba como "organización filial" de la Federación de Organizaciones Populares del PRI. Los artículos siguientes exigían que los miembros siguieran las pautas de la Federación del partido, y les advertían que perderían sus derechos sindicales "por aliarse a organizaciones de contraria ideología o difamar a las Centrales a que estamos adheridos".

Los batallones de boleros, voceadores de periódicos y mariachis de Betancourt constituían sólo la retaguardia del ejército cautivo de trabajadores sindicalizados del partido gobernante. En las últimas semanas antes del cierre de la campaña de Zedillo, el PRI había movilizado a los cinco millones de miembros de la Confederación de Trabajadores Mexicanos, así como a docenas de organizaciones profesionales y campesinas del partido. No había prácticamente ninguna profesión, oficio u ocupación para la que el partido no hubiera creado o adoptado un sindicato, y a la que el PRI no pidiera una cuota de trabajo político en época de elecciones. Así como los boleros, había miles de abogados, médicos, economistas, veterinarios y trabajadores bancarios que se habían afiliado a sindicatos dirigidos por el PRI para obtener una amplia gama de permisos laborales de sus dirigentes sindicales. Ahora, cuando se acercaba el día de la elección, había llegado el momento en que el PRI les pedía su ayuda a cambio de los favores prestados.

No era de extrañar que la Plaza de la Constitución estuviera repleta para el acto de cierre de la campaña de Zedillo. Cada sector de la plaza había sido asignado previamente a una federación laboral, y cada una de estas se había comprometido a llevar a un determinado número de personas, y a acarrearlos en autobuses hasta el lugar. Para algunos observadores internacionales, el mitin del cierre de la campaña de Zedillo era una prueba contundente de que el partido gobernante aún gozaba de un amplio apoyo popular. Para los que sabían algo más, era una prueba de que el partido no había abandonado sus tradicionales métodos coercitivos y que estos todavía funcionaban.

Como si todas estas ventajas no alcanzaran, el PRI obtuvo una valiosa ayuda del propio Cárdenas: sus enardecidos discursos hacia el final de la campaña le vinieron como anillo al dedo al partido gobernante. En una serie de errores que resultaban difíciles de creer, el candidato de la izquierda hizo una peregrinación a la Selva Lacandona para reunirse con el subcomandante Marcos poco antes de las elecciones, y comenzó a referirse al conflicto de Chiapas en cada uno de sus discursos, haciendo que muchos lo identificaran —tal como lo deseaba el gobierno— como un paladín de la violencia.

Cuando escuché el discurso de cierre de campaña de Cárdenas en la plaza del Zócalo, apenas pude dar crédito a mis oídos: ante las cámaras de televisión y decenas de miles de simpatizantes, a Cárdenas no se le ocurrió mejor idea que empezar a hablar del conflicto zapatista y lanzarse ferozmente contra el gobierno por no haber llegado a un acuerdo con los guerrilleros. Era la única ocasión que tenía Cárdenas de llegar a un enorme público por televisión con un discurso en vivo y su mejor oportunidad de tratar de ganarse a los votantes indecisos. Pero la echó a perder. En el momento mismo en que empezó a hablar de Chiapas, la multitud en la plaza —o por lo menos los grupos que estaban en las primeras filas, cuyas voces se oían más nítidamente por la televisión nacional—, empezó a corear, "¡Marcos!", "¡Marcos!", "¡Marcos!" Cárdenas no sólo había permitido que el líder rebelde enmascarado le robara el show en su propio mitin, sino que había alarmado a millones de telespectadores mexicanos que temían la violencia.

Mi vecina en el departamento que rentaba por entonces en la colonia

Del Valle de la capital mexicana, un señora en sus cincuenta, era una de ellos. Cuando me la encontré más tarde aquella mañana en el elevador y le pregunté qué le había parecido el discurso de Cárdenas, sacudió la cabeza con aire de preocupación. Como millones de mexicanos más preocupados por su situación económica personal que por una rebelión indígena en un lejano estado fronterizo, estaba asustada por lo que había visto en televisión. "Ese señor nos llevará a la guerra civil", repetía una y otra vez. "Si gana, se arma el *gran desmadre*."

Una de las personas que se ponía más feliz cada vez que Cárdenas se refería a Chiapas en sus discursos era Jorge Matte Langlois, el encuestador de origen chileno que realizaba los sondeos de opinión pública confidenciales para la campaña de Zedillo. Un hombre robusto, de baja estatura, y que evitaba la atención pública —muchos de los columnistas políticos mejor informados ni siquiera sabían de su existencia—, Matte era mejor conocido en el mundo corporativo. Su empresa, Estudios Psico Industriales, trabajaba principalmente para corporaciones mexicanas y multinacionales, pero también había realizado periódicamente sondeos de opinión pública de carácter secreto para el gobierno.

El talento especial de Matte consistía en ser un hombre multidisciplinario: un psicólogo educado en la Sorbona que también se había graduado en sociología y teología, y que en su tiempo libre era un dedicado jugador de polo, era visto por sus clientes como un hombre con una visión más completa que la de otros encuestadores que sólo trabajaban con cifras. Los sondeos de Matte para la campaña de Zedillo —que incluyeron 25.000 entrevistas personales y 400 grupos de consulta— se contaban entre los más completos jamás realizados en México. Era el tipo de trabajo gigantesco e invisible que sólo el partido del gobierno se podía permitir.

Los estudios de opinión confidenciales de Matte —que el encuestador me mostró después de las elecciones, tras obtener una autorización directa del despacho del presidente— mostraban un México muy diferente del país al que Cárdenas se estaba dirigiendo. Las encuestas de Matte —que más tarde supe coincidían con los propios sondeos internos del PRD, que Cárdenas se había negado a tomar seriamente— mostraban que a la mayoría de los mexicanos les importaba poco la política, recibían casi toda su información de las cadenas de televisión progubernamentales, y eran más conservadores de lo que comúnmente se creía. México no estaba de ánimo para un levantamiento social, ni mucho menos.

En agudo contraste con lo que sugerían las imágenes de multitudes de jóvenes con carteles del Che Guevara y Marcos en los mítines de Cárdenas que acaparaban la atención de la prensa nacional y extranjera, las encuestas de Matte mostraban que temas políticos como democracia y elecciones limpias figuraban muy abajo entre las preocupaciones de los mexicanos. Lo que más le importaba a la gente en ese momento era el empleo, mejor educación, mayor protección contra la delincuencia, y hasta los embotellamientos de tráfico. Una de las encuestas más amplias de Matte realizada entre 26 y el 29 de julio de 1994 —en la cúspide de la campaña presidencial, cuando el tema de la democracia estaba en el centro de la discusión política— era particularmente significativa. Cuando se les preguntaba "¿Cuál cree usted que son los problemas más importantes a los que se enfrenta el país en este momento?", los mexicanos ponían la falta de democracia al final de la lista. Sus respuestas, medidas en número total de menciones, eran las siguientes:

1)	Desempleo	21.8%
2)	Problemas económicos	17.7%
3)	Problemas sociales	9.9%
4)	Pobreza	8.2%
5)	Corrupción	7.6%
6)	Falta de seguridad	4.3%
7)	Delincuencia	4.0%
8)	Sueldos bajos	3.8%
9)	Democracia / respeto al voto	3.4%
10)	Desorden en el gobierno	2.0%

Cuando Matte planteaba lo mismo de otro modo, preguntando a los mexicanos cuáles eran los problemas más importantes que enfrentaban personalmente, el conflicto de Chiapas ni siquiera figuraba entre las primeras diez respuestas. De hecho, la rebelión zapatista figuraba por debajo de los embotellamientos de tráfico. Los problemas más apremiantes para los mexicanos eran:

1)	No alcanza el dinero	30.6%
2)	No sé	22.5%
3)	Desempleo	15.5%
4)	Falta de seguridad	4.8%
5)	Sueldos bajos	4.6%
6)	Desintegración familiar	3.4%
7)	Malos servicios públicos	2.2%
8)	Contaminación	1.8%
9)	Delincuencia	1.7%
10)	Tráfico	0.4%

Cuando se les preguntaba qué problemas deberían convertirse en la máxima prioridad para el próximo presidente, los temas en los que había insistido Cárdenas en su discurso de cierre de campaña figuraban en 19 y 20 lugar. Los mexicanos respondieron que querían que su próximo presidente se centrara en las siguientes tareas:

1)	Crear nuevos empleos	52%
2)	Mejorar los salarios	23%
3)	Mejorar los niveles de educación	22%
4)	Combatir el crimen	17%
5)	Combatir la corrupción	16%
6)	Centrarse en problemas sociales	13%
7)	Combatir la pobreza	12%
8)	Estabilidad económica	12%
9)	Mejorar los servicios públicos	9%
10)	Desarrollar el campo	9%
11)	Atender a gente marginada	9%
12)	Reducir la inflación	6%
13)	Unir a los mexicanos	6%
14)	Cumplir las promesas del gobierno	6%
15)	Estabilizar el país	6%
16)	Ser justo	5%
17)	Mejorar la administración del gobierno	4%
18)	Atender a los jóvenes	4%
19)	Mejorar las condiciones de vivienda	4%
20)	Mejorar la atención a la salud	3%
21)	Controlar la contaminación	3%
22)	Ayudar a la industria	3%
23)	Resolver el conflicto de Chiapas	3%
24)	Democracia	2%

Analizando estas encuestas preelectorales mientras almorzábamos, Matte me dijo con una sonrisa cordial que tanto Cárdenas como nosotros, los corresponsales extranjeros, no habíamos entendido lo que estaba pasando en México. "Si te fijas en la cobertura electoral de los periódicos y las cadenas de televisión, encontrarás que a quien más citan es a políticos, intelectuales y periodistas de izquierda, como si Cárdenas fuera el candidato opositor con más posibilidades de llegar a la presidencia", dijo. Algunos de los principales periódicos de los Estados Unidos habían publicado artículos de primera plana señalando que Cárdenas tenía una buena posibilidad de convertirse en el próximo presidente de México. Comentando sobre nuestra labor de corresponsales extranjeros, Matte continuó diciendo que estábamos escribiendo nuestros despachos bajo la influencia de las imágenes de las manifestaciones a favor de Cardenas en la Ciudad de México, olvidándonos o ignorando el hecho de que representaban apenas una pequeña fracción de la opinión pública del país.

¿Entonces, cómo se explicaba el apoyo a las causas de izquierda?, le pregunté. ¿Quiénes eran los decenas de miles de simpatizantes de izquierda que llenaban la plaza del Zócalo cada vez que Cárdenas celebraba un mitin? ¿Y los miles de devotos lectores del diario *La Jornada* que uno veían todos los días en los autobuses o por las calles de la Ciudad de México?

"Es un sector minúsculo de la población cuyo epicentro casi se puede localizar geográficamente en el sur de la Ciudad de México, más precisamente en el barrio de Coyoacán", respondió Matte. "Es un sector políticamente muy activo y que hace mucho ruido, pero cuyo impacto real en la opinión pública es pequeño."

Lo que era aún más interesante de las encuestas confidenciales de Matte era que, cuando se desglosaban las respuestas por grupos de edad, resultaba que los mexicanos jóvenes estaban menos interesados que sus padres en temas como la democracia: sólo 2.8% de la juventud había citado el tema. Los estudiantes universitarios en jeans y con carteles del subcomandante Marcos que llenaban los actos de Cárdenas no planteaban una grave amenaza electoral a Zedillo.

Otros sondeos realizados para corporaciones norteamericanas y mexicanas en aquel momento coincidían con las conclusiones de Matte. El Yankelovich Monitor, en una encuesta nacional de 548 páginas realizada por la empresa de opinión Yankelovich México, había llegado a la conclusión de que la mayoría de los jóvenes mexicanos era gente sumamente materialista, cuyo principal interés era el nivel económico y la gratificación personal. Eran los mexicanos de más edad —sobre todo los que habían ido a la escuela en los años sesenta— quienes eran más idealistas y estaban más interesados por los temas sociales.

Los mexicanos a los que se podía definir como materialistas eran en su mayoría gente joven, y representaban el 28% de la población mexicana, decía el estudio. "Creen que el dinero es importante y lo desean en grandes cantidades. No creen que la sociedad le dé demasiado énfasis al dinero. También creen que el dinero es la unica medida del exito."

En comparación, describía al grupo de mexicanos de más edad, con un promedio de 40 años y que representaba el 14% de la población, como idealista. Este grupo creía que la sociedad le daba demasiada importancia al dinero y tenía en común "un alto sentido de patriotismo y apoyo a todo lo que es mexicano".

¿Qué era lo que más leían los mexicanos jóvenes", preguntaba la encuesta. La respuesta era: *Selecciones* del *Reader's Digest*. ¿De dónde recibían la mayoría de las noticias? Del noticiero 24 Horas de Televisa, el peor enemigo de Cárdenas. Es más, la mayoría consideraba que el noticiero de Televisa era bastante confiable. A juzgar por las encuestas, Cárdenas estaba totalmente desfasado de la realidad de México: ni siquiera los mexicanos jóvenes, alguna vez el sector más rebelde de la población, estaban por un cambio radical.

Intrigado por estas encuestas, decidí visitar la Universidad Nacional Autónoma de México (UNAM), la gigantesca universidad estatal que durante décadas había producido generaciones de intelectuales de izquierda y funcionarios oficiales ultranacionalistas. Era de lejos la universidad más grande de México, y en algunos aspectos seguía siendo la más influyente.

La UNAM había inaugurado un campus moderno a finales de los cincuenta en los alrededores de El Pedregal, al sur de la Ciudad de México. En las décadas siguientes, la ciudad universitaria se había convertido en un centro importante del pensamiento de izquierda latinoamericano. Sus edificios estaban decorados con enormes murales que representaban el pasado azteca de México, héroes revolucionarios como Zapata, la revolución socialista soviética de 1917 y las masas proletarias del mundo. El auditorio de la Facultad de Economía llevaba el nombre de Ho Chi Minh. Incluso en los noventa, las carteleras de actividades en la entrada de las diversas escuelas de la UNAM reflejaban sus inclinaciones políticas: estaban cubiertas de anuncios de comités de solidaridad con la Cuba de Castro, pedidos de recaudacion de fondos en apoyo a los rebeldes zapatistas en Chiapas, y avisos de protestas semanales en contra de intervenciones reales e imaginarias de los Estados Unidos en todo el mundo. La UNAM había sido durante mucho tiempo un territorio de la izquierda, el lugar en que Cárdenas reunía a las multitudes más entusiastas, y que había producido, entre sus más recientes celebridades, al subcomandante Marcos.

Una vez en el campus, me dirigí a la Escuela de Economía. Había leído que la mayor parte de sus profesores venían de la izquierda dura, y muchos aún se describían como marxistas, explicando el derrumbe del comunismo mundial como un fracaso en la implementación del "socialismo real" en la ex Unión Soviética. Hasta principios de los noventa, el grueso de los cursos de la escuela eran de orientación marxista, y *Das Kapital* de Karl Marx era aún el texto principal a lo largo del programa.

Pero lo primero que vi al entrar en el vestíbulo de la Escuela de Economía esa tarde no tenia mucho que ver con el historial marxista de esa casa de estudios. Frente a la puerta de entrada, colgando desde un balcón del segundo piso, se veía un enorme cartelón con la leyenda en inglés: "Opening new frontiers". Se trataba de un anuncio de un nuevo curso de inglés. La escuela, me enteré poco después, estaba alentando a los alumnos a que siguieran el curso.

Juan Pablo Arroyo, el decano de la Escuela de Economía, se rió cuando le mencioné el letrero en inglés que había visto en la entrada. Soplaban nuevos vientos de pragmatismo en la escuela, admitió, encogiéndose de hombros. Un hombre de 46 años que lucía una barba cuidada y era una de las pocas personas en la escuela que llevaba corbata, Arroyo había sido actor y testigo de las muchas fases por las que había pasado esa casa de estudios. Ex miembro del Partido Comunista, se había graduado en la escuela, y había dictado cursos de economía marxista en ella durante varios años.

Hasta 1993, me explicó, un total de 22 de los 53 cursos de la Escuela de Economía impartían teoría marxista. Los cursos llevaban nombres como "Lucha de clases y teoría marxista del Estado" y "El Estado en la transición del capitalismo al comunismo". Pero ese año, la escuela había tenido que cambiar sus programas para detener el éxodo masivo de sus alumnos: la matrícula había descendido de 6.000 estudiantes a mediados de los sesenta a 2.300 a principios de los noventa.

"Estábamos frente a una tremenda crisis", dijo Arroyo, señalando que habían proliferado nuevas escuelas de economía en todo el país, con enorme éxito. "En un momento dado, descubrimos que más del 80% de nuestros nuevos matriculados eran alumnos que habían sido rechazados de las escuelas de derecho, medicina o contabilidad por no mantener los requisitos académicos. Muy pocos estudiantes escogían voluntariamente nuestra escuela: la educación que ofrecíamos tenía poca utilidad en el mercado de trabajo."

En una revisión gradual del programa académico que terminó en 1995, Arroyo despidió a muchos de los 735 profesores de la escuela (con la caída de la matrícula, se había llegado a una proporción de un profesor para cada tres alumnos), redujo el número de cursos de teoría marxista a un 10% del total, e introdujo nuevos cursos que enseñaban los principios básicos de la economía de libre mercado. De acuerdo con el nuevo programa académico, durante sus dos últimos años los estudiantes podían escoger una de cinco especialidades: cuatro trataban de temas de negocios y comercio internacional en la era de la libre competencia, y la última —Historia del desarrollo económico— estudiaba principalmente teoría marxista. Más del 85% de los estudiantes habían escogido los cuatro primeros temas para especializarse, dijo Arroyo. La tendencia general de la escuela seguía siendo de izquierda, pero —más de media década después del derrumbe del bloque soviético— la UNAM estaba empezando a reconocer que el estatismo ya no era la teoría dominante en el mundo, por lo menos no en su versión marxista.

"No nos hemos convertido en una escuela de libre mercado, sino en una escuela plural", dijo Arroyo. "Hoy los jóvenes son más pragmáticos, más maduros... Buscan una educación que pueda ayudarles a triunfar en el mundo actual."

Lo que estaba sucediendo en la escuela de economía de la UNAM era un síntoma tardío de lo que había estado ocurriendo desde hacía casi dos décadas en otras universidades mexicanas. En los últimos años se había producido un éxodo masivo a las universidades privadas, sobre todo de parte de estudiantes de clase media que no veían ningún futuro en el mercado laboral como expertos en dialéctica socialista graduados de la UNAM. A pesar de sus cuotas de matrícula a menudo prohibitivas, el ingreso a las universidades privadas había crecido un 190% en la década de los ochenta, mientras que el número de admisiones de UNAM sólo había subido tan solo un 17%. Cuando uno sacaba el tema de la UNAM ante gente de familias acomodadas, rara vez faltaba alguien que mencionara los avisos de trabajo en los periódicos solicitando economistas con la siguiente salvedad: "Graduados de la UNAM, favor abstenerse." Los anuncios —reales o inventados— reflejaban la imagen muy difundida en el sector privado de que la universidad estatal no producía más que ideólogos de café— y para colmo pasados de moda.[7]

En agudo contraste con las generaciones anteriores a los años sesenta, el máximo símbolo de estatus en círculos académicos en los noventa había pasado a ser obtener un posgrado de alguna universidad norteamericana. El número de estudiantes graduados mexicanos en universidades es-

---

7 Tanto en las universidades estatales como en las privadas, también había una clara tendencia a las carreras empresariales. La matrícula en las escuelas de contabilidad creció de 5.375 estudiantes en 1980 a 25.378 en 1993, y la de las escuelas de administración de empresas ascendió de 4.406 estudiantes en 1980 a 8.846, según los Anuarios Estadísticos de ANUIES, la Asociación Nacional de Universidades e Institutos de Educación Superior. En comparación, las escuelas de filosofía sólo crecieron de 454 estudiantes en 1980 a 602 en 1993.

tadounidenses se había remontado de unos pocos centenares en los años setenta a más de 6.000 a principios de los noventa, según cifras de los Estados Unidos. Los doctorados en Estados Unidos se habían convertido prácticamente en un requisito de admisión para los jóvenes tecnócratas que a fines de los años ochenta habían empezado a cubrir los puestos del gabinete. Desde hacía varios años, cada vez más estudiantes universitarios mexicanos le habían huido a la retórica pseudonacionalista del gobierno y una parte de la izquierda mexicana.

Algo que pocos sabían entonces era que Cárdenas tenía su propio asesor secreto chileno —aunque, a diferencia de Zedillo, el candidato del PRD no le hacía ningún caso. Los encuestadores y asesores de imagen chilenos eran consultores políticos sumamente requeridos en toda América Latina, sobre todo entre los partidos de centro-izquierda: habían vencido enormes obstáculos para ganar el plebiscito de 1988 en contra del dictador derechista Augusto Pinochet, y conocían mejor que nadie todas las artimañas electorales de los gobiernos autoritarios para mantenerse en el poder. Después de años de exilio en México y Europa, la mayoría de ellos se habían vuelto a Chile, y trabajaban para el nuevo gobierno democrático, o bien como exitosos publicistas o ejecutivos de mercadotecnia en el sector privado.

Un conocido encuestador chileno, Juan Forch, de unos 50 años, había llegado a México el 16 de abril de 1993, más de un año antes de las elecciones mexicanas, para darle una mano a Cárdenas. Había sido invitado por el portavoz de Cárdenas, Adolfo Aguilar Zinser, un militante político que había estudiado en Estados Unidos y que estaba muy impresionado por lo que había visto como observador internacional en el plebiscito chileno. Para Aguilar Zinser, había muchas similitudes entre las elecciones chilenas de 1988 y las mexicanas de 1994: en ambos casos, los partidos de oposición enfrentaban una inmensa maquinaria propagandística gubernamental destinada a convencer a los votantes de que si se permitía que ganara la izquierda, el país se sumiría en el caos y la violencia. En Chile, la oposición había logrado ganar la votación gracias a una estrategia publicitaria que consistía en desasociarse de las imágenes de violencia y persecución política que había caracterizado su pasado reciente, y realizando una campaña jovial con spots televisivos que irradiaban optimismo. Aguilar Zinser esperaba que las recomendaciones de Forch ayudaran a Cárdenas a ganar con una estrategia de contrapropaganda parecida.

Pero para consternación de Aguilar Zinser, Cárdenas no creía en los sondeos de opinión pública. Pensaba que en un país autoritario como México, la gente nunca iba a decir la verdad a un encuestador. Tampoco tenía en gran estima a los asesores políticos norteamericanos o chilenos. "Veía a los procesos electorales [de Estados Unidos] como un espectáculo circense, y a la mayoria de los candidatos en campaña como dóciles marionetas de la mercadotecnia y los medios de comunicación", recordó Aguilar Zinser después de las elecciones. "Para él, [el diario de izquierda] *La Jornada* era la biblia, el termómetro y el espejo de su campaña."

En la mente del candidato, él había ganado las elecciones fraudulentas de 1988 apegándose a sus principios. A fin de cuentas, era el hijo del presidente más popular de la historia reciente de México, el héroe que había nacionalizado la industria petrolera y había dado tierra y dignidad a los campesinos mexicanos. El candidato del PRD creía que sólo el fraude electoral —esta vez más dificultado por un mayor escrutinio internacional— podía impedir que ganara. Y sus asesores de línea dura le recordaban constantemente que el entusiasta apoyo que estaba recibiendo de estudiantes de izquierda y activistas sindicales era sólo un indicio de la avalancha de votos que iba a recibir de la población en general.

Después de una breve gira por México para estudiar el ámbito electoral del país, Forch presentó a Cárdenas sus conclusiones. Cárdenas no podía esperar ser visto como un candidato presidencial responsable y a la vez comportarse como un revolucionario en constante confrontación con el Estado, dijo el chileno. Si Cárdenas quería ganar las elecciones, tenía que ampliar su base electoral, y llegar a la franja de público más extensa posible. Al principio, Cárdenas pareció aceptar el análisis de Forch, y accedió a encargar un sondeo de opinión pública independiente.

Pero cuando llegaron los resultados de la encuesta y mostraron al candidato del PRD muy atrás —preguntados si estarían mejor o peor si Cárdenas ganara, el 27% de los mexicanos habían respondido "peor" y solo el 18% había dicho "mejor"—, Cárdenas rápidamente retrocedió a su escepticismo original sobre los asesores políticos. Rodeado de un pequeño grupo de asesores de línea dura que reforzaban su convicción de que las encuestas no eran confiables, Cárdenas intensificó su campaña de agitación y movilización. Su desconfianza en las candidaturas moldeadas por asesores de imagen era tal que se había negado a cambiarse de traje y a llevar con él a un maquillador profesional para el debate presidencial televisado a todo el país, según se lamentaría su portavoz oficial después de las elecciones. Forch fue enviado de regreso a casa, y sus recomendaciones pronto fueron olvidadas.

"En lugar de convertir todos nuestros recursos y las inagotables energías de Cuauhtémoc Cárdenas para captar los votos de los indecisos e incluso tratar de ganar algo de terreno entre los que lo rechazaban, nuestra campaña intensificó la movilización de los que ya estaban de nuestro lado", concluyó Aguilar Zinser después de las elecciones. "La empresa nos nubló la vista."

Dos días antes de las elecciones, el viernes 19 de agosto, un sonriente embajador de los Estados Unidos, James Jones, dio a la campaña de Zedillo un nuevo motivo de alivio. En lo que equivalía a una bendición estadounidense del proceso electoral, el embajador señaló a corresponsales norteamericanos de que la administración Clinton estaba complacida con los preparativos para las elecciones. Ni las tretas del PRI para evadir los límites de los gastos de campaña, ni la cobertura desigual de la televisión, ni las tácticas intimidatorias del PRI para coaccionar a los trabajadores a que asistieran a los mítines del partido parecían impedir que los funcionarios norteamericanos aplaudieran el proceso electoral mexicano.

"Somos optimistas", dijo Jones a unos cuantos corresponsales extranjeros después de un informe de prensa en el auditorio de la embajada de los Estados Unidos. "No vemos ninguna evidencia de un modelo de irregularidades sistemáticas, ni de abuso del sistema. Tal vez haya fallas operacionales, pero no hay un modelo sistemático de irregularidades." Jones, un hombre nacido en Oklahoma que se había desempeñado como jefe de la Bolsa de Valores de Nueva York y luego como encargado por Clinton para vender el TLC a un escéptico congreso norteamericano, se centraba en los aspectos positivos: no cabía ninguna duda de que las elecciones de 1994 se perfilaban como mucho más limpias que las anteriores.

Nuevas normas electorales y la presencia de decenas de miles de observadores —mexicanos y extranjeros— harían mucho más difícil que el PRI se valiera de sus viejos trucos. Un nuevo registro electoral supervisado por empresas de auditoría independientes impediría que el partido gobernante lanzara a la calle miles de "ratones locos", como se llamaba en sorna a los electores que en elecciones previas corrían desesperadamente de un centro de votación a otro porque sus nombres habían desaparecido de los registros electorales. Según la antigua práctica, los funcionarios del PRI borraban de las listas los nombres de miles de personas que vivían en zonas dominadas por la oposición, cosa de reducir el número de probables votantes antigubernamentales.

La introducción de urnas transparentes y la presencia de observadores electorales impediría que los ingenieros electorales del PRI arreglaran las urnas. En elecciones previas, el partido gobernante había hecho amplio uso de lo que los mexicanos llamaban "urnas embarazadas", o cajas de votación de madera con un compartimento especial que se había llenado de antemano con boletas a favor del gobierno.

Animada por estos pasos hacia la limpieza electoral, la embajada de los Estados Unidos en México había enviado un cable confidencial al Departamento de Estado dos semanas antes de la votación, manifestando que el PRI enfrentaba una "elección muy competitiva" en seis de los diez estados mexicanos principales y que —aunque la embajada proyectaba que el partido gobernante ganaría con entre el 40 y 45% de los votos— "no nos sorprendería que el resultado de la elección fuera otro". El cable agregaba que si había una sorpresa, el ganador más probable sería el PAN.

Se habían hecho tantos progresos en las normas electorales que los funcionarios norteamericanos las aplaudían hasta en sus informes confidenciales. De manera que, días antes de la votación, las elecciones de 1994 ya habían ganado una amplia aceptación. Serían las elecciones más limpias de la historia de México, aunque fueran, con la excepción de Cuba, las resultantes del proceso electoral menos limpio del presente de América Latina.[8]

---

8 Luego de defender el proceso electoral durante dos años, el presidente Zedillo reconoció en 1996 que las elecciones habían sido legales, "pero tal vez haya algo de cierto en que no fueron equitativas". (*La Jornada*, 31 de enero, 1996.) Zedillo se acercó así a la definición de la elección de 1994 como la más limpia de México, pero resultante del proceso electoral menos limpio de America Latina, acuñada por el periodista español Joaquín Ibarz.

8

Una victoria agridulce

A las 6 de la tarde del domingo 21 de agosto de 1994, alrededor de una hora antes de que las urnas cerraran en todo el país, fui invitado por la oficina de Zedillo para participar de una "plática" del candidato con un pequeño grupo de corresponsales extranjeros. Para entonces, todos sabíamos que Zedillo había ganado: las cadenas de televisión norteamericanas acababan de hacer públicos en Washington y en Miami los primeros resultados, que mostraban al candidato del PRI muy a la cabeza. Dejé a un lado el artículo que me quedaba por despachar a mi periódico, y me presenté en la sede de campaña de Zedillo en cuestión de minutos.

Para mi sorpresa, Zedillo no parecía estar eufórico, ni agotado por la jornada electoral. Parecía impasible, casi como si acabara de finalizar cualquier otro día de oficina. Luciendo una camisa blanca almidonada con el cuello desabrochado, una chaqueta azul marino y pantalones grises, Zedillo tomó asiento en el extremo de una mesa de café y contestó serenamente nuestras preguntas durante cuarenta y cinco minutos. Cuando le pedimos detalles sobre qué haría en diversas áreas una vez que asumiera el poder, el candidato triunfante se fue por la tangente: las normas de etiqueta política no le permitían reconocer su victoria antes de que estuvieran cerradas las urnas en todo el país.

Pero su cautela dejaba traslucir algo más que un discurso medido para la ocasión. Zedillo parecía un hombre emocionalmente ajeno al momento histórico que estaba viviendo. Hablaba con sorprendente frialdad sobre la jornada electoral, como si fuera un profesor universitario bien documentado que analizaba con lujo de detalles los acontecimientos políticos en un país extranjero. En comparación, los dos ayudantes de Zedillo —su secretario privado, Liébano Sáenz, y su futuro secretario de Relaciones Exteriores, José Angel Gurría— estaban sentados al borde de sus asientos, apenas capaces de contener su alegría, como si sólo esperaran que nos fuéramos para empezar a dar brincos por la habitación.

Me quedé unos segundos con Zedillo después de terminada la reunión, y le comenté a manera personal mi asombro de no verlo más emocionado por su triunfo. Acababa de lograr lo impensable: escalar desde un origen humilde, sin contactos políticos, a la presidencia de México. ¡Y tenía sólo 42 años! ¿No estaba conmovido?

"Lo que pasa es que tengo piel de elefante", me dijo Zedillo, frotándose el antebrazo con el dedo índice y sonriendo por primera vez. "He aprendido a no permitir que ni las buenas ni las malas noticias se me suban a la cabeza. La estrategia me ha rendido buenos resultados hasta ahora...."

Cuando abandoné la habitación, no pude dejar de preguntarme si Zedillo era un tecnócrata tan frío que ni siquiera se permitía celebrar lo que cualquier otro político hubiera considerado el día más feliz de su vida. O, tal vez, si no había otra explicación más preocupante detrás de su rostro impasible: que a pesar de cuatro meses de intensa campaña electoral que habían representado para él un curso acelerado de aprendizaje político, estaba tan nervioso ante la magnitud de la tarea que lo esperaba como aquel día en que había sido escogido como candidato substituto del partido oficial.

En realidad, el presidente electo tenía razones para no estar radiante de alegría. Las reservas externas habían descendido peligrosamente desde el asesinato de Colosio. La caída estaba motivada por la crisis política y el alza de las tasas de interés norteamericanas, que estaba llevando a muchos inversionistas a transferir sus depósitos a Estados Unidos, y no había mucha esperanza de que la victoria de Zedillo estimulara un regreso de capitales a México. La política económica del país había sido descuidada durante la última etapa del gobierno de Salinas, que se había dedicado de lleno a tratar de resolver la crisis política: el número de reuniones del gabinete económico de Salinas había caído de un promedio de 56 sesiones anuales en los cinco años anteriores a sólo siete reuniones en 1994, y ninguna en los tres meses anteriores a las elecciones. Peor aún, después de cada crisis política, el gobierno de Salinas había emitido grandes cantidades de bonos a corto plazo y alto interés indexados en dólares —conocidos como Tesobonos— en un esfuerzo por atraer o evitar la fuga de inversiones extranjeras. Después del levantamiento de Chiapas, y de nuevo después del asesinato de Colosio, cuando muchos inversionistas inquietos habían empezado a sacar sus depósitos de México, Salinas había emitido nuevos Tesobonos para evitar una mayor caída de las reservas externas. El problema era que México iba a tener que pagar esos bonos a corto plazo. Y la deuda acomulada a corto plazo se estaba acercando peligrosamente al total de las reservas externas.

"El gobierno reaccionó ante cada evento político como si fuera el último, pero ninguno terminó siendo el último", me comentaba meses después el secretario de Comercio de Salinas y futuro secretario de Hacienda de Zedillo, Jaime Serra Puche, refiriéndose a la venta progresiva de Tesobonos. "Ningun país hace sus planes sobre un escenario de catástrofe."

El único sector de la economía que estaba en auge hacia el fin del gobierno de Salinas era uno al que el presidente electo hubiera preferido ver en crisis: el narcotráfico. Informes de inteligencia de los Estados Unidos que habían llegado al escritorio de Zedillo mostraban que la porosa frontera de más de 3.000 kilómetros de México con los Estados Unidos se estaba convirtiendo rápidamente en la ruta de contrabando de drogas más grande del mundo. Funcionarios norteamericanos calculaban que un 75% de todos los cargamentos de cocaína que entraban en los Estados Unidos provenían de México, y que los cárteles de la droga mexicanos estaban embolsando entre 10 y 30 mil millones de dólares anuales. Era un botín fenomenal que estaba contaminando el sistema político mexicano —en buena medida como había sucedido antes en Colombia— mediante una poderosa combinación de plata y plomo.

¿Qué había pasado? En los años ochenta, la mayor parte de la cocaína colombiana había sido llevada a México en pequeños aviones Cessna. Ahora, los barones de la cocaína colombianos estaban utilizando antiguos jets de pasajeros —Boeing 727 y DC-7— para transportar cargamentos de hasta diez toneladas a México. Como estos aviones eran más grandes y más rápidos que las pequeñas aeronaves que disponía México para interceptar drogas, en su mayoría Cessnas, no podían ser detenidos. Además, durante el último año, la atención de las fuerzas armadas mexicanas se había centrado en Chiapas, dejando a los narcotraficantes más campo de acción para realizar sus operaciones en el norte del país.

Había, además, otro hecho sobre el narcotráfico en México que estaba llamando la atención de los norteamericanos, y que era potencialmente más amenazante: en el pasado, las mafias de la droga mexicanas había trabajado como subcontratistas de los cárteles de Colombia, ganando comisiones por transportar drogas a través de la frontera. Pero desde finales de los años ochenta, cuando la frontera México-Estados Unidos sustituyó a Florida como la principal ruta de acceso de drogas al mercado norteamericano, los narcos mexicanos habían comenzado a independizarse. Compraban cargamentos de cocaína en Colombia pagando en efectivo, enviaban sus cargamentos a los Estados Unidos y hasta tenían sus propias redes de distribución del otro lado de la frontera, ganando cientos de millones más en el proceso.

Incluso antes de su transformación en versiones junior de los barones de la droga colombianos, los narcos mexicanos habían corrompido a buena parte del aparato de justicia de su país. Un ejemplo elocuente de la creciente penetración de las mafias de la droga en los cuerpos de seguridad mexicanos había tenido lugar el 4 de agosto, sólo unas semanas antes de la elección de Zedillo, cuando un jet Aeroespatiale Caravelle de fabricación francesa transportando ocho toneladas y media de cocaína había hecho un aterrizaje forzoso en una pista cerca de Sombrerete, en un área desolada del estado de Zacatecas.

Oficiales de la policía federal de caminos habían incautado el avión, y reportado que el cargamento había sido confiscado poco antes por agentes de la policía federal y local, y que sólo habían encontrado dos toneladas y media de la droga. Días después, paquetes de cocaína con las mismas características de los que se habían encontrado en el Caravelle comenzaron a aparecer en la frontera de los Estados Unidos, donde fueron decomisados. No quedaban dudas de que las autoridades policiales mexicanas locales o federales se habían quedado con el grueso del cargamento, y lo estaban vendiendo.

Zedillo había recibido estos y otros informes de inteligencia sobre las fortunas fabulosas que estaban amasando los nuevos señores mexicanos de la droga, y de cómo estaban lavando miles de millones de dólares —a menudo en asociación con políticos priístas— a través de bancos, inversiones en centros turísticos, conjuntos habitacionales y centros comerciales. La gran pregunta era si las nuevas mafias de la droga ya habían convertido a México en una narco-democracia, un país en el que los narcotraficantes ya se habían vuelto intocables. ¿Habían estado detrás del asesinato del cardenal de Guadalajara, Posadas Ocampo, cuya ciudad era señalada por algunos investigadores como el Wall Street del negocio del lavado de dinero en México? ¿Habían sido ellos los que habían matado a Colosio?

Zedillo no tenía las respuestas en aquel momento, pero le quedaba claro que los cárteles mexicanos de la droga podían convertirse fácilmente —si es que no se habían convertido ya— en un peligroso factor de desestabilización.

A pesar de lo que a simple vista parecía un triunfo rotundo para él y el partido gobernante, Zedillo sabía también que no asumiría la presidencia con un sólido mandato del electorado. En la superficie, los resultados de las elecciones parecían sumamente favorables. Una cifra récord del 78% de los mexicanos registrados para votar había concurrido a las urnas, mucho más de lo que se esperaba. Los resultados oficiales habían dado a Zedillo el 48.8% de los votos, mientras que Fernández de Cevallos había obtenido el 25.9%, y Cárdenas el 16.6%. Lo que era más, los Estados Unidos y otros observadores internacionales parecían complacidos con lo que habían visto el día de las elecciones.

Una delegación conjunta de observadores del Instituto Nacional Democrático y el Instituto Internacional Republicano de Estados Unidos había concluido en su informe que aunque sus observadores habían detectado graves irregularidades, no habían encontrado "pruebas que indiquen que estas pudieran haber alterado el resultado de la elección presidencial". En forma parecida, Alianza Cívica, que había sido acusada previamente por funcionarios del gobierno de favorecer la candidatura de Cárdenas, llegó a la conclusión de que las irregularidades documentadas por sus observadores probablemente habían alterado los resultados de la elección para el Congreso y los gobiernos estatales, pero que "no fueron lo suficientemente masivas para afectar el resultado final de la elección presidencial". A diferencia de Salinas, Zedillo iba a tomar posesión del mando sin un pecado original: su elección había sido validada por gran parte de la comunidad internacional.

Hasta el mayor partido de oposición de México estaba aceptando su victoria, aunque a regañadientes. En su discurso de concesión ya tarde aquella noche, un aplastado Fernández de Cevallos denunció el uso que había hecho el PRI de autobuses del gobierno para acarrear a trabajadores a las urnas como si fueran ovejas, los diversos mecanismos de control político en las empresas estatales y el flagrante uso de los fondos de Solidaridad y Procampo con fines electorales. Además, denunció la labor de las cadenas de televisión progubernamentales que habían ayudado a "deformar la verdad". En vista de estas y otras irregularidades, Fernández de Cevallos dijo que "este proceso ha sido profundamente inequitativo", pero no llegó a impugnar la elección. El PAN, a diferencia de Cárdenas y los zapatistas, se había abstenido de denunciar las elecciones como una farsa. El gobierno, por lo tanto, podía afirmar ante el mundo que los dos partidos que representaban casi el 80% del electorado mexicano habían aceptado los resultados de la elección.

A Zedillo no le había sorprendido su victoria: la había dado por hecha hacía mucho tiempo. Al final de la votación, supo por los resultados de las encuestas de salida que las cosas no habían salido tan bien como algunos en el PRI habían vaticinado. Una mirada más detallada a los resultados revelaba que Zedillo había sido electo con el porcentaje más bajo jamás obtenido por un candidato del PRI, y que no había ganado el voto de los sectores sociales de mayor crecimiento e influencia política: los jóvenes, los graduados universitarios, y gran parte de la población urbana. Iba a heredar un castillo de naipes financiero y político, en una coyuntura en que el tejido social del país se estaba resquebrajando, y no sólo debido a la rebelión zapatista en Chiapas.

Los resultados de las urnas mostraban que la juventud mexicana —el sector de la población de mayor crecimiento— había votado en números significativos por el PAN, el partido conservador proempresarial que había sido fundado en 1939 por una combinación de seguidores desencantados de la Revolución Mexicana, anticomunistas y activistas católicos. Un sorprendente 45% de todos los votantes del PAN tenían menos de 29 años. En comparación, sólo el 38% de los votantes del PRI tenían menos de esa edad, y el 37% de los votantes del centro izquierdista PRD pertenecían a ese grupo generacional.

La popularidad del PAN entre los jóvenes era un signo nefasto para el partido gobernante: en 1994, más de la mitad de la población del país estaba por debajo de la edad para votar, 18 años. Una parte sustancial de la juventud mexicana iba a estar lista para emitir su voto por primera vez en las elecciones del año 2000.

José Luis Salas, el director de la campaña presidencial del PAN, me dijo que la juventud mexicana había votado en forma numerosa por su partido porque el candidato presidencial panista había interpretado muy bien sus anhelos de cambio pacífico. En sus propias encuestas internas, el PAN había encontrado que, a diferencia de la generación de sus padres, cuya formación política había girado en torno a las protestas por la masacre de estudiantes en la plaza de Tlatelolco en 1968, los jóvenes mexicanos de hoy en día no tenían una idea romántica sobre la izquierda. No anhelaban una revolución. Querían un cambio, pero una transformación social que hiciera que México se pareciera más a los países desarrollados del norte.

"Los jóvenes de 1968 eran los hijos e hijas de una generación de postguerra que se rebeló contra padres rígidos y conservadores", dijo Salas. "La gente joven de hoy son hijos e hijas de la generación del 1968. Lo que buscan no es tanto la libertad, sino el orden y el progreso económico." Consciente de los cambios generacionales que mostraban sus encuestas, el PAN había adoptado un ingenioso lema de campaña: "Cambio con estabilidad". Este era el concepto que mejor expresaba los anhelos de gran parte de los jóvenes mexicanos y que —aunado con el carisma de Fernández de Cevallos— contribuía a explicar el gran porcentaje del voto juvenil que había logrado el conservador PAN.

Pero el partido de Zedillo también estaba perdiendo terreno en varios otros sectores de la sociedad.

—Los habitantes de las ciudades, que se estaban convirtiendo rápidamente en la mayoría de la población, habían votado por el partido gobernante en cantidades muy inferiores a los residentes de zonas rurales. El PRI había vapuleado a sus rivales por más de 50 puntos en el campo, pero en la mayoría de las ciudades había ganado por un estrecho margen. Y en la medida en que el perfil demográfico de México estaba cambiando rápidamente hacia los sectores urbanos, todo indicaba que el PRI se veía en crecientes dificultades en el futuro: las proyecciones para las elecciones del año 2.000 mostraban que un 70% de los mexicanos vivirían en zonas urbanas ese año, en comparación con un 51% en 1960.

—Los mexicanos de más alto nivel educativo habían votado por el PAN, y en menor medida por la oposición de centro izquierda, relegando al PRI a un lejano tercer lugar. Entre los graduados universitarios, el partido de oposición de centro derecha había salido primero con 21% de los votos, seguido por el partido de oposición de centro izquierda con 20%, y el partido gobernante con 13%. En comparación, el PRI había ganado el 42% del voto entre los electores mayoritariamente campesinos que sólo habían terminado la escuela primaria. A medida que el sistema de educación pública se extendía a todos los rincones del país y mejoraban los niveles educativos, el electorado del PRI se estaba reduciendo. Según proyecciones del gobierno, México tendría por primera vez en la historia más estudiantes en la escuela secundaria que en la primaria para el año 2000, y el número de universitarios subiría de 196.569 en 1980 a 280.000 para el final del milenio.

—Los trabajadores del sector privado también habían votado en grandes cantidades por el PAN, sobre todo en el norte del país. Con menos empresas estatales bajo su control y menos dinero en sus arcas, el gobierno ya no disponía de tantos empleos con los que recompensar a los caciques del PRI y a sus miles de súbditos. Zedillo iniciaría su sexenio con una maquinaria política más debilitada de la que sus predecesores habían usado con tanta eficacia para consolidarse en el poder. La capacidad del PRI de comprar votos estaba destinada a disminuir.[1]

En la mayoría de los otros países, estas tendencias de voto no significarían gran cosa en términos del destino del país: a fin de cuentas, desde que el gobierno priísta había adoptado políticas económicas de libre mercado en los últimos años había borrado muchas de sus diferencias con la oposición de centro derecha. Pero en México, la ideología era el aspecto menos importante de la lucha política: lo que gran parte de los funcionarios del PRI estaban luchando por conservar no era un ideal político sino sus privilegios económicos y —tal vez es más importante— la impunidad por abusos pasados. Zedillo tenía que saber que los dinosaurios del PRI y sus discípulos, los bebesaurios, no se quedarían sentados cruzados de brazos mientras la oposición ganaba terreno político.

Los resultados oficiales de las elecciones de 1994 habían sido los peores en la historia del partido gobernante. En rigor, esto constituía la continuación de una tendencia: el porcentaje de votos del PRI había ido descendiendo paulatinamente desde su creación a finales de los años veinte, cuando solía presentarse a elecciones sin contendientes. En aquellos buenos tiempos, el general Alvaro Obregón había registrado un récord al ganar unas elecciones con 1.670.456 votos a favor, y un asombroso 0 en contra. Décadas más tarde, cuando el PRI había permitido a regañadientes y bajo crecientes presiones internacionales una oposición controlada, los votos del partido oficial habían bajado progresivamente: el porcentaje del PRI había caído a 86% en las elecciones presidenciales de 1964, a 80% en las elecciones de 1970 y 1976, a un 69% en las elecciones de 1982, a 50% en 1988, y a 48.8% en 1994.

Zedillo también sabía que, aunque los mexicanos habían rechazado el estilo confrontacional y la retórica izquierdista de Cárdenas, México estaba asistiendo al crecimiento de una sociedad civil cada vez más vigo-

---

1 El número de empresas de propiedad estatal había descendido de 1.155 en 1982 a 213 hacia el final de la administración de Salinas, según el secretario de Hacienda, Pedro Aspe, citado en "Concluye la privatización", *Reforma*, 13 de julio, 1993. Pero los críticos señalan que el papel del Estado en la economía no se había contraído mucho en términos de activos o empleo, porque empresas gigantescas como PEMEX seguían en manos del gobierno.

rosa, que estaba empezando a desafiar al gobierno en virtualmente todos los campos. El número de organizaciones no gubernamentales y de grupos ciudadanos había ascendido de unas pocas a principios de los ochenta a 1.300 a mediados de los noventa, según el Directorio de Organizaciones Cívicas de la Secretaría de Gobernación. Pero como muchos grupos independientes ni siquiera se molestaban en registrarse con el gobierno, la cifra era probablemente mucho más alta. Según algunas estimaciones, el número de estos grupos a mediados de los noventa llegaba a 5.000.

La rebelión de Chiapas había revigorizado a los grupos defensores de los derechos humanos y de asuntos indígenas, y a cientos de organizaciones de base que afloraban por todas partes para desafiar al gobierno en todo tipo de conflictos. A pesar de los esfuerzos del gobierno por restarles credibilidad, y en parte como resultado del nuevo clima de interdependencia creado por el TLC, México ya no podía tan fácilmente evitar el escrutinio internacional invocando su soberanía nacional: cada vez menos mexicanos se tragaban las tradicionales excusas del gobierno para coartar los derechos individuales. Las organizaciones no gubernamentales norteamericanas y europeas estaban empezando a dar cada vez más cooperación técnica y material a sus contrapartes mexicanas, cuya influencia era cada vez mayor.

Por primera vez, grupos de ciudadanos de todo el espectro político se habían unido para realizar la mayor observación electoral independiente jamás vista en México. Más de 14.000 voluntarios mexicanos habían monitoreado la recién terminada votación en más de 5.000 casillas electorales de todo el país. Su organización madre, Alianza Cívica, se había asesorado con grupos de derechos civiles de Chile y las Filipinas, y había formado un ejército de voluntarios prodemocracia —entrenados por expertos de las Naciones Unidas y patrocinados en parte por el Fondo Nacional para la Democracia de Estados Unidos— que pronto adquirió gran credibilidad a los ojos de los medios de comunicación internacionales y el Congreso norteamericano. Lejos de desaparecer después de las elecciones, grupos como estos estaban proliferando por todo el país, y en todos los campos.

Dirigentes cívicos como el director de Alianza Cívica, Sergio Aguayo, habían pasado a formar parte del mapa político mexicano, y no sólo porque despertaban respeto y admiración en el extranjero. La imagen de estos dirigentes cívicos también estaba creciendo en el país gracias al nuevo periódico independiente *Reforma* y a *La Jornada*, que daban cada vez más cobertura a sus actividades. El nuevo diario estaba empezando a publicar amplios perfiles de dirigentes cívicos tradicionalmente ignorados por la prensa, y a sacar a luz cada vez más revelaciones de corrupción gubernamental. *Reforma* llevaba a cabo su tarea desde una posición privilegiada:

sus dueños —los editores del próspero diario *El Norte de Monterrey*— tenían los bolsillos llenos, y no podían ser amedrentados tan fácilmente por el gobierno con amenazas de boicot económico.

Aguayo, un politólogo graduado de la Universidad John Hopkins y presidente de la Academia Mexicana de Derechos Humanos, había sido un factor clave en la creación de la Alianza Cívica. Muchos de sus grupos que la integraban habían surgido como una secuela del terremoto de la Ciudad de México en 1985, cuando los esfuerzos de rescate del gobierno habían probado ser totalmente ineficaces para solucionar los problemas de los servicios básicos en la ciudad. Estos grupos ciudadanos habían cogido un segundo viento tras las elecciones de 1988, cuando muchos de sus integrantes sintieron que el gobierno le había robado la elección a Cárdenas. En 1991, Aguayo y otros activistas cívicos habían reunido a 300 voluntarios para vigilar las elecciones gubernamentales en San Luis Potosí, y pronto proyectaron su labor a nivel nacional con el apoyo entusiasta de fundaciones canadienses y norteamericanas. En los años siguientes, cuando Salinas estaba buscando ansiosamente la aprobación del TLC en el Congreso de Estados Unidos, se volvió cada vez más inconveniente para el gobierno mexicano reprimir estos grupos cívicos. Aguayo y otros dirigentes de grupos ciudadanos sacaron el máximo partido de las circunstancias. Ahora, estaban ahí para quedarse.

Otro grupo ciudadano cuya rebelión se estaba expandiendo como un reguero de pólvora por todo el país era El Barzón, un movimiento de clase media integrado por pequeños agricultores y comerciantes que no podían pagar sus deudas a los bancos, y protestaban contra la incautaciones de sus bienes. El movimiento, que había escogido su nombre por el yugo de madera utilizado para unir a los bueyes por el cuello, se había iniciado en Zacatecas, donde un grupo de pequeños agricultores en bancarrota había sacado sus 12 tractores a las calles de la ciudad de Fresnillo para exigir una renegociación de sus deudas e impedir que los bancos confiscaran sus vehículos de trabajo. Desde entonces, El Barzón había crecido hasta un millón de agricultores, comerciantes, industriales y tarjetahabientes, que desafiaban al sistema bancario con ocupaciones de edificios, sentones y batallas legales contra las órdenes de confiscación de los bancos.

En los barrios pobres de la Ciudad de México, Superbarrio, un personaje que salía a la calle enmascarado, con traje de luchador rojo y amarillo, se había convertido en parte del paisaje político-cultural de la ciudad. Superbarrio, un activista político seguidor de Cárdenas que había escogido la imagen de luchador para enfatizar su labor como defensor de los pobres, dirigía casi a diario ocupaciones de edificios por inquilinos que estaban a punto de ser desalojados por sus caseros. Desde su exitosa aparición pública, había sido emulado por más de media docena de otros activistas enmascarados que luchaban por las más diversas causas —incluidos Superanimal, un defensor de los derechos de los animales; Superecologista, un paladín de las causas ambientales; y Ultrapoli, un luchador en contra de la corrupción policial— y cuyos ardides publicitarios en las calles del centro de la capital a menudo eran reseñados en las primeras planas de los periódicos. En los últimos meses, los activistas enmascarados habían lanzado una cadena de estaciones de radio sin licencia por toda la ciudad —con nombres como Radio Pirata, Radio Verdad y Radio Vampiro— en busca de apoyo popular y en abierto desafío a las cadenas de radio progubernamentales.

El día que entrevisté a Superbarrio, la principal noticia en los periódicos era que Washington, D.C., estaba presionando al gobierno mexicano para que adoptara nuevas medidas de austeridad económica, y el activista enmascarado estaba inmerso en la preparación de su próximo golpe publicitario: una pelea de lucha libre en el céntrico Paseo de la Reforma entre él y "El Gringo Empinado", un nuevo luchador que haría su debut en esa ocasión. "La lucha social no tiene porque ser formal ni aburrida. Además de eficaz, debe ser divertida", me explicó Superbarrio.

Otros nuevos grupos cívicos se habían propuesto combatir la corrupción del gobierno en varios frentes. Uno de ellos, inspirado por grupos norteamericanos como Causa Común, buscaba convertirse en una especie de monitor anticorrupción mediante una peculiar campaña: "Adopte un funcionario". El grupo pedía que cada una de sus organizaciones miembro "adoptara" a un funcionario e investigara su estilo de vida, hábitos de gasto y asistencia al trabajo. El nuevo grupo planeaba denunciar casos de corrupción, de la misma manera en que otros grupos llamaban la atención pública sobre violaciones de los derechos humanos.

El plan de adopción no le causó mucha gracia a los medios de información progubernamentales. La principal columna política de *Excelsior* dijo que el nuevo grupo buscaba "manipular las emociones del público" y que era parte de un "proyecto postelectoral de desestabilización". Pero los defensores del proyecto respondieron citando las famosas palabras de Don Quijote a su ayudante: "Ladran, Sancho, señal que galopamos". Este era un nuevo México.

¿Era el PAN el partido del futuro? ¿Se habían rebelado las nuevas generaciones de mexicanos contra una dinastía política que había echado mano al estatismo y al nacionalismo acérrimo para aferrarse al poder? ¿O simplemente habían reaccionado más favorablemente al carisma televisivo de Fernández de Cevallos que a la imagen letárgica de Cárdenas?

No cabía duda de que mientras el partido gobernante estaba perdiendo terreno electoral, el PAN estaba ganando posiciones en todo el país, y se estaba convirtiendo en el contendiente más serio a la presidencia en futuras elecciones. El PAN había crecido progresivamente del 7.8% de los votos en las elecciones de 1952, al 27% en 1994. Ya estaba gobernando los estados de Baja California, Guanajuato y Chihuahua, y pronto ganaría las elecciones de 1955 en el estado clave de Jalisco.

La estrategia que había seguido el PAN durante varias décadas de concentrarse en elecciones locales y sumar así cada vez más apoyo nacional estaba dando buenos resultados: después de las elecciones de 1994, los gobernadores y alcaldes panistas gobernaban a casi 20 millones de mexicanos. El PAN había visto crecer su número de alcaldes a 156, el de sus diputados federales de unos pocos a 119, y el de sus senadores de ninguno a 25. El partido conservador estaba en alza, no sólo porque carecía de un historial de corrupción y la mayoría de sus funcionarios electos parecían más honestos que sus predecesores priístas, sino también porque se había beneficiado de las relaciones caballerescas de Salinas con sus dirigentes, en franco contraste con la hostilidad abierta del presidente saliente hacia Cárdenas y el PRD.

La creciente popularidad del PAN planteaba un grave problema a Zedillo. Era casi seguro que provocaría una fuerte reacción de los políticos de la vieja guardia del PRI, que no estaban dispuestos a perder sus posiciones de poder y las prebendas que estas llevaban consigo. Por primera vez en su vida, los dinosaurios del PRI habían visto a su gobierno permitir que un partido de oposición se apoderara de un creciente número de asociaciones de vecinos, municipios y hasta estados en todo el país, lo que les causaba cada vez menos gracia.

Ahora, el PAN se había convertido en un contendiente serio, incluso con posibilidades de ganar las elecciones del año 2000. Era de esperar que los dinosaurios del PRI lucharan con dientes y uñas —si era necesario, a espaldas de su presidente— para impedir que esto sucediera.

Manuel "El Meme" Garza, una figura legendaria del sector que los críticos denominaban el "Parque Jurásico" del PRI, me dijo con su más amplia sonrisa que a él no le molestaba ser llamado un dinosaurio. "Al contrario, hasta tengo un broche de dinosaurio que a veces llevo en la solapa", señaló, divertido y encogiendo los hombros.

"El Meme", como era más conocido por amigos y enemigos, era un diputado nacional y rico hacendado del estado norteño de Tamaulipas. Había ocupado varios puestos en el PRI a lo largo de más de cuarenta años de actividad política, pero era conocido más que nada por su fama de "alquimista electoral" del partido oficial. Un hombre de poco más de sesenta años, en las últimas décadas había sido enviado por el PRI a todo el país para lograr que su partido ganara elecciones nacionales y locales, y siempre había logrado triunfos electorales — una hazaña que los funcionarios oficiales atribuían a su extraordinario olfato político, y que sus enemigos achacaban al uso que hacía de una amplia gama de artilugios para alterar los resultados de las votaciones. El Meme aseguraba tener la conciencia limpia, porque siempre había actuado dentro de la ley: si había usado recursos del gobierno para ayudar a los candidatos del partido, decía, lo había hecho en épocas en que esto no era ilegal bajo las leyes mexicanas.

Después de escuchar hablar tanto sobre los dinosaurios del PRI, hacía tiempo que estaba curioso por conocer a El Meme. Cuando fue tan gentil de invitarme a comer a su casa en la Ciudad de México gracias a la intervención de un amigo común, concurrí a la cita convencido de que me encontraría con un Tiranosaurus Rex de la política mexicana, un político pomposo de la vieja guardia que me diría las mentiras más atroces mirándome a los ojos con la mayor naturalidad. En cambio, me encontré con un hombre de un gran sentido del humor y una enorme agudeza política, cuyos argumentos para retardar el ritmo de las reformas políticas muy probablemente resultarían difíciles de desechar por el nuevo presidente.

Llegué a casa de El Meme a eso de las 2 de la tarde, algo temprano para una comida que —como el común de los almuerzos en la capital mexicana— comenzaría después de las 2 y media. Su casa parecía un transplante de su rancho en Tamaulipas. De las paredes de las diversas salas sobresalían enormes cabezas de animales embalsamados —un gigantesco Gran Kudu que El Meme había cazado en Uganda dominaba la sala de estar, junto a más de una docena de antílopes de todos los tamaños, y un gran jaguar— y los techos estaban atravesados por vigas de madera, como en un chalet suizo. Como lo indicaba la decoración, la pasión de El Meme era la caza, y su vocabulario político estaba salpicado de metáforas de cacería: "Antes de ir a una reunión, siempre pregunto de qué vamos a hablar", me dijo, refiriéndose a una llamada que acababa de recibir de un alto funcionario del gobierno convocándolo a una cita. "Uno siempre tiene que saber qué armas llevar para cada ocasión".

Como a las 3 de la tarde, quizá percibiendo que estaba muerto de hambre, la esposa de El Meme, Luz Marina, trajo una bandeja de plata llena de tamales y me ofreció algunos en un plato. Tenían un sabor peculiar, muy diferente del de los tamales de maíz que estaba acostumbrado a comer en México. Eran tamales de venado, hechos de venado ahumado. Comí dos, reservándome el apetito para el resto de la comida. Pero a las 4 de la tarde, todavía estábamos conversando bajo la mirada inquisitiva del Gran Kudu que nos observaba desde la pared, y no había señales del almuerzo. Al rato, el reloj marcó las 4 y media de la tarde, y el estómago me empezó a crujir nuevamente. No fue sino hasta las 5 de la tarde cuando la elegante esposa de El Meme entró sonriente en la sala, y anunció que la comida estaba lista.

"El avión llegó tarde...", me explicó El Meme mientras me mostraba el camino hacia al comedor. ¿El avión?, pregunté, sin entender de qué estaba hablando. "Sí, siempre que hacemos cabrito para comer, lo hacemos matar a las 7 de la mañana en nuestro rancho de Tamaulipas, lo ponemos en una hielera y lo embarcamos a la Ciudad de México esa misma mañana." Luego agregó, como dando un consejo de amigo: "Hay que hacerlo así, porque de otra manera pierde todo el sabor." Ahhh, asentí con la cabeza, como si estuviera tomando nota para el día en que tuviera un rancho en el otro extremo del país y suficientes criados para cazar el cabrito, meterlo en el avión, recogerlo en la Ciudad de México y hacerlo cocinar.

En la comida, mientras nos deleitábamos con el exquisito cabrito marinado en leche y un vino Chateau Rothschild de 1984, El Meme me explicó sus reservas acerca de la forma en que se estaban implementando las reformas democráticas del país. Según él, se estaban haciendo a un ritmo tan vertiginoso que estaban destrozando la estabilidad política que México había logrado mantener durante tantas décadas, y que había sido la base para el desarrollo económico del país. México no debería permitir que la precipitación destruyera lo que había construido a lo largo de varias décadas. El gobierno tenía que continuar realizando todas las reformas democráticas que los tiempos modernos requerían, pero gradualmente. Si no, la sociedad se desmoronaría bajo una ola de violencia política como la que había costado tantas vidas a principios de siglo.

"Si uno va a convertir esta casa en una escuela y empieza derribando las paredes, puertas y ventanas, hay que asegurarse de no tirar abajo las columnas y los puentes que la sostienen", señaló. "Lo mismo sucede en la política: hay que asegurarse de no romper el equilibrio del edificio. Y si uno va a unir diferentes partes de la estructura, hay que dar tiempo a que el cemento se seque, o todo el edificio se derrumbará."

Una de las principales preocupaciones de El Meme era la promesa de campaña de Zedillo de convertirse en un "miembro pasivo" del partido, lo cual equivalía a renunciar a la tradicional práctica presidencial de nombrar por "dedazo" a los dirigentes locales y nacionales del PRI. Haciendo piruetas verbales para evitar criticar abiertamente al presidente electo, El Meme dijo que la pasividad propuesta por Zedillo podía ser peligrosa y hasta perjudicial para las metas de democratización del país. En México, el presidente siempre había actuado como "árbitro supremo" de los pleitos internos del PRI, explicó. Los jefes de estado recibían sugerencias de todas las facciones del partido antes de nombrar a un candidato, y escogían al que más convenía en ese momento. Sin ese arbitraje —y en ausencia de nuevas reglas para reemplazarlo— el PRI podría volverse aún más autocrático: unos pocos caciques regionales poderosos terminarían gobernando el país a su antojo.

"Los caciques de los grandes estados del país, como Jalisco, Michoacán, estado de México, Ciudad de México, Puebla, Veracruz y Nuevo León, que suman casi el 70% de los votos del país, podrían fácilmente imponer su voluntad sobre el resto", señalaba El Meme. "Cinco o seis caciques políticos de estados importantes podrían imponer a sus candidatos, y no habría una autoridad superior que dijera, '¿Y qué dicen los otros veinticinco estados?'"

Este era el tipo de argumentos que Zedillo estaba recibiendo de los hombres que dirigían la maquinaria política de su partido, y gracias a los cuales acababa de ganar las elecciones. Los dinosaurios no eran simplemente una pandilla de políticos reaccionarios aterrados de perder sus privilegios económicos, como con frecuencia eran estereotipados en la prensa opositora: algunos de sus argumentos hacían perfecto sentido desde la perspectiva del presidente electo, aun cuando estuviera de acuerdo con las demandas sociales —y los requerimientos zapatistas— de convertir a México en una democracia moderna. La vieja guardia del PRI podía convertirse en un obstáculo tan formidable para el nuevo presidente como algunos de sus principales rivales políticos.

Pocos políticos de la vieja guardia inspiraban más temor que don Fernando Gutiérrez Barrios, la figura tenebrosa que había dirigido el aparato de inteligencia del país durante gran parte de las últimas tres décadas, y que lideraba una de las camarillas políticas más poderosas del país. Don Fernando, como era conocido en el mundo político, tenía ya sesenta y siete años y había dejado su último puesto en el gobierno como secretario de Gobernación de Salinas en 1993, pero aún conservaba un lugar de primera línea en la vida política de México. Era un secreto a voces que varios gobernadores, funcionarios de la Secretaría de Gobernación y dirigentes del partido gobernante eran miembros de su clan, y seguían sus indicaciones como si estuviera aún en el gobierno.

Todo tipo de rumores rodeaban al misterioso Don Fernando: los más benignos afirmaban que dirigía un enorme servicio de inteligencia privado; que acababa de comprar por un sistema de intercepción de teléfonos celulares de 15 millones de dólares que era más sofisticado que el del propio gobierno; que tenía expedientes sumamente comprometedores sobre la vida privada de políticos y empresarios; y que protegía a grupos guerrilleros en toda América Latina a cambio de información y promesas de que no exportarían sus revoluciones a México.

Algunas de estas historias eran indudablemente ciertas. Graduado en el colegio militar y retirado del ejército con el rango de capitán, Don Fernando se había incorporado al gobierno como agente de inteligencia en los años cincuenta y había ascendido varios rangos de la Secretaría de Gobernación hasta llegar a desempeñarse durante doce años como subsecretario de Gobernación, y otros cuatro años como secretario de Gobernación. La marca distintiva de Don Fernando era haber forjado estrechos vínculos con la izquierda revolucionaria latinoamericana desde el día en que, como un joven oficial de inteligencia, había interrogado a un joven rebelde cubano llamado Fidel Castro, que estaba preparando una expedición para derrocar el régimen de Fulgencio Batista en Cuba. Gutiérrez Barrios había dejado en libertad a Castro, y su encuentro original había dado lugar a una cálida amistad con el dirigente cubano después del triunfo de la revolución en 1959.

En las décadas siguientes, Don Fernando había sido visto por funcionarios de los Estados Unidos como el artífice de las cálidas relaciones de México con los movimientos revolucionarios de Cuba y América Latina. Ofreciendo refugio en México a guerrilleros latinoamericanos respaldados por Cuba, Don Fernando se había convertido en una importante figura en las relaciones mexicano-cubanas, y por lo tanto había sido una pieza clave para evitar que México se viera azotado por la violencia guerrillera que había sacudido a casi todo el resto de la región. En efecto, Castro daba ayuda a la mayoría de los revolucionarios de izquierda en América Latina, salvo a los mexicanos.

A mediados de los noventa, Don Fernando seguía siendo una figura importante para los miembros de la vieja guardia del PRI. Estos señalaban el hecho que México se había desmoronado desde el momento en que Don Fernando había sido apartado del gabinete —y del aparato de inteligencia oficial— en 1993. Desde entonces, el país había sido sacudido por un levantamiento guerrillero en Chiapas, los asesinatos políticos, y el peor ciclo de violencia desde principios de siglo. Algunos de sus críticos especulaban en voz baja que el ex secretario de Gobernación podría haber permitido tácitamente —o quizás hasta impulsado— algunos de estos hechos de violencia, ya fuera para detener las reformas democráticas, o para hacerse nuevamente indispensable para el gobierno. Don Fernando rechazaba estos rumores categóricamente, calificándolos de absurdos.

No estaba bien claro qué hacía Don Fernando ahora para ganarse la vida. Pero cuando lo visité en sus oficinas en un edificio de tres pisos debajo de un puente en el centro de la Ciudad de México, parecía mantenerse ocupado: la operadora de teléfonos en la entrada manejaba un conmutador con veinticuatro líneas, y había más de dos docenas de empleados sentados en varias oficinas sorbiendo café, pegando recortes de prensa y haciendo como que trabajaban en asuntos de suma importancia. Vino a buscarme un hombre que se identificó como el Mayor Félix —uno de varios guardias armados con radios de mano apostados en una garita al lado de la entrada— y me escoltó hasta las oficinas de Don Fernando en el piso de arriba.

Don Fernando era tal cual como me lo había imaginado: un señor maduro y adinerado, que proyectaba una imagen de poder, ya fuera este real o imaginario. Caminaba con la cabeza erguida, como muchos hombres de formación militar; peinaba su cabellera plateada con un bucle en la frente, como estaba de moda en los sesenta, y llevaba uñas cuidadas por manicura. Vestía un traje cruzado azul marino, con una corbata que hacía juego, y zapatos negros brillantes, que lucían como si fueran cepillados cada hora. Cuando comenzamos a conversar, Don Fernando no se anduvo con rodeos respecto a su creencia de que México estaba en el camino equivocado, y de que los tecnócratas educados en Estados Unidos que habían gobernado el país en los últimos años eran los responsables de parte de la actual inestabilidad. No sólo habían intentado cambiar las cosas demasiado pronto, sino que habían roto viejas reglas que ayudaban a garantizar la paz social, señaló.

En el pasado, cuando un funcionario del gobierno o un político del PRI robaba 10 millones de dólares, un pequeño grupo de altos funcionarios mandaba llamar al sospechoso y lo conminaban a devolver el dinero la mañana siguiente, explicó Don Fernando. "Había formas en las cuales nos respetábamos todos, y corregíamos internamente los problemas", dijo, con un aire que interpreté como de obvia nostalgia. "Después, a fines de los setenta, el propio sistema político mexicano comenzo a autodenigrarse, ventilando estos problemas públicamente. ¿Y qué sucedió? Ante un pueblo que iba despertando cada vez más por razones naturales —la mayor cantidad de escuelas, carreteras y medios de información, que llevaron a un despertar de conciencia de los mexicanos— el pueblo comenzó a tildar a sus gobernantes como corruptos e ineficaces".

Para muchos como Don Fernando, México había funcionado mucho mejor en los buenos tiempos pasados, cuando los dirigentes de la "familia revolucionaria" podían resolver sus problemas a puerta cerrada. Demasiada apertura demasiado pronto, decían, estaba sumergiendo al país en el caos.

Así como Don Fernando despertaba una reverencia universal por su caudal —verdadero o ficticio— de información secreta, el multimillonario secretario de Agricultura, Carlos Hank González, era objeto de un respeto generalizado dentro de la clase dirigente por su fabulosa fortuna, y la generosidad con que la usaba para comprar lealtades.

Hank González, quien ostentaba con orgullo su apodo de "el Profesor", un título que databa de su época como maestro de escuela primaria en pequeño pueblo rural, era el líder del Grupo Atlacomulco, una de las camarillas más influyentes de la elite gobernante. La característica principal del grupo, aparte de la fabulosa fortuna que "el Profesor" había amasado desde su época como gobernador del estado de México, era que su propio líder negaba su existencia, así como el hecho de que varios de sus miembros estuvieran ocupando puestos de importancia en el equipo de Zedillo. La maquinaria política bien aceitada del Profesor dentro del PRI había sido crucial para ayudar a Zedillo a ganar las elecciones, y esto —según las leyes no escritas de la política mexicana— iba a dar a su grupo una poderosa voz en el nuevo gobierno. El Grupo Atlacomulco podía convertirse en un fuerte muro de contención si el nuevo gobierno decidía impulsar reformas políticas demasiado drásticas.

"Noooo, don Andrés, puedo asegurarle que no hay tal cosa como el Grupo Atlacomulco", me dijo el Profesor, abriendo las manos ampliamente, durante un desayuno-entrevista en su mansión en el lujoso barrio de Las Lomas de la Ciudad de México. El grupo era una creación de los medios de comunicación, dijo. Cierto que el presidente del PRI, el secretario de finanzas del partido y el jefe de gabinete de Zedillo eran gente cercana a él, pero esto no significaba que operaran como grupo, o que siguieran sus instrucciones. "Son sólo amigos míos. ¿Por qué son mis amigos? Porque, don Andrés, he sido un activista del PRI durante los últimos cincuenta años. Me incorporé a la juventud del partido en 1944, y conozco virtualmente a todos dentro del partido. No soy una persona influyente dentro del grupo de Zedillo, ni en ningún otro, pero soy un viejo activista del PRI con una militancia muy larga y, afortunadamente, muchos amigos dentro del partido. Así de simple."

El Profesor era, como muchos me habían advertido antes de reunirme con él, uno de los hombres más encantadores que uno pudiera encontrar. Un hombre alto y de pelo blanco que parecía más joven que sus 67 años, era legendario por sus proezas en relaciones públicas. Su secreto radicaba en que no sólo repartía dinero: cuando la madre de un joven y relativamente desconocido reportero había sido diagnosticada de cáncer, el Profesor había ordenado inmediatamente que la enviaran a Houston con todos los gastos pagos para un tratamiento especial; cuando el padre de un funcionario intermedio del partido gobernante había muerto, el Profesor había asistido personalmente al funeral, y ofrecido su ayuda a la familia; cuando un alto dirigente del PRI había sido echado de su puesto y la clase gobernante le había dado la espalda, el Profesor lo había invitado a una cena en su casa con otras celebridades, rescatándolo así del ostracismo político. Eran gestos que no se olvidaban fácilmente, y que le creaban al Profesor lealtades de toda la vida.

La otra cosa por la que el Profesor se había convertido en una figura legendaria era por la fabulosa fortuna que había amasado a la sombra del poder, durante sus años como gobernador del estado de México, regente de la Ciudad de México, secretario de Turismo y secretario de Agricultura: un total de 1.3 mil millones de dólares, según la revista *Forbes*. El y sus hijos dirigían, entre otras compañías, el Grupo Industrial Hermes, que vendía vehículos Mercedes Benz, generadores de energía y equipos para la industria petrolera, sobre todo al gobierno. Gran parte de la fortuna del Profesor databa de su época como gobernador del estado de México y regente capitalino, cuando según informes de prensa había adquirido camiones de basura, tractores y autobuses por valor de millones de dólares a una compañía dirigida por sus hijos. Cuando le preguntaron por ese entonces cómo había pasado de humilde maestro rural a multimillonario, el Profesor había sonreído y sentenciado: "Un político pobre es un pobre político".

Los dirigentes de la oposición de México y funcionarios de los Estados Unidos veían al Profesor como un símbolo de los males de México. ¿Cómo podía alguien que había nacido pobre, no había heredado nada, y había trabajado toda su vida como funcionario público tener semejante fortuna?, preguntaban. "Es un hombre que ha acumulado una fortuna de 1.3 mil millones de dólares con un salario que nunca superó los 80.000 dólares anuales", me señaló un funcionario norteamericano en Washington, D.C. "Se ha vuelto un rostro que simboliza todos los problemas de México."

El Profesor sacudió la cabeza nuevamente cuando le pregunté sobre su fortuna. Estaba sentado frente a mí en la mesa de su comedor decorado con obras de José María Velasco, el pintor mexicano del siglo XIX cuyos cuadros se cotizaban en más de un millón de dólares, y acabábamos de escoger nuestro desayuno de un menú escrito a mano en tinta china que nos había puesto en las manos un sirviente de uniforme blanco. El Profesor afirmó que había empezado a hacerse rico mucho antes de ser nombrado gobernador del estado de México.

"Noooo, don Andrés", repetía con una cálida sonrisa, rechazando mis sugerencias de que había construido su fortuna aprovechándose de sus cargos públicos. "Cuando yo era muy joven, decidí resolver los problemas económicos de mi familia antes de sumergirme en la política. De manera que fundé una fabriquita de dulces en mi ciudad, Atlacomulco. Después, fui distribuidor de Pepsi Cola en aquella región y empecé a hacer otros negocios." En el transcurso de los años siguientes, mientras ascendía en la política municipal, había empezado a comprar unos cuantos "camioncitos", que se habían multiplicado hasta formar una "empresita" de camiones, que a su vez le había permitido empezar otros proyectos empresariales que el Profesor describía modestamente con similares diminutivos. "Lo hice porque nunca quise depender de mis ingresos como político para ganarme la vida. Me gusta tener mis propias fuentes de ingresos, que sean independientes de la política, para poder así actuar con entera libertad."

Hacia el final de nuestro desayuno, el Profesor me dijo que planeaba retirarse del gobierno, y que por lo tanto no aceptaría ningún puesto en el futuro gobierno de Zedillo. No lo necesitaba: Zedillo estaba rodeado de varios de sus incondicionales seguidores. Dentro o fuera del gobierno, el Profesor dirigía un sector de la vieja guardia del PRI que al nuevo presidente le costaría trabajo ignorar.

Mientras observaba al presidente electo en su sede de su campaña durante nuestra charla al finalizar la jornada electoral, tuve el presentimiento de que terminaría convirtiéndose en un presidente de línea dura. Zedillo tenía una veta de mal genio que afloraba cada tanto, y que podía pasar por un rasgo autoritario. Le había visto perder los estribos en por lo menos dos oportunidades durante las semanas previas a las elecciones: una vez cortando rudamente la palabra a un reportero cuya pregunta en una conferencia de prensa claramente le molestó. Un tecnócrata pragmático sin mucho sentido del humor y poco roce político, tenía el tipo de personalidad que podía llevarle a convertirse en un gobernante autocrático. Además, quizá no tuviera más opción: no era muy querido por la maquinaria política del PRI, que sólo lo había apoyado como candidato de último recurso; no tenía muchos amigos en la oposición de centro derecha o de centro izquierda; y tampoco había tenido el tiempo suficiente para desarrollar su propio equipo de colaboradores. Estaba a punto de tomar posesión como el presidente más aislado en la historia reciente del país. Todo esto parecía indicar que quiza, tarde o temprano, tendría que afirmarse por la fuerza.

Durante la plática informal al final de la entrevista, después de haber hablado sobre sus planes para manejar la crisis de Chiapas, le mencioné —medio en serio, medio en broma— que tenía el presentimiento de que terminaría siendo "un presidente duro". Zedillo se rió y sacudió la cabeza.

"Te equivocas", dijo, repitiendo su afirmación dos veces. "Muy al contrario.... Ya verás."

El mayor Rolando y otros guerrilleros zapatistas con el autor
en el campamento rebelde de la Garrucha, en Chiapas,
el 20 de julio de 1994. *(Tim Padgett)*

El líder guerrillero subcomandante Marcos con el autor,
en un campamento zapatista cerca de Guadalupe Tepeyac, en Chiapas,
el 23 de julio de 1994. *(Tim Padgett)*

Rafael Sebastián Guillén Vicente, a quien el presidente Ernesto Zedillo identificó como el enmascarado líder zapatista subcomandante Marcos, en una fotografía distribuida por el gobierno. *(Procuraduría General de la Nación)*

El rebelde que después sería conocido como el subcomandante Marcos, junto con la teniente Cecilia del ejército zapatista, en una fotografía tomada años antes del levantamiento. Atrás, sonriendo a la izquierda, otra guerrillera a la que el gobierno identificó como la subcomandante Elisa. *(Procuraduría General de la Nación)*

Fernando Yáñez, el guerrillero marxista a quien el gobierno identificó como el comandante Germán, líder del buró político detrás del ejército zapatista. *(Procuraduría General de la Nación)*

María Gloria Benavides Guevara, la rebelde a quien el gobierno identificó como la subcomandante Elisa del ejército zapatista. *(Procuraduría General de la Nación)*

Leyendas pintadas por los guerrilleros en el palacio municipal de San Cristóbal el día de la rebelión, haciendo referencia a las palabras del comandante del ejército en Chiapas, general Miguel Angel Godínez Bravo. *(Cuartoscuro)*

Cuerpos que el gobierno identificó como guerrilleros zapatistas muertos en Altamirano, Chiapas, y encontrados después del levantamiento del 1 de enero de 1994.
(Eloy Valtierra/Cuartoscuro)

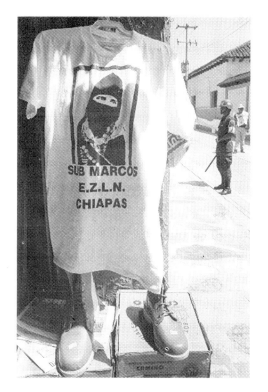

Algunos de los souvenirs zapatistas que aparecieron después de la rebelión. Sus primeros compradores: los corresponsales extranjeros. *(Rodolfo Valtierra/ Cuartoscuro)*

El comandante Felipe, el rebelde que según los planes originales de los zapatistas debía convertirse en el vocero oficial del ejército guerrillero. Su lugar fue tomado a las pocas horas del levantamiento por el subcomandante Marcos. *(Diario* La República, *Chiapas)*

Rebeldes zapatistas custodiando la sede del PRI en Altamirano, horas después del alzamiento. *(Eloy Valtierra/Cuartoscuro)*

Guerrilleros zapatistas descansando en San Cristóbal en la noche de la rebelión. A diferencia del subcomandante Marcos, la mayoría de los rebeldes llevaban la cara descubierta. *(*La República, *Chiapas)*

El presidente Ernesto Zedillo con el autor, durante una gira a Guerrero el 17 de mayo de 1994. *(Oficina de la Presidencia de México)*

El ex candidato presidencial Luis Donaldo Colosio (derecha) en una entrevista con el autor en Mazatlán, Sinaloa, el 22 de marzo de 1994, el día antes del asesinato de Colosio. *(Campaña presidencial de Colosio)*

Mario Aburto Martínez, el joven acusado de haber asesinado a Luis Donaldo Colosio, en la prisión horas después del crimen. *(Ricardo Reyes/Cuartoscuro)*

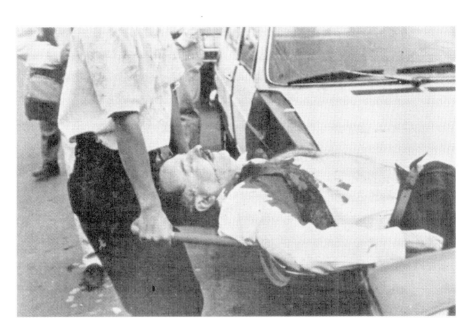

El secretario general del PRI, José Francisco "Pepe" Ruiz Massieu, después
de ser asesinado en una calle céntrica de Ciudad de México.
(Héctor Mateos/Cuartoscuro)

El ex fiscal especial del gobierno, Mario Ruiz Massieu, en su casa
en la Ciudad de México, el 24 de enero de 1995. *(Andrés Oppenheimer)*

El presidente Ernesto Zedillo segundos antes de recibir la banda presidencial del mandatario
saliente Carlos Salinas de Gortari, el 1 de diciembre de 1994. La estrecha relación entre
ambos comenzaría a deteriorarse días después. *(Pedro Valtierra/Cuartoscuro)*

Raúl Salinas de Gortari, el hermano mayor del ex presidente Carlos Salinas, luego de su arresto bajo cargos de haber sido el autor intelectual de la muerte de José Francisco Ruiz Massieu. *(Procuraduría General de la Nación)*

Raúl Salinas, en tiempos mejores: con María Bernal, la española con quien el hermano del presidente había vivido una apasionada relación extramatrimonial en los últimos años, según informes de prensa. (Reforma)

Héctor "El Guero" Palma, el jefe del cártel de Sinaloa arrestado en 1995, que tenía trabajando para él a altos funcionarios policiales en cuatro estados mexicanos. *(Procuraduría General de la Nación)*

Leyenda escrita en la línea divisoria entre México y Estados Unidos en Tijuana, en febrero de 1995: "Gringo: ¡Aquí van a parar tus impuestos!"
(Andrés Oppenheimer)

Superbarrio, el activista político enmascarado de la Ciudad de México. *(Andrés Oppenheimer)*

Manuel "El Meme" Garza, uno de los políticos de la vieja guardia del PRI, con sus trofeos de caza en su hogar de la Ciudad de México. *(Andrés Oppenheimer)*

El multimillonario ex regente de la Ciudad de México y secretario de Agricultura Carlos Hank González, un poder detrás del trono dentro de la elite gobernante. *(Secretaría de Agricultura)*

El magnate de Televisa, Emilio "El Tigre" Azcárraga, cuya cadena de televisión dominaba el 95% de la audiencia del país. *(Eloy Valtierra/Cuartoscuro)*

9

Asesinato en la familia

Más de dos docenas de guardias personales del ex presidente Salinas, quien hacía ya casi tres meses había dejado el poder, brincaron hacia el interior de sus Jettas blindados. Mientras los vehículos salían a toda velocidad, los hombres cargaron sus metralletas Uzi y sus pistolas Browning de 9 mm. Se dirigían al barrio de Las Aguilas, al sur de la Ciudad de México. Salinas acababa de ordenarles que fueran inmediatamente hacia la casa de su hermana Adriana, en la calle Costa 62, donde estaba alojado su hermano Raúl. Sus órdenes eran claras: debían impedir la inminente captura de Raúl por agentes gubernamentales. Más de 70 agentes de la Policía Judicial Federal y de la guardia presidencial, vestidos con uniformes negros y chalecos antibalas, se estaban acercando a la mansión de Adriana desde varias direcciones. Francotiradores de la policía vestidos de civil que habían llegado al lugar varias horas antes estaban tomando posiciones en los techos de las casas vecinas. Iban armados hasta los dientes, por si Raúl se resistía a su arresto, o si los guardias del ex presidente trataban de impedir su captura.

Era la mañana del martes 28 de febrero de 1995. Por unos instantes, cuando los dos convoyes armados zigzagueaban por las congestionadas calles de la Ciudad de México abriéndose paso hacia la casa de Adriana, parecía como si se produciría una pequeña guerra civil entre los agentes del gobierno saliente y el entrante. Era un momento clave en la historia contemporánea de México: Salinas, uno de sus presidentes más fuertes de la historia reciente, el arquitecto de la apertura económica de México, todavía era visto por muchos como el poder detras del trono del nuevo mandatario del país. Más de la mitad del gabinete de Zedillo estaba integrado por incondicionales seguidores de Salinas, y el ex presidente había pasado las semanas anteriores viajando por el mundo para promover su candidatura a la jefatura de la Organización Mundial de Comercio, con el respaldo de Estados Unidos y el nuevo gobierno mexicano. Los guardaespaldas de Salinas —que al igual que las tropas que iban a detener a Raúl eran miembros de la guardia presidencial, la unidad militar a cargo de proteger a funcionarios del gobierno y ex mandatarios— no habían titubeado en cumplir con las órdenes de Salinas de proteger a Raúl de sus propios camaradas. En aquel momento, no se les había cruzado por la mente la idea de que su jefe ya no era la máxima autoridad del país: hasta donde los jóvenes militares podían recordar, Salinas había sido el hombre más poderoso en México, dentro o fuera de la presidencia.

Pero los guardias de Salinas estaban a sólo unas cuantas cuadras de su destino, dispuestos a saltar de sus Jettas y formar un cordón defensivo delante de la casa de Adriana, cuando una voz severa a través del sistema de radio militar de sus vehículos les ordenó detenerse. Era el general Roberto Miranda, jefe de la guardia presidencial, con instrucciones que no dejaban lugar a dudas. "¡Detengan la acción!, grito el general Miranda por la radio. "¡Es una orden!"

La operacion para detener a Raúl había sido aprobada desde arriba, por el propio presidente Zedillo. Los mismos guardaespaldas de Raúl, que formaban el tercer grupo de la guardia presidencial en el lugar, acababan de recibir la orden de abandonar sus posiciones y permitir que los oficiales de la Policía Judicial Federal llevaran a cabo el arresto. Los Jettas que transportaban las tropas que iban a defender a Raúl se quedaron quietos unos segundos, con sus motores aún encendidos. Acto seguido, dieron media vuelta, y lentamente iniciaron su regreso al punto del que habían venido. Minutos después, un derrotado Raúl Salinas era escoltado fuera de la casa por un grupo de fiscales y agentes de policía. Vestido en un traje gris y corbata, Raúl salió con la cabeza baja y las manos en la espalda, aunque no había sido esposado. En una cuestión de segundos, se acababa de evitar una confrontación sangrienta entre los guardias de Salinas y la policía bajo las órdenes de Zedillo: un encuentro que de no ser detenido a tiempo podía haber desencadenado un conflicto más amplio.

La dramática ruptura de Zedillo con su predecesor y ex protector hubiera sido difícil de imaginar apenas unas semanas antes, el 1 de diciembre de 1994, cuando el nuevo presidente recibió la banda roja, blanca y verde de un sonriente Salinas en su toma de posesión en el congreso. El poder legislativo en pleno y más de una docena de dignatarios extranjeros —incluidos el vicepresidente norteamericano Al Gore, el presidente cubano Fidel Castro y el presidente argentino Carlos Saúl Menem— se habían puesto de pie y aplaudido cuando el nuevo y joven presidente de México hizo su aparición por la entrada general y atravesó el auditorio hasta llegar al podio en dos niveles al frente de la sala.

Un pequeño pero significativo gesto me llamó la atención mientras contemplaba la escena desde el palco reservado para la prensa: cuando Zedillo estuvo a punto de llegar al escenario, se había dirigido equivocadamente a la mesa del nivel inferior, donde se sentaban los dirigentes del Congreso. Fue rescatado rápidamente por un oficial de protocolo que lo condujo a un púlpito principal en el nivel superior, donde Salinas lo estaba esperando. Zedillo meneó la cabeza y sonrió, como bromeando consigo mismo que quizás haría mejor en tomar el puesto inferior. En ese momento, todo parecía indicar que Salinas seguiría manejando los destinos de México, por lo menos durante un tiempo.

Pero minutos después, en su discurso inaugural, Zedillo haría que muchos de los asistentes arquearan las cejas, confiriendo un toque de candor personal al nuevo sexenio. Levantando la vista para mirar al público, Zedillo admitió tácitamente que las elecciones del 21 de agosto hubieran podido ser "más equitativas", y que México debía estar dispuesto "a tratar todos los temas, incluyendo, desde luego, el financiamiento de partidos, los topes a gastos de campaña, acceso a medios de comunicación y la autonomía de los órganos de autoridad electoral". Este iba a ser un gobierno pluralista, prometió. Para demostrarlo, había nombrado a Antonio Lozano Gracia, hasta entonces dirigente del PAN en el Congreso, como su nuevo procurador general. La nueva administración iba a lanzar una ofensiva frontal contra la corrupción, dijo Zedillo, sin importar cuán alto había que llegar.

Dirigiendo la mirada a su derecha, donde se encontraba sentado su gabinete en pleno, Zedillo dijo: "El gobierno no es lugar para amasar riqueza. Quien aspire a eso deberá hacerlo fuera de mi gobierno y con apego a la ley". Aunque hasta los presidentes más corruptos que lo habían precedido habían hecho similares gestos retóricos contra la corrupción, la advertencia de Zedillo a sus principales colaboradores arrancó el aplauso de los legisladores de todo el espectro político.

En el momento cumbre de la ceremonia, cuando Zedillo recibió la banda presidencial de su hasta entonces jefe, todo el país pudo ver como Salinas susurraba algo al oído del nuevo presidente, lejos de los micrófonos, en momentos en que ambos hombres se abrazaban. Zedillo agradeció las palabras del presidente saliente con una sonrisa de apreciación, y un prolongado apretón de manos.

"Buena suerte, Ernesto", le había dicho Salinas, según funcionarios que estaban al lado. "Porque si al presidente le va bien, a México le irá bien."

Pero a Zedillo le fue miserablemente mal en sus primeras semanas de gobierno —y a México también. A los pocos días de su toma de posesión, México se hundió en una de sus peores crisis políticas y económicas de la historia reciente. Las luchas políticas internas de la elite gobernante se intensificaron peligrosamente; la fuga de capitales agotó las reservas internacionales del país; la bolsa de valores cayó un 44%; más de 500.000 personas tuvieron que ser despedidas de sus trabajos; y el nuevo presidente se vio obligado a anunciar una devaluación del 35% de la moneda que sacudió los mercados financieros de todo el mundo y obligó al presidente Clinton a anunciar un paquete de rescate de 50 mil millones de dólares —incluidos 20 mil millones de Estados Unidos— para hacer que México volviera a levantarse.

Hasta el Popocatepetl, el volcán al sur de la Ciudad de México que había permanecido inactivo durante mucho tiempo, empezó a lanzar enormes nubes de vapor y cenizas, trayendo a la memoria antiguas historias aztecas de que sus temblores presagiaban grandes desastres, y haciendo que las nuevas autoridades tuvieran que evacuar a más de 50.000 aterrorizados habitantes de pequeñas poblaciones al pie de la montaña. Por supuesto, ninguna persona sensata podía culpar a Zedillo por el volcán. En cuanto al resto, Zedillo era responsable sólo en parte. La crisis económica y política que arruinó sus primeras semanas en el cargo —y que condujo a su dramática ruptura con Salinas— había sido desencadenada por un crimen ocurrido el 28 de septiembre de 1994 en pleno centro de la Ciudad de México, y que había hecho tambalear al país apenas ocho semanas antes del cambio de gobierno.

Todo empezó cuando un joven de pantalones jeans desteñidos, camisa negra y zapatos tenis, llegó hasta el Hotel Casablanca y permaneció como media hora apoyado en la pared, pretendiendo estar leyendo un periódico. Para los cientos de personas que pasaban por allí rumbo a Sanborns, una de las tiendas más conocidas de México, el joven era prácticamente invisible, uno de los miles de campesinos pobres que vagaban por las calles de la ciudad más grande del mundo. Ciertamente nadie notó que, debajo del periódico, ocultaba una metralleta mini-Uzi de 9 mm.

Finalmente, su cómplice, parado al otro lado de la calle, hizo un gesto afirmativo con la cabeza. Era la señal que el hombre de los jeans desteñidos había estado esperando. Su blanco, un hombre de baja estatura con bigote, estaba saliendo de un edificio contiguo. Era José Francisco Ruiz Massieu, el secretario general del PRI, quien pasaría a ser el nuevo líder de la bancada mayoritaria en el Congreso cuando el nuevo gobierno tomara posesión. Pero lo que era aún más importante, era un amigo íntimo y ex pariente político del presidente Salinas, que aún le llamaba por su apodo, Pepe.

Al salir del edificio, Ruiz Massieu bromeó a los hombres que lo acompañaban que no podía llegar tarde a su próxima reunión, una junta con dos líderes políticos que no se querían nada, y que podían llegar a ahorcarse el uno al otro. "Tengo que interceder, por el bien del país", bromeó. Era la última broma que Pepe, conocido por su humor sarcástico, jamás haría. Aún riendo, cruzó la calle, y subió al asiento del conductor de un Buick gris estacionado en la acera, mientras sus guardaespaldas abordaban los vehículos de escolta detrás de él. El asesino, un campesino semianalfabeto de 28 años llamado Daniel Aguilar, cruzó tranquilamente hacia el coche. Eran las 9.32 de la mañana. Ruiz Massieu se había quitado la chaqueta, la había colocado en el asiento trasero, y puso en marcha el motor. En ese momento, Aguilar sacó la 9 mm de debajo de su periódico y soltó un disparo sobre su blanco en el asiento. La bala perforó el cuello de Ruiz Massieu y fue directamente al corazón. El secretario general del PRI moriría menos de una hora después en un hospital cercano. Minutos después del balazo, México estaba casi en el pánico. A fin de cuentas, este era el país que se había preciado durante décadas de ser la nación más estable de América Latina, la única que había permanecido inmune durante casi 70 años a la violencia política que tan frecuentemente había hecho tambalear a sus vecinos del sur, a un costo económico y humano tan alto. Lo que dejó a los mexicanos estupefactos tras el asesinato de Ruiz Massieu no era sólo la importancia de la víctima, sino el fenómeno de violencia que parecía estarse gestando en el país. En los últimos nueve meses, México había visto su primer levantamiento guerrillero desde la revolución de 1910-1917, y el primer asesinato de un candidato presidencial desde 1928. Antes del 28 de septiembre, había sido relativamente fácil creer que estas conmociones no estaban relacionadas entre sí: la rebelión zapatista había sido confinada a un remoto rincón del país arrasado por la pobreza, y el asesinato de Colosio parecía haber sido causado por un asesino solitario y perturbado. Pero esto ya era demasiado. Ahora, incluso los más escépticos empezaban a creer que —a pesar de todas los desmentidos del gobierno —una monstruosa conspiración estaba desestabilizando al país.

Casi todos tenían una teoría sobre el asesinato. ¿Habían sido grupos de oposición, tratando de desestabilizar a México? ¿Habían sido los carteles de la droga, vengándose del hermano de la víctima, un ex fiscal del gobierno que había prometido aplastar al poderoso cartel del Golfo? ¿Era un crimen pasional contra un hombre que, según era un secreto a voces en círculos políticos, era bisexual? ¿Habían sido los dinosaurios del PRI, deseosos de eliminar a Ruiz Massieu para detener la gradual apertura política del país?

Había una sola cosa en la que todos coincidían: si el asesinato había venido de la élite gobernante, la investigación iba a ser una farsa, como lo habían sido muchas otras en el pasado. Sin embargo, horas después de la muerte de Ruiz Massieu, un conmocionado presidente Salinas hizo un anuncio destinado a enterrar este temor: nombró a Mario Ruiz Massieu, un fiscal del gobierno y hermano del político asesinado, como investigador principal del caso. El mensaje era claro: esta vez, no se permitiría que el caso se desvaneciera en una nube de contradicciones, como había sucedido con el asesinato de Colosio. ¿Quién mejor que el hermano de la víctima, sangre de su sangre, para asegurar que no iba a haber un encubrimiento del gobierno? ¿Quién podía estar más decidido a encontrar a los autores intelectuales del asesinato y llevarlos a la justicia, sin importar cuan influyentes fueran?

Había otro hecho alentador, que diferenciaba este caso del de Colosio: Aguilar, el pistolero, estaba cooperando con la investigación. En su huida de la escena del crimen, había tropezado y dejado caer su Uzi, y había sido agarrado y sujetado en el suelo por un guardia bancario. A las pocas horas, había confesado todo, conduciendo a la captura inmediata de una docena de sus cómplices.

El Ruiz Massieu sobreviviente se sumergió en la investigación con un celo mayor de lo que cualquiera hubiera esperado. Día tras día, Mario anunciaba nuevos hallazgos en el caso, uno más sorprendente que el otro. La cadena acusadora empezó con Aguilar, el asesino material. Aguilar dijo que le habían prometido 16.000 dólares por el asesinato, y que quien lo había llevado al lugar del crimen era un nombre llamado Fernando Rodríguez. Rodríguez resultó ser el ayudante principal del diputado del

PRI Manuel Muñoz Rocha, un miembro relativamente oscuro del comité ejecutivo del partido. Cuando Rodríguez fue arrestado unos días después, confesó que había reclutado al pistolero "por órdenes directas" del diputado Muñoz Rocha. La cosa no terminaba allí: Muñoz Rocha, según reveló Mario, trabajaba para un influyente "grupo político" de línea dura del PRI, que se había propuesto detener las reformas democráticas de México y eliminar a personas que las estaban impulsando, como su hermano. Según la confesión de Rodríguez, Muñoz Rocha le había dicho una vez que Pepe era parte de "una lista de figuras políticas que tenían que ser eliminadas". Por primera vez en la historia reciente del país, los mexicanos estaban recibiendo pruebas de una conspiración para matar a un político importante, y la conspiración parecía venir del epicentro mismo del partido que se preciaba de haber mantenido la estabilidad de México durante casi siete décadas.

Pero abruptamente, la investigación de Mario tropezó con un obstáculo. Muñoz Rocha, la figura clave para señalar a los máximos autores intelectuales del crimen, desapareció. El 15 de noviembre, dos meses después de que empezara la investigación con tan buenas expectativas, Mario se presentaba ante las cámaras de la televisión para acusar ante el mundo que el PRI estaba bloqueando su investigación. "No existen las condiciones para avanzar, porque las investigaciones estaban siendo frenadas", diría más tarde en una carta pública de renuncia. "El pasado 28 de septiembre una bala mató a dos Ruiz Massieu: a uno le quitó la vida, y a otro le quitó la fe y la esperanza de que en un gobierno priísta se llegue a la justicia."

Era la primera vez en la historia reciente de México que un alto funcionario del gobierno había acusado públicamente a la dirigencia del PRI de corrupción y comportamiento criminal. Como virtualmente todos los que observábamos este drama, no pude dejar de sentir cierta simpatía por el valiente fiscal. Rara vez había visto algo así en México. Pocos lo habían visto.

Su denuncia provocó una crisis económica. Los inversionistas extranjeros salieron de estampida. Más de 1.5 mil millones de dólares abandonaron el país el día después de las denuncias de Mario, mucho más de lo que había sido retirado del sistema bancario tras los respectivos asesinatos de Colosio y Pepe Ruiz Massieu. La bolsa de valores cayó en picada. La economía había sido sacudida anteriormente con las noticias de los dos asesinatos políticos, pero este era el gran terremoto. El factor clave que había mantenido unido al sistema político durante décadas —la unidad monolítica del partido gobernante— estaba ahora hecho pedazos, y esto estaba ocurriendo poco antes de que un nuevo presidente tomara posesión. Las acusaciones de Mario eran vistas como el síntoma de guerra abierta dentro del PRI, precisamente el tipo de lucha brutal dentro de la elite gobernante que había desencadenado la Revolución Mexicana.

Fui a ver a Mario Ruiz Massieu en su casa unos días después de su dramático discurso en la televisión, excitado ante la perspectiva de entrevistar al hombre del día en México. El fiscal estaba protegido por más de una docena de guardas vestidos de civil, armados con metralletas y radios de mano. Era una casa espaciosa, pero nada especial comparada con las de muchos funcionarios mexicanos: no alcancé a ver muebles exóticos, ni valiosos murales, ni coches de lujo en la entrada. Era una casa que correspondía a la imagen de un funcionario público acomodado, pero no nadando en dinero. Comparada con otras, casi podía decirse que parecía la casa de un funcionario honesto.

Sentado en un sofá de cuero negro en la sala de estar, donde tenía miles de CDs de boleros y canciones románticas latinoamericanas perfectamente alineados en la pared en un mueble especial, Mario Ruiz Massieu recapituló su historia: poco después de haber sido nombrado por Salinas, había interrogado a Aguilar, el asesino, y obtenido los nombres de más de una docena de personas que habían participado en el asesinato. A diferencia del asesino de Colosio, un hombre joven retraído que insistía en que había actuado solo, Aguilar había resultado ser el sueño de un interrogador policial. Asustado por la gran ciudad y el ejército de investigadores oficiales que lo bombardeaban con preguntas, confesó todo.

En unos pocos días, Mario Ruiz Massieu había arrestado a 15 de sus cómplices, virtualmente todo el grupo de sospechosos en el caso, con la significativa excepción del diputado Muñoz Rocha, que aún estaba en libertad. Todos los detenidos habían contado la misma historia, dijo: habían estado trabajando para un "grupo político de alto nivel" que incluía al senador del PRI por Tamaulipas, Enrique Cárdenas, y al diputado del PRI, "El Meme" Garza, el dirigente en cuya casa yo había sido convidado con tamales de venado y cabrito salteado en leche traído en avión para la ocasión. Pero a pesar del testimonio de los conspiradores, el partido gobernante se había negado a despojar a los dos legisladores de su inmunidad legislativa. Es más, me dijo Mario Ruiz Massieu, la dirigencia del PRI se había negado incluso a despojar de inmunidad al diputado fugitivo Muñoz Rocha, y había hecho que el Congreso le concediera en cambio un permiso de ausencia.

Fue entonces cuando Mario perdió la paciencia, y acusó públicamente a los más altos dirigentes del PRI de estar "más preocupados por tratar de defender a criminales que por tratar de resolver el caso de su secretario general asesinado". El presidente del PRI había negado airadamente la acusación, y portavoces del gobierno habían empezado a hacer sugerencias en voz baja a los reporteros de que el fiscal estaba loco. Amarrado de manos, frustrado y enojado con el sistema, Mario renunció una semana después de difundir por los medios de comunicación su acusación al PRI.

Dadas las circunstancias, no me sorprendió que pareciera deprimido. Su voz era tenue y su rostro parecía una roca mientras describía los detalles de su confrontación con los todopoderosos dirigentes del PRI. "Desde el mismo momento en que dije al presidente del partido y al nuevo secretario general que la investigación conducía a figuras de alto nivel, empezaron a poner obstáculos en mi camino", me dijo. "Decían que esto iba a manchar la imagen del partido y a hacerle un daño irreparable."

"Les dije que los sospechosos no estaban siendo investigados en su condición de miembros del partido, sino como sospechosos en una investigación criminal. Pero ellos no lo veían así: decían que la percepción general seria que el crimen había provenido de los altos niveles del partido. Argumentaban que el testimonio de un trabajador agrícola semianalfabeto no era creíble, que no podíamos investigar a alguien como el senador Cárdenas basándonos en declaraciones de una persona como esa."

Su propio jefe, el entonces procurador general Humberto Benítez, era parte de la conspiración para encubrir el asesinato, dijo Mario. Pronto empezaron a desaparecer expedientes. Después, se le quitaron recursos para la investigación bajo diversas excusas burocráticas. Funcionarios claves de la fiscalía empezaron a faltar al trabajo, declarándose enfermos. Mario señaló que había llegado un punto en que ya no podía seguir librando una batalla solitaria contra el Estado. Había renunciado al PRI, y pronto empezaría una nueva carrera política con un partido de oposición. Comenzaría a escribir una columna semanal en el periódico independiente *El Financiero*, bajo el título "Los demonios andan sueltos y han triunfado". Luego, escribiría un libro titulado *Yo acuso*.

Cuando abandoné la casa de Mario Ruiz Massieu, no pude dejar de sentirme entusiasmado por el material que me acababa de dar. En más de tres horas de entrevistas grabadas, me había descrito en detalle —meses antes de que se publicara su libro— el funcionamiento interno de una conspiración de alto nivel para matar a su hermano y bloquear las reformas democráticas que este planeaba realizar. Era la historia de la década en México. Y la teoría de Mario sobre el crimen tenía perfecto sentido. Encajaba perfectamente con lo que su hermano me había dicho poco antes de ser asesinado.

Era un sábado por la mañana de julio de 1994, y "Pepe" Ruiz Massieu me había invitado a una entrevista-desayuno en su casa. Como su hermano, Pepe vivía en una casa cómoda pero no ostentosa, que como muchas en los barrios de clase media o más acomodados de la ciudad estaba escondida detrás de un enorme muro. Me recibió en su biblioteca, el lugar en el que parecía pasar la mayor parte de su tiempo. Era un cuarto oscuro amueblado al estilo inglés clásico, con libros que cubrían todas las paredes desde el techo hasta el suelo, y una escalerilla móvil enganchada a la biblioteca para poder alcanzar los estantes más altos.

Pepe se preciaba de ser la máxima figura intelectual del PRI. Abogado, había terminado estudios de posgrado en la Universidad de Essex en Inglaterra y había escrito varios libros sobre la historia política de México. Poco después de que un criado nos trajera café y empezáramos a hablar, me presentó con orgullo uno de sus últimos libros: *¿Nueva clase política o nueva política?*. A lo largo de la conversación, siguió remitiéndose al libro y apuntando con precisión frases claves como: "Estamos viviendo tiempos de transición, y el que no lo entienda se queda atrás".

Tal vez porque quería desprenderse de su imagen de gobernador "duro" del estado de Guerrero a fines de los años ochenta, quería establecer sus credenciales como un líder del ala reformista del partido. Pepe me explicó que en un momento de la historia de México, el país había estado decidido a realizar elecciones verdaderamente libres. Pero cuando subieron al poder las fuerzas comunistas y fascistas en Europa, el partido gobernante había cambiado de opinión y adoptado el credo del "fraude patriótico", por medio del cual —supuestamente para el bien del país— nunca permitiría que los candidatos de la oposición ganaran una elección. Ahora, dijo, el gobierno federal quería volver al antiguo ideario democrático, pero los gobiernos locales del PRI se resistían desesperadamente a perder ninguna cuota de poder. "En la mayoría de los gobiernos estatales, vivimos aún en la edad de piedra", me dijo. "El fraude patriótico es visto como una práctica honorable."

Pepe dijo que él creía que su misión en el congreso sería lograr que los caudillos del PRI en el interior del país entraran en el siglo XX. En retrospectiva, lo que me había dicho Pepe aquella mañana encajaba perfectamente con la teoría de su hermano de por qué lo habían asesinado: Pepe Ruiz Massieu había sido ultimado por caciques regionales reaccionarios y corruptos del PRI, a quienes había desafiado dentro del partido. Probablemente, había sido el "grupo político" que incluía a los legisladores de Tamaulipas que habían sido mencionados en las confesiones de los asesinos materiales.

Mi admiración por Mario Ruiz Massieu no iba a durar mucho. Tenía todo listo para empezar a escribir mi gran denuncia sobre la valiente batalla de Mario contra la corrupta elite gobernante de México unas semanas después de la toma de posesión de Zedillo, cuando fui sorprendido por un titular a cuatro columnas en el periódico: "Mario Ruiz Massieu huye de México. Arrestado en Newark."

Perplejo, corrí a mi computadora para conectarme con las agencias de noticias y revisar los ultimos cables. La noticia era más increíble que el guión de una novela policíaca: México estaba exigiendo la inmediata extradición de Mario Ruiz Massieu, porque había encubierto la autoria de Raúl Salinas de Gortari, el hermano del ex presidente, del asesinato de su propio hermano, decían las agencias de noticias. Según el nuevo fiscal mexicano que había reemplazado a Mario, Raúl Salinas había ordenado el asesinato de Pepe Ruiz Massieu por razones personales, una vendetta que había rematado años de desavenencias entre los dos ex cuñados.

No podía dar crédito a lo que estaba leyendo. ¿Cómo podía un hombre encubrir al asesino de su propio hermano? Sonaba como una campaña difamatoria del gobierno para desacreditar al hombre que había denunciado al PRI de bloquear su investigación. Pero, por otra parte, cuando Mario fue detenido, las autoridades norteamericanas le habían encontrado más de 7 millones de dólares en depósitos bancarios que había realizado en el Texas Commerce Bank de Houston. El dinero —una cantidad fabulosa para un funcionario que ganaba 70.000 dólares al año— había sido depositado entre marzo y noviembre de 1994, empezando varios meses antes de ser nombrado fiscal en la muerte de su hermano.

Los días siguientes hubo nuevas revelaciones sobre la fortuna de Mario: las autoridades le encontraron una casa de 700.000 dólares en Cuernavaca y dos residencias en Acapulco. ¿De dónde había sacado Mario Ruiz Massieu 7 millones de dólares? ¿Cómo podía haber amasado honestamente esa cantidad de dinero en un período de ocho meses?

10

La reunión secreta

"El Meme" Garza no parecía un hombre aterrado cuando nos encontramos para desayunar en el Hotel Sevilla Palace una mañana en que el escándalo político de Ruiz Massieu estaba en su apogeo. No le había visto desde el día en que me había invitado a comer a su casa y me había explicado —bajo la mirada vidriosa de su Gran Kudu— por qué los dinosaurios del PRI como él se oponían a los cambios políticos apresurados. Desde entonces, Mario Ruiz Massieu había denunciado al "grupo político" que había planeado el asesinato, y el nombre de El Meme había aparecido en titulares de primera plana como uno de los principales autores intelectuales de la muerte de Ruiz Massieu. Los enérgicos desmentidos de El Meme no habían llegado muy lejos: a lo sumo, algún periódico los había incluido en las frases finales de su crónica sobre el caso. El Meme estaba bajo un intenso escrutinio público, y era objeto de sospechas generalizadas.

Un viejo zorro político, El Meme le había puesto buena cara al mal tiempo. Entró en el comedor del hotel con una sonrisa en los labios, vistiendo un traje nuevo y una elegante corbata Hermes. Saludó a otros parroquianos como si no estuviera pasando nada, y me dio un afectuoso abrazo antes de sentarse a la mesa.

La historia de su supuesta vinculación con el asesinato de Ruiz

Massieu era ridícula, me dijo. Cualquier persona medianamente enterada sobre la política en Tamaulipas sabía que el senador Cárdenas y él, los dos supuestos líderes del "grupo político" que había ordenado el asesinato, eran enemigos encarnizados desde hacía mucho tiempo. El Meme explicó que los presos detenidos en el caso Ruiz Massieu habían sido inducidos por Mario a contar una historia que tenía fallas elementales. "Mezclaron el agua con el aceite", me dijo El Meme, siempre con una sonrisa. "Todo el mundo sabe que si el senador Cárdenas y yo hubiéramos matado a alguien, hubiera sido el uno al otro."

Si había una parte de mí que todavía sospechaba que Mario era la víctima de una enorme confabulación del gobierno y los dinosaurios del PRI para desacreditarlo, sufrió un duro desencanto unos días después. Fue cuando Pablo Chapa Bezanilla, el nuevo fiscal en el caso, me reveló nuevos detalles de la investigación que hacían parecer a Mario un personaje mucho más siniestro de lo que uno se pudiera haber imaginado.

Chapa Bezanilla, de 42 años, había trabajado como fiscal del gobierno los últimos 17 años. Un hombre canoso y de ojos azules, y de aspecto atlético —su afición era competir en triatlones de 20 kilómetros, que incluían tramos de correr, montar en bicicleta y nadar—, se parecía a Paul Newman en un rol de policía neoyorquino. El nuevo procurador general, Antonio Lozano Gracia, decía que lo había escogido porque quería un auténtico policía con larga experiencia en homicidios —más que un legalista— para manejar el caso.

En efecto, Chapa Bezanilla era más policía que abogado: un virtual desconocido en los pasillos del poder, se sentía más cómodo trabajando en la calle que en la oficina, y nunca salía a ningún lado sin su pistola Browning de 9 mm en el cinturón. Su especialidad desde hacía mucho tiempo eran los homicidios comunes, robos de tiendas y hurtos de residencias privadas. Uno de sus mayores orgullos era haber asistido a cursos de investigación criminal en la Academia del FBI en Washington y en el departamento de policía de Los Angeles.

Me invitó a sentarme en el sofá de su oficina y se acomodó una silla frente a un busto negro con una peluca en la cabeza que estaba junto a su escritorio. El busto tenía una cara conocida: era la estatua que había hecho la policía del desaparecido diputado del PRI Manuel Muñoz Rocha, con un tupé negro en lugar de su pelo blanco para imaginar mejor cómo se vería si estuviera disfrazado, en caso de que aún viviera. "Le llamamos Manolo", bromeó Chapa Bezanilla mientras acariciaba la cabeza del busto como si fuera una mascota. La historia que contó a continuación me dejó con la boca abierta.

Chapa Bezanilla dijo que había resuelto el caso de Pepe Ruiz Massieu —y descubierto las mentiras de Mario— investigándolo como si fuera un asesinato de rutina. En lugar de seguir el curso anterior de la investigación —tratando de encontrar al desaparecido diputado y hurgando en sus vínculos con el "grupo político" detrás de él, arriesgando llegar a un callejón sin salida si no se daba con él—, había decidido empezar de cero y hacer lo que hacen los policías al principio de cualquier caso de homicidio: averiguar a quién podría haber molestado la víctima en su vida profesional o personal, y quién podría haber deseado su muerte.

Los investigadores de Chapa Bezanilla entrevistaron a 18 parientes, amigos y aliados políticos de Pepe Ruiz Massieu, y todos habían señalado que la víctima tenía muy malas relaciones con Raúl Salinas de Gortari, el hermano del ex presidente, un hombre que según se sabía manejaba los negocios y misiones políticas más delicadas —y turbias— de Carlos Salinas. Haciendo a un lado temporalmente las investigaciones sobre El Meme y los otros políticos de la vieja guardia del PRI que había impulsado el fiscal anterior, los investigadores empezaron a mirar más de cerca a Raúl. Entre los testimonios que recogieron se cuentan los siguientes:

—Raúl, como el mayor de los hermanos Salinas, nunca había perdonado a Pepe por su desagradable divorcio de Adriana Salinas, su hermana, en 1978. La separación de la pareja se había desencadenado, decían los funcionarios de la fiscalía, cuando Adriana encontró a Pepe con un hombre en una situación comprometida. Después de meses de discusiones a menudo violentas, en las que Raúl y otros miembros de la familia Salinas decían que Adriana había sido golpeada por su marido, la pareja se divorció por mutuo consentimiento.

—Cuando la mayor de las dos hijas de Pepe y Adriana había cumplido 15 años, su padre le había regalado un viaje a Estados Unidos con él, mientras que su madre la había invitado a ir con ella a Europa. Se había producido una agria disputa familiar. Raúl Salinas intervino en favor de su hermana, pidiendo a Pepe que diera su autorización escrita para el viaje a Europa, sin la cual la chica no podía abandonar legalmente el país. Pepe se negó, y la muchacha terminó varada en México. Supuestamente, Raúl había comentado a sus amigos que nunca le perdonaría a Pepe haberle arruinado la fiesta a la niña.

—El hermano del ex presidente había tenido varios encontronazos con Pepe por motivos de negocios. En 1987, cuando Pepe iniciaba su período de seis años como gobernador del estado de Guerrero y Raúl trabajaba como administrador de un programa gubernamental de distribución de alimentos, el hermano del presidente había montado en cólera cuando su cuñado el gobernador le había negado a un empresario recomendado por él un lucrativo contrato para una planta de producción de alimentos de maíz.

Chapa Bezanilla me enseñó una copia de una carta que Pepe Ruiz Massieu había enviado al presidente Salinas entonces, contándole de una desagradable reunión que había tenido con Raúl por el proyecto de producción de alimentos de maíz. La carta, fechada el 19 de junio de 1987 y dirigida al presidente decía: "Estimado Carlos: El día de ayer me reuní con tu padre y tu hermano Raúl. Por lo que se refiere a este, no te puedo decir que haya sido agradable..."

—Raúl Salinas de Gortari había tenido desde hacía tiempo una relación profesional estrecha con el diputado fugitivo Muñoz Rocha, el hombre cuyo busto con peluquín descansaba sobre un estante junto al escritorio del fiscal. Ambos habían sido compañeros de estudios en la escuela de ingeniería de la UNAM hacía tres décadas, y Raúl había sido el principal protector político de Muñoz Rocha en los últimos años.

Mientras parientes y amigos de la familia Salinas contaban esas historias, los investigadores de la fiscalía habían encontrado otra prueba que vinculaba a Raúl con Muñoz Rocha, y a ambos con el asesinato. Una de las primeras llamadas telefónicas que el desaparecido diputado del PRI había hecho después de huir de la Ciudad de México el 28 de septiembre había sido a la casa de Raúl Salinas, según descubrieron los investigadores. Cuando los agentes de la fiscalía interrogaron a un amigo de Muñoz Rocha que lo había ayudado a esconderse de la policía los días después del asesinato, este admitió que había llevado al diputado en coche desde su escondite en el interior a la Ciudad de México. Cuando le preguntaron dónde había ido Muñoz Rocha, declaró: "A la casa de Raúl Salinas de Gortari". Asimismo, Raúl había estado haciendo llamadas telefónicas y celebrando reuniones secretas con altos miembros del partido gobernante antes de las elecciones de agosto, cabildeando para una promoción de Muñoz Rocha a candidato del PRI a senador o, si era posible, a gobernador de Tamaulipas.

Finalmente, Chapa Bezanilla había encontrado algo que ameritaba enfocar aún más la investigación sobre Raúl: poco después del asesinato, cuando se le había pedido rendir testimonio sobre Muñoz Rocha, el hermano del presidente había declarado bajo juramento que no había visto al diputado "en más de 20 años".

Era, obviamente, una mentira. Virtualmente todos los amigos y socios políticos de Raúl habían dicho a los fiscales que el diputado estaba en contacto permanente con Raúl, y que era uno de sus principales protegidos. Lo que Chapa Bezanilla aún no terminaba de entender era por qué los asesinos materiales nunca habían mencionado a Raúl: el fiscal había leído los testimonios de los 15 sospechosos en la cárcel, y no había encontrado ninguna referencia al hermano del presidente. Intrigado, el fiscal había decidido ir a la cárcel y hablar con Fernando Rodríguez, el ayudante de Muñoz Rocha. El fiscal concurrió al interrogatorio pensando que tendría que arrancarle la verdad al preso. Para su asombro, todo lo que tuvo que hacer fue preguntar.

"Le preguntamos quién era el jefe del diputado y nos dijo: Raúl Salinas de Gortari", recordó. Cuando Chapa Bezanilla preguntó al prisionero —y más tarde a los otros conspiradores— por qué nunca habían mencionado antes a Raúl Salinas, habían dado la respuesta más asombrosa: ¡Por supuesto que lo habían mencionado!

En algunos casos, los anteriores fiscales que los interrogaban les habían advertido que sería mejor para su propio bien quitar todas las referencias a Raúl Salinas de sus testimonios. A otros les habían vendado los ojos, y amenazado con el cañón de una pistola en la boca. A un preso se le dijo que su hija sería violada si no cooperaba. En otros casos, los presos que habían mencionado el nombre del hermano del presidente descubrieron luego que este había desaparecido misteriosamente de las transcripciones oficiales de sus testimonios que les fueron llevadas para que las firmaran.

Parecía una historia inventada, me dijo Chapa Bezanilla, pero había resultado ser en gran medida cierta: cuando sus ayudantes verificaron las grabaciones de los interrogatorios en la cárcel, encontraron varias referencias a Raúl Salinas de Gortari que faltaban de las transcripciones oficiales. "Mario Ruiz Massieu y su principal ayudante, Jorge Stergios, cambiaron el texto de los testimonios en la computadora y después forzaron a los prisioneros a firmar las copias alteradas de sus declaraciones", dijo Chapa Bezanilla. "Mario Ruiz Massieu inventó toda la historia sobre el 'grupo político' detrás del asesinato, y la escribió en los testimonios para desviar la atención pública de Raúl. Toda su campaña personal para acusar a la dirigencia del PRI de un encubrimiento, su columna 'Los demonios andan sueltos', su libro *Yo acuso*, todo fue una cortina de humo para ocultar la implicación de Raúl en el caso."

Dejé la oficina de Chapa Bezanilla con más preguntas que respuestas. No podía reconciliar la imagen del valiente fiscal dispuesto a desafiar a la todopoderosa clase gobernante mexicana que había conocido con el criminal de sangre fría que sus sucesores estaban describiendo. ¿Por qué diablos protegería Mario Ruiz Massieu al hombre que habría ordenado el asesinato de su hermano?

Resulta que los hermanos Ruiz Massieu, según me vine a enterar después, no siempre se habían llevado muy bien. Pepe, el mayor, siempre había sido la estrella de la familia, el brillante orador, el escritor prolífico, el político prominente. Mario se había quedado rezagado, un fiscal relativamente oscuro de quien se decía que debía sus mejores puestos —un cargo en la Secretaría de Gobernación y una temporada como embajador de México en Dinamarca a principos de los noventa— a la influencia de su familia.

Pepe y Mario Ruiz Massieu eran los mayores de cinco hermanos que venían de una familia de funcionarios públicos —su abuelo y su padre habían sido funcionarios del gobierno y su hermana Maricela era legisladora del PRI—, y compartían una trágica historia personal. Sus hermanos Wilfrido y Roberto habían sido asesinados a balazos en 1965 por el padre de una muchacha que tenía una relación amorosa con uno de los muchachos. Los dos jóvenes estaban arreglando el motor de su carro en la calle cuando apareció el furioso padre de la muchacha y los acribilló a balazos, causando su muerte instantánea. Poco después de la tragedia, Pepe, a los 24 años, se había casado con Adriana, hija del prominente político del PRI Raúl Salinas Lozano, y había empezado su brillante carrera dentro del partido.

Mario siempre había envidiado a su hermano, me señaló el fiscal. La envidia llevó al rencor. En cierto momento, las relaciones entre los dos hermanos habían sido tan malas que Pepe y Mario no se hablaron durante 12 años. Los nuevos fiscales me dijeron que, probablemente, el afecto de Mario por el dinero era mayor que el afecto por su hermano: tal vez protegió a Raúl por dinero, aunque gran parte de los 7 millones de dólares encontrados en el banco de Texas habían sido depositados antes del asesinato de Pepe. O, tal vez, Mario había accedido a encubrir a Raúl Salinas a cambio de un puesto importante en el gabinete de Zedillo. Hacia el final de la administración de Salinas, todo el mundo pensaba que el presidente saliente tendría una influencia extraordinaria sobre el nuevo gobierno, y que muchos de los futuros secretarios de Estado serían recomendados suyos.

Según Chapa Bezanilla y sus colaboradores, lo más probable era que en los días siguientes al asesinato, cuando los prisioneros empezaron a nombrar a Raúl Salinas de Gortari como el cerebro del crimen, Mario Ruiz Massieu —que según él mismo me había dicho hablaba con el presidente Salinas casi a diario— debía haberle dicho a Salinas: "Señor Presidente, tenemos un problema: su hermano mató a mi hermano".

"Nosotros creemos que Mario Ruiz Massieu se aprovechó de esta situación para obtener favores políticos", me dijo José Cortés Osorio, el principal asistente de Chapa Bezanilla. "Si asumimos que Mario Ruiz Massieu le dijo al presidente que Raúl había matado a su hermano, es probable que agregara: 'Yo lo puedo ayudar a usted, pero usted me tiene que ayudar a mí'".

Cuando se acercaba el día de la toma de posesión y cada vez era más claro que Mario no iba a ser nombrado procurador general, este imaginó que la mejor manera de protegerse —a falta de un alto cargo oficial— sería convertirse en un héroe de la oposición, señalaba el nuevo equipo de fiscales. Ahora los investigadores estaban buscando la fuente de los 7 millones de dólares de Mario en la cuenta bancaria de Texas. La presunción inicial era que se trataba de frutos de corrupción común, sin nada que ver con el crimen. En México, un viceprocurador como Mario tenía muchas posibilidades de enriquecerse. En primer lugar, podía vender puestos en las fiscalías regionales. En zonas claves del narcotráfico como Tamaulipas, donde los fiscales corruptos ganaban millones en sobornos por proteger a los líderes de los cárteles de la cocaina, un nombramiento en la fiscalía regional podía venderse en hasta por 1 millón de dólares, me explicaron los hombres de Chapa Bezanilla. También existían oportunidades de ganar millones en confiscaciones de drogas que no se reportaban, y cuyos cargamentos eran vendidos a otros cárteles. O quizá Mario tuviera vínculos directos con narcotraficantes, especularon los investigadores. Todo esto era posible, y hasta probable, señalaban.

El procurador general Lozano Gracia tenía ante sí una ingrata misión: informarle al presidente Zedillo que el cerebro del asesinato de Pepe Ruiz Massieu había sido el hermano del ex presidente. Era una acusación que Salinas, el hombre que había escogido a Zedillo para la presidencia, seguramente tomaría como un ataque personal contra él. A diferencia de los hermanos Ruiz Massieu, que habían estado distanciados entre sí, Raúl y Carlos Salinas eran más que hermanos. Los dos mayores de los cinco hijos del ex secretario de Industria y Comercio Raúl Salinas Lozano, eran inseparables.

Raúl, que como el primogénito llevaba el nombre de pila de su padre, era sólo un año y siete meses mayor que Carlos. De niños habían compartido el mismo cuarto, fueron a la misma escuela primaria y secundaria, tomaron clases de piano juntos, y hasta compartieron la carga de una tragedia que dejó profundas huellas en sus infancias: cuando Raúl acababa de cumplir cinco años y Carlos tenía tres, habían matado —junto con un amigo de ocho años— a la sirvienta de la familia.

Según los periódicos mexicanos del 18 de diciembre de 1951, los niños habían "ejecutado" a la muchacha de 12 años llamada Manuela con un rifle calibre 22 mm que su padre había dejado cargado en un armario. Las crónicas, que luego desaparecieron misteriosamente de las hemerotecas mexicanas cuando Salinas se convirtió en un prominente político, no dejaban bien en claro cuál de los niños había apretado el gatillo. Los niños habían estado jugando a la guerra, y como parte de su divertimiento habían condenado a Manuela a muerte. Le habían pedido que se pusiera de rodillas, y uno de ellos le había disparado.

"Cuando le preguntaron qué había pasado, Carlos dijo 'La maté de un balazo. Soy un héroe'", dijo el diario *El Universal* de ese día. El periódico *La Prensa* criticó "la irresponsabilidad de un padre de familia que, teniendo hijos menores de edad, dejó al alcance de sus manos un rifle calibre 22". Decía que la desesperada madre de los niños, la profesora Margarita Salinas Lozano, se había pasado el día y la noche en la delegación de policía junto a los niños, "que ignorantes por completo del intenso drama que protagonizaron, correteaban ayer tarde por los pasillos de la Octava Delegación".

Pero al final, la muerte fue calificada de accidental. Nunca se acusó a nadie, y la posterior destrucción o remoción forzosa de los viejos periódicos de las bibliotecas de todo México sembraría una nube de dudas, al punto de que pronto la gente se preguntaría si todo era un rumor o si el fusil había sido en efecto disparado. Durante la presidencia de Salinas, una elogiosa biografía del presidente escrita por el ex ministro del Interior de Nicaragua Tomás Borge, un frecuente beneficiario de la generosidad del presidente mexicano, relataba la historia, pero le atribuía el crimen al amigo de ocho años de los hermanos Salinas, a quien Borge describía como "el autor del accidente". Esta había sido la nueva historia oficial hasta que, una vez que Salinas dejó la presidencia, los viejos recortes de periódicos de la Ciudad de México comenzaron a salir a flote tan misteriosamente como habían desaparecido, y fueron reproducidos por los periódicos mexicanos.

De adolescentes, Raúl y Carlos habían tomado clases de equitación juntos, así como cursos de karate y de guitarra. Pasaban las vacaciones juntos todos los años en el rancho de su tío Alfredo en el estado norteño de Nuevo León, donde cazaban y se preparaban para competencias internacionales de equitación. Cuando Raúl terminó la preparatoria a los 17 años, su padre —entonces secretario del gabinete— había enviado a los dos hermanos y a su primo Guillermo, de 16 años, a un viaje a Estados Unidos y Europa.

Los tres visitaron Washington, Chicago, Boston, Nueva York, y de allí viajaron en barco a Londres, para continuar el viaje por Alemania, Dinamarca, Finlandia, Francia y la Unión Soviética. Con Raúl al volante de un Volvo que habían alquilado en España, los tres compartieron el tipo de aventuras juveniles que marcan a uno de por vida. De regreso en México, fueron a la universidad —Raúl a estudiar ingeniería, Carlos economía— y fueron aceptados juntos en el equipo nacional de equitación, con el que representaron a su país en una competencia en el Madison Square Garden de Nueva York y en los Juegos Panamericanos de 1971 en Cali,

Colombia. Cuando Carlos se graduó en la UNAM, no dedicó su tesis a sus padres, sino a su hermano mayor. Su dedicatoria decía, "A mi hermano Raúl, compañero de cien batallas."

Raúl no parecía resentir la extraordinaria carrera de Carlos en el gobierno: en realidad, siempre lo había apoyado. El hermano mayor se ocupó de realizar las misiones políticas y comerciales más confidenciales para el presidente —a veces bajo una identidad ficticia, como cuando viajaba al extranjero con un pasaporte que había obtenido con su foto y el nombre falso de Juan Guillermo Gómez Gutiérrez— y se encargó de los asuntos de la familia.

Cuando Adriana se había quejado a sus hermanos de que Pepe Ruiz Massieu la maltrataba, y les comunicó que quería divorciarse de él, había sido Raúl quien se hizo cargo del asunto y le brindó protección y asesoría legal. En los asuntos familiares, el hermano mayor, que había conducido el Volvo alquilado de los muchachos durante su viaje por Europa en los años sesenta, aún estaba al timón treinta años después.

"Eran mucho más que hermanos", me comentó un ex secretario del gabinete de Salinas que se contaba entre sus mejores amigos. "Eran mejores amigos."

De manera que cuando el procurador general Lozano Gracia entró en el despacho de Zedillo en el palacio presidencial y depositó sobre su escritorio una gruesa carpeta que contenía las acusaciones contra Raúl Salinas, el presidente no pudo sino sentirse conmocionado, me relataría más tarde el propio procurador general. Pero Zedillo no podía dar marcha atrás: había prometido al país en su discurso inaugural que convertiría a México en un país de leyes, y que acabaría con la impunidad que muchos miembros corruptos de su partido habían disfrutado durante décadas. Aun cuando pudiera estar tentado de no enfrentarse a los Salinas, el presidente estaba siendo presionado a actuar por un procurador general de oposición, que podía volverse en contra suyo en el futuro y acusarlo de encubrir al ex presidente. Además, el gobierno de Zedillo estaba asediado por problemas económicos, y necesitaba urgentemente un tema político galvanizador para restaurar su popularidad.

Después de escuchar con cara de palo el informe del procurador general, Zedillo se quedó callado unos segundos. Después, según Lozano Gracia, le miró a los ojos y dijo, "¡Conforme a derecho. Proceda!".

Zedillo enfrentaba una tarea aún más ingrata: informar al ex presidente Salinas, su antiguo jefe y el hombre a quien debía su carrera, que estaba a punto de detener a su hermano. El trato de Zedillo con Raúl había sido siempre distante, pero el nuevo presidente aún conservaba una relación amistosa con su antecesor. El día de su toma de posesión, después de recibir de Salinas la banda presidencial, Zedillo había intercambiado unas palabras amistosas con su ex jefe al salir del edificio del Congreso, desde donde Salinas había ido a un cementerio capitalino donde se le había visto pararse en silencio —con lágrimas en los ojos— frente a la tumba de su madre. Desde entonces, sólo habían hablado una vez por teléfono, el 24 de diciembre, cuando Salinas había llamado a Zedillo para desearle a él y a su familia una feliz Navidad. Actuar en contra de Raúl no sólo destruiría lo que quedaba de su relación personal con el ex presidente, sino que acabaría con la tradición política más antigua de México: la regla sagrada por la cual el presidente entrante siempre cubría las espaldas del saliente. Zedillo estaba a punto de entrar en una tierra incógnita.

Zedillo optó por no llamar a Salinas: no había mucho que pudiera decirle a manera de apoyo sin comprometer su propia posición. Mandó a un representante. Como a las 11 de la mañana del 28 de febrero de 1995, un enviado del gobierno —el ex jefe de seguridad y secretario de Trabajo Arsenio Farell, quien era amigo mutuo de Zedillo y Salinas— visitó al ex presidente Salinas en su casa de la Ciudad de México y le dio las malas nuevas: una gruesa carpeta con supuestas pruebas de la implicación de su hermano Raúl en el asesinato. Para entonces, docenas de francotiradores del gobierno habían tomado discretamente posiciones alrededor de la casa de Adriana Salinas, donde estaba parando Raúl.

Al recibir la carpeta, el ex presidente —quien hacía apenas unas horas había regresado de una gira mundial para promover su candidatura a la Organización Mundial de Comercio— estalló de ira. ¡Era una injuria! ¡Era totalmente ultrajante! ¡El gobierno no podía hacer esto!, protestó.

Unas tres horas después, Salinas inició el contraataque. Si Zedillo estaba dispuesto a romper las reglas del juego, también lo estaba él. Exactamente a los 2.45 de la tarde, Salinas llamó al noticiero ECO de Televisa, preguntó por Abraham Zabludovsky y le dijo: "Por favor, póngame al aire". A los pocos minutos, Salinas estaba haciendo conocer su indignación a toda la nación, en una ruptura sin precedentes con la antigua tradición política mexicana según la cual los presidentes desaparecían del escenario público apenas dejaban su puesto. Dicho voto de silencio había sido una clave del éxito del partido gobernante a lo largo de los años. Como reacción a los treinta años en el poder del ex dictador Porfirio Díaz, las fuerzas revolucionarias victoriosas habían prohibido constitucionalmente la reelección de los ex jefes de Estado. Después de que los primeros presidentes posrevolucionarios intentaron gobernar tras bambalinas después de haber abandonado el cargo, el partido gobernante los había condenado a ellos y a sus sucesores al ostracismo político. En el mejor de los casos, se les enviaba al extranjero, a alguna embajada que no diera mucho que hablar.

El ex presidente López Portillo, quien todavía era recordado por haber prometido defender el peso mexicano "como un perro" y luego ordenar una devaluación masiva, había pasado el resto de su vida en su casa y soportado calladamente la humillación de los ladridos burlones con que era saludado cuando iba a los restaurantes en la Ciudad de México. El presidente Luis Echeverría se había tragado estoicamente su indignación cuando fue nombrado a un cargo que el anuncio oficial describía como embajador en Australia "y las islas Fiji", cosa de que no le entraran dudas de que se le quería tener lo más lejos posible de México. Pero, de pronto, el código de conducta política de México había sido hecho añicos. Salinas salió a hacer públicas sus quejas, insinuando que tenía suficiente información —y contactos— para desacreditar a la nueva administración.

"No puedo aceptar dejar pasar esas afirmaciones ni siquiera como insinuaciones", dijo Salinas refiriéndose a los informes periodísticos que citaban a funcionarios del gobierno diciendo que el ex presidente había descarrilado intencionadamente la investigación del caso Colosio. "Con toda firmeza las rechazo y exijo de la autoridad competente una aclaración satisfactoria."

Acto seguido, golpeó a Zedillo donde más le dolía a este: la debacle económica de hacía unas semanas. "Por la terrible devaluación de diciembre, miles de personas han perdido su empleo, muchas empresas están en riesgo de quiebra y... también se ha lastimado la imagen de México ante el mundo." Salinas rechazaba que él pudiera haber sido responsable por la devaluación, señalando que la culpa era de "los errores que se cometieron en diciembre", o sea después de que Zedillo tomara posesión.

A esa altura del día, los más de setenta agentes de la policía judicial federal y de la guardia presidencial, con sus uniformes negros y sus chalecos antibalas, ya habían tomando posiciones alrededor de la casa de Adriana Salinas. Al ex presidente sólo le quedaba la esperanza de que la orden de arresto contra Raúl que llevaban consigo fuera una iniciativa personal del nuevo procurador general, no aprobada por el nuevo presidente, y que la posibilidad de una confrontación entre los dos convoyes armados forzara a Zedillo a encontrar una solución intermedia. La batalla había sido evitada a último minuto, gracias a la enérgica orden del general Miranda por el sistema de radio de la guardia presidencial.

Dos días después, un ama de casa en un barrio humilde de la ciudad industrial norteña de Monterrey se llevaría la sorpresa de su vida. A eso de la 1 del mediodía, poco después de que le hubieran avisado por teléfono que el ex presidente Salinas tal vez pasara por su casa —una modesta construcción en una calle de tierra transitada principalmente por bicicletas y carretas tiradas por burros— oyó que llamaban a la puerta. Era un Salinas demacrado, sin afeitar y con una chaqueta de cuero negro, que se encontraba frente a ella pidiéndole asilo.

La mujer, Rosa Coronado, era al igual que la mayoría de sus vecinos una ferviente partidaria de Salinas, y la organizadora local del programa de Solidaridad del ex presidente. Este era territorio de Salinas: la calle de la parte de atrás de la casa de Coronado se llamaba Avenida Solidaridad, y muchos de los residentes de la zona se habían beneficiado en los últimos años del programa social del gobierno. Horas antes, habían escuchado la noticia de que Salinas iba a iniciar una huelga de hambre para recuperar su honor y el de su familia, y no le habrían de negar su apoyo.

Poco después de la detención de Raúl, el ex presidente había dicho en una entrevista telefónica con Tim Golden del *New York Times* que estaba "completamente convencido de la inocencia de Raúl". Para dramatizar su protesta, Salinas iba a viajar a Monterrey en el jet privado de un empresario amigo y montar su huelga de hambre rodeado de sus seguidores en la humilde casa de Coronado, en la calle Tritón 8716. El 3 de marzo de 1995, diciendo que no había comido nada sólido durante más de un día, Salinas empezó a recibir a grupos de periodistas en la pequeña recámara de los hijos de la dueña de casa. Había sólo una cama doble, una silla metálica, una mesita de noche, una bandera mexicana y en la pared fotografías de la señora Coronado con Salinas cuando este era presidente.

Era un espectáculo escalofriante: hasta hacía unas pocas semanas, Salinas había sido el héroe de la apertura económica de América Latina, el favorito de Wall Street y el principal aspirante, respaldado por Estados Unidos, a dirigir la Organización Mundial de Comercio. Ahora, era un hombrecillo extenuado, sentado en una cama, diciendo a los reporteros que acababa de presentar una queja ante la Comisión Mexicana de Derechos Humanos. Se había convertido en el personaje central de un melodrama no muy diferente a las telenovelas que mantenían pegados a sus televisores a millones de mexicanos noche tras noche.

Pero el ayuno de Salinas no duró mucho: otro amigo mutuo de Salinas y Zedillo, el secretario de la Reforma Agraria Arturo Warman, fue enviado de urgencia a Monterrey a tratar de convencer al ex presidente de que volara de regreso a la capital. Sus demandas de que el gobierno emitiera una declaración eximiéndolo de cualquier responsablidad en el caso Colosio y en la devaluación del 20 de diciembre serían tomadas en cuenta, se le dijo. La misión de Warman no era únicamente un acto de compasión. El pánico había cundido en el palacio presidencial de Los Pinos: por lo menos dos ex secretarios de Salinas habían llamado agitadamente a los dos principales ayudantes de Zedillo, el jefe de gabinete Luis Téllez y el secretario privado del presidente, Liébano Sáenz, que Salinas estaba tan perturbado que podría "cometer alguna locura", como suicidarse. Era un nuevo escándalo que México no se podía permitir. Warman y Salinas regresaron a la capital a principios de la tarde a bordo del mismo avión que había llevado al ex presidente a Monterrey.

Según la oficina de prensa de la presidencia, Zedillo y Salinas nunca hablaron en aquella ocasión. Un vocero del presidente, que me pidió que no mencionara su nombre —quizá porque sabía que me estaba diciendo una mentira—, me aseguró meses después que la última vez que Zedillo había hablado con Salinas había sido el 24 de diciembre, cuando el ex presidente.lo había llamado para desearle una feliz Navidad.

En realidad, Salinas y Warman se habían dirigido directamente del aeropuerto de la Ciudad de México a la casa del ex jefe de seguridad Farell en la calle Fuente de Diana en el barrio de Tecamachalco, donde tuvo lugar una reunión secreta con Zedillo poco después de las 8 de la tarde. Zedillo llegó a la mansión pocos minutos después que su predecesor, acompañado por su jefe de gabinete Luis Téllez y su escolta militar. Mientras Téllez, Farell y otros dos altos funcionarios esperaban en una sala contigua, el presidente y Salinas sostuvieron una larga reunión privada. Según los colaboradores de Zedillo, Salinas reiteró las demandas que había hecho los días anteriores: que el gobierno hiciera una declaración pública eximiéndolo de cualquier culpa en el caso Colosio y en la devaluación de diciembre. Extrañamente, no mencionó el caso de su hermano Raúl, tal vez porque ningún funcionario del gobierno hasta ese momento había vinculado al ex presidente con el crimen supuestamente ordenado por su hermano. Tras una larga conversación, Zedillo y Salinas salieron de la habitación. En sus rostros había signos de tensión, pero no de hostilidad. Se despidieron afablemente, deseándose buena suerte, se dieron la mano, y partieron en diferentes direcciones.

Si Zedillo y Salinas acordaron en esa reunión nunca divulgada que el ex presidente sería puesto a salvo de cualquier acusación del gobierno a cambio de su exilio voluntario —y su silencio— no fue revelado ni siquiera a los ayudantes más cercanos de ambos hombres.

"No hubo ningún acuerdo en ese sentido ante el resto de nosotros, pero lo que hablaron los dos presidentes en privado, no tengo manera de saberlo", me dijo después uno de los funcionarios que esperaban en la sala contigua. Cuando le pregunté a Zedillo sobre lo que se habló en aquella conversación privada entre los dos presidentes, me envió su respuesta a través de su secretario privado, Liébano Sáenz: "Yo nunca he hecho ningún acuerdo con el ex presidente", dijo Zedillo. "Me limité a decirle que había una acción penal muy específica contra su hermano Raúl, y que actuaría la autoridad competente con estricto apego a la ley."

Pero lo que sucedió después de que Zedillo y Salinas abandonaran la casa de la calle Fuente de Diana plantea serios interrogantes acerca de si eso fue todo lo que se habló. Entre todas las versiones contradictorias sobre lo ocurrido en esa ocasión, había sólo tres hechos indisputables. Uno: el gobierno de Zedillo emitió una declaración horas después, eximiendo a Salinas de cualquier responsabilidad en el caso Colosio, y atenuando sus críticas al gobierno anterior por la devaluación de diciembre. Dos: aquel mismo domingo, Salinas partía silenciosamente a los Estados Unidos, comenzando lo que sería un largo destierro en Nueva York, Canadá, y Cuba. Tres: la oficina de prensa del gobierno seguiría aduciendo que Zedillo y Salinas no se habían encontrado, y que no habían hablado desde aquella llamada de felicitación navideña del ex presidente un mes antes.

El procurador general Lozano Gracia, el joven y ambicioso político de oposición que había sido invitado a integrar el gabinete de Zedillo, me recibió en su despacho unos días después de que Salinas abandonara el país. Era —como Mario Ruiz Massieu había sido apenas unos meses antes— el hombre del día. Varios periódicos mexicanos y hasta en el *New York Times* acaba de publicar largos reportajes sobre él, mostrándolo como el hombre que estaba desenredando los recientes asesinatos políticos del país a una velocidad récord. Como el primer miembro del PAN en ocupar un alto puesto de gobierno, parecía decidido a sentar un ejemplo de integridad en un medio notablemente corrupto. Era objeto de elogio unánime, excepto por sutiles comentarios de funcionarios gubernamentales del PRI, que señalaban a los reporteros con un toque de cinismo que Lozano había cambiado el logotipo de la oficina del procurador general por otro con los colores blanco y azul: los mismos del PAN.

Le pedí que me aclarara algunas de las muchas dudas que me quedaban sobre el caso Ruiz Massieu. El gobierno decía que el diputado fugitivo Muñoz Rocha había hecho una llamada telefónica a Raúl Salinas la noche del crimen, y que lo había visitado al día siguiente. ¿No podía ser que Muñoz Rocha estuviera buscando ayuda de su viejo y poderoso amigo, sin que este último tuviera nada que ver con el crimen? En cuanto a Raúl Salinas mintiendo sobre no haber visto al desaparecido diputado en 20 años, esto equivalía a un delito de perjurio, ¿pero acaso era una prueba de asesinato? Y el testimonio de los presos mencionando a Raúl Salinas como el verdadero autor intelectual del crimen, acaso no eran rumores de oídas, cosas que habían oído decir al diputado desaparecido? ¿Y suponiendo que Muñoz Rocha les hubiera dicho eso, acaso no podía ser que estuviera inventando la historia, para tranquilizar a sus cómplices?

El procurador general asintió con la cabeza, aceptando todas estas posibilidades. Lo que yo no sabía, dijo, era que había otras pruebas que el gobierno mantenía en secreto, y que apuntaban a la culpabilidad de Raúl. Había un guardia de seguridad en la residencia de Raúl que había recibido llamadas de Muñoz Rocha, y otros testigos que habían visto a ambos hombres juntos pocos días antes del asesinato. Y Fernando Rodríguez, el asistente del diputado prófugo, había demostrado poseer información sumamente confiable sobre la implicación de Raúl en el asesinato. "Estamos hablando de una persona que era la mano derecha de Muñoz Rocha, a quien su jefe mantenía constantemente al tanto de cómo iban las cosas", me dijo el procurador general, refiriéndose a Fernando Rodríguez. "Su información, hasta donde hemos podido verificar, es confiable."[1]

Pero el gobierno de Zedillo había decidido aceptar sólo parte del testimonio "confiable" de Fernando Rodríguez. El prisionero había hecho otras declaraciones, más explosivas, que la oficina de Lozano Gracia rehusó mostrarme a pesar de sus promesas iniciales de hacerlo, y que el gobierno no dio a conocer oficialmente. Así como Mario Ruiz Massieu había desviado la investigación de Raúl Salinas, el nuevo procurador general daba la impresión de estar evitando una investigación exhaustiva del ex presidente Salinas. Quizá fuera por un pacto surgido de la reunión entre Zedillo y Salinas, o quizá porque el gobierno consideraba que el país estaba ya demasiado conmocionado para asimilar un nuevo escándalo político.

Entre las partes del testimonio de Fernando Rodríguez que no se hicieron públicas en su momento se encontraban las siguientes:

- La decisión de matar a Pepe Ruiz Massieu se había tomado en marzo de 1993, en una reunión de la familia Salinas en presencia del presidente Carlos Salinas, Raúl Salinas, Adriana Salinas y su padre Raúl Salinas Lozano. Muñoz Rocha había dicho después a Fernando Rodríguez que

---

1 Meses después de las entrevistas del autor con Lozano Gracia y Chapa Bezanilla, los fiscales del gobierno encontraron a una testigo clave contra Raúl Salinas: María Bernal, una española con la que Raúl tenía una relación extramarital, que dijo que le había oído decir que estaba planeando matar a Pepe Ruiz Massieu. María Bernal se convirtió en la testigo estrella de la parte acusadora hasta que se informó que había intentado extorsionar dinero de la familia Salinas para permanecer callada.

la familia había decidido "eliminar" a Pepe Ruiz Massieu "porque aunque compartía los objetivos de modernización del país, representaba un obstáculo para el fin último del proyecto de la familia Salinas: seguir ejerciendo el poder aunque ya hubiese concluido el mandato de Carlos", según el testimonio de Fernando Rodríguez registrado en los tribunales. Pepe se había convertido en un incondicional de Zedillo, y en su nueva condición de estratega para el nuevo presidente probablemente no aceptaría interferencias de la familia Salinas.

- Los fondos para el asesinato de Pepe Ruiz Massieu "provenían directamente de la oficina del presidente, a través de su secretario privado" Justo Ceja, dijo Rodríguez. "Vi que el señor Justo Ceja, secretario privado del entonces presidente Carlos Salinas, llegaba de las oficinas de la presidencia con sendas bolsas de dinero a la casa de Raúl Salinas, donde ahí se le entregaban a Muñoz Rocha", había testimoniado Rodríguez. Por lo menos 300.000 dólares se le habían dado a Muñoz Rocha de esta manera, dijo.

- El hombre que había informado a Muñoz Rocha sobre los movimientos diarios y el programa de actividades de Pepe Ruiz Massieu —incluido su desayuno con diputados del PRI, que no era un evento público— era Ignacio Ovalle, un ex funcionario del Consejo Político Nacional del partido, dijo Rodríguez.

Lozano Gracia me confirmó que el prisionero había declarado que se había hecho un pago parcial 75.000 dólares de la oficina del presidente a Raúl para el asesinato, pero inmediatamente restó importancia al asunto. "Puede que sea verdad o no", dijo el procurador general. "Que Raúl haya obtenido dinero de la oficina del presidente es indebido, pero podría haber estado destinado a una serie de fines, dados los estrechos vínculos entre Raúl y el presidente." Lozano Gracia agregó que sus investigadores habían interrogado al ex secretario privado de Salinas y él había negado los alegatos del prisionero.

Percibiendo que Lozano Gracia estaba tratando de desviarme de las afirmaciones del prisionero de que el financiamiento del crimen había salido de la oficina de Salinas, insistí: Supongamos que usted tenga razón, y que Raúl Salinas haya sido la cabeza del plan para asesinar a Pepe Ruiz Massieu. ¿Cómo podría no haberlo sabido el entonces presidente Salinas, cuando Raúl era su compañero del alma? Y suponiendo que Salinas no lo sabía en el momento del asesinato, ¿cómo podría no haberlo sabido después, cuando estaba siendo informado casi a diario por el procurador Mario Ruiz Massieu? Además, el propio Mario había admitido después de su renuncia, al ser interrogado por los nuevos fiscales del gobierno, que en efecto había informado a Salinas el 18 de octubre, menos de un mes después del asesinato, de que algunos de los prisioneros estaban mencionando el nombre de Raúl. ¿Estaba Mario mintiendo también en eso?

Lozano Gracia se rió y levantó las cejas, como diciendo que esa era la pregunta obvia que todos a su alrededor se estaban haciendo. "Aha, puede ser. ¿Quién podría decirlo?", dijo, como deseoso de pasar al siguiente tema. "¿Hubo un acuerdo [entre el presidente y el procurador] para proteger a Raúl? ¿A cambio de impunidad? ¿Porque estaban metidos en lo mismo? Podría haber sido cualquiera de estas posibilidades. Lo único que sé seguro es que se cometió un crimen, y que Mario Ruiz Massieu borró el nombre de Raúl de las declaraciones de los testigos."

¿Podía Raúl Salinas haber actuado solo, sin que su hermano lo supiera? ¿Era esto posible, dada la cercanía de ambos hermanos?

No era descartable. Raúl Salinas estaba tan acostumbrado a la impunidad que había gozado por tanto tiempo —al igual que los demás miembros de la camarilla gobernante— que podría haber concebido el asesinato sin siquiera imaginarse que algún día podría ser declarado culpable del mismo. Tal vez, el poder y la riqueza le nublaron la vista. La fortuna de Raúl era inmensa, como lo descubrieron los mexicanos varios meses después de su arresto. En noviembre de 1995, su esposa Paulina Castañón fue detenida por las autoridades suizas en Ginebra mientras trataba de retirar fondos de una cuenta de 83.9 millones de dólares abierta por Raúl bajo su falsa identidad de Juan Guillermo Gómez Gutiérrez. Pero la fabulosa suma —confiscada por las autoridades bancarias suizas en el curso de una investigación sobre lavado de dinero— era sólo una parte de la fortuna de Raúl. Pronto se reveló que el hermano presidencial también tenía docenas de millones escondidos en bancos norteamericanos, ingleses, alemanes y del Caribe, así como por lo menos 12 compañías de bienes raíces y construcción y más de 45 propiedades —incluidas varias mansiones y ranchos— por todo México. Gran parte de su fortuna había sido amasada a fines de los ochenta y en los noventa, cuando Raúl trabajaba como administrador del programa de distribución de alimentos del gobierno, y más tarde como funcionario del programa social Solidaridad. En esa época, Raúl estaba declarando al gobierno mexicano un ingreso máximo de 190.000 dólares al año, según la oficina del procurador general.

Era concebible que Raúl Salinas, en su omnipotencia, hubiera inconscientemente saboteado a su hermano menor, quien al fin de cuentas lo había desplazado de su rol original de abanderado de las esperanzas políticas de la familia. En efecto, ambos hermanos siempre habían estado muy cerca, pero era igualmente importante recordar que Raúl era el primogénito, el que llevaba el nombre del padre, y el que había sido el elegido de la familia para hacer una carrera política. Al conspirar para matar a Ruiz Massieu, Raúl podría haber pensado que estaba ayudando a su hermano y a los intereses de la familia, aunque en la práctica lo estuviera destruyendo.

"En el fondo, Raúl sentía un gran resentimiento hacia Carlos", me dijo el doctor Sergio Sánchez Pintado, un teniente coronel retirado del ejército y conocido psiquiatra y psicoanalista, que se contaba entre quienes se inclinaban por esta teoría. "Puede que Raúl le haya pasado la factura inconscientemente."

Muchos de los que creían que Carlos Salinas no podía haber ignorado la supuesta conspiración de su hermano argumentaban que el asesinato de Ruiz Massieu —igual que el de Colosio— era parte de un intento del presidente por prolongar su gobierno más allá de su sexenio. Según decían, Carlos había dado la luz verde para ambos crímenes para crear un clima de caos que le permitiera declarar un estado de emergencia, y permanecer en el poder unos cuantos años más, o bien lo había hecho porque Colosio no había accedido a allanarle el camino para que volviera al poder en el año 2000.

El principal argumento de quienes sospechaban de Carlos Salinas era que el ex mandatario había intentado cambiar la Constitución mexicana para permitir la reelección presidencial, como lo habían hecho recientemente sus contrapartes Carlos Saúl Menem de Argentina y Alberto Fujimori de Perú. Un importante ex secretario del gabinete de Salinas me señaló que este último, en conversaciones privadas con sus principales colaboradores, se había resistido firmemente en 1992 a negar sus intenciones de ser reelecto. Los periódicos mexicanos habían publicado numerosos artículos criticando al presidente por estar trabajando en su reelección, y sus asesores le habían pedido que sacara un enérgico desmentido —cosa que el presidente se negó a hacer—. Más tarde, Salinas —que se había vuelto cada vez más maquiavélico al final de su período— había dado un empujón político extraordinario a Camacho, el negociador de la paz en Chiapas, a costa de la incipiente candidatura de Colosio. Finalmente, el presidente le había dado aire a la candidatura del candidato del PAN Fernández de Cevallos en su carrera contra Zedillo. Salinas obviamente quería que los candidatos del PRI ganaran por un margen muy estrecho, cosa de que su sucesor fuera un presidente débil y el ex presidente permaneciera en el centro de la vida política del país como un árbitro de última instancia de los grandes asuntos nacionales.

Carlos Salinas desechaba estas acusaciones como absurdas. Lo que en realidad estaba pasando en México, aducía, era una feroz batalla política en la que los dinosaurios que se oponían a sus reformas económicas

—encabezados por el ex presidente Luis Echeverría— estaban tratando de desestabilizar el país. "Nada de lo que ha pasado en México este año es ajeno a la tremenda lucha por el poder. Lo que ha estado en juego aquí es qué tipo de proyecto nacional prevalecerá", escribió Salinas desde el exilio reaccionando a las crecientes acusaciones en su contra en los medios de comunicación. "Durante mi mandato, tuve que afectar muchos intereses para poder llevar a cabo aspectos clave de la apertura política y económica...La reacción de los grupos afectados fue tremenda... En septiembre de 1995, el señor Echeverría declaró públicamente que se oponía a la política [de libre mercado de la administración de Salinas] de liberalismo social, y a lo que él describía como la posibilidad de que fuera llevada a cabo por otro sexenio. Parecería que para él y para otros, la candidatura de Luis Donaldo Colosio representaba precisamente la posibilidad de que el modelo de liberalismo social permaneciera."

La explicación de Salinas servía a sus propios intereses y estaba dirigida a desplazar el centro de la disputa al ámbito ideológico, donde él representaba —al menos a los ojos del resto del mundo— a las fuerzas de la modernización. Pero por otra parte, la teoría de que había ordenado los asesinatos como parte de un plan para permanecer en el poder tenía muchas fallas. Salinas no había usado la oportunidad del asesinato de Colosio para posponer las elecciones, ni había aprovechado el asesinato de Ruiz Massieu para posponer la toma de posesión de Zedillo. Y varias personas que lo habían visto los días siguientes a los asesinatos me dijeron que el presidente estaba anonadado, un hombre personalmente destruido por su pérdida repentina de prestigio internacional y, posiblemente, su lugar en la historia. Muy probablemente Carlos Salinas no era extraño a los sospechosos tratos de negocios de su hermano, de los que había sido alertado por varios ayudantes. ¿Pero por qué habría ordenado los asesinatos que destrozaron su presidencia? No parecía plausible.

Semanas después, cuando Raúl Salinas estaba entrando en lo que prometía ser un largo juicio reclamando que era víctima de persecución política, me senté con todos mis cuadernos de notas y grabaciones y traté de encontrar un sentido a todo el escándalo Ruiz Massieu. Había acabado con una docena de cuadernos de notas llenos de entrevistas y sentimientos encontrados respecto al resultado del juicio.

Tal vez el caso Ruiz Massieu significara la primera vez en la historia reciente del país que la verdad finalmente había salido a la luz. El gobierno de Zedillo estaba bajo una presión social sin precedentes para convertir a México en un país de leyes y era posible que hubiera dado un paso dramático para acentuar su resolución de poner fin a la larga impunidad gozada por los políticos mexicanos.

Pero México también era un país de humo y espejos, donde los héroes de ayer son los villanos de hoy, y los paladines de la justicia hoy pueden ser los rufianes de mañana. Tal vez los nuevos fiscales estaban protegiendo a otra persona poderosa, del mismo modo que los anteriores habían protegido a Raúl Salinas. Sólo una cosa estaba clara: si Raúl había ordenado en efecto el asesinato, como decía la última historia oficial, Carlos Salinas muy probablemente hubiera ayudado a impedir su detención una vez que fue informado de la implicación de su hermano.

Zedillo había abierto nuevos horizontes intrépidamente permitiendo la detención de un hermano del presidente. Pero después de su reunión secreta con Salinas, se había abstenido inmediatamente de dar el siguiente paso lógico y ordenar una investigación para averiguar si el ex presidente había encubierto el crimen de su hermano. La lección definitiva del asunto Ruiz Massieu era que México era aún un país de hombres, no de instituciones.

11

La pesadilla navideña

El secretario de Hacienda Jaime Serra Puche había llegado a su oficina temprano en la mañana aquel lunes 19 de diciembre de 1994. Como lo hacía diariamente, lo primero que hizo fue encender su computadora y traer a su pantalla el servicio de noticias Infosel, cuyas varias ventanas mostraban simultáneamente las últimas cotizaciones del mercado de valores en Nueva York, Londres, Tokio y la Ciudad de México, así como las noticias más importantes nacionales e internacionales. Un hombre alto y seguro de sí mismo, ex secretario de Comercio de Salinas y uno de los amigos más cercanos del presidente Zedillo desde sus épocas de estudiantes en Yale, Serra estaba en la cumbre de su carrera. Era internacionalmente reconocido como el principal negociador mexicano del TLC, el prototipo mismo de tecnócrata educado en los Estados Unidos de la generación de Salinas que se movía con tanta facilidad en los círculos políticos mexicanos como en los pasillos del poder en Washington D.C. En México, no sólo era la voz más influyente en el gabinete de Zedillo, sino uno de los principales candidatos del PRI para las próximas elecciones presidenciales en el año 2000.

Aquella mañana, fue la ventana de noticias nacionales en el centro de la pantalla de su computadora lo que captó la atención del flamante secretario de Hacienda: decía "Se renueva la lucha en Chiapas." Los rebeldes zapatistas habían roto la tregua de facto de hacía un año con el ejército, escabulléndose de sus campamentos al amparo de la noche, y aseguraban haber conquistado "nuevos territorios rebeldes", incluidas 38 poblaciones mayas fuera de la región controlada por los zapatistas. Alarmado, Serra dio una vuelta en su silla giratoria y agarró el teléfono rojo detrás de su escritorio que le conectaba con el presidente y otros miembros del gabinete a través de "la red" —el sistema de comunicaciones del gobierno— y llamó al presidente del Banco de México, Miguel Mancera.

—"¿Ha visto las noticias?", preguntó Serra.

—"Sí", fue la breve respuesta del banquero central, un hombre unos veinte años mayor que Serra.

Unas horas más tarde, después de que hubieran cerrado los mercados, ambos hombres estaban otra vez al teléfono. El diagnóstico del presidente del banco central sobre la jornada que estaba llegando a su fin fue categórico: "La hecatombe", dijo.

Las reservas externas de México se habían desmoronado. Lo que había empezado como retiros periódicos de depósitos en dólares después del asesinato de Colosio y del escándalo Ruiz Massieu se había convertido en una estampida de capitales que estaba a punto de agotar las reservas internacionales de México, y de dejar al país incapacitado de cumplir con sus deudas. Las reservas de México habían caído de 17 mil millones de dólares en octubre a 6 mil millones —más o menos el equivalente a un mes de importaciones— en la segunda semana de diciembre. Peor aún, el gobierno debía pagar más de 30 mil millones de dólares a corto plazo a acreedores extranjeros en los meses siguientes. Y aquella mañana, con las noticias de nuevas tensiones en Chiapas, inversionistas nerviosos estaban vendiendo sus pesos mexicanos y comprando dólares estadunidenses a toda velocidad.

Serra se sintió una víctima indefensa de la nueva era de la informática. La pretensión de Marcos de estar "en control" de docenas de poblaciones chiapanecas era una exageración burda —en realidad, lo que había ocurrido era que simpatizantes de los rebeldes habían ocupado brevemente unos cuantos palacios municipales y bloqueado unas cuantas carreteras con troncos de árboles, piedras y ramas—, pero los guerrilleros se habían apuntado otro golpe publicitario con su anuncio. Aunque el gobierno lo desmintiera, sus comunicados terminarían en los párrafos finales de los cables de las agencias internacionales, y no podrían detener el pánico en los mercados. La tarde del lunes 19 de diciembre, las reservas externas de

México estaban a punto de tocar fondo. Dos días más de fuga de capitales, y México tendría que declarar una moratoria de su deuda externa. Serra llamó al presidente, que estaba en el estado de Sonora —el estado natal del Colosio— en su primera gira presidencial fuera de la capital.

"Señor presidente, ha sido un día fatal", dijo Serra por teléfono. "Tenemos que hacer algo."

A pesar de dos décadas de estrecha amistad —Zedillo era hombre de pocos amigos y Serra era uno de los pocos elegidos—, el secretario de Hacienda había dejado de hablar de tú con el presidente desde el día mismo de su toma de posesión. Por muy extraño que les resultara, esto formaba parte de la cultura política mexicana: la presidencia era una institución casi monárquica, y hasta los amigos más íntimos del primer mandatario se sentían obligados a darle un tratamiento reverencial. Incluso cuando hablaban en privado, Serra y otros viejos amigos de Zedillo ahora se dirigían a él como "Señor presidente" y de "usted". No era casual que muchos de los predecesores de Zedillo, después de varios años de recibir este tipo de trato, hubieran terminado con una imagen exagerada de su propio lugar en la historia universal.

Cuando Zedillo preguntó qué recomendaba él, Serra le dijo que México tenía que poner el peso en flotación, permitir que el mercado le marcara su precio. Se organizó una reunión con el dirigente de la Confederación de Trabajadores Mexicanos (CTM) Fidel Velázquez, de 95 años de edad, para obtener su acuerdo para congelar los aumentos salariales durante seis meses, requisito que esperaban que ayudara a detener una espiral inflacionaria cuando el peso empezara a perder terreno frente al dólar. Velázquez era el sueño de cualquier presidente necesitado de concesiones laborales: en su débil voz —se tenía que poner la oreja frente a su boca para escucharle—, el envejecido líder laboral musitó su consentimiento.

En cuanto obtuvo la luz verde de Fidel Velázquez, Serra convocó una reunión del Pacto —la agrupación de fuerzas de representantes del gobierno, del trabajo y de las empresas que recomendaban políticas salariales y de precios— para más avanzada aquella misma tarde y obtener el sello de aprobación de todos para las nuevas medidas. Entonces es cuando el nuevo gobierno de Zedillo empezó a cometer una serie de disparates que —mezclados con una dosis de mala suerte— convirtieron una situación crítica heredada de Salinas en una debacle financiera para México y en un grave golpe para los estadounidenses que habían invertido en las joyas de la corona de los mercados emergentes. De la noche a la mañana, los inversionistas estadounidenses iban a perder 15% de sus ahorros y más del doble de esta suma en el transcurso de los meses siguientes. Más perturbador aún, la debacle financiera de

México amenazaba con provocar una reacción en cadena que podía hacer tambalear a los mercados de valores de importantes países latinoamericanos, de Europa del Este y del Sudeste asiático.

Lawrence H. Summers, subsecretario del Tesoro de los Estados Unidos para Asuntos Internacionales, recibió en su casa una llamada telefónica de México aquella misma medianoche. El espíritu navideño de aquel 19 de diciembre ya se había apoderado de Washington, la mayor parte de las oficinas del gobierno celebraban fiestas de fin de año y multitudes de turistas se aglomeraban frente a la Casa Blanca para ver el gigantesco árbol de Navidad. Summers, un antiguo profesor de Harvard de 40 años y principal economista del Banco Mundial, esperaba con ilusión unas vacaciones muy merecidas. Con su esposa Victoria, su hijo y sus hijas gemelas, planeaba pasar cuatro días en Daytona Beach, del 24 al 27 de diciembre, y el fin de semana de Año Nuevo esquiando en Park City, Utah.

Al principio, la llamada telefónica de un antiguo funcionario mexicano aquella noche no equivalía a una noticia devastadora. El Tesoro de los Estados Unidos había estado advirtiendo a México durante meses que el peso estaba sobrevaluado y era necesaria una devaluación de algún tipo. Summers dijo a su colega mexicano que entendía la situación y recomendó medidas para conseguir capital externo y ayudar a contrarrestar una posible huida de pánico de retiros bancarios. Si se manejaba con prudencia, la devaluación en realidad podía ayudar a corregir el enorme déficit de cuenta corriente de México. Pero no iba a suceder así: una cadena de disparates del gobierno mexicano pronto iba a convertir una crisis manejable de reservas externas en una catástrofe financiera.

Los días siguientes, Summers acabaría pasando la mayor parte del tiempo en casa de sus parientes políticos en Florida hablando por teléfono —siete horas seguidas en una ocasión—, tratando de reunir apoyo internacional para impedir que los problemas financieros cada vez mayores de México se derramaran a los mercados mundiales y tuvo que cancelar sus vacaciones de fin de año esquiando. Las semanas siguientes, la crisis mexicana iba a degenerar de una devaluación tolerable del peso del 15% a un deslizamiento devastador del 50% del peso mexicano frente al dólar estadounidense.

Una fría mañana de domingo casi un mes después, el embajador de México en los Estados Unidos Jorge Montaño entró en las oficinas en la

Casa Blanca del director suplente del Consejo Nacional de Seguridad de Clinton, Sandy Berger. El mexicano, un hombre alto y apuesto en sus cuarenta, parecía angustiado. Llevaba una carpeta llena de recortes de periódicos mexicanos que extendió sobre el escritorio del ayudante de la Seguridad Nacional de Clinton poco después de que ambos iniciaran su conversación.

"Esto es lo que la prensa mexicana dice", Montaño dijo a Berger con un aire de urgencia. "Voy a traducirle algunos de estos artículos."

Había recortes de las páginas *op-ed* de *Reforma* y *La Jornada* en las que columnistas mexicanos pronosticaban la inminente caída del gobierno de Zedillo. El Congreso de los Estados Unidos, después de muestras iniciales de apoyo del portavoz de la Cámara Newt Gingrich y del líder de la mayoría en el Senado Bob Dole, no había reunido los votos para apoyar el paquete de rescate a México. Las reservas mexicanas seguían cayendo. El gobierno de Zedillo había perdido credibilidad con inversionistas extranjeros y nacionales. Los mexicanos estaban indignados y Zedillo carecía de una base sólida desde la cual gobernar. Había una seria posibilidad de que se viera forzado a renunciar, escribían los analistas.

"Me dicen que no tenemos reservas externas suficientes para pasar el martes", dijo el embajador a Berger. "O tenemos una clara señal [de apoyo de los Estados Unidos] o tenemos que declararnos en moratoria."

El lunes 30 de enero de 1995, Gingrich y Dole informaban a la administración Clinton que no había votos suficientes en el Congreso para aprobar el paquete de rescate mexicano. Horas después, el presidente anunció su programa de rescate sin precedentes de 50 mil millones de dólares para México, cantidad a la que Estados Unidos contribuiría con unos 20 mil millones.

El desastroso 19 de diciembre de 1994, las conversaciones gobierno-trabajo-empresarios que habían llevado a la devaluación del peso —y que por último obligaron a Clinton a reunir su paquete internacional de rescate— habían empezado tarde aquella noche mucho después de que hubieran cerrado los mercados. Quizás el primer error del gobierno mexicano fue celebrar conversaciones con dirigentes empresariales y obreros: advirtió bajo mano a los empresarios mexicanos que una devaluación estaba en el aire y llevó a muchos de ellos a correr a cambiar pesos por dólares estadounidenses lo más rápido posible.

"No cabe duda de que se manejó mal todo el asunto", me iba a reconocer más tarde el embajador de México en los Estados Unidos, Jesús Silva Herzog, que había vivido más de una devaluación del peso como secretario de Hacienda en los ochenta. "Es la primera vez en la historia que una devaluación se consulta [con representantes empresariales y obreros]. Una devaluación no se discute con nadie... ni con la propia esposa."

Incluso antes de que se iniciara la reunión, dirigentes empresariales mexicanos habían retirado grandes cantidades de pesos de los bancos mexicanos, bien porque tenían información interna o bien porque tuvieron la sensación de que estaba a punto de suceder algo extraordinario. El mercado de valores mexicano bajó más del 4% antes de la reunión vespertina. Noticias de la inminente reunión se habían difundido explosivamente horas antes dentro del pequeño mundo de personas enteradas del gobierno y del mundo de los negocios: en medio de titulares a toda plana sobre un resurgimiento del conflicto en Chiapas, había una creciente especulación de que el gobierno iba a ser incapaz de seguir comprando divisas estadounidenses para defender el debilitado peso mexicano. Como mínimo, las personas enteradas sabían que aquella noche iba a haber una reunión de alto nivel para discutir las política de precios y salarios del país.

El secretario del Trabajo Santiago Oñate, que presidió la reunión, dice que recibió una llamada de Serra como a la hora de comer aquel día informándole que iba a haber una reunión del Pacto aquella tarde, y que su oficina tendría que hacer algunas llamadas para invitar a dirigentes obreros y empresariales. Pero Oñate hizo hincapié en que ni él ni nadie en su oficina sabían sobre qué iba a ser exactamente la reunión y que sólo se enteraron más avanzada aquella misma tarde, después de que los mercados hubieran cerrado. Pero reconoció que cualquier persona de negocios astuta podía haberlo visto claro como el agua.

"No era una invitación para una reunión común", me dijo Oñate en una entrevista en su despacho unos meses después de la devaluación. "El hecho mismo de que la gente fuera invitada a una reunión no programada que iba a empezar a las 8 de la noche significaba una clara señal de urgencia... Los representantes empresariales lo presintieron. Se les veía una gran preocupación en el rostro cuando empezaron a llegar a este edificio."

Para cuando la reunión dio inicio, un pequeño ejército de reporteros ya acampaba en el vestíbulo del edificio de la Secretaría del Trabajo en el sur de la Ciudad de México. Los dirigentes empresariales de rostro grave y los representantes laborales pasaron corriendo por delante de los reporteros hacia los pisos de arriba del edificio. Una vez arriba, se encerraron en salas aparte: los dirigentes empresariales con el secretario de Hacienda Serra y los representantes laborales con el secretario del Trabajo Santiago Oñate.

En cuanto empezaron las reuniones a puerta cerrada, los representantes del gobierno iban a cometer su segundo error fatal: anunciando una propuesta, sometida a discusión, para permitir que el peso flotara libremente, dejando que el mercado estableciera su valor. Muchos de los que no se habían alarmado lo suficiente para comprar dólares aquella tarde lo iban a hacer cuando escucharon a Serra y al presidente del Banco de México Miguel Mancera hacer sus exposiciones. Los dos funcionarios del gobierno confirmaron en la reunión que México se estaba quedando sin reservas externas y adujeron que la tasa de cambio de la moneda se debía dejar libre. Los dirigentes empresariales protestaron: dijeron que la medida iba a provocar una carrera aún peor para adquirir dólares que iba a incapacitar la actividad económica. Propusieron en vez de esto una solución de compromiso: una expansión moderada de la gama dentro de la que se permitía fluctuar al peso mexicano frente al dólar. Después de cinco horas de discusión, Serra y Mancera cedieron. Pasada la medianoche, Serra bajó al vestíbulo y anunció que "para enfrentar las incertidumbres que había generado el conflicto de Chiapas", se iba a ampliar la gama de fluctuación de la moneda un 15%.

Pero durante las pláticas, los representantes empresariales habían oído reconocer al secretario de Hacienda y al director del Banco de México que las reservas externas de México estaban tocando fondo —información crucial que difería de las declaraciones públicas optimistas del gobierno— y que su primera opción había sido devaluar. Los dirigentes empresariales mexicanos habían sido puestos alerta de los planes del gobierno. Algunos de ellos se dijo que abandonaron discretamente la sala con sus teléfonos celulares para llamar a sus corredores en Londres y Tokio y ordenarles que vendieran sus acciones en pesos mexicanos lo antes posible. Otros iban a salir corriendo a comprar dólares en cuanto abrieran los mercados mexicanos a la mañana siguiente. Hicieron su agosto: para el fin de semana, sus billetes recién adquiridos habían incrementado su poder de adquisición en México más de una tercera parte.[1]

Pero en Wall Street, a muchos los agarró desprevenidos. Algunos administradores de dinero que no estaban siguiendo América Latina o México con especial atención confiaban en las declaraciones categóricas de Serra al *Wall Street Journal* y al *Financial Times* una semana antes de que no iba a haber una devaluación, y en la promesa de Zedillo en un discurso el 9 de diciembre al Congreso de que se iba a mantener la tasa de

---

1 En una entrevista con el autor, el ex secretario de Hacienda Serra calificó de «grotescos» los supuestos de que algunos participantes a la reunión telefonearon inmediatamente a sus intermediarios en Londres y convirtieron sus acciones en pesos mexicanos en dólares, agregando que los mercados de Londres y Tokio no manejaban transacciones denominadas en pesos mexicanos. Sin embargo, otros funcionarios del gobierno dicen que podría haberse hecho a través de sofisticadas transacciones de cambio de moneda.

cambio de la moneda. A los ojos de esos inversionistas estadounidenses no había motivo de alarma: se trataba de los herederos de Salinas, tecnócratas educados en Harvard y Yale que iban a hacer cualquier cosa menos apuñalar a la comunidad empresarial norteamericana por la espalda. Pero aún así, ¿cómo podían sofisticados administradores de dinero al servicio de algunas de las casas de bolsa y bancos de inversión principales de Nueva York no haber previsto la devaluación mexicana?

Fue una combinación de información deficiente, suposiciones de que los funcionarios financieros sofisticados de México no iban a cometer errores burdos y el propio afán de las empresas de valores de Nueva York por mantener viva la historia de éxito de los lucrativos mercados emergentes. Las firmas de Wall Street después iban a explicar que estaban trabajando basándose en una información deficiente sobre las reservas externas de México: México sólo revelaba sus cifras de reservas externas tres veces al año y la última vez que las había hecho públicas había sido en octubre por una cantidad de 17 mil millones de dólares. Los economistas sabían que las reservas habían descendido significativamente desde entonces, pero no podían calcular exactamente cuánto. Además, muchos analistas de Wall Street supusieron que México iba a hacer lo que todo país hace antes de devaluar su moneda: buscar asistencia financiera internacional para protegerse contra retiros de depósitos producto del pánico. Como no había indicaciones de que México estuviera llamando a la puerta de nadie para pedir dinero, parecía que Zedillo iba a mantener su palabra y sostener la tasa de cambio existente, al menos unos cuantos meses.

El miércoles 21 de diciembre, un día después de que el gobierno mexicano hubiera anunciado la expansión de la gama de fluctuación de la moneda, 4 mil millones de dólares más habían salido de México. El mercado de valores mexicano cayó a un nuevo nivel récord. Al final del día, Zedillo se vio obligado a hacer lo que había querido hacer desde el principio: un anuncio del gobierno en la televisión nacional dijo que se había desechado la banda comercial en favor de un peso en flotación libre. En unos cuantos días, cuando inversionistas aterrados corrieron a deshacerse de su moneda mexicana, el peso cayó aún más, perjudicando a todos los que poseían valores mexicanos y a los exportadores estadounidenses que habían empezado a facturar un creciente número de mercancías a México bajo el nuevo acuerdo de libre comercio. El Wisconsin Investment Board perdió 95 millones de dólares en transacciones en pesos que más tarde dijo que fueron desautorizadas. El Chemical Bank perdió 70 millones de dólares en una transacción similar. Las firmas de Wall Street terminaron 1994 informando de considerables pérdidas por sus fondos latinoamericanos que previamente habían estado en auge. Entre los más perjudicados se contaron Fidelity's Emerging Markets, que informó una pérdida en 1994 de 17.9%, y Scudder Latin America, que terminó el año con una caída del 9.4%

Uno de los pocos administradores de fondos que se podía preciar de haber pasado por la devaluación mexicana relativamente ilesa fue Josephine Jiménez, la intrépida ejecutiva del Montgomery Emerging Markets con sede en San Francisco, que había visitado Chiapas en los primeros días de la rebelión zapatista y después decidió reducir la exposición al riesgo de su firma en México.

En un mensaje grabado a sus clientes en su especial 800 horas después de que fue anunciada la devaluación, Montgomery recordó a sus clientes los informes de tendencia a la baja de Jiménez después de su visita a Chiapas a principios de año y se congratuló discretamente de haber salido de México antes de tiempo. Gracias a su oportuna decisión, Montgomery había reducido su exposición a los riesgos en México de un ya bajo 7% a comienzos del año a apenas 4% en el momento de la devaluación del 4 de diciembre, afirmaba la grabación.

Lo que Montgomery no se tomó la molestia de destacar era que había trasladado gran parte de sus fondos mexicanos a Brasil, un mercado emergente cuyos valores también se habían hundido en picada a medida que los efectos de oleaje de la devaluación mexicana afectaron a los mercados de valores de toda América Latina. De un modo oblicuo —e inintencionado— México había alcanzado hasta a los administradores de dinero "listos" que habían desertado del país.

Tampoco todos en México habían perdido tanto y tan rápido. El magnate de la televisión Emilio "El Tigre" Azcárraga, el autoproclamado soldado del presidente de la república, había ido convirtiendo calladamente sus enormes deudas de dólares a pesos en el transcurso de los meses anteriores. En agosto de aquel año, cerca del momento de las elecciones, Televisa había conseguido un préstamo de mil millones de dólares en pesos, que la compañía había usado parcialmente para reestructurar su deuda de dólares a pesos. La deuda de la cadena gigante en moneda estadounidense se redujo del 58% al 36% de la deuda total de la compañía. Es más probable que fuera una decisión empresarial inspirada por la precaución de Azcárraga que el producto de una información confidencial —pocos anticipaban una devaluación masiva en el momento en que Televisa reestructuró su deuda—, pero dados los íntimos vínculos del barón con la presidencia, la jugada de Televisa arqueó muchas cejas cuando salió a la luz después de la devaluación.

"¿Previsión afortunada? ¿Información interna? Fuera lo que fuera,

Televisa decidió reestructurar su deuda denominada en dólares justo a tiempo", dijo *El Financiero* el 23 de noviembre. "Mientras, otras compañías se encuentran en una situación llena de incertidumbre."

El mayor misterio de todos era por qué el gobierno de Zedillo no había podido cubrirse las espaldas obteniendo un préstamo de emergencia de los Estados Unidos antes de devaluar el peso. A fin de cuentas, un préstamo internacional de sólo 6 mil millones de dólares —sólo un poco más de una décima parte de los 50 mil millones que iba a necesitar más tarde— podría haber ayudado a calmar los temores de los inversionistas de que las reservas de México estuvieran a punto de agotarse. En realidad, México había tratado repetidas veces de conseguir ese respaldo financiero, pero una combinación de circunstancias desafortunadas —y mal criterio de los Estados Unidos, según algunos— había impedido que la administración Clinton ayudara.

Al principio, cuando México se dio cuenta de la gravedad del problema de sus reservas externas a fines de noviembre de 1994, tanto el gobierno saliente de Salinas como el equipo de transición de Zedillo habían pedido al Tesoro norteamericano que activara los 6 mil millones de dólares en préstamo de garantías que el secretario del Tesoro de los Estados Unidos Lloyd Bentsen había ofrecido en privado hacía más de un año. Bentsen había ofrecido los fondos en caso de que no se aprobara el TLC y después había hecho pública la oferta ante las consecuencias desastrosas del asesinato de Colosio. Pero ahora el Tesoro de los Estados Unidos rechazaba la petición de fondos de México porque el país no estaba dispuesto a seguir su recomendación de que devaluara su moneda. Los 6 mil millones de dólares en préstamos de garantía, explicó Summers meses después, "no se tenían que usar para reforzar la tasa de cambio ni políticas macroeconómicas que eran fundamentalmente insostenibles".

Al fallar esto, la administración entrante de Zedillo había entrado en contacto con Bensten los primeros días de diciembre en busca de una nueva fuente de préstamo de garantías para defender el peso. Poco después de la toma de posesión de Zedillo el primero de diciembre, el secretario de Hacienda Serra llamó a Bensten, un viejo amigo desde la época de las negociaciones del TLC. Le dijo que quería reunirse con él para proponer la creación de un "Fondo Norteamericano para la Estabilización de la Moneda" que proporcionara préstamos de emergencia a países que —como era entonces el caso de México— sufrían olas repentinas y masivas de fugas de capital. Según Serra, él había redactado el plan en una comunicación del 21 de noviembre a Zedillo, con una recomendación de que este lo promoviera con Clinton durante un viaje previo a la toma de posesión a Washington, D.C., a fines de noviembre. Pero la reunión Zedillo-Clinton resultó ser una plática introductoria y no había habido otra oportunidad de que México hiciera su propuesta hasta después de la toma de posesión de Zedillo.

"Lloyd, tengo que hablar con usted por instrucciones del presidente", dijo Serra a su viejo amigo Bentsen. Pero el secretario de Hacienda mexicano nunca llegó a plantear el tema del fondo de estabilización que él proponía. Bentsen le dijo que le llamaría al día siguiente porque tenía que decirle "algo personal". Una día después, Bentsen dijo a Serra que iba a anunciar su renuncia en las horas siguientes.

"¿Qué me sugiere hacer?", preguntó Serra. Bentsen le dijo que llamara a Robert Rubin, el ex director del banco de inversión de Nueva York Goldman Sachs, a quien el funcionario mexicano conocía bien de reuniones con inversionistas estadounidenses. Rubin iba a ser nombrado en breve para sustituirle, dijo Bentsen.

Serra llamó a Rubin de inmediato. "Felicidades", dijo. Rubin respondió del mismo modo, diciendo que estaba excitado con sus nuevas responsabilidades y que esperaba con agrado hacer cosas maravillosas junto con su colega mexicano. Después de intercambiar palabras amables unos momentos, Serra fue al grano. Pidió ver a Rubin lo antes posible.

Claro, respondió Rubin. Pero unos días después, Rubin informó al secretario de Hacienda mexicano que sus abogados le habían aconsejado esperar a su ratificación por el Senado antes de tratar asuntos oficiales. Esto iba a ser hasta el 11 de enero, agregó. Las esperanzas de México de crear un fondo de emergencia para resistir a una potencial tormenta financiera tenían que esperar. Entretanto, la administración Clinton se negaba a desembolsar los 6 mil millones de dólares en garantías de préstamo y el agotamiento de las reservas externas de México seguía empeorando.

Serra voló a Nueva York a una recepción gélida el 22 de diciembre por parte de más de un centenar de administradores y analistas de fondos estadounidenses. Explicó sus acciones y trató de restaurar la confianza de los inversionistas en las nuevas medidas económicas de México, pero no logró ganárselos.

"¿Por qué no nos dijeron nada de la devaluación?", preguntó un inversionista enojado, haciendo resonar la pregunta en la mente de todos.

"Las devaluaciones no se anuncian por adelantado", respondió Serra con una sonrisa nerviosa.

Entre los muchos ex entusiastas de México en el público que no sonreían estaba John Purcell, el director de la división de investigación de mercados emergentes de Salomon Brothers que se había contado entre los primeros en descubrir México como una oportunidad de inversión a fines de los ochenta.

"No me pareció convincente", dijo Purcell a un periodista poco después de la reunión. "Creo que les va a costar mucho tiempo, probablemente todo el período de esta administración, volver a ganarse la confianza de los inversionistas." Serra captó el mensaje. "Nadie me tiró ningún tomate, pero era obvio que había una atmósfera hostil", recordaría más tarde.

Unos días después, Serra partió a Washington, D.C., para una reunión con el presidente del Federal Reserve Board Alan Greenspan. En México, el peso en flotación estaba cayendo en picada. Pero Greenspan no podía hacer gran cosa: era Navidad y no iba a poder convocar a los bancos centrales europeos y a las instituciones financieras internacionales para reunir un paquete de rescate para México hasta después de las vacaciones de fin de año. "Trabajaron y lo intentaron con ahínco, pero las personas clave no estaban a la mano", recordó Serra.

Serra regresó a México el 26 de diciembre. En el avión y a lo largo del día siguiente dio los toques finales a un nuevo programa económico con drásticas medidas de austeridad dirigidas a restaurar la confianza de los inversionistas y a empezar lo que iba a ser un largo camino para resucitar la economía mexicana.

A las 2 de la tarde del 28 de diciembre, Serra tuvo que correr al hospital, su esposa, inglesa de nacimiento, estaba a punto de tener un hijo. Esperaron varias horas. A las 6 y media de la tarde Serra tuvo una llamada de la oficina del presidente diciéndole que Zedillo se iba a reunir con el equipo económico de su gabinete a las 8. Serra llevó con él su teléfono celular al palacio presidencial de Los Pinos, pidiéndole al médico que le llamara en cuanto el niño estuviera a punto de nacer: saldría de la reunión a hurtadillas si era necesario para estar allí a tiempo. Serra ya había contemplado renunciar.

"Señor presidente, necesitamos una nueva persona para anunciar este paquete económico", dijo a Zedillo una vez que ambos se quedaron solos después de la reunión. "Si lo anuncio yo, no tendrá ninguna credibilidad a los ojos de los inversionistas."

¿Estaba seguro?, preguntó el presidente. Era una pregunta semirretórica: Zedillo necesitaba un cambio de curso —o de rostros— con urgencia para dejar atrás la crisis y apaciguar a inversionistas internacionales furiosos y a mexicanos enojados.

Sí, dijo Serra. Su permanencia en el cargo iba a ser una carga adicional sobre el programa económico del gobierno. Si hubiera cualquier otra manera en que pudiera ser útil, siempre estaría dispuesto, dijo. Se levantó y ambos amigos se abrazaron. Serra fue de allí al hospital para presenciar el nacimiento de su hijo y pronto iba a abandonar el país para un puesto de enseñanza en la universidad de Princeton.

Meses después, en una conversación a bordo del avión presidencial cuando estaba regresando de una visita a Veracruz, Zedillo eludió mi pregunta respecto a si alguna vez había presionado a Salinas para devaluar la moneda. Hizo un ademán con la mano como diciendo que esos rumores eran inexactos y esquivó entrar en más detalles acentuando: "Empecé a gobernar el primero de diciembre".

En realidad, Zedillo había sido tan consciente de la bomba de tiempo financiera que estaba heredando que había pedido repetidas veces al presidente Salinas o bien devaluar la moneda o al menos empezar a hacer retiros del fondo de emergencia de mil millones de dólares que había ofrecido la administracion Clinton. Varios miembros del gabinete que participaban en las reuniones me dijeron en entrevistas aparte que Zedillo había discutido una devaluación de la moneda con el gobierno de Salinas ya en marzo de 1994, después del asesinato de Colosio. ¿Por qué no aprovechar la crisis política para resolver el problema económico estructural de México en seguida?, había preguntado. Después, en septiembre de 1994, poco después de que hubiera ganado las elecciones, había sugerido a Salinas que devaluara antes del cambio de gobierno. Había repetido esta petición, en términos más urgentes, en una reunión clave a fines de noviembre.

El sábado 20 de noviembre por la mañana, Zedillo había convocado a una reunión urgente de su gabinete económico oficioso en sus oficinas transitorias. La situación era grave, dijo. Más de 1.6 mil millones de dólares habían abandonado el país el viernes y el sangrado financiero era posible que se intensificara la semana siguiente. El presidente electo pidió a participantes clave —Serra, el director del Banco de México Mancera y el secretario de Hacienda Pedro Aspe— que presentaran sugerencias. Cuando estaban redactando varias posibilidades de cambio de la moneda, llegó el aviso de que el presidente Salinas estaba en su casa de regreso de un desfile militar al que había asistido aquella mañana y los iba a recibir allí.

El protocolo y las sensibilidades políticas impedían que el presidente electo pusiera el pie en el palacio presidencial antes de su toma de posesión. Zedillo y sus ayudantes económicos máximos fueron a la casa del presidente en el barrio de Tlalpán, al sur de la Ciudad de México, y esperaron en la biblioteca de Salinas. Media hora después, cuando el presidente llegó, el equipo de Zedillo acentuó la necesidad de pasar a una tasa de cambio más realista antes de su toma de posesión, y los hacedores máximos de la política económica empezaron a argumentar sobre los pros y los contras de las diversas posibilidades que habían proyectado aquella misma mañana. Se llegó a un consenso de reunirse al día siguiente y, salvo una rápida recuperación en los mercados provocada por una reunión que el presidente electo iba a tener aquella noche con dirigentes laborales y empresariales, devaluar la moneda entre el 10 y el 15%.

"Salinas dijo, 'Si ustedes creen que no hay más alternativa que devaluar, estoy dispuesto a devaluar'", recuerda un ministro del gabinete que participó en la reunión.

Pero si Salinas verdaderamente quería decir lo que dijo, se echó para atrás horas después. Después de una segunda reunión entre los dos equipos económicos a las 6 de la tarde aquel mismo día en su biblioteca, durante la cual el presidente había reiterado su disposición a anunciar una devaluación si esto era lo mejor para México, Salinas había cambiado de opinión. Su secretario de Hacienda, Aspe, le había dicho en una conversación privada después de la reunión que él renunciaría si se seguía adelante con el plan de devaluación. En las reuniones del día, Aspe había argumentado que la devaluación de la moneda tenía que tener lugar gradualmente, con el respaldo de reservas extranjeras adecuadas y dentro del marco de un nuevo plan económico que sólo podía ser anunciado por la administración de Zedillo después de que el nuevo presidente tomara posesión.

"Yo mencioné delante del grupo que... modificando sólo la tasa de cambio se iba a generar más turbulencia financiera que la que estábamos tratando de combatir", recordó Aspe más tarde. "Diez días antes de dejar el poder, no era posible que una administración cambiara abruptamente el régimen de tasa de cambio y pusiera en práctica un paquete de política económica."

Salinas estaba en aprietos: Aspe era el funcionario más confiado de México a los ojos de la comunidad de Wall Street. Su renuncia iba a desencadenar el pánico en los mercados, precisamente lo que la devaluación planeada estaba destinada a evitar. Y Salinas, en el apogeo de su campaña por la dirección de la Organización Mundial de Comercio, tenía un interés natural en concluir su mandato sin grandes titulares sobre una devaluación o un escándalo sobre la renuncia de Aspe.

Horas más tarde, llamó a Zedillo a su casa. Había llegado a la conclusión de que lo mejor para el país sería no devaluar en aquel momento, dijo Salinas. Una devaluación gradual llevada a cabo por la nueva administración y camuflada dentro de un nuevo programa económico sería mucho menos traumática. Las cosas iban a ir bien, dijo Salinas. Durante unos días, así parecía: al día siguiente, los mercados reaccionaron favorablemente al acuerdo de Zedillo con dirigentes laborales y empresariales de seguir con políticas antiinflacionarias y la fuga de capitales disminuyó. En el transcurso de los días siguientes, Salinas llegó a estar cada vez más seguro de que había hecho lo correcto.

Su último día en el cargo, durante una visita de despedida a un hospital construido durante su administración en Chalco, población del estado de México (un esfuerzo final por captar los titulares que el equipo entrante de Zedillo necesitado de publicidad resintió mucho), Salinas se jactó ante sus ayudantes más cercanos de las prometedoras cifras económicas que iba a entregar al nuevo gobierno. A bordo del autobús presidencial, flanqueado por dos de sus hijos, el secretario de Prensa José Carreño, el embajador de México en Washington, D.C., Jorge Montaño y otros altos ayudantes, Salinas recibió una llamada del secretario de Hacienda Aspe. En cuanto colgó el teléfono celular, dijo a sus ayudantes con una gran sonrisa que los mercados habían cerrado virtualmente intactos.

"El primer presidente en veinticinco años que no devalúa la moneda", dijo con orgullo.

Todos aplaudieron. En el autobús había un clima de victoria. Pero la estabilidad financiera de México era en buena medida ilusoria. Muchos expertos coincidían en que una devaluación antes de la toma de posesión de Zedillo hubiera permitido a la nueva administración empezar con un nuevo —y más realista— programa económico que le hubiera ahorrado al país su derrumbe financiero cuatro semanas después.

En las secuelas de la devaluación y del paquete de emergencia de un préstamo de garantía de 20 mil millones de dólares a México, los funcionarios estadounidenses eran igualmente reacios a admitir que habían presionado a Salinas para que devaluara. Tenían un problema de relaciones públicas: Clinton no se iba a ver muy bien en la esperada carrera para su reelección en 1996 si se hacía evidente que su administración había estado plenamente consciente de los problemas financieros de México mientras públicamente decía que al país le iba excelente.

Varios meses antes de la devaluación, la administración Clinton se había ido alarmando cada vez más por la situación financiera de México, pero lo había seguido elogiando públicamente como una historia económica de éxito, según documentos hechos públicos meses después por el Comité Bancario del Senado. Todavía el 9 de diciembre, menos de dos semanas antes de la devaluación, el presidente Clinton había elogiado el manejo económico de México como un modelo para otras economías mundiales.

Comunicados internos de la administración hechos públicos por el comité del Senado muestran que altos funcionarios estadounidenses habían empezado a preocuparse por las finanzas de México ya en febrero de 1994. En un comunicado interno fechado el 26 de abril, Summers había dicho a su jefe, el secretario del Tesoro Bentsen, que el Banco de México se había visto obligado a intervenir en favor del peso y que la dependencia de México respecto a inversiones extranjeras muy volátiles "sigue siendo un grave problema". Ese mismo día, Summers había dicho públicamente: "Las instituciones de México son fundamentalmente fuertes, tienen un gran futuro y no esperamos ningún perjuicio a largo plazo".

Los críticos del rescate de 20 mil millones de dólares de Clinton esgrimieron estos y otros comunicados para mencionar que muchos de ellos estaban formulados en un lenguaje ambiguo, como prueba de que la administración Clinton había engañado al pueblo estadounidense y provocado la pérdida de miles de millones de los inversionistas estadounidenses. En efecto, había una línea borrosa entre una firme confidencialidad y el engaño.

"Empecé a preocuparme yo diría que en agosto y septiembre [de 1994]", dijo Bentsen al *Wall Street Journal* después de haber renunciado. "Les estaba diciendo... que su déficit de cuenta corriente era así y así y que tenían que hacer una devaluación. Obviamente, la decisión era suya. Son una nación soberana, muy sensible al coloso del Norte."

¿Por qué no fueron los funcionarios estadounidenses más críticos en público?

"Por Dios", respondió Bentsen. "Uno no desencadena un asedio bancario a la moneda de otro país."

Clinton había apostado fuertemente a México evitando a un Congreso escéptico y utilizando sus poderes ejecutivos para comprometer 20 mil millones de dólares del Fondo de Estabilización del Cambio del Tesoro —un mecanismo normalmente dirigido a estabilizar el dólar— y obtener compromisos de 30 mil millones adicionales de instituciones financieras internacionales y naciones amigas para salvar a México de la bancarrota. El programa estadounidense de rescate para México equivalía a una suma extraordinaria: era mucho mayor que cualquier ayuda económica que Washington, D.C., hubiera otorgado alguna vez a la Chrysler Corporation, a la Ciudad de Nueva York, a Israel o Rusia. El asesor económico estadunidense de Boris Yeltsin, Jeffrey Sachs, se lamentó de que "la tragedia de Rusia es que ni un bono navideño de un banco de inversión ha dependido nunca de la estabilidad financiera de Rusia".

Una amplia coalición de republicanos conservadores, demócratas prolaboristas, seguidores de Ross Perot y otros activistas de las fuerzas antiTLC era mucho más cáustica en sus críticas. Muchos, incluidos Inglaterra, Alemania y otros países europeos, vieron el empujón de Rubin en favor del programa de rescate como una jugada para ayudar a sus viejos camaradas en Wall Street. Los países europeos, que acabaron contribuyendo de mala gana al plan, argumentaron que el programa de rescate iba a ser contraproducente a largo plazo: iba a alentar a México a actuar irresponsablemente en el futuro. ¿Cuál iba a ser el incentivo para que México viviera por sus medios si Washington, D.C., iba en su rescate cada vez que entraba en bancarrota? Otros colmaron a los medios de comunicación con una larga lista de ya-te-lo-dije dirigida a perjudicar la carrera de Clinton por la reelección en 1996. El candidato republicano Patrick Buchanan llegó al extremo de decir: "Ese país [México] no es un socio comercial que valga la pena."

¿Qué había movido a Clinton a actuar tan osadamente? No era simplemente México. Según participantes en las reuniones en la Casa Blanca avanzada la noche durante las que se tomó la decisión, la decisión de Clinton de pasar al "Plan B" —olvidándose del Congreso y lanzando el paquete de apoyo por decreto del ejecutivo— estuvo basada primordialmente en las posibles repercusiones internacionales de un incumplimiento de México.

"Lo primero que se dijo en la reunión fue que, si permitíamos que México incumpliera, las repercusiones se iban a sentir en toda América Latina, Europa del Este, el Sudeste asiático y hasta en algunas economías débiles de Europa occidental, como España, Portugal y Grecia", dijo un antiguo funcionario de los Estados Unidos. "También se adujo que México iba a ser un importante tema en la campaña presidencial de 1996 y que el presidente había apostado al éxito del TLC y de una zona de libre comercio en América Latina."

Clinton también estaba convencido de que el paquete de rescate a México no le iba a costar a los Estados Unidos ni un centavo. "En aquel momento, veíamos el problema de México como una crisis de confianza en la que una muestra masiva de apoyo iba a calmar los mercados", dijo el funcionario. "Pensamos que no se iba a tener que desembolsar ningún dinero a México."

Pero tal vez a regañadientes, en la Casa Blanca había también una aceptación cada vez mayor de que la nueva asociación comercial con México implicaba nuevas responsabilidades para el continente. México no iba a desaparecer, ni como problema ni como oportunidad: ya era uno de los tres socios comerciales máximos y uno de los mercados externos más prometedores del continente, así como su mayor fuente de inmigrantes ilegales y el punto principal de entrada de drogas al territorio estadounidense. Estados Unidos no se podía permitir ignorar a México o darle la espalda en tiempos de necesidad.

Por muy eurocéntrica que la política exterior de Estados Unidos siguiera siendo —en 1995, el Departamento de Estado tenía aún sólo nueve funcionarios asignados a su buró mexicano, comparado con más de 90 en su buró de la ex Unión Soviética—, Clinton no tenía más remedio que rescatar a México. En 1995, Estados Unidos estaba enganchado a México, para bien o para mal.

Había un reclamo que preocupaba particularmente a funcionarios de la administracion Clinton: que México había mantenido su moneda artificialmente alta durante las negociaciones del TLC para apaciguar a los opositores estadounidenses del tratado con afirmaciones de que el mercado de Estados Unidos no iba a ser inundado con productos mexicanos baratos. Ahora, una pequeña minoría de analistas mexicanos bien situados se unía a los golpeadores de México en el Congreso de los Estados Unidos con la especulación de que Zedillo había planeado devaluar la moneda no sólo como una medida de emergencia para detener la fuga de capitales, sino como una política calculada para promover las exportaciones mexicanas.

Luis Enrique Mercado, editor del influyente diario financiero *El Economista* y un defensor furibundo de las políticas económicas de Salinas, dice que empezó a sospechar por primera vez de los planes económicos de Zedillo el 25 de agosto de 1994, cuatro días después de las elecciones, cuando el diario español *ABC* publicó una entrevista citando al presidene electo diciendo que una depreciación del 10% del peso mexicano frente al dólar en 1993 "nos permitió ganar competitividad, lo cual se ha reflejado en un aumento del 25% de las exportaciones". Además, se citaba a Zedillo diciendo: "No veo la necesidad económica de una devaluación abrupta". Pero Zedillo creía conveniente el "deslizamiento dentro de una banda [de cambio de moneda] para recuperar gradualmente nuestra competitividad perdida".

Mercado reaccionó escribiendo el 6 de septiembre una mordaz columna en primera plana en la que acometía los comentarios del presidente electo como potencialmente devastadores para la economía mexicana. Su argumentación era: la receta de Zedillo de "competitividad como resultado de una devaluación" iba a desencadenar inflación, y equivaldría a regresar a los malos tiempos en que los presidentes mexicanos vivían bajo la ilusión de que podían tener crecimiento económico con inflación. Zedillo lo llamó aquella misma tarde, alarmado por el impacto negativo que había tenido la columna en los mercados financieros y diciendo que sus citas habían sido mal interpretadas por la publicación española. Después concedió una larga entrevista a *El Economista* en la que hizo hincapié en que no iba a haber ningún cambio en la política económica del país y que estaba convencido de que no podía haber crecimiento sin estabilidad, y esto incluía estabilidad de los precios.

Meses después, cuando visité a Mercado en las oficinas de su periódico después de la devastadora devaluación del 20 de diciembre, él estaba convencido de que el presidente electo había sido más veraz en sus observaciones al diario español que en las subsiguientes desmentidas a su periódico. ¿No estaba después de todo Zedillo presionando a Salinas a puerta cerrada para que devaluara la moneda? ¿No había Zedillo intensificado sus demandas en una reunión el 10 de noviembre con el presidente saliente y sus respectivos equipos económicos?

"Cuando reúno todos los factores, no puedo dejar de concluir que Zedillo quería desde hacía tiempo devaluar el peso como una manera de estimular las inversiones externas en el sector manufacturero y promover las exportaciones mexicanas", dijo Mercado. "Chiapas, el déficit de cuenta corriente y el derrumbe de las reservas externas no eran probablemente más que excusas."

A cambio del paquete de rescate patrocinado por los Estados Unidos, Zedillo fue obligado a lanzar un programa económico inusualmente duro. Iba a haber fuertes recortes del gasto del gobierno y otras medidas de austeridad que iban a provocar despidos masivos —economistas independientes calculaban que iba a haber un millón de despidos en 1995— y congelación de salarios y precios, además de una nueva ronda de privatizaciones para lograr recaudar más de 12 mil millones de dólares. Además, el acuerdo del 20 de febrero de 1994 con el gobierno de los Estados Unidos estipulaba que México tenía que entregar colateral con dinero de sus exportaciones petroleras —un tema políticamente sensible en México, donde el sector petrolero de propiedad estatal aún era visto como un símbolo de soberanía nacional— y exigía que el gobierno mexicano proporcionara "datos oportunos y precisos" sobre sus reservas externas.

"Es una tragedia", Zedillo dijo confidencialmente a uno de sus ayudantes más cercanos cuando estaban luchando por sacar adelante un nuevo programa económico en la cima de la crisis financiera. "Pasará mucho tiempo antes de que los mexicanos tengamos opciones de nuevo."

En efecto, era un tragedia para un país que se había convencido a sí mismo de que estaba a punto de formar parte del Primer mundo. Como en la leyenda griega de Sísifo, el legendario rey de Corinto que fue condenado por los dioses a rodar una pesada roca colina arriba sólo para ver que volvía a caer cada vez que se acercaba a la cima, México parecía ser la víctima de un cruel mal de ojo que periódicamente lo elevaba hasta la cumbre de las economías del mundo en desarrollo y después permitía que se derrumbara estrepitosamente en medio de una conmoción generalizada.

México ya había sufrido devaluaciones dramáticas en 1954, 1976,

1982 y 1987. En todos los casos habían seguido varios años de gobierno casi imperial de los presidentes mexicanos cuyas políticas económicas eran aprobadas automáticamente por un Congreso que las sellaba rutinariamente, aplaudidas por medios de comunicación controlados por el gobierno y celebradas por banqueros internacionales. Y casi siempre, el sistema autocrático de México, su falta de transparencia y la credulidad de los administradores internacionales del dinero han acabado engañando a todos, excepto al pequeño grupo de mexicanos enterados que ganaban millones por estar en la oficina de gobierno adecuada en el momento oportuno.

12

Marcos desenmascarado

El misterioso autor de misivas que sólo se identificaba como "Javier" había estado enviando cartas durante varios meses. Unas estaban dirigidas al secretario de Gobernación, otras al secretario de la Defensa y otras a la oficina del Procurador General. Su primera carta, fechada en mayo de 1994, simplemente decia: "Tengo información sobre el Ejército Zapatista de Liberación Nacional que puede interesarles", y daba un apartado postal en la Ciudad de México. Al no obtener ninguna respuesta, el anonimo autor había escrito una segunda carta señalando que tenía información privilegiada sobre el subcomandante Marcos y el Ejército Zapatista. Se trataba de algo sumamente importante, decía, el tipo de información secreta que el gobierno estaría ansioso de escuchar.

Al principio, ningún funcionario prestó atención a las cartas, que se perdieron entre las cientas que llegaban diariamente a las oficinas estatales. No se trataba de un descuido inusual: la mayoría de estas cartas venían de bromistas, presos u otras personas con poco que hacer, y por lo general iban a parar a los cestos de basura de las secretarias. Para enero de 1995, cuando el presidente Zedillo fue informado sobre la existencia del misterioso autor de las misivas, el aspirante a informante había estado tratando de contactar al gobierno desde hacía nueves meses para revelar las verdaderas identidades de los dirigentes zapatistas, sin éxito alguno.

Pero a fines de diciembre de 1994, cuando el país estaba consumido por la crisis financiera producida tras la devaluación, las cartas del tal Javier comenzaron a llamar la atención de los investigadores del gobierno: el autor estaba salpicando su correspondencia con pequeños detalles interesantes, como para demostrar que tenía información de primera mano. Una carta describía con lujo de detalles el campo rebelde de Las Calabazas; otra hablaba del oficial zapatista David, y de su pasado como organizador campesino. Los datos parecían coincidir con la información fragmentaria que habían reunido los organismos de inteligencia mexicanos sobre los rebeldes. Obviamente, quien se escondía trás el nombre de pluma "Javier" sabía algo. El departamento de inteligencia del ejército mexicano, conocido entre los militares como la Sección Segunda, ordenó una revisión inmediata de sus archivos en busca de las cartas anteriores que pudiera haber enviado el misterioso Javier.

El entusiasmo del ejército era comprensible, y no sólo por sus ansias de reprimir a los zapatistas. Durante décadas, los militares mexicanos habían sido prácticamente vedados de trabajar con los servicios de inteligencia del gobierno, como resultado de los ancestrales temores de la clase política mexicana de darle demasiado poder a las fuerzas armadas. El conflicto de Chiapas les había dado a los militares una oportunidad de oro para expandir su aparato de inteligencia sin despertar suspicacias dentro del gobierno, y la Sección Segunda estaba decidida a sacarle el mayor partido a las circunstancias. En cuestión de días, la sección de inteligencia del ejército se había volcado de lleno a buscar al anónimo corresponsal.

La pista condujo a un verdadero tesoro informativo: el hombre que había mandado las misivas a través de una tercera persona era el subcomandante Daniel, el oficial zapatista que había estado a cargo del ejército rebelde en la región de Altamirano. Había sido —junto con los subcomandantes Marcos y Pedro— uno de los tres principales jefes militares de las FLN en Chiapas en los años ochenta y principios de los noventa. Aparentemente, el subcomandante Daniel había roto con Marcos poco antes del levantamiento del primero de enero de 1994. Ahora parecía decidido a desquitarse de su ex camarada.

Su verdadero nombre era Salvador Morales Garibay. Tenía 34 años, era un ex compañero de cuarto y profesor con Marcos en la Universidad Autónoma Metropolitana (UAM) de la Ciudad de México, y había sido uno de los primeros miembros del grupo en trasladarse a Chiapas a principios de los años ochenta. Agentes de la Sección Segunda le habían enviado varios mensajes ofreciendo clemencia a cambio de su cooperación y —después de intensas negociaciones— lo habían localizado en Los

Angeles, California, en donde se estaba escondiendo. Morales no tardaría en contarles toda su historia y la de sus ex camaradas.

Morales, uno de los cuatro hijos de una familia de clase media del estado central de Michoacán, había conocido a Marcos a principios de los ochenta, cuando ambos eran profesores de filosofía y diseño gráfico en la UAM, filial Xochimilco. Era una época de grandes esperanzas para la izquierda latinoamericana: en 1979, Fidel Castro había llegado a la cumbre de su influencia política en el Tercer Mundo al presidir la Sexta Cumbre del Movimiento de Países No Alineados en La Habana; los guerrilleros sandinistas acababan de tomar el poder en Nicaragua; el lider militar nacionalista general Omar Torrijos estaba en el poder en Panamá; Jamaica y Granada se perfilaban como los precursores de una ola de gobiernos socialistas en el Caribe; y los movimientos guerrilleros apoyados por Cuba en El Salvador y Guatemala parecían tener buenas posibilidades de tomar el poder. En ese momento, la revolución no era una utopía.

Como en muchos otros países de la región, un grupo relativamente pequeño pero decidido de militantes de izquierda mexicanos sintió que tenía la oportunidad de encender la llama revolucionaria en su país. Y según los testimonios de profesores y estudiantes de la UAM en aquella epoca, la escuela de diseño gráfico donde daban clases Morales y Marcos era un semillero de activismo político, un lugar donde los jovenes activistas políticos podían simultáneamente ganarse la vida y hacer su trabajo por la causa revolucionaria.

"La escuela de diseño gráfico alentaba a sus profesores a embarcarse en proyectos muy concretos", recuerda Alberto Hijar Serrano, un ex guerrillero de las Fuerzas de Liberación Nacional que había sido profesor de filosofía de Marcos y uno de sus padrinos de tesis. "Los profesores enseñaban a sus alumnos cómo diseñar una portada de libro, producir un panfleto, hacer cartelones para una huelga, o periódicos murales para organizaciones populares. Se trataba de herramientas de agitación y propaganda muy importantes."

Como muchos otros profesores marxistas deseosos de convertir sus palabras en acción, Morales había empezado su carrera revolucionaria con una misión relativamente inocua: el diseño de la revista universitaria *Conciencia Proletaria*. La circulación de la revista era de apenas 300 ejemplares, pero en medio de la fiebre revolucionaria que se había apoderado de las universidades latinoamericanas a fines de los setenta, era todo un honor ser parte del consejo editorial de la publicación. Para los ideólogos y líderes políticos que estaban detrás de la revista, como el comandante en jefe

Germán y otros miembros de las Fuerzas de Liberación Nacional, se trataba de una herramienta valiosa para promover sus ideas y reclutar a nuevos militantes.

La transición de Morales de diseñador gráfico a jefe guerrillero empezó en 1980, cuando fue invitado por una editora de *Conciencia Proletaria* a participar con otros profesores y estudiantes en un curso de capacitación en "primeros auxilios" en la selva de Chiapas. Era un curso de entrenamiento en operaciones guerrilleras de las FLN, que según se le informó sería dirigido por un joven que llevaba el nombre de guerra "Zacarías".

Una vez en Chiapas, Morales descubrió —entre asombrado y divertido— que Zacarías tenía un rostro muy familiar: era su compañero en la universidad de Xochimilco, el mismo hombre que una década después sería conocido mundialmente como el subcomandante Marcos. Para entonces, las FLN habían abandonado en buena medida su estrategia "foquista" de inspiración cubana —según la cual una foco guerrillero iniciaría las hostilidades y generaría una oleada revolucionaria en todo el país— y habían adoptado la línea maoísta de la "guerra popular prolongada". Esta estrategia, influida también por las guerras revolucionarias en Nicaragua y El Salvador, consistía en producir rebeliones simultáneas, que crearian "territorios liberados" en varias zonas e irian desgastando al gobierno poco a poco, hasta que una ofensiva final terminaría llevando a los revolucionarios al poder.

Morales pronto se había integrado al ejército zapatista, y había tomado cursos de entrenamiento militar cada vez más rigurosos en la selva Lacandona bajo la dirección del futuro subcomandante Marcos y el comandante en jefe Germán. Los diez años siguientes serían un período de intensa preparación. Muchos miembros del movimiento clandestino —militantes como Yolanda, Josué, Iván y Pedro— habían sido enviados a ciudades de todo el país para entrenarse como enfermeros, técnicos de radio e ingenieros mecánicos. Los oficiales no indígenas, como Germán, Elisa, Marcos y Daniel iban y venían de la Ciudad de México a Chiapas, en preparación de la ofensiva militar. Varios de ellos, incluidos Marcos y Elisa, habían pasado un tiempo en Nicaragua tomando cursos de operaciones especiales con el ejercito sandinista o con jefes militares de grupos rebeldes salvadoreños y guatemaltecos que se habían separado de los principales movimientos guerrilleros de sus países, según informes de la inteligencia militar mexicana.

A medida que se acercaba la fecha de la ofensiva militar zapatista, el subcomandante Daniel se había desencantado cada vez más de Marcos y Germán. La historia que contaba Morales recordaba las encarnizadas luchas internas que habían llevado al derrumbe de los grupos guerrilleros marxistas de El Salvador y Guatemala, y que ahora parecían estar destruyendo al movimiento zapatista. De sus declaraciones a los agentes del gobierno que lo interrogaron, quedaba claro que Morales estaba amargado por haber sido dejado de lado —y probablemente degradado— por Marcos poco antes del levantamiento zapatista. Según el desertor, Marcos no quería compartir el liderazgo con ninguna otra persona de rostro blanco dentro del movimiento.

Las tensiones entre el subcomandante Daniel y Marcos habían comenzado —o por lo menos se habían conocido dentro del movimiento zapatista— en mayo de 1993, en ocasión de la batalla que se produjo tras el descubrimiento por una patrulla del ejército del campo rebelde de Las Calabazas en Monte Corralchén. Unas semanas después del combate, que a pesar de los desmentidos del gobierno había alertado por primera vez a los medios informativos sobre la existencia de campamentos guerrilleros en Chiapas, el subcomandante Marcos había convocado a una reunión de altos oficiales zapatistas para pasar revista al incidente.

En la reunión, el subcomandante Marcos había culpado a Daniel, que estaba al mando del campamento de Las Calabazas, de mucho de lo que había sucedido. Mucho antes del choque con el ejército, Marcos había recomendado que el campamento de Las Calabazas fuera desmantelado: estaba ubicado en una zona donde las comunidades mayas estaban divididas en su apoyo a los zapatistas, y por lo tanto presentaba un alto riesgo de seguridad. El subcomandante Daniel no había estado de acuerdo, afirmando que era necesario que el campo permaneciera en su lugar precisamente para asegurar el apoyo a la revolución de las poblaciones mayas de los alrededores. Daniel fue despojado de su puesto de comando y enviado provisoriamente a San Cristóbal de las Casas para llevar a cabo operaciones de recaudación de fondos y apoyo logístico.

Daniel se sintió humillado. Su resentimiento hacia Marcos aumentaría después del levantamiento del primero de enero de 1994. Estimulado por el impacto espectacular de la rebelión zapatista en la opinión pública, Marcos había empezado a actuar con cada vez mayor independencia de sus camaradas de las FLN en Ciudad de México y Chiapas, y estaba convirtiendo al Comité Clandestino Revolucionario Indígena en su principal fuente de apoyo. En alguna medida al igual que el comandante en jefe Germán en su cuartel general de la Ciudad de México, el subcomandante Daniel se sintió como un oficial sin misión ni tropa, en un ejército rebelde cuyo comandante en el frente se estaba llevando todos los laureles, y que parecía ansioso por resaltar el carácter indígena de su movimiento.

Cuando se le preguntó por qué se había ofrecido voluntariamente a delatar a sus ex camaradas, Morales dijo a los investigadores del gobierno que estaba indignado por la corrupción desenfrenada dentro de la dirigencia zapatista. Las prácticas de adquisición de armas de los zapatistas se habían convertido en un punto importante de contienda entre Marcos y Daniel. Durante muchos años, decía el desertor, el subcomandante Marcos había pedido a los indígenas que contribuyeran con lo que pudieran —un cerdo, una cabra o, si los tenían, unos pesos— para comprar armas para la revolución. La idea había sido aumentar el compromiso de los mayas con la rebelión, haciéndoles sacrificar algunas de sus más valiosas pertenencias. Muchos de los indígenas, desesperadamente pobres, habían entregado sus ahorros de toda la vida para comprar armas.

Pero Marcos, según una versión de los acontecimientos publicada en 1995, solía sobrecargar los precios: vendía a los mayas un rifle AK-47, que las FLN compraban en el mercado negro norteamericano por unos 800 dólares, en más de 2.000 dólares. La suma era el equivalente de lo que los frigoríficos mexicanos pagaban a los indígenas por dos vacas, una verdadera fortuna. Era comprensible que el EZLN agregara costos de flete y una cantidad extraadicional por el riesgo de transportar las armas por territorios controlados por el Ejército Mexicano, pero los márgenes que Marcos estaba cargando constituían una explotación, decía el desertor. Morales tenía conocimiento de primera mano sobre los precios de las armas en el mercado internacional: él mismo había comprado algunas de un traficante de armas con base en Los Angeles, a quien las guerrillas centroamericanas y los zapatistas conocían como "Johnson".

El desertor, que como encargado de logística en San Cristóbal estaba en contacto con el comandante en jefe Germán y seguía de cerca las finanzas de los zapatistas, decía también que se había enfurecido por el uso que hacía Marcos del dinero de los indígenas. Marcos había usado parte de los fondos para comprar aparatos electrónicos y promover causas que tenían más que ver con su autoengrandecimiento que con la causa revolucionaria, afirmaba. Y Germán la estaba pasando bien en la Ciudad de México: el comandante en jefe aprovechaba su autoridad dentro del movimiento para acostarse con cuantas jóvenes militantes podía, y solía viajar a los Estados Unidos con la excusa de reunir fondos para el movimiento y regresar con las manos vacías, decía Morales.

A medida que pasaban los meses, Morales se había ido decidiendo paulatinamente a abandonar el ejército zapatista. Su problema era que no le sería tan fácil hacerlo. Los estatutos internos de los guerrilleros establecían un castigo drástico para los desertores: la muerte. Era una amenaza que no se podía tomar ligeramente: la historia de los movimientos rebeldes latinoamericanos estaba llena de ejemplos de militantes que habían sido ejecutados por sus propios camaradas después de juicios revolucionarios por sus transgresiones reales o imaginarias. Y la breve historia de la guerrilla en México no era una excepción: algunos sostenían que las Fuerzas de Liberación Nacional habían ejecutado en 1976 a sus ex combatientes Napoleón Glockner y Nora Rivera, acusándolos de traidores.[1]

Por lo menos un indígena, un chol conocido como Benjamín, había sido ejecutado sumariamente en los años ochenta después de que un tribunal de guerra zapatista lo había encontrado culpable de robar fondos del grupo guerrillero, y de hablar demasiado bajo efectos de la bebida con la gente de la población.

Desesperado y temeroso de que sus críticas cada vez más abiertas al subcomandante Marcos le llevaran a un tribunal marcial guerrillero, Morales había huido de Chiapas, y pronto había cruzado la frontera para esconderse en Los Angeles. Deprimido y sin poder ganarse la vida allá, había regresado a la Ciudad de México y, temiendo por su vida, había dejado unos cuantos documentos internos del EZLN en casa de un amigo, al que había pedido ayuda. Poco después, su amigo había enviado la primera carta al gobierno mexicano, bajo el nombre de Javier.

"La carta no se tomó en cuenta: recibimos cientos de cartas todos los días, y el volumen es tal que es imposible revisarlas todas", me diría después en una entrevista en su oficina el procurador general Lozano Gracia, a cuyo despacho habían sido enviadas algunas de las primeras misivas. "Pero la insistencia del misterioso escritor en decir 'Tengo información, tengo información' hizo que alguien dijera, 'Oye, este que ha escrito tantas veces, vamos a verificar quién es'."

En enero de 1995, después de varios interrogatorios a Morales, los agentes del gobierno concluyeron que el desertor había sido en efecto un jefe zapatista de alto rango. Su información pronto permitiría al gobierno confirmar las identidades de los altos dirigentes zapatistas, que para entonces los militares habían establecido tentativamente, pero que todavía no habían logrado confirmar con fuentes directas.

Morales también había corroborado que varias casas de seguridad de la guerrilla que la Sección Segunda tenía identificadas en todo el país pertenecían al EZLN. Los servicios de inteligencia del gobierno habían estado vigilando discretamente durante más de dos meses una casa que sospechaban servía de taller de reparación de armas en Yanga, Veracruz, y otra vivienda en la Ciudad de México, tomando fotos de las personas que entraban y salían de ambas residencias. La segunda era la casa de dos pisos

---

1 Un documento interno de las FLN hecho público por las fuerzas armadas mexicanas después de la muerte de los dos guerrilleros afirma que fueron ejecutados por el grupo rebelde por haber informado a la policía sobre la ubicación de un escondite guerrillero. Sin embargo, Fritz Glockner, hijo del guerrillero muerto, afirma que su padre reveló el escondite bajo tortura, y que fue muerto por la policía.

con un portón pintado de verde en la Colonia Letrán Valle, desde donde según los militares la subcomandante Elisa dirigía la red de propaganda zapatista y criaba a su hijo recién nacido.

Con el testimonio de Morales en la mano, la división de inteligencia del ejército y quienes dentro del gobierno abogaban por la represión a los zapatistas tenían lo que necesitaban: un desertor que podía identificar a los máximos jefes zapatistas y justificar una ofensiva militar para capturarlos. Cuanto menos, a ojos de quienes favorecían este plan de acción, la revelación de las identidades de los jefes zapatistas permitiría desinflar la imagen pública de Marcos y reducirlo a un terrorista común. La confesión de Morales era también una oportunidad de oro para que Zedillo volviera a tomar la ofensiva en una guerra de propaganda que parecían estar ganando los rebeldes. La Sección Segunda del ejército se puso a trabajar de inmediato en un plan para una ofensiva militar a toda escala contra los rebeldes.

Una vez que había sido localizado por el ejército, a Morales no le habían quedado muchas alternativas: se le dijo que podía colaborar con el gobierno y entrar en un plan de protección de testigos, o bien acabar siendo asesinado por sus ex camaradas. A principios de febrero, Morales había firmado su confesión ante funcionarios del ministerio público dando todos los detalles sobre su pasado guerrillero y sus ex camaradas.

Zedillo estaba siendo objeto de crecientes presiones para que tomara la iniciativa en el conflicto de Chiapas. El 9 de febrero de 1995, debía presidir a una importante ceremonia militar y enfrentar a sus generales, que estaban cada vez más impacientes por lo que veían como una virtual aceptación del presidente del hecho de que un grupo subversivo controlara una parte del territorio de Chiapas. En un informe confidencial que había llegado al escritorio de Zedillo alrededor de una semana antes, el secretario de la Defensa, general Enrique Cervantes, había asegurado al presidente que el ejército podía ocupar gran parte del territorio zapatista en un lapso de "seis horas", y que —en caso de haber combates— podía aniquilar a la guerrilla zapatista en cinco días. El plan del ejército se conocía informalmente como Operación Arco Iris, por el comando militar Arco Iris destacado en Chiapas que lo dirigiría.

Hacía tiempo que había malestar entre los generales por lo que consideraban como una respuesta titubeante —y timorata— de Salinas y Zedillo al desafío zapatista. Su principal objeción era que las fuerzas armadas mexicanas no estaban cumpliendo con su deber constitucional de garantizar la soberanía nacional sobre todo el territorio del país, porque el gobierno estaba permitiendo que una fuerza extraña controlara parte del mismo.

Era sólo la última de varias crisis recientes en las relaciones entre el gobierno y los militares, que había llevado al tradicionalmente plácido ejército mexicano a un estado inusual de ansiedad. En 1992, el ejército se había sentido agraviado por los nuevos libros de texto de historia publicados cuando Zedillo era secretario de Educación, en los que se culpaba a los militares de la masacre de estudiantes en 1968 en la Plaza de Tlatelolco. Dos años más tarde, los generales se habían sentido molestos porque el gobierno no había salido en su defensa después que grupos de derechos humanos sacaron a luz informes en los que criticaban la actuación de las fuerzas armadas en la guerra de Chiapas.

Durante su último año en el cargo, Salinas había tratado de aplacar el descontento militar mediante un aumento sustancial de compras de armamento y de las jugosas comisiones que los generales obtenían de éstas. Salinas también había permitido que la Sección Segunda, el departamento de inteligencia del ejército, se expandiera y actuara en el conflicto de Chiapas como una agencia paralela a la rama de inteligencia de la Secretaría de Gobernación. Las medidas de Salinas sólo habían logrado impedir que los generales hicieran públicas sus quejas. En un esfuerzo por mejorar sus alicaídos vínculos con los militares, Zedillo había permitido que las fuerzas armadas jugaran un rol aún mayor en asuntos de inteligencia. Pero ninguno de estos gestos habían logrado apaciguar a los cada vez más ansiosos generales.

"Los militares veían todos esos ataques al ejército como parte de una enorme conspiración civil contra ellos", me explicó un alto funcionario de le Secretaría de Gobernación que tenía estrechos vínculos con el ejército. "En su forma de ver las cosas, si el gobierno no ponía un freno a los artículos periodísticos sobre las violaciones a los derechos humanos del ejército en Chiapas, era porque no quería".

A medida que pasaban los días, los argumentos en favor de un ataque militar a los cuarteles zapatistas en Chiapas se iban amontonando en el escritorio de Zedillo. Además de aplacar al ejército, Zedillo necesitaba apaciguar a la línea dura del PRI en momentos en que se estaban por tener lugar las elecciones del 12 de febrero en Jalisco. Era casi seguro que el PAN ganaría la votación, y que los resultados serían impugnado por los dinosaurios del partido gobernante. A Zedillo le resultaría más fácil afirmar sus credenciales democráticas permitiendo una victoria del PAN si simultáneamente hacía una demostración de fuerza en Chiapas.

Según el análisis realizado por Zedillo y sus colaboradores, la planeada ofensiva militar también podría caerle bien a los banqueros de Wall Street, muchos de los cuales estaban presionando por una acción decisiva contra los zapatistas como una manera de revertir la nueva imagen de inestabilidad de México. Un comunicado de la división de mercados emergentes del Chase Manhattan Bank, que había llegado a manos del *Washington Post*, argumentaba que "el gobierno [mexicano] necesitaría eliminar a los zapatistas para demostrar su control efectivo sobre el territorio nacional, y sobre la seguridad pública". El Chase Manhattan terminó eliminando de su planta al autor del memo en un intento de distanciarse del mismo después de que este se hizo público y los grupos internacionales de derechos humanos pusieron el grito en el cielo, pero Zedillo sabía que su contenido representaba el punto de vista de muchos en la comunidad bancaria.

Si tenía alguna duda que la confianza de los inversionistas en su gobierno estaba cayendo, esta fue disipada por los mercados financieros aquel miércoles 8 de febrero por la mañana: el peso mexicano había caído a su punto más bajo en la historia, y el índice del mercado de valores mexicano había perdido 6.4%, para cerrar a su nivel más bajo en 17 meses. Los inversionistas estaban entrando en pánico. Zedillo necesitaba hacer algo cuanto antes.

En los papeles, el plan parecía perfecto. Días antes de la incursión del ejército en territorio zapatista, el presidente intensificaria sus ofertas de paz a los rebeldes. Después, horas antes de las medidas enérgicas, un desertor zapatista de alto nivel —Morales, el ex subcomandante Daniel— seria llevado a confesar ante un juez, y revelaría la existencia de casas de seguridad zapatistas en la Ciudad de México y Veracruz. El ejército entonces tomaría por asalto los refugios rebeldes y anunciaría el descubrimiento de un fabuloso arsenal de armas y materiales, junto con documentos comprometedores que indicaban un plan zapatista para lanzar actos terroristas por todo el país. La ofensiva militar en Chiapas se explicaría al mundo como una acción defensiva para impedir la muerte de civiles inocentes en Chiapas y en todo México.

En cuestión de horas, Zedillo dio la luz verde, y el plan se puso en marcha. A las 8 de la tarde del miércoles 8 de febrero de 1995, en momentos en que las agencias noticiosas reportaban el derrumbe del mercado de valores, un Morales nervioso era escoltado a la oficina del procurador del distrito de la Ciudad de México bajo fuerte protección de agentes del gobierno. En unos minutos, Morales reveló ante un juez federal lo que había estado diciendo a los investigadores oficiales durante varias semanas: el verdadero nombre de Marcos era Rafael Sebastián Guillén.

"Marcos era un ex profesor de diseño gráfico en la Universidad Autónoma Metropolitana, filial Xochimilco", señaló temblándole las manos. Siguió rindiendo testimonio sobre los dos refugios de la guerrilla que él conocía, y dio sus direcciones exactas.

El plan estaba en marcha. Si todo funcionaba bien, poco después de medianoche el ejército tendría en sus manos los arsenales encontrados en la casa de seguridad zapatista en Yanga, Veracruz, y en casa de la subcomandante Elisa en la Ciudad de México. En Chiapas, el comando militar Arco Iris ocuparía las zonas zapatistas a las 6 de la mañana, y el presidente podría anunciar a la nación sobre la detención de Marcos aproximadamente al mediodía del día siguiente, después de la ceremonia militar.

Sin embargo, la mañana siguiente empezó y terminó sin grandes noticias. A la hora de comer, el presidente todavía no había salido al aire para anunciar la captura del subcomandante Marcos, ni la toma del territorio zapatista por parte del ejército. La televisión mexicana no interrumpió su programación regular para transmitir el discurso de Zedillo sino hasta las 6 de la tarde aquel martes 9 de febrero. Irritado, de pie frente a un micrófono y leyendo de un texto preparado, el presidente anunció a la nación el descubrimiento que las tropas del gobierno acababan de hacer en los refugios zapatistas de Veracruz y Ciudad de México.

"Debo informar a la nación que mientras el gobierno insistía en su voluntad de diálogo y negociacion, el EZLN venía preparando nuevos y mayores actos de violencia, no sólo en Chiapas sino en otros lugares del país", dijo Zedillo, con enojo, en su mensaje a la nación. Señaló que en los allanamientos a los refugios clandestinos se había descubierto "un arsenal de armas de alto poder", incluidos cabezas de mortero, granadas de mano y explosivos, que indicaba que el grupo zapatista "estaba a punto de emprender nuevos actos de violencia" fuera de Chiapas.

Llegado a este punto, Zedillo dejó caer la noticia bomba: los operativos del ejército y los subsiguientes arrestos habían permitido al gobierno establecer las verdaderas identidades de los jefes zapatistas, así como sus antecedentes políticos. El verdadero nombre del subcomandante Marcos era Rafael Sebastián Guillén, y Germán, el comandante en jefe de su movimiento, era un veterano dirigente guerrillero llamado Fernando Yáñez. Se había descubierto que ambos eran jefes de las Fuerzas de Liberación Nacional, un grupo derivado de una organización armada fundada en 1969 cuya dirigencia y propósitos no eran "ni populares, ni indígenas, ni chiapanecos", dijo el presidente. Zedillo terminó su discurso anunciando que había ordenado el arresto de los dirigentes zapatistas, y la movilización del ejército a territorio rebelde para capturarlos.

Cuando todo México estaba pegado a la televisión presenciando la aparente revelacion de la identidad del subcomandante Marcos —el misterio que había acaparado las conversaciones políticas del país por más de un año—, las cámaras se desplazaron a un funcionario de la procuraduría que sostenía una enorme transparencia con un retrato de Guillén en su época de profesor universitario. Superponiendo una fotografía del mismo tamaño que mostraba al subcomandante Marcos con su pasamontañas negro, el funcionario alineó las cejas de los dos hombres en un intento de demostrar que coincidían. Si eran iguales o no fue un tema sumamente debatido en México los días siguientes. Acto seguido, el funcionario leyó el expediente de Guillén: decía entre otras cosas que el hombre más buscado de México tenía 37 años, medía 1.60 de estatura y era licenciado en filosofía y sociología.

"¡Lo agarraron!", me encontré diciéndome a mí mismo mientras veía el discurso de Zedillo y la subsiguiente descripción de Marcos por la televisión. A diferencia de otros sospechosos cuyos nombres el gobierno había filtrado a la prensa en meses anteriores, la nueva descripción encajaba con los rasgos de la persona que yo había entrevistado en la selva Lacandona unos meses antes.

Hasta la deserción del subcomandante Daniel, el servicio de inteligencia de la Secretaría de Gobernación de México había creído que el verdadero nombre de Marcos era Samuel Orozco, un activista de izquierda que había desaparecido después de irse a Chiapas a principios de los ochenta y que hacía poco había estado ausente del funeral de su padre en el estado norteño de Sonora. Antes de entrevistar a Marcos en Chiapas, yo había visto un retrato hablado de Orozco hecho por la Secretaría de Gobernación: decía que medía 1,85 de estatura y tenía 42 años. Cuando regresé de Chiapas a la Ciudad de México y volví a leer la descripción de Orozco, me quedó claro que Marcos era más bajo y más joven que el principal sospechoso del gobierno. Resultó que Orozco era un ex militante de izquierda que en efecto había desaparecido hacía como una década, pero que ahora vivía felizmente en Fresno, California, trabajando de locutor en un programa radial matutino de música ranchera. Aparte de la estatura y la edad de Guillén, su historial dado a conocer por Zedillo coincidía con mis primeras impresiones después de entrevistarlo en la selva Lacandona: contrariamente a la creencia generalizada en ese momento de que Marcos era un cura católico, había salido convencido de que más probablemente fuera un producto de la escuela de sociología de la universidad estatal, atascada aún en la ideología de los sesenta. Me vino de inmediato a la memoria una palabra que Marcos había usado durante nuestra entrevista, y que me había dejado descolocado por un momento: mientras acentuaba el hecho indisputable de que el levantamiento zapatista había logrado llamar la atención del país sobre los largamente ignorados indígenas chiapanecos, el carismático guerrillero había dicho —con toda naturalidad— que su movimiento rebelde había abierto las puertas para que ese sector "disimétrico" adquiriera una voz en la sociedad.

"Perdón por mi ignorancia, ¿pero qué significa "disimétrico"?, le pregunté en ese momento.

"En las ciencias sociales, se llama así a los sectores que no tienen una participación política" y han quedado fuera de juego, había respondido Marcos.

Cuando entrevisté a altos asesores de Zedillo días después del discurso del presidente, y después de que el subcomandante Marcos hubiera emitido una declaración negando que fuera Rafael Sebastián Guillén, ellos me aseguraron categóricamente que habían identificado a la persona correcta, y me dieron más detalles para probarlo. Horas antes del anuncio del presidente, los principales colaboradores de Zedillo habían invitado a dos de los profesores universitarios de Guillén al palacio presidencial para una charla informal, sin especificar el tema. Una vez allí, los profesores habían corroborado la mayoría de los datos proporcionados por el subcomandante Daniel. Hacía tiempo que sospechaban que el subcomandante Marcos era su antiguo estudiante, pero se habían guardado el secreto. Ahora, en una charla amigable en el palacio presidencial con funcionarios que ya parecían saberlo todo, les resultaba difícil negarlo.

Uno de los ex profesores universitarios de Guillén había abierto las manos en un gesto de resignación apenas había visto entrar en la sala al jefe del servicio de inteligencia de la secretaría de Gobernación. Antes que nadie le preguntada nada, el invitado musitó: "Ya sé para qué me han llamado". Sí, diría el profesor universitario segundos después, había un fuerte parecido entre Marcos y su ex alumno. Paralelamente, los investigadores gubernamentales habían entrevistado a los padres de Guillén y a antiguos compañeros de estudios, a quienes se les había escapado un detalle decisivo: Guillén era fumador de pipa, igual que el subcomandante Marcos, en un país donde los fumadores de pipa eran la excepción. El círculo se había cerrado.

"Si no hubiéramos estado cien por ciento seguros de la verdadera identidad de Marcos, no hubiéramos dejado que el presidente hiciera el anuncio: lo hubiéramos hecho a través del secretario de Gobernación, o de un funcionario de nivel inferior", me dijo uno de los máximos colaboradores de Zedillo, quien verificó personalmente los últimos detalles de la identidad de Marcos antes de que el presidente saliera al aire. "Un error como ese podía costarnos la presidencia."

Pero desde el punto de vista militar, la Operación Arco Iris fue un fracaso total: Marcos había logrado huir de su cuartel poco antes del ataque del ejército. La explicación oficial era que un juez de distrito en Chiapas se había retrasado en varias horas en el papeleo para llevar a cabo la orden de arresto del presidente. "La oficina del procurador general nos decía una y otra vez, 'Ya llega, ya llega', pero nos pasamos toda la mañana esperando la orden de arresto del juez de Chiapas, y no llegaba", me dijo otro de los ayudantes más cercanos del presidente. "La operación empezó unas doce horas más tarde por eso."

Es muy probable que Marcos hubiese sido puesto en aviso un día antes, cuando las tropas del gobierno habían allanado los refugios zapatistas en Veracruz y la Ciudad de México. Los guerrilleros tenían un sofisticado sistema de radio en la selva: como Chiapas era tan pobre y tenía tan pocas líneas de teléfono, el gobierno y la Iglesia católica habían distribuido desde hacía mucho tiempo equipos de radio para emergencias médicas y para acercar a la civilización a las comunidades indígenas. Los zapatistas tenían ahora bajo su control muchas aldeas con equipos de radio, y se comunicaban entre sí a través de ellos. De manera que Marcos pudo ser avisado sin pérdida de tiempo del inminente ataque del ejército: militantes zapatistas que habían oído sobre la captura de sus camaradas en Veracruz y la Ciudad de México probablemente habían telefoneado a sus contactos en San Cristóbal de las Casas, que a su vez se habían comunicado por radio con Marcos en la selva.

Marcos huyó de su cuartel en Guadalupe Tepeyac horas antes de que una nube de helicópteros militares fuertemente armados descendiera en su campamento en la selva, y que una columna de 2.000 tropas del ejército en vehículos militares llegara al lugar. En su prisa, Marcos había dejado atrás virtualmente todas sus pertenencias. Cuando unos días después llegaron los reporteros a su cuartel abandonado, encontraron —además de sus libros y la terminal de la computadora— uno de los pasamontañas del jefe rebelde, varios paquetes de tabaco de pipa y su mochila llena de medicinas. Oficiales de inteligencia militar comentarían más tarde con cierto asombro otro descubrimiento singular: la medicación que habían encontrado en la mochila demostraba que Marcos —al igual que el Che Guevara— sufría de asma.

Además del hecho embarazoso de que Marcos se le había escapado de las manos al gobierno, Zedillo pronto comenzó a ser objeto de críticas por las inconsistencias en la historia oficial. A medida que pasaban los días y surgían nuevos detalles del operativo, resultaba más difícil creer la versión del gobierno de que el testimonio de Morales había conducido a los refugios rebeldes en Veracruz y la Ciudad de México, y que los subsiguientes allanamientos habían descubierto un enorme arsenal para un ataque zapatista en varios puntos del país. Vecinos y parientes de los detenidos dijeron que las fuerzas del gobierno habían ocupado ambos escondites zapatistas por lo menos tres horas antes que Morales rindiera testimonio. Y pronto se informó que las armas escondidas que se encontraron en ambos lugares, aunque no eran desdeñables, tampoco eran arsenales, o por lo menos no alcanzaban para ninguna enorme conspiración terrorista como la que el gobierno decía que estaba a punto de lanzarse.

En el refugio zapatista en Yanga, Veracruz, las tropas del gobierno habían encontrado, entre otras armas, una ametralladora Uzi, seis lanzagranadas, más de una docena de granadas, diversas sustancias químicas para hacer bombas, y ocho pistolas. En la casa de la subcomandante Elisa en la Ciudad de México, las tropas habían arrestado a la mujer —cuyo verdadero nombre era María Gloria Benavides— y encontrado dos pistolas de 9 mm, algunas armas del ejército y varios documentos antiguos de las Fuerzas de Liberación Nacional y del EZLN. Mucho después, organismos internacionales de derechos humanos como Human Rights Watch añadirían un nuevo elemento a las críticas del operativo al denunciar que por lo menos cuatro de los detenidos en Yanga habían sido torturados física y piscológicamente —algunos con electroshocks— y que sus confesiones por lo tanto carecían de validez jurídica.

Marcos había sido desenmascarado y expuesto a la opinión pública como un guerrillero marxista de línea dura, pero el gobierno había fracasado en su plan de detenerlo en un operativo transparente y ofrecerle generosamente su liberación a cambio de un acuerdo político que resolviera la crisis de Chiapas. Marcos seguía libre, aunque debilitado por las nuevas revelaciones de que no era —o por lo menos no había sido en el pasado— el socialdemócrata postmoderno descrito por *La Jornada* y muchos intelectuales.

¿Quién era, pues, el carismático jefe rebelde que se ocultaba bajo el nombre de subcomandante Marcos? Rafael Guillén resultó ser uno de los ocho hijos de un comerciante de clase media, dueño de una mueblería, en la ciudad de Tampico. Había crecido con sus seis hermanos y su hermana en un casa de estuco rosada en uno de los barrios acomodados —aunque no de los más lujosos— de la ciudad.

El padre de Rafael, don Alfonso Guillén, se autodescribía como un comerciante "quijotesco" cuya pasión era escribir y recitar poesía. Nunca había terminado la escuela secundaria, y había trabajado desde joven para salir de la pobreza, primero vendiendo periódicos y billetes de lotería en la calle, y después abriendo una pequeña tienda de ropa, una zapatería, y por último el primer local de lo que se convertiría con los años en una pequeña cadena de mueblerías. A lo largo del camino, había llegado a director de la

Asociación de Ejecutivos de Mercadotecnia de la ciudad y había educado a sus hijos para que llegaran lejos en la vida: Paloma, su única hija, era abogada, economista y diputada local del PRI, mientras que los muchachos eran graduados universitarios en administración de empresas, sociología, ingeniería, agronomía, filosofía, contabilidad pública y economía. Rafael, el cuarto de los hijos de don Alfonso, era el filósofo. En su época en el Instituto Cultural de Tampico, un colegio dirigido por los jesuitas, había escrito para el periódico escolar, y había actuado y dirigido obras de teatro de la escuela. El y su hermano Simón Carlos, el sociólogo, eran la conciencia social de la familia: de adolescentes, habían hecho trabajo voluntario en la pobrísima región de la Tarahumara y de adultos, en sus periódicas visitas a la casa de sus padres, habían filmado juntos un vídeo sobre la fuga de la preescolar del hijo de Paloma cuando este tenía 3 años. En la película casera, los dos hermanos interpretaban la fuga del niño como una rebelión espontánea contra las pautas rígidas de la educación formal.

Rafael se había ido de la casa de sus padres a los 17 años, después de terminar la preparatoria, a seguir sus estudios en la Ciudad de México. En sus años de universidad, fue un militante de izquierda y apasionado seguidor del filósofo marxista francés Louis Althusser. No era un ratón de biblioteca, dicen sus profesores y ex compañeros. Hijar, el profesor y ex guerrillero que lo introdujo a la obra de Althusser, lo recuerda como "un muchacho extrovertido que siempre hacía chistes y que, a diferencia de muchos estudiantes de filosofía, también hacía deportes: jugaba bastante bien al baloncesto".

Rafael era conocido en la universidad, entre otras cosas, por sus ingeniosos juegos de palabras. Poniendo patas para arriba una vieja frase de Fidel Castro, en que el líder militar cubano había dicho: "Ayer éramos un puñado de hombres; hoy somos todo un pueblo conquistando el futuro", Rafael había bromeado que en el caso de los revolucionarios mexicanos, "Ayer éramos todo un pueblo conquistando el futuro; hoy somos un puñado de hombres." Era típico del estilo irreverente que una década después sería celebrado por sus seguidores bajo su nueva identidad como el subcomandante Marcos.

Para su tesis de licenciatura de la UNAM en 1980, Rafael había escogido el mismo tema que había explorado en el vídeo casero que había filmado con su hermano unos años antes: las trampas ideológicas de la educación formal. La tesis de 121 páginas, titulada "Filosofía y Educación", era una mezcla de argumentos radicales a favor de la lucha de clases y de llamados un tanto adolescentes a la rebelión contra la familia, que consideraba como la principal herramienta de control político del sistema capitalista. En el prólogo de su tesis, el futuro dirigente guerrillero —a los 25 años— abogaba por "una nueva práctica de la filosofía: la filosofía como un arma revolucionaria". El texto, salpicado con citas de Althusser y Karl Marx, aducía que la filosofía, entendida como una disciplina para ayudar a entender el mundo, era una herramienta de la sociedad capitalista para desviar a los filósofos de su verdadera misión: luchar por un nuevo orden social. Los filósofos de café —a los que describía como intelectuales de pelo largo que se apiñaban en los restaurantes de la Ciudad de México— eran uno de los blancos principales de la mofa del joven aspirante a revolucionario. Escribía:

"Está sentado en la posicion 'flor de loto'... No, no se trata de Kung Fu, ni de Siddhartha, mucho menos de algún borracho al que se le cruzó el alcohol con la marihuana, tampoco se trata de algún cangrejo con aspiraciones trascendentales. Es, aunque ni usted ni yo lo creamos, un filosofo.... Un filósofo es, pues, un extraño ser de vida nocturna que habita en algún recóndito paraje (una cueva o algo por el estilo); inicia sus correrías a eso de las 7 u 8 de la noche; se le puede encontrar en los cafés, en los parques, en los lugares más solitarios... El código básico de la cultura ....mexicana nos presenta al filósofo como alguien que no se preocupa de los bienes materiales y sí, en cambio, de los bienes del espíritu... Sospechoso de homosexualidad o, en el mejor de los casos, asexual como los ángeles, el filósofo es también un estereotipo en su vestir, en su aspecto personal: cabellos despeinado y barba desordenada, la mirada en continuo éxtasis, como en orgasmo que no se ha alcanzado, el cigarro y el café son ya parte de su persona, sonidos guturales que pretenden ser palabras... pantalón de mezclilla gastado por la luna, camisa de manta y guaraches... Con amplio conocimiento de todos los temas, el filósofo lo mismo opina sobre la baja tendencial de la ganancia que sobre el fracaso de la selección nacional de fútbol en [el mundial de] Argentina."

La tesis continuaba explicando que, a causa de esta definición tendenciosa de su disciplina, los filósofos rehuían el activismo político.

"Los marxianos de café... ven con olímpico desprecio el trabajo político. Mueven la cabeza con desaprobación frente al volante que se les extiende y en donde se habla de la lucha de la fábrica tal, de los colonos allá, de los campesinos acá. Los mítines, las asambleas y manifestaciones son poca cosa para ellos... Defensores radicales de su individualidad y de la "humanidad", critican a la Unión Soviética, a China, a Cuba por haberse olvidado del respeto a los derechos del individuo... La filosofía como humanismo teórico... es una ideología burguesa que traduce y traspone en el discurso filosófico las exigencias de la economía capitalista".

En un capítulo fascinante de su tesis titulado "La familia", Rafael parecía tratar de justificar intelectualmente su decisión de romper con sus padres después de su graduación y su compromiso cada vez mayor en las FLN. En lo que algunos psicólogos dirían era un caso típico de las teorías según las cuales los hijos del medio suelen ser los más conflictuados, Rafael —el cuarto de los ocho hijos de don Alfonso— parecía ansioso por encontrar una justificación política para cortar los vínculos con su familia de origen.

"Unidad de consumo, de reproducción de la fuerza de trabajo, la familia en el sistema capitalista es también la unidad mínima de reproducción / transformación de la ideología dominante", señalaba. La otra unidad de opresión era, obviamente, la escuela. La tesis de Rafael concluía que toda la educación de un niño estaba orientada a asegurar su sumisión a la clase dominante. "La ideología aparece así conformando prácticas que sostienen formas de dominación, que, a su vez, sostienen formas de producción capitalista, es decir, formas de explotación", escribía. La tesis de Rafael terminaba con un llamado a romper los mecanismos sutiles de dominación ideológica del Estado. Hacía falta "otro quehacer filosófico" que no fuera meramente académico, y la nueva modalidad consistía en " la práctica política proletaria". Concluía diciendo: "Practiquemos la política, hagamos teoría con política y política con teoría....".

La tesis de Rafael estaba perfectamente a tono con la ideología en boga en la UNAM en la época: obtuvo la máxima calificación, y le permitió al futuro jefe rebelde graduarse con honores. Tres años más tarde, después de pasar un tiempo en París, Rafael obtuvo un puesto de profesor en la UAM y, según su padre, trabajó brevemente de chófer de autobús y organizador laboral en lo que más tarde sería conocido como el sindicato de la Ruta 100. En ambos lugares, Rafael conoció a muchos de sus futuros camaradas guerrilleros, y a quienes apoyarían económicamente su movimiento. Poco después, pondría en práctica la teoría de su tesis universitaria y desaparecería de la capital para internarse en la selva de Chiapas.

¿Y quién era el aún más misterioso comandante en jefe Germán, de quien los mexicanos ni siquiera habían escuchado hablar hasta que el presidente lo había mencionado en su discurso al país? Era el jefe guerrillero más cauteloso de México: en casi tres décadas de actividad revolucionaria, nunca había emitido un comunicado, ni concedido una entrevista. Era tan fanático del anonimato como Marcos lo era de la propaganda política.

Era precisamente la obsesión de Fernando Yáñez por su seguridad personal lo que le había permitido sobrevivir varias décadas en la clandestinidad, mientras la mayoría de sus camaradas habían sido muertos o capturados por fuerzas del gobierno. El dirigente rebelde de 50 años tenía buenas razones para ser obsesivo en materia de su seguridad: su propio hermano —César Germán Yáñez, más conocido como "El Hermano Pedro" y uno de los héroes de la guerrilla en México— había muerto en 1974 en un choque con tropas del gobierno en Chiapas después que un desertor informara sobre su paradero. Fernando había asumido el mando de las FLN después de la muerte de su hermano y —en memoria suya— había adoptado "Germán" como su nuevo nombre militar. Desde entonces, ni siquiera sus principales colaboradores sabían dónde vivía, ni dónde ubicarlo telefónicamente: era él quien los llamaba o visitaba sus escondites en los momentos más inesperados. Germán estaba decidido a llevar a cabo la misión revolucionaria de su hermano sin que lo capturaran.

Los hermanos Yáñez eran dos de los seis hijos del doctor Margil Yáñez, un prominente cirujano de la ciudad norteña de Monterrey y activo militante del Partido Comunista de México. Los muchachos habían crecido en un barrio de clase media y estudiado en escuelas privadas, pero tanto su padre como su abuelo Feliciano Yáñez —un maestro rural y activista social que se enorgullecía de tener una bala incrustada en el brazo de uno de sus tantos choques con la policía— se habían cercionado de que permanecieran leales a la causa izquierdista. Uno de los recuerdos de infancia más memorables de los hermanos Yáñez era la pequeña victoria de su padre contra el gobierno de Estados Unidos cuando consiguió una visa especial de 24 horas para viajar a Texas y dar una conferencia en un congreso médico, a pesar de tener prohibida la entrada al país por su afiliación comunista. Después de semanas de negociaciones con las oficinas de inmigración estadounidenses, los organizadores de la conferencia habían obtenido un permiso especial para que el doctor Yáñez hiciera el viaje y fuera escoltado por guardias a la frontera inmediatamente después de terminar su conferencia.

"Fuimos muy influenciados por nuestro padre y nuestro abuelo, que además de ser activistas de izquierda eran masones", recuerda Margil Yáñez hijo, el hermano mayor de César y Fernando, que se hizo médico como su padre. "Cada uno de nosotros, cuando cumplimos catorce años, nos incorporamos a la Asociación de Jóvenes Esperanza de la Fraternidad, una logia masónica en donde aprendimos oratoria y a involucrarnos en causas sociales. Pronto nos convertimos en dirigentes estudiantiles en nuestras respectivas clases."

César, que más tarde se convertiría en "El Hermano Pedro", era el orgullo de su padre: era más bajo y más flaco que sus hermanos —había nacido sietemesino—, pero era de lejos el más brillante. Se había graduado de abogado, trabajaba como defensor de trabajadores en huelga y era un ideólogo de la causa marxista. En su cuarto en la casa paterna, tenía un letrero en la pared con la consigna: "Vietnam es la tumba del imperialismo yanqui." Fernando, a su vez, más alto y más corpulento que César, había terminado sus estudios de arquitectura y tenía planeado hacer un posgrado en Florencia, Italia. "Fernando era un ejecutor, mas que un ideólogo", recuerda su hermano mayor Margil. "Era el que vestía bien, el que bromeaba, el que también era un buen futbolista. César era el estudioso".

En los años sesenta, César y Fernando dedicaron todas sus energías a apoyar a la revolución cubana. Hicieron varios viajes a La Habana como integrantes de brigadas internacionales de obreros y estudiantes, y en 1967 fundaron el Instituto Cultural de Amistad Mexicano-Cubano en Monterrey, uno de los muchos grupos apoyados por la embajada cubana y orientados a difundir el nuevo evangelio de la revolución. A principios de los setenta, los dos hermanos sintieron que debían llevar su activismo más lejos y prender la llama revolucionaria en su país. Pronto fundaron las Fuerzas de Liberación Nacional.

En una emotiva escena de despedida en 1972, Fernando rompió con sus padres y su propia familia —ya se había casado y tenía tres hijos pequeños— para desaparecer en el anonimato. Una mañana, Fernando se presentó en la casa de sus padres y les dijo que había resuelto unirse a su hermano César y dedicar su vida a la revolución. Les dijo que no lo verían más, ni habrían de saber de él. No se iba a volver a contactar con ellos, por la propia seguridad de su familia. Antes de salir de la habitación, les pidió que no se angustiaran si leían en los periódicos que él o su hermano habían muerto: el gobierno solía publicar historias falsas sobre la muerte de los rebeldes como una manera de minar la moral de los grupos guerrilleros y desalentar a estudiantes y obreros a unirse a los rebeldes. Le dio un beso a su madre, y partió para no volver.

"Mi padre los aprobaba, hasta que entraron en la clandestinidad", me relató Margil, con una mezcla de profunda admiración y tristeza por sus dos hermanos guerrilleros. "Cuando Fernando decidió entrar en la clandestinidad, lo hizo a fondo, sin dar un paso atrás. Ni mis padres ni yo nunca volvimos a saber de él."

El nuevo grupo de los hermanos Yáñez era principalmente una organización guerrillera urbana con células en todo el país y frentes rurales en Chiapas, Oaxaca y Tabasco. A finales de 1973, el presidente Luis Echeverría había ordenado una redada masiva contra los rebeldes que terminó en el ataque militar en febrero de 1974 en Ocosingo, Chiapas, donde las tropas gubernamentales —alertadas por un desertor— mataron a César y arrestaron a una mujer joven que estaba con él. Su nombre era María Gloria Benavides, la misma que volvería a aparecer dos décadas después como la subcomandante Elisa.

"Los hermanos Yáñez eran fundamentalistas: eran tan cerrados que no debatían con el resto de nosotros, porque consideraban que el resto de nosotros eramos demasiado blandos", dice Gustavo Hirales, un ex miembro del buró político de la Liga Comunista 23 de Septiembre a principios de los setenta. "Eran procubanos a muerte, y aunque no se sabía que Cuba apoyara a ningún movimiento rebelde en México, nosotros estábamos convencidos de que recibían algún tipo de ayuda discreta de los cubanos, porque no hacían asaltos ni expropiaciones y sin embargo siempre tenían dinero".

Consecuente con su idea de hacer la revolución en lugar de discutir interminablemente sobre cómo debía ser el futuro gobierno revolucionario, Fernando y su grupo guerrillero no emitieron prácticamente ninguna declaración en los años siguientes. Su primer documento interno que se conozca fueron los "Estatutos de las Fuerzas de Liberación Nacional" de 1980, un documento que quedó juntando polvo en los archivos de la Secretaría de Gobernación durante más de una década hasta que, según el gobierno, fue redescubierto en casa de la subcomandante Elisa después del allanamiento de las fuerzas de seguridad. Se trataba de un documento que reflejaba la línea más dura que podía encontrarse entre los grupos armados marxistas de América Latina.

"Las FLN luchan contra la ideología imperialista oponiéndole la ciencia de la historia y la sociedad: el marxismo-leninismo, que ha demostrado su validez en todas las revoluciones triunfantes de este siglo", declaraba el documento en sus primeras páginas. "Por eso, además de luchar contra el domino ideológico del capital, luchamos también contra quienes, infiltrados en el movimiento obrero y campesino y en el seno de la izquierda, reniegan de la esencia revolucionaria del marxismo y pregonan el reformismo y la colaboración de clases, en vez de la lucha a muerte de los explotados contra sus explotadores."[2]

---

2 Yáñez fue detenido en la Ciudad de México el 21 de octubre de 1995, acusado de posesión ilegal de un rifle AK-47, una pistola de 9 mm y sesenta y cuatro cartuchos de municiones, pero fue puesto en libertad seis días más tarde después de una avalancha de acusaciones de grupos de izquierda y diputados de una comisión de paz en el Congreso, que denunciaban que su arresto había violado una amnistía temporal a los dirigentes rebeldes. En una serie de

¿Y quién le había dado apoyo financiero al ejército zapatista? Según informes de la inteligencia militar mexicana, gran parte del dinero para financiar el movimiento rebelde había sido enviado por grupos humanitarios —en su mayoría alemanes y canadienses— para proyectos sociales en la selva, y había sido desviado al movimiento zapatista. Uno de los principales grupos detectados por los militares que canalizaban donaciones extranjeras al movimiento rebelde era una organización no gubernamental llamada Desarrollo Económico Social de los Mexicanos Indígenas (DESMI), que tenía estrechos vínculos con la archidiócesis de San Cristóbal. El coordinador de DESMI, Jorge Santiago, era un hombre de casi cuarenta años, anteojos y pelo algo canoso, que según informantes del gobierno era conocido por los zapatistas bajo el nombre de guerra Jacobo. Había estudiado teología en Roma y, a su regreso a México, se había incorporado a grupos eclesiásticos laicos que trabajaban en las comunidades mayas de Chiapas. A principios de los ochenta, se había enamorado de un mujer joven de Monterrey, que pronto empezó a trabajar como su principal enlace con la dirigencia rebelde zapatista. Era la subcomandante Elisa.

Además de los fondos de DESMI, los zapatistas también recibían fondos de organizaciones sindicales amigas en la Ciudad de México, sobre todo del sindicato de chóferes de Ruta 100, a algunos de cuyos dirigentes Marcos conocía desde su época de trabajador sindical en la capital. No era casual que los guerrilleros zapatistas llevaran las mismas camisas café oscuro que usaban los 8.000 chóferes del sindicato Ruta 100, señalaban los servicios de inteligencia del gobierno. El sindicato de Ruta 100 tenía dinero de sobra: sus activos declarados rebasaban los 46 millones de dólares —algunas notas de prensa decían que llegaban hasta los 600 millones de dólares— e incluían 24 propiedades en la capital y varias más en el interior del país. Otras fuentes de dinero en efectivo eran los préstamos del gobier-

---

entrevistas después de ser puesto en libertad, Yáñez confimó que había sido un fundador de las FLN a fines de los sesenta, pero negó haber sido uno de los cabecillas de la rebelión zapatista de 1994. Sin embargo, se negó a dar detalles sobre dónde había estado en los ochenta y los noventa, diciendo sólo que era "un pobre arquitecto" que trabajaba a escondidas por temor a la represión del gobierno, y que había pasado algunos años en Chiapas buscando a su hermano desaparecido. (*La Jornada*, 24 de octubre, 28 de octubre, 1995; y *Proceso*, 6 de noviembre, 1995). En rigor, sus declaraciones fueron más que ambiguas. Al igual que en el caso de la subcomandante Elisa, fuentes allegadas a la dirigencia zapatista dijeron al autor que los desmentidos de Yáñez probablemente buscaban desacreditar la afirmación de Zedillo de que los máximos jefes zapatistas no eran "ni indígenas, ni chiapanecos".

no a los campesinos, que simpatizantes zapatistas en las comunidades mayas desviaban a los rebeldes, y ventas de ganado realizadas por las tropas zapatistas.

Existen también informes verosímiles de que los zapatistas buscaron afanosamente la ayuda de movimientos rebeldes en Centroamérica y del gobierno de Cuba, pero sin mucho éxito. Si Cuba había proporcionado alguna vez apoyo moral o logístico a los hermanos Yáñez en los setenta, Castro estaba cada vez más aislado en los ochenta y no podía correr el riesgo de antagonizar al gobierno mexicano, uno de los pocos aliados que le quedaban. Cuando Marcos diría más tarde que el levantamiento zapatista no había sido financiado desde el exterior, no estaría mintiendo, pero tampoco era porque los guerrilleros mexicanos lo hubieran querido así.

A principios de 1986, un grupo de jóvenes mexicanos que se identificaban como miembros de un nuevo movimiento rebelde zapatista en el sur de México se había acercado al Frente Farabundo Martí de Liberación Nacional (FMLN) de El Salvador en busca de entrenamiento militar y apoyo logístico. Se concertó una reunión con dos altos oficiales del grupo guerrillero salvadoreño, que tendría lugar en Managua, Nicaragua.

"Les dijimos que era una locura, que no podíamos hacer nada por ellos", recuerda la ex jefa guerrillera salvadoreña Ana Guadalupe Martínez, que estaba en contacto diario con los enviados del FMLN a la reunión. "Nosotros no podíamos ayudar a un movimiento rebelde en el único país con el que teníamos buenas relaciones."

"De allí, se fueron a Cuba", continuó Martínez. "Unas semanas después, [el jefe del Departamento de las Américas del Partido Comunista de Cuba Manuel] Piñeiro nos dijo en una reunión en La Habana que los mexicanos habían acudido a ellos, y que él también se había negado a darles ayuda. Para Cuba, meterse con México equivalía a cometer un harakiri político, nos dijo Piñeiro."

Admitiendo que el grueso del financiamiento de los zapatistas provenía de dentro de México, los funcionarios de inteligencia militar de la Sección Segunda coincidían en que el mayor misterio era cuánto habían recibido los rebeldes del sindicato de Ruta 100, y si alguna agencia del gobierno había dado luz verde para dicha ayuda. El sindicato no sólo había proporcionado a los zapatistas dinero y uniformes, sino que también había impreso la mayor parte de los panfletos de los guerrilleros en sus talleres gráficos en la Ciudad de México. ¿Había grupos desafectos del PRI que estaban financiando a los rebeldes a través del sindicato de Ruta 100? ¿O los dirigentes del sindicato izquierdista estaban recibiendo dinero de las autoridades, y usándolo a su antojo?

Una de las pocas personas que podría haber respondido esa pregunta murió en un extraño incidente en abril de 1995. Su muerte se produjo en una oficina gubernamental de la Ciudad de México, y los investigadores del gobierno dictaminaron que se había tratado de un suicidio. El oscuro episodio ocurrió a la 6 y media de la mañana el lunes 10 de abril de 1995, después de que el jefe de transporte del distrito federal Luis Miguel Moreno le pidiera prestada por unos minutos a su guardia de seguridad una pistola Taurus calibre 38. El burócrata de carrera de 53 años estaba siendo investigado por los vínculos de su despacho con Ruta 100, y había estado trabajando toda la noche y todo el fin de semana tratando de encontrar alguna explicación a unos 8 millones de dólares en gastos no contabilizados que una auditoría independiente acababa de encontrar en la compañía de autobuses, cuyo sindicato se sospechaba había desviado parte de los fondos a los zapatistas. Moreno había pasado toda la noche encerrado en su oficina y, según le dijo al guarda, quería ir a la esquina a comprar cigarrillos y tomar un poco de aire fresco. Tomó la pistola en sus manos, y salió a dar un paseo.

Unos minutos después de su regreso, los guardias oyeron dos disparos en la oficina de Moreno. Su cuerpo fue encontrado en el piso, junto al escritorio, con dos orificios de bala en el pecho. La investigación del gobierno calificó la muerte de suicidio. No obstante, se trataba de un suicidio peculiar. ¿Desde cuándo podía un hombre dispararse dos tiros a sí mismo, y al corazón? En México, por lo visto, tal hazaña era posible. La oficina del procuardor general dijo que era científicamente posible, y que en efecto era lo que había pasado en el caso de Moreno.

La muerte de Moreno había tenido lugar poco después de la detención el fin de semana en un restaurante de la Ciudad de México del consejero legal del sindicato Ruta 100 Ricardo Barco, que también había sido representante legal del Frente Zapatista de Liberación Nacional en la Ciudad de México. Aunque Barco negaba haber canalizado fondos a los zapatistas —afirmaba que las acusaciones del gobierno contra él eran una excusa para decapitar uno de los pocos sindicatos combativos fuera del control del PRI—, los investigadores del gobierno tenían pocas dudas de que los chóferes de Ruta 100 habían contribuido con ropa, alimentos y grandes sumas de dinero a los rebeldes. La pregunta era, ¿había habido un vínculo gubernamental con los zapatistas? Alguien se aseguró de que la verdad nunca saliera a la luz: a los pocos días se reportó que el cuerpo de Moreno había sido cremado, impidiendo una autopsia que hubiera ayudado a esclarecer las circunstancias de su muerte.

Tres semanas después del discurso de Zedillo sobre la identidad del subcomandante Marcos, el jefe guerrillero trataría nuevamente de convertir un revés militar en un victoria propagandística, burlándose de la incapacidad del gobierno de capturarlo, y convirtiendo su huida en una hazaña militar de proporciones épicas. Poeta-novelista de corazón, logró incluso darle ribetes tragicómicos a su sufrimiento personal tras el ataque militar. En una larga carta a varios periódicos mexicanos fechada el 5 de marzo, Marcos relató la lucha de sus tropas contra la deshidratación mientras huían del ejército en una jornada que el guerrillero inscribiría en la historia como "el sexto día del repliegue".

"La madrugada del día 15 nos íbamos a beber los orines", escribió.

"Y digo 'nos íbamos' porque no lo hicimos, todos empezamos a vomitar al primer trago. Previamente se había dado una discusión. Aunque todos estábamos de acuerdo en que cada quien se bebiera sus propios orines, Camilo decía que había que esperar a que pasara la noche para que los orines se enfriaran en la cantimplora y los tomáramos imaginando que eran refresco."

"En defensa de su posición, Camilo argumentaba que él había escuchado en la radio que la imaginación lo puede todo. Yo me opuse, aduciendo que el tiempo sólo iba a producir que el olor aumentara, además de que advertí que la radio no había brillado últimamente por su objetividad... Finalmente decidimos dar un traguito, todos al mismo tiempo, para ver qué pasaba. No sé quién inició el "concierto", pero casi inmediatamente todos vomitamos lo que habíamos ingerido y también lo que no. Quedamos más deshidratados y tirados en el suelo. Como bolos, apestando a orines. Creo que nuestra imagen era poco marcial. A las horas, antes de salir el sol, una repentina lluvia nos empapó y alivió la sed y el ánimo."

En esa misma carta, el poeta-bromista-revolucionario intentó desmentir la afirmación de Zedillo de que él era un marxista fanático llamado Rafael Guillén. Emulando el pomposo lenguaje burocrático de su orden de arresto de la Procuraduría General, escribió un interrogatorio ficticio de la policía al jefe zapatista. Era un texto que denotaba tanto su talento literario como su creciente egolatría :

"Exhortado a decir sólo la verdad y nada más que la verdad, el individuo en cuestión dijo llamarse *Marcos Montes de la Selva*... El de la voz se declaró en pleno uso de sus facultades físicas y mentales y, sin presión alguna (además de la de los 60 mil federales que lo buscan vivo o muerto), declaró y confesó lo siguiente:

Primero. Que nació en el campamento guerrillero llamado "Agua Fría", selva Lacandona, Chiapas, una madrugada del mes de agosto de 1984. Dice el de la voz que volvió a nacer el 1° de enero de 1994, y que renació, sucesivamente, el 10 de junio de 1994, el 8 de agosto de 1994, el 19 de diciembre de 1994, y el 10 de febrero de 1995 y cada día y cada hora y cada minuto y cada segundo desde ese día hasta el momento en que declara lo presente.

Segundo. Que además de su nombre, tiene los siguientes alias: "Sub", "Subcomandante", "Sup", "Supco", "Marquitos", "Pinche Sup", "Sup hijo de su..." y otros que el pudor de esta P.D. fiscal impide consignar...

Cuarto. El de la voz confiesa que, antes de nacer, pudiendo poseerlo todo para nada tener, decidió no poseer nada para así tenerlo todo...

Séptimo. El de la voz confiesa que ha sido irreverente con todas las verdades que llaman supremas, excepto con aquellas que emanan del ser humano y que son, a decir del declarante, la dignidad, la democracia, la libertad y la justicia. Un murmullo de contrariedad recorrió la Santa Inquisición, perdón, la oficina de la fiscalía especial.

Octavo. El de la voz confiesa que lo han tratado de amenazar, de comprar, de corromper, de encarcelar y de asesinar, y que no lo han intimidado ni comprado ni encarcelado ni asesinado ("Hasta ahora", acota, amenazante, la P.D. fiscal)...

Duodécimo. El de la voz confiesa que cree, firmemente, que hay que tumbar al mal gobierno por todos los medios y en todas partes. Confiesa que cree que hay que construir una nueva relación política, económica y social entre todos los mexicanos y, ya de paso, entre todos los seres humanos. Es de señalar que estas intenciones promiscuas provocaron escalofríos en la P.D. fiscal...

Después de estas confesiones, el de la voz fue exhortado a declararse espontáneamente inocente o culpable a la siguiente serie de acusaciones. A cada acusación, el de la voz respondió:

Los blancos lo acusan de ser negro. Culpable.
Los negros lo acusan de ser blanco. Culpable.
Los auténticos lo acusan de ser indígena. Culpable.
Los indígenas traidores lo acusan de ser mestizo. Culpable.
Los machistas lo acusan de ser feminista. Culpable.
Los feministas lo acusan de ser machista. Culpable.
Los comunistas lo acusan de ser anarquista. Culpable.

Los anarquistas lo acusan de ser ortodoxo. Culpable.
Los anglos lo acusan de ser chicano. Culpable.
Los antisemitas lo acusan de ser projudío. Culpable.
Los judíos lo acusan de ser proárabe. Culpable.
Los europeos lo acusan de ser asiático. Culpable.
Los gobiernistas lo acusan de ser oposicionista. Culpable.
Los reformistas lo acusan de ser ultra. Culpable.
Los ultras lo acusan de ser reformista, Culpable.
La "vanguardia histórica" lo acusa de apelar a la sociedad civil y no al proletariado. Culpable.
La sociedad civil lo acusa de perturbar su tranquilidad. Culpable.
La Bolsa de Valores lo acusa de arruinarle el almuerzo. Culpable...
Los serios lo acusan de ser bromista. Culpable.
Los bromistas lo acusan de ser serio. Culpable.
Los adultos lo acusan de ser niño. Culpable.
Los niños lo acusan de ser adulto. Culpable...
Todos lo acusan de todo lo malo que les pasa. Culpable."

Pero la épica literaria de Marcos, estimulada por la adrenalina de tener a medio ejército federal siguiéndole los talones, no podía opacar el hecho de que su identidad real ya no era un misterio, y que su pasada ortodoxia marxista era menos romántica de lo que muchos de sus admiradores hubieran preferido. El jefe guerrillero aún conservaba buena parte de su mística, pero a los ojos de muchos había sido desenmascarado.[3]

---

3 Cuando este libro estaba por ir a imprenta, el subcomandante Marcos aún estaba en Chiapas rodeado por el ejército mexicano, mientras el gobierno y los negociadores zapatistas celebraban reuniones mensuales en busca de un acuerdo de paz. Aunque se habían logrado acuerdos iniciales, no estaba claro si Marcos y sus seguidores indígenas aceptarían en el futuro dejar las armas y convertirse en un movimiento político legal.

13

México desenmascarado

Casi se me atragantó el café al leer una noticia en el periódico mientras desayunaba un miércoles por la mañana a mediados de 1995. Habían pasado más de dos años del ya célebre banquete en la mansión de don Antonio Ortiz Mena, en que los empresarios más ricos de México habían ofrecido juntar 25 millones de dólares cada uno para la campaña electoral del PRI. El periódico informaba que el senador Miguel Alemán, el hombre de aspecto aristocrático que era hijo de un ex presidente y que había ocupado hasta hacía poco el cargo de secretario de finanzas del PRI, acababa de publicar un libro aduciendo que la historia de las famosas donaciones había sido "una broma".

"¡Una broma!", no podía creer lo que estaba leyendo. La información del periódico decía que el nuevo libro, titulado *Las Finanzas de la Política*, alegaba que algunos de los invitados al banquete de recaudación de fondos para el PRI habían "distorsionado" parte de la conversación durante la cena: habían interpretado literalmente un chiste que alguien había hecho a un invitado que había llegado tarde, y a quien se le había dicho en broma que se estaba pidiendo a todos los presentes que dieran 25 millones de dólares cada uno. Nadie había ofrecido ni pagado tal suma, reclamaba el autor.

¡¡¡Increíble!!! Había entrevistado separadamente a tres de los principales participantes de la reunión, que me habían confirmado con lujo de detalles que el PRI había solicitado 25 millones de dólares de cada participante para el planeado fideicomiso del partido. Lo asombroso del caso era que la fuente que me había contado la cena con mayor detalle había sido el propio senador Alemán, el mismo que ahora estaba negando la historia. Pero lo más difícil de entender para mí era que el senador no me había hecho su relato en una charla informal —después de todo, no era inusual que un político dijera una cosa en privado, y otra en público— sino en una entrevista formal en su despacho, con mi grabadora en marcha y bajo el entendimiento que sus palabras serían publicadas. El ex secretario de finanzas del PRI me había hecho el relato del banquete en una extensa entrevista, en nombre de lo que describía como un nuevo espiritu de apertura y un sincero compromiso por reducir la ayuda oficial del gobierno al partido oficial.

Asombrado y curioso, corrí a ver al jefe de redacción del periódico que había publicado la noticia, con la cinta grabada de mi entrevista con Alemán en el bolsillo. ¿Podía creerlo?, le pregunté. Blandiendo el recorte del diario de esa mañana, le conté que Alemán me había dicho exactamente lo contrario de lo que estaba diciendo ahora, y ¡en una entrevista formal!

El veterano periodista me miró con ojos de vaca, perplejo por mi arranque de excitación periodística. Un senador del PRI había dicho una mentira flagrante... ¿Qué había de nuevo en eso?, dijo, encogiéndose de hombros. La gran noticia hubiera sido que un senador del PRI dijera la verdad. El hecho de que lo tuviera grabado en una cinta no cambiaba las cosas. En México, la palabra era una mercancía muy barata, dijo. Uno podía decir una cosa en un momento, y lo opuesto en otro, y para nadie sería una gran sorpresa. "Si tú publicas que lo tienes grabado diciendo exactamente lo contrario de lo que escribió en su libro, lo más probable es que diga que malinterpretaste sus palabras, o que la voz en la grabación no es la suya, y todo quedaría confundido en un mar de entredichos", continuó el periodista. "Lo más probable es que ni siquiera se molestaría en contestar; que no le importara un rábano."

No se trataba de un incidente aislado, ni mucho menos. Los periódicos mexicanos lo sacudían a uno casi a diario con increíbles revelaciones que —a menos que se los tomara con cierta dosis de escepticismo— lo mantenían a uno en un estado permanente de agitación extrema. El problema era que uno tampoco podía ignorar las informaciones: ocasionalmente, algunas resultaban ser ciertas. El trabajo de corresponsal extranjero en México, hurgando en un mar de titulares y tratando de deslindar la realidad y la ficción en ellos, podía llegar a ser exasperante.

Una mañana, por ejemplo, las primeras planas de virtualmente todos los periódicos mexicanos llevaban un titular en letra catástrofe que decía: "¡Aburto no es Aburto!". No era un chiste: la historia estaba fechada en New Jersey, donde el ex fiscal del gobierno Mario Ruiz Massieu luchaba contra una petición de extradición del gobierno mexicano, y había declarado que el hombre que había sido arrestado en Tijuana después del asesinato de Colosio no era el mismo que el que estaba cumpliendo una sentencia de 45 años de cárcel en el penal estatal de México. Alguien había sustituido a Aburto por otro cuando lo llevaban a la cárcel. Ahora había dos Aburtos: uno de Tijuana, y otro de la prisión en el estado de México, decían los periódicos.

La historia resucitaba un debate que había nacido poco después del asesinato de Colosio, cuando el gobierno había presentado a Aburto por primera vez a los medios de comunicación con un rostro recién afeitado y un nuevo corte de pelo, inspirando preguntas en los medios de comunicación respecto a si tenía algún parecido con el pistolero que aparecía en un vídeo televisado del asesinato. Meses después, los nuevos titulares parecían dar nuevo crédito a la teoría. ¿Había un "Aburto de Tijuana" y un "Aburto del estado de México"? ¿Coincidían las cejas del Aburto de Tijuana con las del Aburto encarcelado? ¿Tenían ambos el mismo color de ojos? ¿Tenían las mismas manos? La pregunta se convirtió en el tema del día en los programas de radio, conversaciones de oficina y las filas de supermercado.

Yo me encontraba totalmente enfrascado en la investigación sobre si Aburto era Aburto, cuando la opinión pública mexicana fue desviada repentinamente hacia un nuevo caso de identidades en duda: ahora resultaba que los zapatistas no eran zapatistas, o por lo menos algunos de ellos no lo eran. El subcomandante Marcos acababa de emitir un comunicado diciendo que "falsos zapatistas" habían hecho su aparición por todo el país, solicitando fondos y ofreciendo entrenamiento militar. El pueblo mexicano debía estar alerta porque los zapatistas falsos podían ser agentes del gobierno, advertía el dirigente rebelde en un comunicado. A todo esto, y aunque quedaban pocas dudas de ello, Marcos seguía negando que su verdadera identidad era Rafael Guillén.

Estaba llevándome las manos a la cabeza, abrumado por la comedia de enredos de la política mexicana, cuando un ex compañero de escuela primaria del presidente Zedillo al que había estado buscando durante bastante tiempo me devolvió la llamada. El también creía —contrariamente a lo que aseguraba la biografía oficial de Zedillo y a lo que me habían dicho sus asistentes— que el presidente no era el hijo biológico del electricista Rodolfo Zedillo. Según la fuente, Zedillo era el hijo de un funcionario que trabajaba en la Secretaría de Hacienda, y que había abandonado a la madre del presidente poco después del nacimiento de Ernesto.

A esta altura del partido, yo me encontraba —como suelen encontrarse muchos periodistas en México— totalmente perdido. ¿Era Aburto el verdadero Aburto? ¿Eran los zapatistas los verdaderos zapatistas? ¿Era el Marcos de la montaña el Marcos de Zedillo? ¿Era Zedillo un verdadero Zedillo? ¿Cómo se podía escribir sobre un país en el que no sólo no se podía confiar en lo que la gente decía, sino tampoco en que las personas fueran quienes se suponían que eran? Estudiar a México, como me había dicho una vez una académica norteamericana, era como trabajar en la caverna de Platón: uno sólo veía sombras, y nunca sabía qué sombra pertenecía a quién.

El viraje en redondo del senador Alemán era desde hacía mucho tiempo una reacción típica de los funcionarios del gobierno, y encajaba perfectamente en la tradición de impunidad de la clase gobernante mexicana. Con un solo partido en el poder durante más de seis décadas, un Congreso manejado a control remoto y una Corte Suprema obediente, los funcionarios gubernamentales tradicionalmente habían tenido que responder por sus acciones a una base electoral sumamente reducida: "El señor Presidente". En poco contaba lo que pudiera opinar el pueblo. En un sistema de partido dominante, en que las autoridades del partido no eran electas mediante elecciones primarias, y donde las promociones y destituciones eran decididas a "dedazo" por el jefe de Estado, el futuro político de los funcionarios públicos no dependía de la opinión del pueblo. No era de extrañar que los críticos del gobierno insistieran cotidianamente en que uno de los problemas principales de México era la falta de penas legales o condena social a los funcionarios que transgredían normas elementales de conducta pública.

Los mexicanos estaban tan acostumbrados a que los funcionarios del gobierno mintieran, que la mayoría lo daba por sentado. Las encuestas mostraban que la confianza de los mexicanos en los funcionarios públicos estaba sólo apenas por encima de la fe que tenían en los vendedores de carros, que estaban al final de la lista. Un 87% del pueblo mexicano decía que tenía "poca" o "ninguna" confianza en su gobierno. Otro estudio que comparaba las actitudes mexicanas y estadounidenses encontraba que sólo 18% de los mexicanos tenían "mucha" confianza en laș instituciones gubernamentales, mientras que la cifra en los Estados Unidos era de 32%.

No se les podía culpar por ser tan escépticos. Un rápido recuento de lo que se les había dicho durante la ola de violencia que conmovió al país a mediados de los noventa bastaba para convertir a la persona más crédula y bien dispuesta en un cínico total. ¿Acaso no había dicho el gobierno de Salinas que el candidato presidencial del PRI había sido electo por el comité ejecutivo del partido, cuando todos en el país sabían que había sido escogido a dedo por el propio Salinas? ¿No había jurado el gobierno que había ignorado la existencia de guerrilleros zapatistas en Chiapas antes del levantamiento armado, cuando en realidad tenía información minuciosa sobre el grupo armado? ¿No había dicho el gobierno después del asesinato de Colosio que el culpable había sido un asesino solitario llamado Mario Aburto, para luego anunciar con bombos y platillos el descubrimiento de una "acción concertada" de media docena de sospechosos, para después regresar a la teoría del asesino solitario, y finalmente cambiar una vez más de posición para afirmar que había habido dos asesinos? ¿Y en el caso del asesinato de Ruiz Massieu, no habían los fiscales del gobierno primero acusado a los dos legisladores de Tamaulipas, sólo para más tarde atribuir la culpa a Raúl Salinas, mientras exoneraban al ex presidente Salinas de cualquier responsabilidad de encubrimiento?

La sucesión de anuncios contradictorios del gobierno, combinada con el escepticismo histórico de los mexicanos acerca de sus dirigentes políticos, había contribuido a anestesiar la capacidad de reacción de la población. Los mexicanos estaban tan acostumbrados a que se les mintiera que tomaban cada nuevo anuncio del gobierno como una corroboración de que el anterior había sido un invento, y como una advertencia de que el más reciente no debía ser tomado demasiado en serio. El país se estaba acercando peligrosamente a perder su capacidad de sorpresa, conmoción e indignación por los escándalos políticos a medida que ganaba terreno la convicción de que poco importaban las noticias más frescas, porque la verdad nunca se iba a saber.

El término "evidencia" había perdido gran parte de sus significado en México. Incluso cuando se encontraron cajas llenas de documentos originales que probaban un fraude masivo del gobierno en las elecciones estatales de Tabasco a mediados de 1995, los funcionarios del gobierno desecharon tranquilamente las pruebas, calificándolas de falsas. El nuevo —y más espectacular— escándalo ocurrió por la misma época en que Alemán había cambiado su historia sobre el banquete del PRI, y puso en evidencia las gigantescas dimensiones del financiamiento secreto del gobierno al PRI. Pero lo que en la mayoría de los países sería un escándalo nacional por el descubrimiento de los documentos se convirtió, como había sucedido tantas veces antes, en una madeja de acusaciones mutuas que terminó sumiendo al público en una confusión total.

Como era habitual, la evidencia apareció misteriosamente. Militantes de izquierda estaban en una manifestación en la plaza del Zócalo de la Ciudad de México el 5 de junio de 1995 para protestar lo que consideraban el triunfo fraudulento del PRI en las recientes elecciones por la gobernación de Tabasco cuando apareció un carro a un costado de la plaza y un hombre comenzó a descargar del mismo 14 cajas llenas de papeles. El conductor del vehículo preguntó entonces por el derrotado candidato del PRD a gobernador de Tabasco, Andrés López Obrador, quien dirigía la manifestación, y le pidió que echara un vistazo a los documentos: sin duda los iba a encontrar interesantes. Cuando el extraño desapareció, los activistas opositores empezaron a hojear los papeles, y encontraron un verdadero tesoro político: había miles de recibos originales de gastos de campaña del PRI en las recientes elecciones, incluidos pagos a periodistas, dirigentes laborales, un cura católico, manifestantes "acarreados" y hasta políticos de oposición.

Los días siguientes, un estudio más a fondo de los documentos por un grupo de asesores en financiamiento de campaña del PRD encontró pruebas claras de un fraude masivo: el PRI había gastado el equivalente a 65 millones de dólares, casi 59 veces el tope de gastos permitido por la ley para esas elecciones. Lo que es más, la cifra equivalía a 73% de lo que el PRI nacional había declarado como sus gastos totales para las elecciones presidenciales, estatales y municipales de 1994. Se trataba de un descubrimiento clave: por primera vez, los críticos del gobierno tenían documentos en la mano para probar sus afirmaciones de que el gobierno no había cesado de darle financiamiento secreto al PRI. Las implicaciones eran obvias: si el partido gobernante había gastado en un estado minúsculo como Tabasco —que albergaba a menos del 2% de los votantes registrados del país— más de dos terceras partes de sus gastos nacionales declarados, era obvio que las declaraciones financieras oficiales del PRI para las elecciones de 1994 habían sido una burla.

"Es una enorme masa de documentos que no había estado nunca a la vista de quienes no forman parte del círculo íntimo del poder, de la *cosa nostra* mexicana", dijo el politólogo Lorenzo Meyer, refiriéndose a los documentos de Tabasco. "Nunca nadie fuera del PRI había tenido acceso a documentos que permiten reconstruir la parte medular de la mecánica electoral del partido de Estado: sus acarreos, sus relaciones con infinidad de actores [políticos], sus derroches no obstante las deudas y la pobreza...."

Aun así, el escándalo no duró más de una semana. El victorioso gobernador de Tabasco, un priísta de línea dura, puso en escena manifestaciones supuestamente espontáneas de sus seguidores para desalentar cualquier intento de Zedillo o sus asesores de convocar a nuevas elecciones. A medida en que los sentones y paros laborales del PRI de Tabasco iban en ascenso y los dinosaurios del partido oficial empezaron a acudir en apoyo del acosado gobernador Roberto Madrazo, los funcionarios del gobierno empezaron a restarle importancia al escándalo, diciendo que los documentos habían sido falsificados por la oposición. En pocos días, el conflicto se redujo a la palabra del gobierno contra la palabra de la oposición, y —al no haber un organismo con la credibilidad suficiente para decidir el asunto—todo quedó en lo de siempre: una maraña de cargos, y un lío incomprensible que terminó aburriendo hasta a los observadores más interesados.

Sólo varios meses después, cuando el tema había desaparecido de las primeras planas, un veterano funcionario de la Secretaría de Gobernación me reconocería en privado que, aunque algunos de los documentos de Tabasco no estaban vinculados con los gastos de campaña del PRI, más del 70% de ellos eran legítimos, y probaban los abusos que había cometido el partido en la elección. Para ese momento, claro, el asunto había pasado a segundo plano.[1]

Por supuesto que no había nada de nuevo en la tradición de las autoridades mexicanas de mentir. Desde cuando los historiadores pueden recordar, el lenguaje ambiguo, la simulación y el engaño han sido parte del carácter político del país. Los historiadores afirman que la simulación era la forma en que los virreyes españoles se defendían de los reyes que exigían recaudaciones de impuestos cada vez mayores del Nuevo Mundo, y la manera en que los indígenas se protegían de la explotación de los virreyes. En tiempos de la Colonia, los mexicanos decían que "sí" a todo, y hacían lo menos posible. Siglos después, esta tradición se resumiría en el dicho: "Obedezco, pero no cumplo".

El escepticismo de los mexicanos era tal que, incluso en nuestros días, miraban con sospecha conceptos que en otros países eran objeto de gran respeto, como el término "verdad". Según me enteré por encuestadores y publicistas que habían hecho estudios para la Coca Cola y otras empresas norteamericanas, muchas corporaciones multinacionales habían tenido que modificar sus campañas de publicidad en México por este motivo. La Coca Cola, por ejemplo, había descubierto con cierto asombro en sus diversos estudios de mercadotecnia que las campañas de publicidad que acentuaban los conceptos de confiabilidad y honradez no funcionaban en México.

La Coca Cola había realizado amplios estudios de mercadotecnia en México cuando estaba introduciendo con gran éxito en todo el mundo su nuevo lema "It's the real thing". Siguiendo las pautas de su campaña de publicidad internacional, la Coca Cola había traducido el slogan en Méxi-

---

1 La oficina del procurador general anunció semanas más tarde que los documentos eran legítimos, y que se iba a abrir una investigación de las finanzas del PRI en el estado de Tabasco. Cuando se escribió esto, se afirmaba oficialmente que la investigación estaba en proceso.

co casi literalmente por "Esta es la verdad". Pero no funcionó. Según fuentes de la industria, varios "focus groups" —o grupos de ensayo— reunidos en la Ciudad de México para probar la aceptación del nuevo lema reaccionaron fríamente al mismo.

"Encontramos que la palabra 'verdad' tenía una connotación negativa en México", me dijo Jorge Matte Langlois, el psicólogo-sociólogo-teólogo chileno que había hecho las encuestas secretas para la campaña de Zedillo, y que había dirigido los grupos de ensayo para la Coca Cola varios años antes. "La reacción de la gente era que si dicen que es la verdad, tiene que ser mentira."

Tras los estudios de mercado, la Coca Cola en México cambió su slogan por "La chispa de la vida".

Muchos escritores habían descrito la tradicional amabilidad de los mexicanos como una máscara detrás de la cual se esconde una gran desconfianza. En efecto, había un número sorprendente de costumbres cotidianas que reflejaban una amabilidad que rayaba en la sumisión. Cuando los mexicanos contestaban el teléfono, no decían "hola" —como en otros países de habla española—, sino "bueno" o "mande". Cuando eran presentados a un desconocido, se presentaban como "su servidor". Cuando hablaban de sus casas, se referían a "la casa de usted", un modo figurativo de hablar que confundía prácticamente a todo hispano-parlante que visitaba por primera vez a México.

Había un rasgo congraciador que parecía permear el carácter mexicano. Una de las anécdotas que mejor describía ese rasgo me fue contada en una comida por el historiador Héctor Aguilar Camín. Recordó que un día iba conduciendo su carro por un barrio de la Ciudad de México buscando una calle. Se había parado en una esquina y preguntado a un hombre que estaba allí parado si por favor podía decirle dónde estaba la calle Magdalena. "¿La calle Magdalena, la calle Magdalena? No sabría decirle", respondió el hombre, excusándose. "¿Se le ofrece otra?".

No obstante, la mayoría de los mexicanos coincidía en que —aunque sus expresiones muchas veces eran sinceras— los términos como "mande" o "su servidor" eran en buena medida fórmulas mecánicas de buen comportamiento social, no muy distintas a las que utilizaban los norteamericanos cuando decían a desconocidos, "Have a nice day". En los estereotipos mexicanos sobre sí mismos, la definición de buena conducta era la cortesía, que a menudo se confundía con la adulación, que muchas veces no estaba muy lejos del engaño.

Se bromeaba que incluso el abrazo mexicano —el caluroso saludo en que los hombres sonríen de oreja a oreja, se confunden en un abrazo caluroso y se palmean repetidamente en la espalda— no era más que un subproducto de la cultura del engaño: más que un gesto de calor humano, era una costumbre que habría empezado en la Revolución Mexicana como una manera astuta de averiguar si la otra persona llevaba armas escondidas. Por supuesto que muchos de los abrazos —al menos en la actualidad— eran muestras legítimas de afecto, pero al menos para los extranjeros solía ser difícil distinguir los auténticos de los falsos. Era una cultura en la que se enseñaba a los niños desde pequeños a fingir afecto, y donde se esperaba que actuaran sumisamente cuando se incorporaran a la fuerza de trabajo, en especial si, como era el caso de millones, su jefe era el gobierno.

Históricamente, como lo habían señalado tantos autores mexicanos, las formalidades habían sido una parte crucial del carácter nacional. Si uno quería ser respetado, debía vestir de corbata y autodenominarse "licenciado", independientemente de si tenía un grado académico legítimo, se había comprado el título en una universidad que fabricaba diplomas, o simplemente se había inventado el título. Nunca dejó de asombrarme que, cuando llamaba a un despacho, pedía por el jefe y dejaba mi nombre, las secretarias mexicanas instintivamente me preguntaban con qué título presentarme: "¿Licenciado?" "¿Doctor?" "¿Ingeniero?". Era obvio por el tono de su voces que un simple "señor Oppenheimer" podía retrasar indefinidamente las posibilidades de que mi pedido llegara rápidamente a sus superiores, y obtener alguna respuesta de ellos.

A veces, hasta los grados académicos más bajos eran convertidos en importantes símbolos de estatus: Hank González, el ex gobernador del estado de México y secretario de Agricultura con Salinas, había sido llamado reverencialmente durante décadas por su título de "el Profesor". En realidad, había terminado sólo la secundaria, pero había convertido su breve carrera de maestro de escuela primaria en un rótulo profesional cargado de solemnidad. "El Profesor" Hank era una prueba viva de que un título —sin importar cuál— era esencial para volverse un miembro respetable de la sociedad.

Nadie había descrito la cultura de la simulación en México tan a fondo como el poeta-ensayista y premio Nobel de literatura Octavio Paz, una de las mentes más brillantes de las Américas. En su clásico de 1950 *El laberinto de la soledad*, el perfil psicológico de México que desde entonces era un texto de consulta obligado para quienes estudiaban el país, Paz decía que los mexicanos llevaban máscaras —sonrisas, cortesía, respeto— como una manera de defenderse de un mundo que percibían como hostil y amenazante. "Mentimos por placer y fantasía, sí, como todos los pueblos imaginativos, pero también para ocultarnos y ponernos al abrigo de intrusos", escribió Paz. "La mentira posee una importancia decisiva en nuestra vida cotidiana, en la política, el amor, la amistad. Con ella, no pretendemos nada más engañar a los demás, sino a nosotros mismos... Por eso es estéril su denuncia".

Mucho de todo esto tenía que ver con el conflicto original de México, según lo había expuesto el propio Paz. Los mexicanos eran —o al menos se consideraban a sí mismos— descendientes del conquistador Hernán Cortés y de su compañera indígena, "La Malinche", la mujer que se convirtió rápidamente en su traductora, guía y consejera de confianza. Pero lejos de ser una historia de amor, la relación entre ambos había empezado con una violación, terminado en una traición, y había dejado a los mexicanos con lealtades divididas y en permanente busca de su propia identidad. Apenas Cortés había conquistado a los aztecas con la ayuda de los toltecas y otras tribus, abandonó a la Malinche y redujo a los indios a esclavitud.

No era casual que la peor maldición en México hasta nuestros días fuera "hijo de la chingada", en vez del equivalente español "hijo de puta" que predominaba en el resto del mundo de habla española, había escrito Paz. En otros países, la máxima ofensa era ser hijo de una mujer que se había entregado voluntariamente por dinero; en México era ser producto de una violación. Los mexicanos veían al mundo como un lugar dividido entre violadores y violados, donde los primeros eran considerados los ganadores y los segundos los perdedores. En ese contexto, los valores máximos eran el machismo y la capacidad de imponer la voluntad propia, y los caciques políticos, terratenientes feudales y magnates inescrupulosos eran a menudo vistos como ganadores en una parte del pensamiento colectivo del país, observaba Paz.

"La extraña permanencia de Cortés y la Malinche en la imaginación y en la sensibilidad de los mexicanos actuales revela que son algo más que figuras históricas: son símbolos de un conflicto secreto, que aún no hemos resuelto", escribió Paz. El pueblo mexicano vivía con un sentimiento permanente de orfandad, siempre buscando una identidad fuerte que compensara sus inseguridades, siempre poniéndose máscaras que le protegieran del mundo.

¿Había cambiado México desde que Paz había escrito su libro hacía más de tres décadas? Fui a ver al célebre poeta en su casa, un departamento sin muchas pretensiones en la Avenida de la Reforma de la Ciudad de México, una asoleada mañana de invierno, ansioso por preguntarle si la reciente apertura económica de México y su nueva asociación comercial con Estados Unidos habían empezado a cambiar la cultura de la simulación de la que tanto había escrito.

Paz ya había cumplido ochenta años, pero se mantenía excepcionalmente agudo para un hombre de su edad. Aunque era uno de los intelectuales de más avanzada edad en el país, aún era un *enfant terrible* de la intelligentsia mexicana: desafiaba constantemente las posiciones mas políticamente-correctas de sus colegas "progresistas", y a menudo iba contra la corriente escribiendo artículos provocativos en *La Jornada,* en las páginas de su propia revista literaria, *Vuelta,* y en enérgicas cartas a otras publicaciones. Le exasperaba la nostalgia marxista que permeaba los escritos de muchos de sus colegas —correctamente o no, se le atribuía haber dicho alguna vez que "México no tiene una clase intelectual; tiene una clase sentimental"— y sentía una necesidad apasionada de rebatir posturas en los medios de comunicación con las que disentía.

A principios de 1994, cuando los intelectuales mexicanos —con pocas excepciones— estaban hipnotizados por el subcomandante Marcos y la idea de que el levantamiento zapatista era un fenómeno nuevo del mundo postcomunista más que una repetición tardía de los movimientos guerrilleros de los sesenta, Paz les había echado un balde de agua fría escribiendo un artículo que comenzaba con el subtítulo "La recaída de los intelectuales". No escatimaba las palabras: "La historia no ha curado a nuestros intelectuales. Los años de penitencia que han vivido desde el fin del socialismo totalitario, lejos de disipar sus delirios y suavizar sus rencores, los han exacerbado", escribió. Lo que es más, en momentos en que el subcomandante Marcos se encontraba en el apogeo de su popularidad y era pésimamente visto en círculos intelectuales siquiera poner en duda sus intenciones, Paz se lanzó contra los intelectuales y "algunos despistados periodistas extranjeros" afirmando que el estilo teatral del subcomandante Marcos pertenecía al mundo del "show business" y que, como en el caso de las estrellas de cine después de pasado su cuarto de hora, la sociedad pronto reaccionaría a sus escritos con un "gran bostezo" cuando dejara de estar bajo los reflectores.

No era extraño, pues, que —aunque ampliamente respetado como el poeta nacional del país— Paz no gozara de muchas simpatías en círculos académicos y periodísticos de centro-izquierda del país. Muchos miembros de la intelligentsia criticaban a Paz por lo que calificaban como sus posiciones excesivamente oficialistas y —en mayor medida— por sus estrechos vínculos con Televisa, la cadena de televisión progubernamental de Emilio Azcárraga. La primera acusación era injusta: Paz había denunciado el autoritarismo en México y exigido una apertura política desde los años sesenta, cuando muchos de sus críticos de izquierda no habían nacido o todavía miraban con desprecio lo que llamaban la "democracia burguesa". En cuanto a lo segundo, Paz había sido promovido por Televisa como un orgullo de México, y su revista literaria contaba con la cadena de televisión entre sus principales anunciantes. Los escritores y amigos que lo conocían más de cerca decían que Paz era consciente de que su cercanía con Televisa le daba municiones a sus críticos, pero que el autor tenía una debilidad personal por Azcárraga: los dos eran muy amigos desde hacía varias décadas.

Encontré a Paz trabajando en su estudio, un invernadero de cristal construido en la parte de atrás del patio de su departamento. Había por lo menos tres gatos merodeando por los sofás de la habitación llena de libros, parte de los catorce que el poeta y su dinámica esposa francesa Marie-José tenían en la casa. Cuando entré en la habitación, Paz estaba inclinado bajo un sofá, tratando de sacar un gatito. Quería sacar a los gatos de la habitación para que pudiéramos hablar sin que nos molestaran, me dijo el octagenario autor con una sonrisa, invitándome a pasar.

México estaba cambiando, y dejando atrás la cultura de la hipocresía, aunque muy lentamente, me dijo Paz. Por primera vez, los políticos estaban admitiendo públicamente que aspiraban a altos cargos, un pequeño pero significativo paso en un país en que lo usual había sido negar cualquier ambición política, y pretender que uno sólo aceptaba un nombramiento a petición del pueblo. También se podían percibir algunos cambios en el lenguaje cotidiano de México, dijo Paz. Cada vez más, los políticos hablaban sobre sí mismos utilizando una palabra que había sido tabú hasta ahora, "yo". El presidente Cárdenas se había referido a sí mismo como "el poder ejecutivo". Desde entonces, la mayoría de los presidentes habían hablado de sí mismos en tercera persona, o usando eufemismos. Las máscaras que habían marcado desde hacía tiempo el carácter nacional eran producto de la opresión. Ahora, había una tendencia hacia una mayor apertura, que estaba empezando a derribarlas.

"Creo que nos estamos moviendo en esa dirección, aunque me pregunto hasta qué punto", dijo Paz. "En parte se debe a la influencia norteamericana, otro tanto porque el PRI se ha agotado, otro tanto porque el país se ha vuelto más complejo. Pero cuando hablamos de la cultura del disimulo, la influencia más decisiva es la del norte del país. En el norte de México no hay tanta hipocresía como en el resto del país."

Poco después de nuestra conversación, un nuevo escándalo político me hizo reflexionar sobre lo que había dicho el poeta. En efecto, había una dimensión geográfica en el conflicto social que estaba viviendo el país.

14

La ofensiva del Norte

Un acontecimiento muy inusual ocurrió en México a principios de 1995, mientras el país estaba absorbido por la crisis financiera y, en menor medida, por las revelaciones sobre la identidad del subcomandante Marcos. Por primera vez en la memoria reciente, una investigación periodística de un diario mexicano había forzado la renuncia de un ministro del gabinete por haber hecho lo que los funcionarios del gobierno habían sido entrenados para hacer: mentir.

Reforma, el nuevo diario de la Ciudad de México fundado por los propietarios del periódico *El Norte* de Monterrey, había provocado el inusual escándalo político en enero de 1995 al revelar que el secretario de Educación Fausto Alzati había mentido sobre sus credenciales académicas. Alzati, un miembro respetado de la nueva generación de tecnócratas educados en los Estados Unidos, no tenía el doctorado en economía política de la universidad de Harvard que declaraba su biografía oficial, había revelado el periódico. Tampoco había terminado una maestría en administración pública en Harvard, como pretendía su currículum. Y había incluso dudas sobre si había terminado su licenciatura en la Facultad de Derecho en México.

Al principio, los funcionarios del gobierno no le dieron mucha importancia al asunto, tomándolo como un caso de sensacionalismo periodístico de parte de un diario que acababa de salir y necesitaba establecer sus credenciales de crítico del gobierno. Pero *Reforma* perseveró, volviendo a la carga unos días después con una segunda historia que revelaba que había por lo menos media docena de otros miembros prominentes del gabinete de Zedillo que habían mentido sobre sus títulos académicos presuntamente obtenidos en Estados Unidos. Los artículos señalaban que los títulos de posgrado norteamericanos se habían convertido en un prerrequisito tácito tan importante para los funcionarios mexicanos de la generación Salinas-Zedillo, que quienes no los tenían simplemente los inventaban.

Mientras que estudiar en los Estados Unidos había sido poco frecuente —e incluso algo que despertaba desconfianza— en los sesenta y setenta, ahora se había puesto tan de moda que el 82% de los miembros del gabinete de Zedillo habían incluido en sus hojas de vida títulos extranjeros reales o imaginarios, la mayor parte de los mismos de las universidades más prestigiosas de Estados Unidos.[1]

La hoja de vida del secretario del Trabajo Oñate en el "Diccionario Biográfico del Gobierno Mexicano", publicado por la Oficina de la Presidencia, incluía un doctorado de la universidad de Wisconsin que nunca había obtenido, y la biografía de la secretaria de Turismo Silvia Hernández enumeraba una maestría en la London School of Economics que nunca había terminado. La rápida investigación del periódico sólo había arañado la superficie del fenómeno extendido de la fabricación de títulos en México. No era la primera vez que altos funcionarios eran expuestos a la opinión pública por no poseer los títulos que aducían tener, pero era el reportaje más amplio sobre este fenómeno que se recordaba en el país.

Apenas se publicaron las historias, el editor de *Reforma* Alejandro Junco de la Vega se vio inundado de llamadas telefónicas de otros funcionarios del gobierno cuyas hojas de vida también incluían doctorados en los Estados Unidos que nunca habían obtenido, y que ahora decían que eran producto de un error de la oficina de la presidencia que había redactado las biografías. Al igual que el secretario de Educación Alzati, que había interrumpido varias veces sus estudios antes de graduarse para aceptar puestos en el gobierno, la mayoría había realizado estudios de posgrado en universidades estadounidenses pero no había obtenido sus diplomas.

---

1 En sus agudos estudios sobre las "camarillas" de México, incluido *The Zedillo Cabinet: Continuity, Change or Revolution?*, del 5 de enero de 1995, el profesor de la Universidad de Tulane Roderic Ai Camp declara que "la mayoría de los mexicanos nacidos antes de 1950 que estudiaron en el extranjero fueron a escuelas en Europa, primordialmente a instituciones de elite francesas e inglesas. La generación Zedillo/Salinas marca un viraje decisivo hacia las universidades norteamericanas, en particular aquellas con fuertes programas en economía.

Alzati y sus ayudantes se quedaron anonadados cuando la historia del periódico obligó al joven secretario a renunciar. "¿Quién en este país no ha exagerado un poco su currículum?", me preguntó entonces —entre indignado y asombrado— un asesor del secretario de Educación. Alzati había sido víctima de un sistema que estaba cambiando rápidamente y empezando a cobrar cuentas pasadas, dijo el asistente. "Le cambiaron las reglas de juego", explicó. "Hasta ahora, a nadie se le hubiera cruzado por la cabeza que un periódico investigaría si los títulos de un secretario eran verdaderos, y mucho menos que lo publicara. A lo sumo, si un reportero descubría algo así, lo más probable es que la historia hubiera sido considerada irrelevante, y en el mejor de los casos terminara como un párrafo irónico en una columna de opinión."

Mentir sobre las credenciales académicas —o sobre cualquier otra cosa— nunca había sido un delito en el mundo político mexicano. Era una transgresión socialmente tolerada, como no pagar impuestos, o tener una amante. Y aunque el escándalo se olvidó pronto después de la renuncia de Alzati —los otros secretarios consiguieron permanecer en sus puestos, tal vez porque sus títulos académicos no se consideraron tan decisivos para sus puestos—, el incidente fue sintomático de la incipiente ruptura de México con su cultura del engaño.

El periodismo investigativo de *Reforma* era un síntoma de la creciente influencia del norte de México —y de sus costumbres a menudo emuladas de los Estados Unidos— sobre el resto del país, el fenómeno cultural y político sobre el que Paz me había llamado la atención cuando hablábamos sobre el futuro de su patria.

México siempre había sido tres países, como los mexicanos a menudo señalan a sus visitantes. Estaba el norte industrializado de México, cuyo centro era Monterrey, que era una región en rápida modernización, impulsada en gran medida por empresarios del sector privado formados a imagen y semejanza de sus pares norteamericanos. Después estaba el México central, dominado por la capital del país, donde yacía el todopoderoso gobierno nacional. Por último, estaba el sur del país, un cinturón de estados arrasados por la pobreza, incluidos Chiapas, Oaxaca y Guerrero, que tenían más en común con sus vecinos centroamericanos que con el resto de México.

En la historia reciente, sobre todo desde que el PRI había tomado las riendas del país después de los años caóticos de la Revolución mexicana, virtualmente todas las decisiones políticas y económicas de importancia habían venido de la capital mexicana. Sin embargo, en los últimos años, se había comenzado a producir un nuevo fenómeno: algunas instituciones del norte de México —incluidos el periódico *Reforma* y algunas universidades privadas— habían extendido sus operaciones a la capital, y empezado a tener una influencia cada vez mayor en la vida del país.

El nuevo diario de la Ciudad de México hizo su debut con bombos y platillos en noviembre de 1993. Aún antes de que saliera el periódico, había dado que hablar en círculos políticos mexicanos: la familia Junco de Monterrey se había retirado a último minuto de una sociedad con el *Wall Street Journal* para sacar el periódico. Según se había informado, los Junco habían roto las conversaciones después que la empresa norteamericana exigiera el control editorial del nuevo diario, y los socios mexicanos decidieron hacer el proyecto solos con una inversión de 50 millones de dólares. Era una suma fabulosa en un país con uno de los niveles de lectura más bajos en América Latina, pero la familia Junco había decidido entrar en la capital mexicana por la puerta grande. Construyeron un edificio monumental de 9 millones de dólares —una construcción estilo neorromano con columnas clásicas, techos con cúpulas y suelos de mármol, que parecía inspirada en una catedral o una estación de ferrocarril— y contrataron a los columnistas más conocidos de México, ofreciéndoles el doble de lo que estaban ganando en otros periódicos.

Era una nueva cultura corporativa que tenía poco que ver con el mundillo de periodistas semibohemios, mal pagos, y a menudo bebedores de la Ciudad de México. Los jefes de redacción de *Reforma* vestían costosos trajes oscuros, camisas blancas almidonadas y mancuernas, como si quisieran asegurarse de que nadie los confundiría con los periodistas en permanentes aprietos económicos —y por lo tanto fácilmente corruptibles— de algunos de los otros periódicos de la ciudad. Sus oficinas con amplios cristales estaban decoradas con óleos de pintores mexicanos y muebles estilo inglés clásico en colores marrón y verde oscuro, que obviamente habían sido escogidos por decoradores de interiores. Más que despachos de una redacción, parecían oficinas de ejecutivos bancarios.

Los dueños de *Reforma* también se aseguraron de poner en claro desde el vamos que no jugarían bajo las reglas tradicionales de la industria periodística de la Ciudad de México: decidieron lanzar el periódico el 20 de noviembre, un feriado nacional de celebración de la Revolución Mexicana, cuando no se publicaba ningún otro periódico. El atrevimiento de los empresarios del norte irritó a caciques sindicales de la capital, por no hablar de los demás periódicos de la ciudad. ¿Qué se creían que eran? La poderosa Unión de Voceadores y Expendedores de Periódicos de México, respaldada por el PRI, se negó a distribuir *Reforma* en el día feriado, y ofreció hacerlo o un día antes, el 19 de noviembre, o el 21 de noviembre.

Alejandro Junco, el director de *El Norte* y *Reforma*, un hombre de aspecto juvenil pero formal como los demás directivos de su periódico, decidió seguir adelante con su propia fecha de publicación, prescindiendo del sindicato si era necesario. Cuando llegó el 20 de noviembre y no logró un acuerdo con los dirigentes sindicales, Junco salió a la calle con sus periodistas para vender el primer número de *Reforma* ellos mismos en las esquinas. Si parte de su estrategia era llamar la atención sobre el nuevo diario, lo logró con creces: en unas horas, las agencias internacionales de noticias estaban difundiendo imágenes de Junco y sus bien pagados columnistas vendiendo ejemplares de *Reforma* a conductores intrigados en los cruces principales de la ciudad.

"Fue una primera prueba de independencia: queríamos dejar en claro que nosotros queríamos trabajar con gente, pero en nuestros términos", me señaló Junco más tarde. A partir de entonces, *Reforma* rompió otras reglas que habían gobernado desde hacía tiempo la actividad periodística de la capital: prohibió a sus reporteros vender anuncios, advirtió a los periodistas que serían expulsados de inmediato si aceptaban sobornos, se negó a firmar convenios con el gobierno para publicar propaganda disfrazada de noticias, y prohibió todos los regalos de Navidad a los empleados.

En agudo contraste con algunos de sus colegas en otros periódicos, Junco se preciaba de negarse a asistir a recepciones presidenciales para directivos de periódicos, a menos que estas tuvieran valor informativo. También había rechazado una oferta de Salinas de formar parte de una comisión de ciudadanos prominentes a favor de los derechos humanos, que consideró un intento sutil de cooptarlo. No era la primera vez que un periódico mexicano trataba de hacer periodismo independiente, pero —a diferencia del diario de centro-izquierda *La Jornada* y otros anteriormente— el nuevo diario tenía una ventaja clave sobre sus predecesores: toneladas de dinero.

Sentado detrás de su escritorio en su despacho unos meses después de la renuncia del secretario de Educación por la historia de los títulos académicos falsos, Junco describió el incidente como un choque entre dos culturas.

"El fenómeno de los títulos universitarios ilustra un poco la cultura que se vive en la Ciudad de México: es una cultura de la simulación, donde las apariencias cuentan más que la realidad, donde para ser importante tienes que tener un título que anteceda a tu nombre, licenciado, doctor, maestro", dijo el magnate editorial de Monterrrey. "En el norte de México, hay una tradición de que la gente se hace en el trabajo, un mayor énfasis en los resultados."

Aunque la mayoría de los miembros del consejo de redacción de *Reforma* tenían títulos universitarios, estos no figuraban en la cabecera del periódico. Si bien era formal en su trato, Junco estaba en contacto regular con sus reporteros y colaboradores, en agudo contraste con los directores de otros diarios de la Ciudad de México que estaban fuera del alcance de sus empleados. Y como era costumbre en el norte de México, Junco rara vez se quedaba en comidas de políticos más allá de las 4 de la tarde, y se desplazaba por la ciudad con una escolta mínima.

"Cuando nos preparábamos para entrar en la Ciudad de México, un político cercano a Colosio que me vio llegar a una reunión en taxi me llamó a un lado y me dio un consejo", recordó Junco. "Mira Alejandro, me dijo, la Ciudad de México es diferente: no puedes ser un director de periódico y llegar en un taxi. Nadie te va a tomar en serio si no tienes guardaespaldas, ayudantes y alguien que anuncie por teléfono que estás a punto de llegar."

Junco no cambió sus costumbres. "Uno de los problemas importantes de la Ciudad de México es que la gente se toma demasiado en serio", me dijo, sacudiendo la cabeza. Como otros hombres de negocios de Monterrey que se habían lanzado recientemente a conquistar la capital, Junco estaba convencido de que ya era hora de que la Ciudad de México se pusiera a la altura de Monterrey, y del resto del mundo.

"Hay una influencia cada vez mayor del México del norte sobre el centro y el sur del país", dijo el ejecutivo periodístico. "La cultura de Monterrey se asemeja mucho más a la cultura que debe existir en un México económica y políticamente abierto. En cierta manera estamos más acostumbrados a los nuevos conceptos de competitividad, productividad, cultura del trabajo. En la Ciudad de México la discusión no gira tanto en torno al éxito profesional o al reto de la exportación, sino a quién conoces, quién está a punto de conseguir qué puesto, cómo se puede hacer un contacto con quién. Son dos culturas diferentes."

Lo primero que me sorprendió al llegar a Monterrey —después de sus rascacielos grises y monótonos, y la proliferación de filiales de McDonald's, Wendy's y 7-Eleven— fue el nombre de las calles. A diferencia de la Ciudad de México, las calles de Monterrey no llevaban nombres de héroes revolucionarios, sino de empresarios. Sus principales avenidas se llamaban "Avenida Eugenio Garza Sada" o "Félix López", grandes industriales que habían contribuido a hacer de Monterrey la meca industrial de México.

Monterrey, a sólo 240 kilómetros al sur de la frontera de los Estados

Unidos, era una ciudad de negocios. Su concentración de rascacielos en una pequeña zona del centro de la ciudad, con estacionamientos de varios pisos de altura, no era casual: era obvio que sus planificadores habían querido que la ciudad se pareciera a Houston. Aunque era la tercera ciudad más grande del país, Monterrey prácticamente no tenía vida nocturna. Los horarios de trabajo de la ciudad no coincidían con los de la Ciudad de México —con sus desayunos de negocios de dos horas y comidas de tres horas—, sino con los de Texas. A menudo, había más vuelos diarios de Monterrey a Dallas o Houston que a la Ciudad de México.

A principios de los ochenta, Monterrey había arrasado con aplanadoras lo que había sido su encantadora plaza central de tres siglos de antigüedad, y la había sustituido por un parque con una columna de concreto de 22 pisos de altura que se llamaba "Faro del Comercio". Por la noche, el monumento emitía rayos láser al cielo en todas las direcciones, como proclamando la existencia de Monterrey a los cuatro vientos. La ciudad, que en otro tiempo había sido un centro industrial del acero subsidiado por el gobierno, acababa de cerrar hacía poco su gigantesca planta fundidora de acero de 90 años de antigüedad —en otro tiempo la más grande de América Latina— y la había convertido en un parque industrial para exhibir productos de exportación, rodeado de un inmenso parque ecológico. Lo que había sido alguna vez la acerera "Fundidora de Fierro y Acero Monterrey S.A.", ahora era promovido con orgullo como el "Centro Internacional de Negocios" de Monterrey.

Monterrey era el epicentro —y símbolo máximo— de la pujanza industrial del norte de México. Aunque siempre había prosperado gracias a su cercanía con los Estados Unidos, el norte de México estaba destinado a ser la región mexicana más beneficiada por la apertura económica. Primero con las maquiladoras —las plantas de ensamblaje levantadas por inversionistas extranjeros a lo largo de la frontera— y más tarde con el TLC, el norte había sido la zona de México que había salido ganando: los inversionistas extranjeros, ante la alternativa de invertir en el norte industrializado o en el sur rural, donde gran parte de la población estaba compuesta por mayas que ni siquiera hablaban español, virtualmente en todos los casos establecían sus operaciones mexicanas en ciudades norteñas como Monterrey o Hermosillo. Era una opción lógica: las tasas de productividad eran muy superiores, y los costos de flete a los Estados Unidos muy inferiores.

A mediados de los noventa, los inversionistas del norte de México controlaban el 60% de las acciones de la banca mexicana, y capitaneaban los grupos industriales más grandes del país. Monterrey era la sede de la mayoría de los nuevos multimillonarios que figuraban en la revista *Forbes* a principios de los años noventa como los frutos del milagro económico mexicano. Los mayores conglomerados mexicanos —incluidos CEMEX, la cementera más grande del hemisferio occidental, Vitro, el grupo fabricante de productos de vidrio, y Visa, el imperio industrial de refrescos y bancos— tenían su base en Monterrey.

Había docenas de razones supuestamente históricas para explicar el éxito económico de Monterrey. Muchos historiadores decían que Monterrey había sido fundado en el siglo XVI por familias judías que buscaban metales preciosos en el desierto mexicano y que, al no encontrar nada, empezaron a comerciar primero con esclavos indígenas y más tarde con productos de exportación a Estados Unidos. Otros dicen que Monterrey era un pueblo soñoliento del desierto hasta la guerra civil norteamericana de 1860, cuando muchos comerciantes italianos, alemanes e ingleses llegaron al lugar y abrieron tiendas de provisiones para abastecer al ejército del sur. Pero casi todos coinciden en que, a diferencia de lo que ocurrió en el sur de México, el capitalismo siempre había funcionado en Monterrey.

Algunos historiadores, al establecer paralelos con los países industrializados de Europa del norte, decían que Monterrey se desarrolló más rápido que otras partes de México porque sus primeros pobladores habían encontrado pocos recursos naturales y un clima hostil, lo cual les había obligado a trabajar más que otros mexicanos que vivían en zonas más generosas. Otros señalaban que la gente de Monterrey era más eficiente porque estaba lejos de la capital, y no estaba acostumbrada a depender del gobierno para que solucionara sus problemas. Su distancia geográfica del centro— que había sido un importante problema en la época de la burocracia colonial española— había generado una cultura de trabajo que de pronto se constituyó en una verdadera bendición en la nueva era de la empresa privada. "En Monterrey, hay una tradición capitalista de un siglo según la cual si tú te levantas a las 5 de la mañana y trabajas todo el día, ganarás dinero", me explicó Víctor Zúñiga, un profesor del Colegio de la Frontera Norte en Monterrey, mientras tomábamos café en uno de los hoteles de cinco estrellas recién estrenados de la ciudad. "En el sur de México hay menos productividad porque tienen un sistema precapitalista: la gente trabaja, pero no gana casi nada."

La industria cervecera había sido la precursora del auge económico de Monterrey, y la que más había contribuido a fundar otra importante institución que expandiría la influencia del norte de México al resto del país: el Instituto Tecnológico de Monterrey.

Todo había empezado cuando Eugenio Garza Sada, el hijo del magnate de los bienes raíces y de la cerveza Isaac Garza, fue enviado por su padre a estudiar ingeniería en el Massachusetts Institute of Technology (MIT) a mediados de 1910, en parte para que obtuviera una educación en los Estados Unidos y en parte para mantenerlo lejos de la violencia de la Revolución Mexicana. Poco después de su regreso a México, Garza Sada se había incorporado a la fábrica de su padre, Cervecería Cuauhtémoc, a la que en las décadas siguientes convertiría en un gigantesco conglomerado industrial. Pero a medida que Cervecería Cuauhtémoc y otras grandes empresas de Monterrey crecían, sus dueños empezaron a enfrentar un grave problema: no podían encontrar administradores eficientes entre los graduados de las universidades estatales del país.

Disgustados por la tendencia cada vez más socialista de las escuelas públicas de México en aquella época, los empresarios de Monterrey empezaron a enviar a sus empleados más prometedores al MIT. Con el tiempo, llegaron a la conclusión de que estaban enviando a tantos estudiantes al MIT que iba a resultarles más barato llevar el MIT a Monterrey. En 1943, fundaron el Instituto Tecnológico de Monterrey, una versión mexicana de la universidad estadounidense.

A mediados de los noventa, el "Tec", como se conoce comúnmente a la universidad de Monterrey, se había convertido en la escuela más codiciada de México para quienes querían hacer una carrera en ingeniería o administración de empresas. Como después lo haría *Reforma* en la industria periodística, el Tec contrató a los mejores profesores de otras universidades mexicanas pagándoles el doble de sus salarios. En la actualidad, jóvenes de todo el país estaban llegando a Monterrey para estudiar en el Tec, y una de las primeras cosas que aprendían era que su futuro iba a depender de sus habilidades, más que de sus conexiones políticas o familiares. El Tec se convirtió en un pasaporte clave para el éxito en el sector privado, a tal punto que pronto empezó a inaugurar filiales en todo el país para dar cabida a su cada vez mayor número de estudiantes.

En 1955, el Tec tenía más de 57.000 estudiantes matriculados en 32 especialidades en sus 26 filiales a lo largo de todo el país. Una vez su ciudad universitaria de Monterrey —construida como los campus de Estados Unidos— se quedó sin espacio para dar cabida a tantos estudiantes, el Tec inauguró una gran filial en la Ciudad de México y otras más pequeñas en estados tan distantes como Chiapas. Era una escuela del siglo xxi: muchas clases eran impartidas desde la sede del Tec de Monterrey y transmitidas en vivo por televisión y conexiones de computadora a las filiales de la universidad de todo el país. Los estudiantes enviaban sus preguntas al profesor por correo electrónico, y recibían respuestas instantáneas que eran leídas por toda la ciber-clase. Con el transcurso de los años, el Tec se había convertido en un importante agente de la penetración cultural del norte de México al centro y el sur del país.

Pero la institución más influyente del norte de México desde el punto de vista político era el PAN, el partido de oposición centroderechista de medio siglo de antigüedad que había alcanzado un sólido segundo puesto en las elecciones nacionales de 1994. Por su historia y filosofía, el PAN era un fenómeno del norte de México: valorizaba los derechos individuales por encima de las políticas estatistas, y la causa del federalismo por encima del centralismo autoritario de la Ciudad de México.

El PAN nació en 1939, en parte como reacción al gobierno del general Lázaro Cárdenas, el líder populista que —prometiendo retomar los principios básicos de la Revolución Mexicana— había lanzado entre otras cosas un programa drástico de reforma agraria y nacionalizado la industria petrolera. Según la historia oficial del PAN, "Historia del Partido Acción Nacional, 1939-1989", el gobierno de Cárdenas de 1934-1940 le había vuelto la espalda a valores básicos como "trabajo, sacrificio y perseverancia" y llevado a México de vuelta "al espejismo de las soluciones desde arriba, supliendo las soluciones técnicas por las retóricas".

El padre fundador del PAN, Manuel Gómez Morín, un académico nacido en el estado norteño fronterizo de Chihuahua, había trabajado con el régimen posrevolucionario y pronto se había desilusionado de él. Gómez Morín declaró que había fundado el nuevo partido en "abierta oposición a la colectivización total de la economía y... a la inepta y corrompida intervención del Estado mexicano como propietario y como empresario en la destrozada economía de México". Gómez Morín y sus compañeros fundadores del PAN, muchos de los cuales habían nacido en el interior pero vivían en la Ciudad de México, eligieron la dirigencia nacional del nuevo partido en diciembre de 1939 y partieron de inmediato a una gira por los estados del norte. Allí, encontraron un núcleo pequeño pero leal de empresarios y jóvenes profesionales que sentarían las bases para la primera manifestación de fuerza del partido en las elecciones locales a mediados de los cuarenta.

Más que un partido con una ideología definida —muchos de sus dirigentes más tarde abrazarían el catolicismo como una doctrina con la que desafiar el creciente auge del socialismo—, el PAN creció como una federación de partidos regionales constituida principalmente por habitantes de las ciudades del interior de México que compartían una aversión por el gobierno central y sus prácticas autoritarias. A pesar de la represión del gobierno y del fraude electoral, a lo largo de las siguientes décadas el PAN

—lenta pero sistemáticamente— logró forzar al gobierno a reconocer sus victorias en un número cada vez mayor de elecciones municipales y legislativas. Su primer gran triunfo a nivel nacional había ocurrido en 1989, cuando el candidato del PAN Ernesto Ruffo Appel ganó las elecciones a la gobernación de Baja California y —por primera vez en la historia— el gobierno reconoció su victoria. Desde entonces, el PAN había conquistado, entre otros, el estado central de Guanajuato, el estado norteño de Chihuahua, y el estado clave de Jalisco, uno de los principales distritos electorales de México. Con la crisis económica que siguió a la devaluación y el consiguiente descrédito del gobierno, el PAN parecía encaminado a ganar futuras elecciones en otros estados del centro del país, donde se concentraba el grueso de los votos.[2]

Si uno tenía alguna duda de que el México del norte era virtualmente otro país, sólo necesitaba mencionar la palabra "Chiapas" en los estados norteños: el tema del conflicto chiapaneco despertaba reacciones que oscilaban de una indiferencia total hasta la crítica severa a los guerrilleros zapatistas.

Ernesto Coppel Kelly, el presidente de una empresa hotelera que planeaba construir un hotel de 25 millones de dólares en el estado de Sinaloa, se encogió de hombros cuando le pregunté poco después de la rebelión zapatista si no tenía miedo que lo grandes titulares de la guerra en Chiapas ahuyentaran a los turistas norteamericanos. ¿No temía que un clima de turbulencia política perjudicara a su proyecto?

"En absoluto: aquí no pasa nada", dijo, repitiendo una frase que escucharía con frecuencia entre los empresarios del norte de México en aquella época. "Cuando se produjo el levantamiento zapatista, tuve que ir al mapa para ver dónde estaba San Cristóbal de las Casas. Para nosotros, Chiapas es Centroamérica. Nos sentimos muy lejos de allí."

En el estado cercano de Sonora, el gobernador priísta Beltrones me dijo con una sonrisa que en ciertos temas, su estado actuaba como un país aparte. Por ejemplo, Sonora había erigido barreras aduaneras en su fronte-

---

2 Incluso dentro del PRI, los norteños estaban ocupando los principales puestos del gobierno. Salinas, por ejemplo, tenía estrechos vínculos familiares en Monterrey; Zedillo se había criado en el estado norteño fronterizo de Baja California, y Colosio había nacido y crecido en el estado norteño fronterizo de Sonora.

ra sur para inspeccionar los productos alimenticios que venían del centro y sur del país. Su estado no podía permitir que esos cargamentos contaminaran la producción de Sonora, y la volvieran no apta para exportar a los Estados Unidos. Sonora, explicó, era uno de los pocos estados mexicanos cuyas frutas y verduras gozaban de licencias de exportación de la Food and Drug Administration de los Estados Unidos. "Inspeccionamos todo lo que entra por nuestra frontera sur, y cuando encontramos fruta contaminada, la devolvemos al estado de donde proviene", dijo el gobernador.

Los políticos sonorenses a menudo se encontraban de aliados con sus colegas en los estados sureños de los Estados Unidos, en contra de sus respectivos gobiernos centrales. Haciendo a un lado la tradición nacionalista de México, hablaban de una "simbiosis cultural inevitable" entre los estados fronterizos mexicanos y estadounidenses. Arizona necesitaba a Sonora como una vía al mar, así como Sonora necesitaba a Arizona como un puente hacia los Estados Unidos, señalaban.

Los dos estados fronterizos incluso compartían una preocupación común por la inmigración de mexicanos indocumentados a los Estados Unidos. Cuando el gobernador de Arizona Fife Symington se quejó a Beltrones de que el cruce ilegal por la frontera Sonora-Arizona había subido un 50% en 1994, Beltrones le retó a que averiguara cuántos de los inmigrantes procedían de Sonora. "Le apuesto a que todos vienen del sur de México", le dijo Beltrones.

En efecto, el número de mexicanos del norte que cruzaban la frontera a los Estados Unidos era relativamente pequeño: la mayoría prefería trabajar en las maquiladoras de la frontera, cerca de casa. Había tantos mexicanos norteños que dejaban el trabajo agrícola por las fábricas, que trabajadores de los estados centrales y del sur llegaban en números cada vez mayores para ocupar sus puestos en el arduo trabajo en el campo. Muchos de esos migrantes pasaban unos meses en el norte de México —cerca de 1.8 millones de personas del México central y del sur migraron a las ciudades de la frontera del norte sólo en 1994, según cifras del Colegio de la Frontera Norte— y después seguían viaje a los Estados Unidos en busca de salarios aún mayores.[3]

---

3 Según la investigadora del Colegio de la Frontera Norte María Eugenia Anguiano, 1.8 millones de mexicanos —en su mayoría de los estados de Michoacán, Jalisco, Guanajuato, Zacatecas y Oaxaca— migraron al norte de México en 1994, de los cuales 797.000 siguieron viaje a los Estados Unidos ese mismo año.

Se estaba gestando una revuelta del norte. Los funcionarios locales del PAN —y muchos de sus colegas del PRI— estaban cada vez más enojados por lo que consideraban contribuciones desproporcionadas de sus estados al gobierno central del país. Los estados del norte estaban convencidos que los impuestos de los norteños estaban pagando los subsidios que el gobierno federal daba a las tortillas y servicios de autobús en todo el país, y que estaban financiando los nuevos y costosos programas sociales que había lanzado el gobierno central en el sur de México desde la rebelión de Chiapas. Para colmo, los estados del norte decían que tenían que absorber a crecientes números de migrantes mexicanos del sur, que requerían de escuelas y otros servicios públicos que no podían pagar. De cada dólar recaudado en impuestos por el estado de Sonora, sólo 19 centavos volvían al estado, se quejaba Beltrones. Los habitantes de Sonora pensaban que salían perjudicados en su relación con el gobierno central.

"Hay un sentimiento creciente de aislacionismo en los estados del norte", admitió Beltrones, adoptando un tema que desde hacía tiempo era un grito de batalla de la oposición en su estado. "Estamos recibiendo más y más gente de Oaxaca, Chiapas y otros estados del sur, que no pagan impuestos y requieren servicios sociales. ¿Cómo vamos a pagar esos servicios, si estamos recibiendo menos dinero del gobierno central que el año pasado?"

Unas semanas después, el alcalde panista de Ciudad Juárez, Francisco Villarreal, decidió pasar a la acción: apoyado por una docena de alcaldes de ciudades fronterizas del norte de México que se quejaban que sus habitantes no estaban recibiendo prácticamente nada de los millones de dólares en tarifas aduaneras que el gobierno central recaudaba en sus puestos fronterizos, empezó a cobrar las tarifas por si mismo, sin pedirle permiso a nadie. Hizo construir casetas de peaje adelante de las que operaba el gobierno central en el puente entre Ciudad Juárez y El Paso, Texas, y puso a empleados municipales a cobrar a cada vehículo que pasaba. Mientras los funcionarios federales mexicanos observaban con la boca abierta, Villarreal recaudaba 1 dólar 35 centavos por cada conductor que cruzaba el puente. "Luchamos por nuestra libertad", dijo Villarreal, un hombre de 65 años que a pesar de estar librando una larga batalla con el cáncer parecía lleno de energías, a un reportero del *Houston Chronicle*. "Nos estamos rebelando pacíficamente, sin máscaras y sin armas."

Cuando el gobierno federal se recuperó de su sorpresa, ordenó el arresto de Villarreal. El alcalde se entregó voluntariamente, y pasó cuatro días en la cárcel. Para entonces, grupos cívicos y asociaciones empresariales de todo el norte de México habían salido a manifestarse en su apoyo, exigiendo al gobierno central que una parte significativa de las tarifas recaudadas por el cruce de la frontera con los Estados Unidos permaneciera en la zona fronteriza.

"Tal vez a México le cueste más manejar la amenaza de violencia en Chiapas", dijo el mexicanólogo de la universidad de Tulane, Roderic Ai Camp. "Pero, a largo plazo, lo que estamos viendo en el norte plantea una amenaza más significativa y potencialmente más duradera."

Laredo, Nogales, Tijuana y otras ciudades fronterizas con Estados Unidos se habían convertido en ciudades internacionales que —como las ciudades-estado de la Italia medieval— solían tener más en común con sus contrapartes al otro lado de la frontera que con la capital de su país. Los periódicos en todo el norte de México publicaban anuncios en inglés de tiendas de San Diego o Laredo, sin molestarse en traducirlos o en hacer los más mínimos cambios para llegar a un público extranjero. Es que en un sentido no se trataba de un público extranjero: decenas de miles mexicanos que vivían en la zona fronteriza hacían sus compras regularmente del lado norteamericano.

Ya antes del TLC, las ciudades hermanas de ambos lados de la frontera celebraban los feriados nacionales de los dos países: las banderas se izaban en ambos lados el 16 de septiembre, fiesta nacional en México, y el 4 de julio, el día de la independencia en Estados Unidos . No era una imposición oficial, sino un fenómeno cultural, impulsado por los cada vez mayores vínculos familiares y de negocios entre quienes vivían en el lado mexicano y norteamericano. Un número cada vez mayor de familias estaban repartidas en los dos lados de la frontera. El día de Acción de Gracias, no era inusual que quienes vivían del lado mexicano recibieran a sus parientes del otro lado con una tradicional cena de pavo, como era el uso en Estados Unidos.

En Tijuana, el 9% de la población económicamente activa —unas 200.000 personas— trabajaba regularmente en ambos lados de la frontera. La mayoría eran mexicanos que cruzaban "al otro lado", como suelen referirse los mexicanos a los Estados Unidos, para trabajar en San Diego como jardineros o empleadas domésticas. Lo que era más sorprendente, un gran número de familias de Tijuana mandaban a sus hijos a escuelas norteamericanas: con la ayuda de amigos mexicanos que vivían del otro lado, conseguían una dirección en San Diego para matricular a sus niños en una escuela, y cruzaban la frontera todos los días para llevarlos al colegio.

"Nos turnamos para llevarlos en coche", me explicó en Tijuana una madre con dos niños en una escuela pública de San Isidro, California. "Somos cinco amigas, y cada una de nosotras lleva a los niños un día de la semana. Cuando me toca a mí, dejo a los niños en la escuela por la mañana, paso el día en San Isidro haciendo las compras para toda la semana, y recojo a los niños en la escuela por la tarde."

A lo largo de toda la frontera, las líneas divisorias nacionales eran cada vez más borrosas. En Nogales, Sonora, encontré un conjunto de rock de cuatro muchachos llamado "Digital" que tocaba rock norteamericano de lunes a jueves del lado mexicano de la frontera, y música ranchera los viernes y sábados en Tucson, Arizona. Un joven norteamericano tocaba la guitarra principal, mientras que el bajo, los tambores y el teclado eran mexicanos.

"El sábado pasado, tocamos en una boda en Tucson, Arizona", me dijo Pablo Jesús Martínez, el tecladista de 25 años de "Digital", un tanto sorprendido por mi asombro ante lo que para él era cosa de todos los días. "Tocamos rancheras, cumbias y quebraditas, que es lo que la gente del otro lado quiere escuchar."

Uno de los personajes más peculiares con que me topé en la frontera mexicano-americana fue Joel Bojórquez, un hombre de 48 años, pelo canoso y barba blanca, que conducía el principal programa de radio en vivo de la XENY 7.60 AM en Nogales, Sonora. ¿Era mexicano? ¿Era norteamericano? Dependía de la hora del día en que uno lo encontrara.

Bojórquez vivía con su esposa mexicano-norteamericana y sus hijos del otro lado, en Nogales, Arizona. Se levantaba cada mañana a las 7.15, y cruzaba la frontera para llegar a tiempo a su trabajo en la emisora radial de Nogales, México, para empezar su programa matutino a las 8. Tardaba un promedio de ocho minutos en cruzar la frontera. La fila de coches a esa hora de la mañana era corta, me explicó, porque la mayoría de los conductores iban en dirección opuesta, llevando a sus hijos a la escuela en el lado norteamericano.

A la 1 y media del mediodía, después de terminar su programa en México —"me gusta enfatizar los temas mexicanos, como la Revolución Mexicana y el día de la Independencia, porque quiero alentar a los mexicanos a que mantengan sus tradiciones"—, Bojórquez volvía a Estados Unidos para comer. A las 3 y media, regresaba a México para otras tres horas de trabajo en la emisora de radio.

A las 7 de la tarde, terminada la jornada de trabajo, volvía otra vez a su casa en Estados Unidos. Esta vez, la fila de coches en el paso fronterizo era un

297

poco más larga, pero rara vez tardaba más de quince minutos en hacer el cruce. Como tenía la "tarjeta verde" estadounidense —había conseguido la residencia después de casarse con una ciudadana norteamericana—, los guardias de inmigración de Estados Unidos no le solían hacer preguntas.

Los hijos de Bojórquez iban a la escuela en el lado norteamericano, y su esposa trabajaba allí, pero la familia cenaba a menudo con parientes y amigos del lado mexicano. Cuando la familia iba al cine, tenían que ir al lado mexicano o viajar hasta Tucson, porque en Nogales, Arizona, no había cines decentes. El dentista de Bojórquez estaba del lado mexicano, pero el de sus hijos estaba del lado de Estados Unidos. Algunos de los dentistas de sus amigos trabajaban en ambos lados: por la mañana en México, y por la tarde en Estados Unidos.

¿Por qué había escogido vivir del lado estadounidense de la frontera?, le pregunté.

"Porque del otro lado siempre hay agua, y hay mucha menos delincuencia que aquí", me dijo Bojórquez durante un intervalo de su programa radial. "Aquí siempre hay problemas de algún tipo."

¿Cómo se imaginaba el futuro? ¿Habría una simbiosis aún mayor entre el norte de México y los Estados Unidos, o habría un renacimiento nacionalista en México?

"En cinco o diez años, todo esto será mucho más norteamericano", respondió Bojórquez con convicción. "El centro [mexicano] nos ha ignorado consistentemente. Por eso, la gente de la frontera se identifica cada vez más con los Estados Unidos."

Bojórquez citó ejemplos recientes de llamadas de radioescuchas a su programa. En una oportunidad, después de que el conductor había criticado a los guardias fronterizos norteamericanos por maltratar a algunos inmigrantes ilegales, mucha gente llamó al programa para defender a los agentes de inmigración de Estados Unidos. Para asombro de Bojórquez, los oyentes decían que los guardias fronterizos norteamericanos estaban cumpliendo su deber y que, en general, eran mucho más respetuosos que la policía mexicana. Era una reacción que difícilmente se escucharía en la Ciudad de México, o en los estados del sur del país.

"La gente de la frontera piensa que todo en Estados Unidos es mejor", dijo Bojórquez, reflejando lo que escuchaba de sus oyentes. "Creen que en Estados Unidos no hay corrupción, que hay más democracia, que todo allí funciona."

Francisco J. García Encinas, un psiquiatra que conocí en Nogales, Sonora, era uno de los muchos profesionales que —como los dentistas que había mencionado Bojórquez— trabajaba en ambos lados de la frontera. García Encinas, que también vivía del lado norteamericano y se había convertido en ciudadano de ese país, trabajaba de 9 de la mañana a las 4 de la tarde como terapeuta familiar en territorio de los Estados Unidos, y de 4:40 a 8 de la noche como psiquiatra en México.

—¿Qué diferencia había entre sus pacientes de ambos lados? Del lado mexicano de Nogales, había una tendencia a idealizar todo lo que fuera estadounidense, y a disminuir todo lo mexicano, me dijo. A tal punto, que los mexicanos parecían pasar por una transformación milagrosa cuando cruzaban la frontera. "En cuanto cruzamos la línea, los mexicanos cambiamos nuestra forma de ser: inmediatamente nos ponemos los cinturones de seguridad, y dejamos de tirar papeles por la ventanilla", dijo García Encinas. "Hay como una creencia generalizada de que en Estados Unidos se obedece la ley."

Por supuesto, el idilio mexicano-americano no era un fenómeno extendido en todo México, y se limitaba principalmente a las ciudades fronterizas. Pero la apertura comercial de México a principios de los noventa había incrementado significativamente la influencia norteamericana del norte de México al resto del país. Con la llegada masiva de McDonald's y cientos de otras franquicias estadounidenses, y la avalancha de mercancías de Estados Unidos que comenzaron a llenar los estantes de los supermercados y tiendas de artículos electrónicos mexicanos, la sociedad de consumo norteamericana —o más bien, la ilusión de la misma— llegó más cerca de millones de mexicanos del centro y en menor medida del sur del país. Millones que vivían lejos de la frontera y nunca habían cruzado a "el otro lado" podían ahora consumir productos norteamericanos sin viajar abandonar sus ciudades. El consumo de productos Made-in-Usa se disparó hasta las nubes, provocando advertencias de muchos de que el proceso de "norteamericanización" que ya se había apoderado del norte de México se estaba extendiendo a todo el país.

La vida cotidiana en casi todos los barrios de la Ciudad de México se vio afectada de alguna manera por la llegada de grandes supermercados de Estados Unidos, o sus versiones mexicanas. Ofreciendo una enorme cantidad de productos importados a precios bajos gracias a las compras en masa y las reducciones aduaneras, tiendas al por mayor como Price Club, Wal-mart, K-mart y Homemart llevaron a la quiebra a decenas de miles de pequeños comercios que ya no pudieron competir en el mercado, y cambiando el ritmo de vida en las ciudades mexicanas. A mediados de los noventa, los supermercados al estilo norteamericano ya representaban un

40% de las ventas de víveres en las grandes ciudades mexicanas, según estimaciones de la industria.

Igual que en Estados Unidos, los supermercados se convirtieron en el eje de centros comerciales: pronto fueron flanqueados por farmacias, tintorerías de 24 horas y laboratorios de fotografía Kodak. En cada vez más ciudades, ahora se podían hacer todas las compras en un solo lugar. La tradición mexicana de ir de compras con tranquilidad, encontrarse con los vecinos en el almacén e intercambiar los últimos chismes del barrio, estaba en vías de extinción.

Barrios enteros de la Ciudad de México se habían construido alrededor de centros comerciales gigantescos como Perisur, al sur de la ciudad, del mismo modo en que las antiguas ciudades mexicanas habían sido construidas alrededor de la iglesia y el palacio municipal. Los fines de semana, Perisur era un hervidero de familias en trajes deportivos Adidas y tenis Reebok, caminando por los corredores impecablemente limpios y mirando escaparates con las últimas importaciones de los Estados Unidos. Jóvenes parejas paseaban sorbiendo Coca Cola en vasos de cartón de McDonald's, mientras sus hijos masticaban papas fritas Cheetos. Los altavoces provenientes de una galería de vídeo transmitían a todo volumen canciones de Willie Nelson.

"México está perdiendo algunas de sus más preciadas tradiciones, como el valor de la familia", se quejó conmigo un día Guadalupe Loaeza, una de las escritoras más leídas de México. "Antes, las familias mexicanas se reunían en sus casas los domingos para comer con los abuelos, los tíos y los primos. ¿Dónde encuentras hoy a la familia mexicana un domingo? ¡Están en el centro comercial!"

Cuando entré en la tienda de vídeo Blockbuster del barrio capitalino de Coyoacán, no pude dejar de preguntarme si la gigantesca cadena estadounidense no había llevado un poco demasiado lejos el nuevo espíritu de integración del TLC. La clasificación de películas de Blockbuster parecía indicar que los Estados Unidos ya se habían tragado a México y lo habían convertido en parte de su territorio.

El local era idéntico a los que la cadena de entretenimiento tenía en Estados Unidos. Los muros exteriores eran blancos, cruzados por la ancha franja azul y amarilla con el logo de la compañía. Por dentro, las paredes estaban cubiertas de vídeos, y había hileras de estanterías blancas cruzando la sala en diagonal. En cada esquina, había televisores sincronizados colgando del techo, que en ese momento mostraban una película de Arnold Schwarzenegger. Como en Estados Unidos, la tienda estaba dividida en varias secciones señaladas con cartelitos que las clasificaban según categorías como "drama", "acción", "comedias" y "películas extranjeras". Fue esta última sección la que captó de inmediato mi atención: cuando miré los vídeos que contenía, encontré que sólo tenía películas latinoamericanas y europeas. En la visión del mundo del Blockbuster mexicano, las películas estadounidenses no eran consideradas "extranjeras": estaban junto con las películas mexicanas distribuidas por toda la tienda en lo que venía a ser una enorme sección doméstica.

"Ya sé, ya sé, hay algo que está mal en esto", admitió Edgar Leal, el ejecutivo encargado de la compra de películas en Blockbuster de México, cuando le hice la observación de que tal vez su empresa había pecado de un exceso de fervor integracionista. "El problema es que tenemos tantas películas norteamericanas, que si las colocamos en la categoría de películas extranjeras tendríamos que poner toda la tienda bajo esa etiqueta."

Claro que la "norteamericanización" de México no era un fenómeno espontáneo: la fiebre de consumo de productos norteamericanos resultaba en buena medida de la novedad del libre comercio y de la moneda sobrevaluada de México. Pero las políticas proteccionistas anteriores de México habían sido igualmente artificiales, ya que habían tratado de detener una influencia cultural que era un resultado natural de la proximidad geográfica y del creciente comercio entre los dos países. Así como la cultura mexicana se estaba expandiendo de California y Texas al resto de los Estados Unidos y millones de yanquis estaban empezando a comer y cantar en mexicano, la influencia norteamericana —presente desde hacía mucho en los estados mexicanos del norte— iba avanzando lentamente hacia el resto del país.

¿Pero sería posible cerrar la brecha que separaba el norte de México del sur del país? Llevé la pregunta a la sede central del Colegio de la Frontera Norte en Tijuana, una universidad al estilo de los campus norteamericanos, construida sobre una montaña sobre la costa del Pacífico, que se especializaba en el estudio de estos problemas. La mayoría de los expertos del Colegio eran pesimistas. La brecha entre el norte y el sur de México era abismal. Al contemplar los respectivos niveles de ingreso, salud y educación del norte y el sur de México —categorías que los investigadores habían listado en un "índice de desarrollo humano"— los investigadores habían llegado a la conclusión de que los estados del sur de México estaban un promedio de veinte años detrás de los del norte en su desarrollo socioeconómico.

Con sus estadísticas en la mano, el director académico de la escuela Eduardo Zepeda señaló que algunos estados sureños estaban aún más rezagados. En el estado norteño de Nuevo León, la expectativa de vida era de

73 años y la escolaridad promedio de 7.4 años, mientras que en Chiapas y Oaxaca la expectativa de vida era de apenas 67 años y la escolaridad promedio era de 3.9 años.

Otro estudio comparativo realizado por la investigadora Diana Alarcón González, revelaba que el ingreso *per capita* en los seis estados fronterizos del norte de México era de aproximadamente el doble que el de los estados pobres del sur de México. En todas las estadísticas, las disparidades eran enormes: mientras que 12% de los residentes de los estados del norte carecían de agua corriente, la cifra en los estados del sur era del 38%. Y la brecha económica entre los estados del norte y del sur seguía creciendo, dijo la investigadora, porque una crisis agrícola provocada por el libre comercio estaba golpeando a los estados del sur más que a nadie. Mientras que los estados norteños dependían de la agricultura para un 27% de sus ingresos, las economías de los estados del sur dependían de ella en un 55%. "El libre comercio ha provocado un enorme aumento de exportaciones norteamericanas de trigo, maíz y frutas, que ha perjudicado mucho a los agricultores mexicanos, sobre todo en el sur", dijo Alarcón. "Mientras tanto, las pocas industrias que están creciendo (gracias al libre comercio) son las del sector manufacturero de exportación, y virtualmente todas están en el norte."

Entonces, ¿cómo se resolvería el problema del desequilibrio económico entre los dos Méxicos? ¿Como pensaban los mexicanos del norte que el país podía elevar a los estados del sur de lo que el subcomandante Marcos había llamado el "sótano del México"? Le hice la pregunta a Lorenzo H. Zambrano, el magnate de 50 años que presidía el emporio cementero Cemex S.A., con base en Monterrey, que poseía plantas en Texas, España y Venezuela, y era considerado el cuarto fabricante de cemento más grande del mundo.

Zambrano, un hombre soltero de pelo blanco y aspecto juvenil cuya fortuna familiar había sido calculada por *Forbes* en 3.1 mil millones de dólares, me recibió en su oficina del séptimo piso de la sede de Cemex en Monterrey. No me molestó esperarle unos cuantos minutos: las paredes del edificio estaban decoradas con cuadros originales de los más cotizados pintores latinoamericanos, muchos de ellos adquisiciones recientes en las subastas de arte latinoamericanas de Sotheby's y Christie's en Nueva York.

Zambrano, uno de los magnates que había participado en el banquete de los 25 millones de dólares para el PRI, indicó que sólo sería una cuestión de tiempo hasta que un mayor número de compañías mexicanas y extranjeras se desplazaran hacia el centro y sur del país. "Se está produciendo una importante descentralización", dijo el poderoso industrial educado en Stanford. "Hay zonas como Aguascalientes, en el centro del país, que se han convertido en un centro muy importante de fabricación de automóviles desde que Nissan inauguró una planta allí y atrajo a muchas industrias secundarias. Lo mismo está pasando en San Luis Potosí."

La rápida industrialización de México se propagaría por todo el país, según Zambrano. Algunos industriales de Monterrey estaban empezando incluso a invertir en Chiapas: Alfonso Romo de las empresas La Moderna, el mayor fabricante de cigarrillos de México, acababa de inaugurar una planta en Chiapas y le iba muy bien. Era sólo una cuestión de tiempo hasta que otros siguieran sus pasos, señaló Zambrano.

¿Cemex estaba considerando abrir plantas en el sur de México?, le pregunté. Resultó que ya tenía algunas.

"Es un hecho que en el norte industrializado hay una mayor disciplina de trabajo, y la gente se presenta a trabajar todos los días a una hora determinada. En las partes rurales del país, mucha gente todavía esta acostumbrada a trabajar hasta juntar el dinero suficiente para comer el resto de la semana, y entonces deja de acudir al trabajo", dijo. "Pero mi experiencia en los estados del sur de México es que, después de dos años de alta rotación laboral, se termina por tener una fuerza de trabajo estable. Y una vez que se llegue a este punto, se obtiene la misma productividad que en el norte."

No obstante, la teoría de que el desarrollo industrial del norte de México se extendería al sur del país adolecía de dos defectos.

Primero, la locomotora del desarrollo industrial del norte mexicano no estaba andando lo suficientemente rápido como para arrastrar detrás suyo a los estados más pobres del sur: mientras que el libre comercio había resultado una panacea para unas cuantas corporaciones mexicanas gigantescas, había llevado a la bancarrota a muchas fabricas más pequeñas, retardando el crecimiento económico general de México.

Segundo, y más importante, el problema con el modelo económico basado en el crecimiento del norte de México era que —a pesar de ocupar una enorme zona geográfica— los estados norteños albergaban tan sólo el 16% de la población del país. Esto no era sólo un problema para el futuro de México, sino también para el de Estados Unidos: mientras México no lograra encontrar una forma de hacer crecer a sus estados del centro y del sur, no se podría poner fin a la ininterrumpida migración al norte. Tal como estaban las cosas, el modelo económico basado en el libre comercio estaba ayudando a modernizar al país, pero beneficiando casi exclusivamente a sus estados menos poblados.

15

La conexión policial

Las asombrosas circunstancias de la captura del barón del cártel de Sinaloa Héctor "El Güero" Palma en junio de 1995 confirmaron lo que la mayoría de los mexicanos sospechaba desde hacía tiempo: en México, gran parte de la policía está a sueldo de los ladrones. Cuando el ejército detuvo al narcotraficante de 33 años después de que su jet ejecutivo se estrellara cerca del aeropuerto de Tepic, Nayarit, descubrió que gran parte de los miembros de su escolta fuertemente armada eran agentes de la Policía Judicial Federal. Es más: pronto se supo que Palma se alojaba en casa del comandante de policía local, y que había eludido su captura por otras agencias del gobierno porque solía vestir el uniforme negro de la policía judicial, y tenía una identificación de ese organismo. Las revelaciones eran indignantes por donde se las viera, pero aún más por el hecho de que no eran nada inusual. Existía una profunda corrupción en el sistema de justicia mexicano, que parecía estar en aumento y que planteaba serios interrogantes sobre si no estaba relacionada con la serie de asesinatos políticos que habían consternado a México. En rigor, la corrupción en la justicia y los organismos de seguridad representaba una amenaza tan seria para la aspiraciones de México de convertirse en un país de leyes y una democracia moderna como la guerrilla de Chiapas, los narcotraficantes y los políticos deshonestos.

Palma era uno de los gángsters más sanguinarios de México. Un antiguo ladrón de coches que había empezado su carrera en el negocio de la cocaína como pistolero para el jefe del cártel de Sinaloa Miguel Angel Félix Gallardo, había roto con su jefe a fines de los setenta para empezar su propio negocio de contrabando de droga con un socio venezolano, Rafael Enrique Clavel. Fue arrestado en 1978 en Arizona acusado de narcotráfico, y había pasado ocho años en una cárcel de Estados Unidos antes de regresar a México en 1986 y reiniciar sus actividades delictivas. Para entonces, las cosas habían cambiado en México: su socio venezolano no sólo se había asociado con su antiguo jefe, sino que —según informes de prensa mexicanos— también había seducido a la esposa de Palma, Guadalupe, mientras este estaba en prisión, la había llevado a San Francisco, y allí la había matado.

Como recuerdo de su ex socio, Palma recibió por correo expreso de los Estados Unidos un paquete que contenía la cabeza de Guadalupe. El venezolano no se había detenido ahí: había secuestrado a los dos hijos pequeños de Palma, Jesús y Nataly, y los había llevado a Venezuela, donde los había matado tirándolos desde un puente.[1] Palma se había vengado del asesinato de su familia con una ola de atentados en los que murieron docenas de personas, incluidos el abogado de Félix Gallardo y tres amigos de Clavel.

En los últimos años, Palma había logrado escapar de numerosas redadas policiales en medio de balaceras en plena luz del día, para ser capturado por casualidad el 23 de junio de 1995, un día después de que se estrellara su avión. Había abandonado Ciudad Obregón, Sonora, a las 8:10 de la tarde del día anterior en un jet Lear de doce asientos con destino a Guadalajara, Jalisco, donde planeaba asistir a una boda para la que había reservado 150 habitaciones para sus amigos y parientes en el hotel Fiesta Americana, de cinco estrellas. Pero el jet de Palma no pudo aterrizar en Guadalajara: cuando el piloto se acercaba a la ciudad, fue informado de que estaban reparando la pista del aeropuerto.

El piloto empezó a contactar a los aeropuertos cercanos en busca de un lugar donde aterrizar, y se dirigió al aeropuerto de Tepic, que había estado cerrado desde la puesta de sol. Palma pidió a la policía federal que le abrieran el aeropuerto —cosa que se hizo de inmediato— y su avión empezó a dar vueltas en círculo sobre el lugar hasta que le fue asignada una pista de aterrizaje. Pero el jet se quedó sin combustible y se estrelló en

---

1 El jefe de la mafia venezolana Rafael Enrique Clavel, más tarde fue sentenciado a 30 años de prisión en Venezuela por el asesinato de los dos niños, según informes mexicanos de prensa.

una colina a unos seis kilómetros del aeropuerto. Mientras tanto, la unidad local del ejército había advertido que se habían encendido las luces del aeropuerto después de su hora del cierre, y había alertado a guarniciones cercanas de que algo raro estaba pasando allí.

Hasta ese momento, la situación no parecía crítica para Palma: aunque el avión se había estrellado en el aterrizaje de emergencia y el piloto y copiloto estaban gravemente heridos, él salió del avión relativamente ileso y, afortunadamente para él, la policía estaba cerca. Un contingente de la Policía Judicial Federal apareció en el lugar del accidente unos minutos después a bordo de camionetas Suburban y, a petición de Palma, llevó al narcotraficante y sus ayudantes heridos de regreso a Guadalajara. Una vez allí, Palma fue llevado a una casa particular donde recibió atención médica inmediata, y protección adicional de la policía. Era una lugar sumamente seguro: la casa pertenecía a Apolinar Pintor, el segundo comandante de la Policía Judicial Federal de Jalisco.

Pero las cosas se complicaron al día siguiente. Vecinos de la casa de Pintor llamaron a la unidad local del ejército para decir que habían visto unos hombres salir de la residencia temprano esa mañana en un carro, cargando un bulto de aspecto sospechoso. Cuando una patrulla del ejército detuvo al vehículo poco después, encontró un cadáver en una bolsa de dormir: pertenecía al piloto de Palma, que había muerto horas antes. Una redada masiva del ejército al refugio de Palma horas después tuvo por resultado la detención del señor de la cocaína, ocho guardaespaldas privados, y 32 agentes de la policía judicial.

Investigaciones posteriores mostraron que Palma había hecho varios pagos de 40 millones de dólares a los principales comandantes de la Policía Judicial Federal de Guadalajara. Eran sumas astronómicas: cada uno de estos pagos equivalía al presupuesto mensual de la policía federal en todo el país. Palma, cuyo cártel era apenas el cuarto en importancia en México, también había pagado millones a los comandantes de la Policía Judicial Federal de Sonora, Sinaloa, Chihuahua y Nayarit, que a su vez habían compartido parte del botín con su personal. Sólo unas semanas después, Palma se había alojado en uno de los hoteles de lujo de Nayarit, y había cabalgado tranquilamente por la calle principal de Tepic en un pura sangre sobre una silla de montar de plata, y llevando en su cinturón su Colt. 38 Súper, con una palmera grabada sobre un fondo de piedras preciosas —un total de 208 diamantes blancos, contarían luego los funcionarios— en el puño. Iba custodiado por "varias docenas" de hombres armados que llevaban credenciales de identidad de la policía, informó un periódico local en aquel momento. Palma tenía en el bolsillo a comandantes de la Policía Judicial Federal en cinco estados mexicanos, que literalmente trabajaban para él.

No era la primera vez que altos servidores de la ley habían sido sorprendidos protegiendo a los barones de la droga. En varias ocasiones en los últimos años, sobre todo en el asesinato en 1985 del agente de la DEA Enrique "Kiki" Camarena, la policía mexicana y los comandantes del ejército habían estado luchando del lado de los criminales.

Uno de los episodios más grotescos del trabajo en equipo entre agentes del gobierno y narcotraficantes había tenido lugar el 7 de noviembre de 1991, cuando siete policías antinarcóticos del gobierno mexicano habían sido abatidos a balazos por una unidad local del ejército mientras trataban de capturar a un grupo de traficantes que acababa de aterrizar en un avión cargado de cocaína en una pista de aterrizaje en Tlatlixcoyan, Veracruz. Esta vez, los buenos de la película eran miembros de la Policía Judicial Federal, y quienes los habían matado pertenecían a un destacamento local del ejército, que desde hacía tiempo estaba protegiendo a los narcotraficantes y abasteciendo de combustible a sus aviones durante su escala en Veracruz camino a los Estados Unidos. Como era costumbre, el gobierno primero describió la balacera como una trágica confusión, y luego inundó a la opinión pública con una serie de historias contradictorias que dejaron a todos igualmente confundidos. Al final, el gobierno encarceló al comandante del ejército de Veracruz al mando de la unidad y simultáneamente despidió de su cargo a un alto funcionario de la procuraduría general, dando a entender que ambos lados —y no sólo el ejército— habían sido culpables.

En 1995, según un informe confidencial de la Secretaría de Gobernación, había en México alrededor de 900 bandas criminales armadas, de las cuales más del 50% estaban constituidas por miembros actuales o retirados de agencias de la ley. Y algunas de las batallas más sangrientas de la guerra contra las drogas en México no eran entre policías y criminales, sino entre las propias bandas de miembros corruptos de las fuerzas de seguridad. El 3 de marzo de 1994, por ejemplo, un grupo de agentes antinarcóticos de la policía judicial federal fue atacado por la policía judicial de Baja California cuando estaba tratando de detener a un jefe de los narcotraficantes locales. El narcotraficante huyó durante la balacera, en la que el jefe de la unidad de la policía federal fue muerto y dos de sus hombres fueron gravemente heridos. El caso se convirtió en un escándalo político, pero muy efímero: varios de los agentes de la policía estatal detenidos en la balacera fueron puestos en libertad unos días después, mientras que otros —incluido el jefe de la división de homicidios de la policía estatal— huyeron de la cárcel y siguieron sueltos.

¿Cuán extendida era la corrupción en los servicios armados de México? Bastante. Según cálculos conservadores de la Secretaría de Gobernación, más del 60% de los miembros de las fuerzas policiales del país recibían sobornos o tenían antecedentes criminales. Un informe oficial de la oficina del procurador general a mediados de 1995 declaraba que, a pesar de leyes laborales que hacían sumamente difícil despedir a un policía, más de 400 miembros de la policía judicial federal —o más del 10% del personal de la fuerza— habían sido expulsados o suspendidos de sus puestos en los últimos tres años por presuntas vinculaciones con los cárteles de la droga.

Algunos funcionarios calculaban que más del 50% de los agentes de la Policía Judicial Federal recibían dinero de los narcotraficantes de una u otra forma, o bien a través de sobornos directos o bien conservando parte de los cargamentos de cocaína confiscados y vendiéndolos por su cuenta. Y la corrupción en las policías judiciales estatales era aún peor: peor remuneradas que los agentes federales y más susceptibles de sucumbir a presiones de los magnates locales de la droga, muchas de las fuerzas de policía estatales no eran más que sindicatos del crimen uniformados.

"Cada día es más difícil hacer este trabajo" dijo a *Los Angeles Times* un investigador antinarcóticos mexicano, enumerando sus frustraciones profesionales en un singular orden de importancia. "Hay poderosos obstáculos que vienen de las policía estatales, de gente aliada con los narcos. Después, la policía federal es otro obstáculo. Y en tercer lugar están, claro, los propios delincuentes".

Las mafias policiales eran, como las camarillas del partido gobernante, un síntoma de la fragmentación del poder. México se había convertido en un país dividido en miles de feudos, que a menudo sólo se distinguían entre ellos según la actividad lucrativa —o delictiva— en que estaban inmersos. Las fuerzas policiales de México se asemejaban a familias que protegían sus respectivos intereses económicos. Su principal diferencia con las tribus políticas del partido gobernante era que lo hacían con mayor crudeza y violencia.

Los diversos clanes dentro de las fuerzas policiales eran más fácilmente detectables que los de la elite gobernante, porque México tenía una increíble variedad de servicios policiales: había nada menos que 2.400 fuerzas policiales en el país, incluyendo la Policía Judicial Federal, las policías judiciales de los estados, la policía antimotines, la policía de aduanas, la policía bancaria, la policía rural, la policía forestal, la policía de tráfico, la policía del metro y cientos de fuerzas de policía municipales. Y esto era sin contar las fuerzas de policía privadas: sólo la Ciudad de México tenía 627 compañías privadas —muchas de ellas dirigidas por ex oficiales de policía con antecedentes criminales— con un total de 27.000 hombres, que trabajaban como guardias de empresas y escoltas de sus ejecutivos. Los policías privados sumaban más que los 24.500 policías que la ciudad tenía para patrullar las calles.

Aunque unidades de la policía nacional, estatal, local y privada cometían una variedad de delitos, la mayoría era conocida por tener su propia especialidad. La policía estatal de Tijuana, por ejemplo, era famosa por dirigir redes de robo de coches en San Diego, California: la policía de California había detenido en varias oportunidades a oficiales de la policía de Tijuana con las manos en la masa, mientras robaban vehículos del lado norteamericano de la frontera. Por otra parte, la policía de la Ciudad de México era famosa por hacer un dineral de inspecciones de taxis, sobornos a conductores particulares y —en tiempos de vacas flacas— secuestros.

Lo que era peor, cada una de estas fuerzas policiales tenía un sinnúmero de agentes secretos que eran conocidos como "madrinas", que no figuraban en los libros pero cuyas responsabilidades iban mucho más allá de la de informantes. Las madrinas, a quienes se les solía permitir llevar armas, eran usadas por los jefes policiales locales para hacer trabajos sucios que no podían ser llevados a cabo por quienes estaban en la nómina del gobierno, desde robar carros al otro lado de la frontera hasta matar a activistas de la oposición.

Los grupos de derechos humanos señalaban que, al no figurar en nóminas regulares de pago, las madrinas tenían una virtual licencia para cometer todo tipo de crímenes, y que el uso de estos superinformantes fomentaba la corrupción dentro de las fuerzas regulares porque los comandantes policiales, al no poder pagarles abiertamente, lo debían hacer con el producto de confiscaciones de drogas, robos de coches, pagos de narcotraficantes, dinero de secuestros, o sobornos pagados por propietarios de restaurantes y conductores de taxis.

En la mayoría de las fuerzas policiales mexicanas no existía el concepto de carrera de servicio civil. Un jefe de policía contrataba a alguien de afuera, por lo general un amigo, este se convertía en su protegido, y lo más frecuente era que perdiera el trabajo cuando su protector era trasladado, retirado o expulsado. Para muchos, esto era un incentivo para robar lo máximo —y lo más rápido— posible: en el momento en que era cambiado el jefe de policía, este traía a sus propios amigos y reemplazaba al círculo íntimo de su predecesor. Lo más que podía esperar un subalterno era poder comprar su permanencia en el puesto, pagando a sus nuevos superiores la tarifa que fuera.

Juan Carlos Valerio Roldán, un policía de la Ciudad de México que fue destituido por sus superiores cuando empezó a denunciar públicamente la corrupción en su departamento, señaló que el problema en las fuerzas policiales venía de arriba hacia abajo, y no viceversa. Los reclutas tenían que pagar a sus superiores dinero extra por una buena pistola, una promoción, o un trabajo nocturno, cuando era más fácil parar a coches supuestamente sospechosos en la calle y exigir sobornos. Un coche patrulla se contaba entre los bienes más preciados, pero requería un pago extra considerable: "En un patrullero, si donde estás no pasa nada, siempre puedes ir a algún otro lado a robar o extorsionar", dijo a un reportero estadounidense.

"La idea de los jefes es enriquecerse", dijo Valerio Roldán. "Ellos no pueden vivir de sus salarios. Viven de la corrupción. No están en el oficio para servir al público. Están para hacer dinero."

Y no tenían mucho tiempo que perder. Muchos agentes de policía eran conscientes de que no tendrían muchas oportunidades profesionales si eran despedidos por un nuevo jefe o no podían comprar su puesto: más del 65% de la policía del país había terminado sólo la escuela primaria. De modo que rutinariamente exigían sobornos a víctimas de delitos, propietarios de tiendas o conductores como parte de la corrupción institucionalizada administrada por sus comandantes. Y cuando los tiempos se pusieron más difíciles a consecuencia de la devaluación de diciembre de 1994, recurrían cada vez más a secuestros, extorsión y asaltos.

Aunque gran parte de estos delitos nunca salían a la luz pública, un curioso asalto callejero perpetrado por oficiales de policía en marzo de 1995 llamó la atención nacional sobre la corrupción policial. Según informes oficiales, sucedió cuando agentes de la policía del estado de México, dirigidos por su comandante, detuvieron un Jeep Cherokee en el barrio de Tecamachalco de la Ciudad de México y trataron de obligar a su conductor a punta de pistola a que entregara dinero y pertenencias. Pero tuvieron mala suerte: el conductor resultó ser Ernesto Zedillo, el hijo de 19 años del presidente.

Los guardaespaldas del muchacho, que lo escoltaban a una cuadra de distancia, se presentaron de inmediato y arrestaron al comandante de la policía y a sus hombres después de una tensa discusión. Días después, funcionarios del gobierno reconocieron que el comandante de la patrulla había cumplido una sentencia de cárcel por asesinato en el estado de Guerrero antes de incorporarse a la fuerza policial del estado de México, y un presidente Zedillo de aspecto severo dijo al pueblo mexicano en un discurso televisado: "nada ni nadie debilitará mi determinación de construir el verdadero imperio de la ley que merece el pueblo mexicano".

Pero para millones de mexicanos, la historia sacó a relucir el drama cotidiano de los ciudadanos que rutinariamente eran abusados por oficiales policiales corruptos y que —a diferencia del joven Zedillo— no tenían guardaespaldas para protegerlos. A medida que el asalto al hijo del presidente se convirtió en el tema del día en México, parecía que todo el mundo había sido víctima de abusos policiales, y tenía una historia que contar al respecto. No era casual que uno de los chistes más difundidos que circulaba en la Ciudad de México era, "Si te asaltan en la calle, no grites, ¡podría llegar la policía!"

El auge del narcotráfico y la corrupción policíaca sin precedentes habían despertado especulaciones en la prensa de que México —como Colombia con anterioridad— se había convertido en una "narcodemocracia": un país en que los narcotraficantes habían adquirido una importante influencia política, y a menudo recurrían a la violencia para mantenerla. Muchos analistas políticos mexicanos y estadounidenses parecían verdaderamente convencidos de que los barones de la droga mexicanos estaban detrás de los asesinatos que habían sacudido el país en 1994.

Yo tenía mis dudas. ¿Por qué habrían de querer los jefes del narcotráfico en México atraer la atención mundial —y de las agencias antinarcóticos de Estados Unidos— sobre sí mismos cometiendo asesinatos políticos de alto perfil? A diferencia de sus contrapartes en Colombia, que habían lanzado una campaña de terror a fines de los años ochenta para presionar al gobierno a que revocara un tratado de extradición con Estados Unidos, los narcotraficantes mexicanos no habían hecho demandas políticas. ¿Por qué iban a querer matar a políticos prominentes y arriesgarse a convertirse en sospechosos de primera línea, cuando podían seguir haciendo sus negocios tranquilamente bajo el amparo de comandantes de la policía y oficiales del ejército corruptos?

Uno de los muchos contraargumentos que escuché en círculos políticos mexicanos era que los narcos habían cometido los asesinatos políticos porque el gobierno de Salinas había renegado de un supuesto pacto de no agresión entre el gobierno y los cárteles de la droga a principios de los noventa. Según esta teoría, lidereada por el politicólogo Jorge G. Castañeda, la administración de Salinas había hecho un acuerdo secreto de no agresión con los barones mexicanos de la droga en un momento en que México necesitaba desesperadamente buenos titulares en la prensa norteamericana para lograr su principal prioridad: firmar el TLC con los Estados Unidos.

A principios de los noventa, el gobierno —quizás a través del hermano del presidente, Raúl Salinas— había hecho un acuerdo explícito o tácito con los jefes de los cárteles mexicanos de la droga por el cual se les permitiría operar ciertos corredores aéreos para transportar drogas a Estados Unidos a cambio de que mantuvieran un bajo perfil, sin exceder los niveles "tolerables" de contrabando de cocaína, y depositaran la mayor parte de sus ganancias en México, según esta teoría. Pero cuando el TLC comenzó a ser discutido seriamente en el Congreso de los Estados Unidos, la administración Salinas empezó a ser objeto de presiones externas cada vez mayores para que actuara con firmeza contra el narcotráfico —entre otras cosas porque los cargamentos de cocaína estaban subiendo en forma alarmante— y capturara a los jefes del cártel mexicano de la droga Rafael Caro Quintero y Joaquín "El Chapo" Guzmán. De repente, el gobierno había dejado de respetar el acuerdo y los cárteles de la droga —sintiéndose traicionados— empezaron una campaña de asesinatos políticos para notificar a las autoridades que, si se lo proponían, podían desestabilizar fácilmente al país, decía esta escuela de pensamiento.

¿Era una coincidencia que el cardenal Posadas y Colosio habían sido asesinados repectivamente en Guadalajara y Tijuana, dos capitales de la industria de la droga en México?, preguntaban los defensores de esta hipótesis. ¿Fue sólo por casualidad que los asesinos de Ruiz Massieu eran gente de Tamaulipas, otra región que era un centro de contrabando de drogas? No se trataba de coincidencias, sostenían: los barones mexicanos de la droga habían ordenado asesinatos de alto nivel como un mensaje de advertencia al gobierno. Si no habían hecho demandas explícitas, era porque esta no era la manera de hacer las cosas en México. Este era un país de señales ocultas, donde las advertencias oblicuas eran tomadas en serio y los mensajes directos se descartaban rápidamente como demasiado obvios para ser verdaderos.

Había otra explicación que apuntaba al mundo de la droga como responsable de la serie de asesinatos políticos que habían conmovido a México: los asesinatos de Posadas, Colosio y Ruiz Massieu habían sido parte de un conflicto territorial entre varios cárteles rivales, según un veterano funcionario mexicano con buen acceso a las agencias de inteligencia. Durante la administracion de Salinas, había habido una represión mucho más severa sobre los jefes del cártel del Pacífico que de los del cártel del Golfo. Los dos jefes del narcotráfico que habían sido capturados, Caro Quintero y El Chapo Guzmán, eran del cártel del Pacífico, y la mayoría de los esfuerzos del gobierno contra el narcotráfico habían estado dirigidos a esa organización criminal.

Hacia el final de la administracion de Salinas, afirmaba el funcionario, el cártel del Pacífico —ahora dirigido por el capo de la droga en Sinaloa, Amado Carrillo— estaba cada vez más preocupado de que sus rivales del cártel del Golfo serían aún más privilegiados durante el futuro gobierno de Colosio. Los dirigentes del cártel del Pacífico tenían razones para preocuparse: el hermano del jefe del cártel del Golfo, Juan García Abrego, había sido invitado a un banquete exclusivo para recaudar fondos para la campaña de Colosio. Se sabía, además, que algunos ayudantes de Colosio —incluido un pariente cercano— tenían vínculos con el cártel del Golfo. "La gente del cártel del Pacífico temía una repetición de lo que había sucedido en Colombia, donde el cártel de Cali había ayudado al gobierno a destruir al cártel de Medellín", me dijo el alto funcionario mexicano. "Ellos mataron a Colosio, entre otras cosas, para impedir que esto sucediera."

Esta explicación parecía coincidir con un informe de la inteligencia de los Estados Unidos de 1993 que alegaba que Colosio había sido amigo de narcotraficantes en su estado natal de Sonora cuando recién estaba empezando su carrera política. Según el informe, Colosio, sabiéndolo o sin saberlo, había actuado como portador de fondos de una mafia local de la droga a un poderoso político de Sonora que en ese momento era su protector. En otro informe filtrado más tarde al *Washington Post*, agentes de aduanas norteamericanos habían declarado que un pariente de Colosio poseía un corredor aéreo que se usaba como un punto de tránsito para drogas. Verdaderos o falsos, esos informes apuntaban a conexiones entre el círculo íntimo de Salinas y Colosio con el cártel del Golfo.

Ambas teorías hacían sentido, pero dejaban demasiadas preguntas sin contestar, incluida la de por qué los narcotraficantes iban a correr el riesgo de atraer la atención internacional sobre sí mismos. Además, estas teorías no proporcionaban una explicación convincente del asesinato de "Pepe" Ruiz Massieu: la torpeza con que se realizó su ejecución —la Uzi que se trabó después del primer disparo, el pistolero que tropezó cuando huía de la escena, y el ayudante del diputado que albergó a los asesinos nada menos que en su propia casa en los días anteriores al operativo— parecía más el producto de un grupo de aficionados que el trabajo de un equipo de criminales profesionales del narcotráfico. Simplemente, no parecía una ejecución al estilo de la mafia de la droga.

La ola de asesinatos que estaba conmoviendo a México era algo más complicado que una guerra declarada por los barones de la droga contra el estado, o una lucha entre cárteles rivales de la cocaína, o el conflicto entre políticos reformistas a favor del libre mercado y los nacionalistas de la vieja guardia de la que había hablado Carlos Salinas. La violencia de México muy probablemente venía de varios lados, incluidas las camarillas políticas del PRI y las familias delictivas dentro de los cuerpos policiales que operaban algunas de las 900 bandas armadas del país, y que estaban luchando por mantener sus territorios en una economía que cada vez daba para menos.

En Washington, D.C., los funcionarios de la administración Clinton eran reacios a hablar sobre una narcodemocracia mexicana, o a comparar los cárteles de la droga mexicanos con sus contrapartes colombianos. Los criminales mexicanos estaban lejos de detentar los niveles de poder o de ejercer la violencia de los colombianos, afirmaban los funcionarios. "No hemos visto ningún grupo en México que haya alcanzado el nivel de influencia que ha logrado el cártel de Cali en Colombia", me dijo un alto funcionario norteamericano involucrado en la lucha contra el narcotráfico. "En México, los cárteles de la droga no han sido capaces de crear una atmósfera legal que los favorezca; tampoco han hecho ninguna contribución importante a las campañas políticas que nosotros sepamos; tampoco han lanzado campañas de relaciones públicas para generar dudas en la opinión pública acerca de si son un factor positivo o negativo para el país."

Era cierto. Pero también era cierto que la administración Clinton —como sus predecesoras— era reacia a hablar públicamente sobre los cárteles de la cocaína mexicanos, o sobre la corrupción generada por el dinero de la droga en los servicios armados mexicanos. El gobierno norteamericano temía que cualquier revelación desagradable sobre México diera armas al senador ultraderechista Jesse Helms y a otros republicanos conservadores para criticar el paquete de rescate de 20 mil millones de dólares que Clinton había dado a México, y que amenazaba con perjudicarlo en su campaña presidencial de 1996. Desde una perspectiva más histórica, también había una cultura innata en el gobierno norteamericano de actuar con precaución —los críticos dirían negación— con respecto a las críticas a México.

Funcionarios estadounidenses sostenían que el viraje espectacular del gobierno de México en los últimos años —en que el país había dejado de considerar a los Estados Unidos como un enemigo para verlo como una oportunidad económica —era demasiado reciente como para arriesgar nuevas tensiones. El matrimonio entre ambas naciones se acababa de consumar con la aprobación del TLC a fines de 1993, y era demasiado pronto como para correr el riesgo de una reacción nacionalista en México provocada por denuncias provenientes de Estados Unidos.

314

"Tratamos a México como a un intocable", se quejó el segundo sub-secretario de Estado de Estados Unidos, Crescencio "Chris" Arcos, alzando las manos en señal de impotencia. "Ninguna administración estadounidense quiere escuchar malas noticias de México, porque de hacerlo se vería forzada por razones de política doméstica a tener que hacer algo para solucionarlas. Y si tuviera que actuar, correría el riesgo de poner en peligro los acuerdos bilaterales logrados en la última década, como el TLC."

Había ejemplos de sobra de la renuencia de la administración a hacer denuncias públicas que involucraran a México. Durante las negociaciones del TLC en 1993, la administración había escondido del público norteamericano sus serias preocupaciones sobre el alto nivel de corrupción por el narcotráfico en México, aun cuando privadamente advertía al gobierno mexicano que varios funcionarios, incluido un fiscal llamado Mario Ruiz Massieu, eran sospechosos de tener vínculos con los cárteles de la droga. Asimismo, en 1994, funcionarios del Tesoro norteamericano habían ocultado al público sus temores de un derrumbe financiero en México, aplaudiendo en público el desempeño económico de México mientras escribían comunicados internos advirtiendo sobre la urgente necesidad de una devaluación.

Las diferentes posiciones sobre la política de Estados Unidos hacia México se hicieron evidentes cuando la administración Clinton discutía si conceder o no los 20 mil millones de dólares de rescate a México, después de la devaluación de 1994. El Consejo de Asesores Económicos de Clinton y otros altos funcionarios de la Casa Blanca que no estaban muy familiarizados con la historia mexicana argumentaron que se exigiera que México privatizara PEMEX, el monopolio del petróleo, y moderara sus vínculos con Cuba a cambio del paquete de salvación económica. ¿Por qué los contribuyentes estadounidenses debían acudir al rescate económico de México, cuando su propio gobierno podía hacerlo privatizando su industria petrolera?, se preguntaban los pragmáticos economistas del gobierno norteamericano.

Los expertos en México del Departamento de Estado y el Consejo de Seguridad Nacional respondieron que cualquier demanda de este tipo en esta primera etapa del matrimonio Estados Unidos-México deterioraría la relación. El monopolio petrolero PEMEX y Cuba eran dos símbolos que el gobierno mexicano consideraba que no podía abandonar si quería mantener una apariencia de nacionalismo en el país, aun cuando los funcionarios mexicanos coincidieran en privado que ambos eran reliquias del pasado. La privatización de PEMEX y una política mexicana más favorable a la democracia y los derechos civiles en Cuba podían darse más fácilmente y de una manera menos traumática una vez que México revitalizara su economía. En ese momento, medidas como estas podrían ser tomadas a iniciativa del gobierno mexicano en lugar de aparecer como imposiciones de los Estados Unidos, sostenían los funcionarios del Departamento de Estado.

El pronóstico de los expertos en México del Departamento de Estado era que si se ayudaba a México a salir de su actual derrumbe financiero, el país seguiría adelante con su apertura política y económica, para bien de todos. El acuerdo del TLC había cambiado radicalmente el carácter de los vínculos Estados Unidos-México, sostenían, entre otras cosas haciendo que el Congreso de Estados Unidos jugara un rol mayor en una relación que antes era conducida casi exclusivamente por los poderes ejecutivos de ambos países. Ahora que el Congreso se había constituido en parte de las relaciones bilaterales, habría un creciente número de audiencias de la Cámara sobre temas como corrupción, narcotráfico y política económica de México, y los grupos cívicos y los críticos independientes del PRI dispondrían de una plataforma sin precedentes para influir en las políticas mexicanas. México recibiría una presión interna y externa cada vez mayor para adaptarse a los códigos éticos de sus socios comerciales, argumentaban los mexicanólogos del gobierno norteamericano.

En las discusiones en la Casa Blanca sobre el plan de rescate a México en enero de 1995, prevalecieron los expertos en México: la administración Clinton no hizo ninguna referencia explícita a PEMEX ni a Cuba cuando opfreció su paquete de rescate a México. Pero el debate interno de la administración Clinton sobre la ayuda financiera reflejaba las crecientes presiones dentro del gobierno de los Estados Unidos para que se iniciaran discusiones más abiertas con México sobre temas claves que afectaban a ambos países. Los economistas pragmáticos habían perdido la batalla, pero sus argumentos estaban calando cada vez más hondo en la política norteamericana hacia México.

"Hace diez años, la máxima prioridad de los Estados Unidos respecto a México era la estabilidad", me dijo después un funcionario norteamericano que participó de esas reuniones en la Casa Blanca. "Después del derrumbe del bloque soviético, la definición se amplió para abarcar estabilidad y prosperidad, porque sólo un México próspero podía contribuir a detener el flujo de inmigrantes mexicanos a los Estados Unidos. Hoy en día, los objetivos de la política norteamericana se han ampliado aún más: queremos un México estable, próspero y democrático, que también actúe enérgicamente en el combate contra el narcotráfico."

Arcos se contaba entre los muchos funcionarios antinarcóticos norteamericanos que se sentían frustrados por lo que consideraban una doble moral de los Estados Unidos: era mucho más fácil para los funcionarios estadounidenses denunciar a los cuatro vientos el narcotráfico en Colombia que escándalos relacionados con las drogas en México. La política antinarcóticos de Estados Unidos con Colombia era de confrontación; la política con México era de persuasión. La explicación era que Colombia, a diferencia de México, no era un país vital para la seguridad nacional de Estados Unidos. Había demasiado en juego en las relaciones de Estados Unidos con su gigantesco vecino y nuevo socio comercial, y entre el gobierno norteamericano y las poderosas bases electorales en California y Texas que tenían un gran interés en mantener buenas relaciones con México.

El día que visité a Arcos en su despacho del Departamento de Estado, estaba juntando sus papeles y limpiando su escritorio: estaba renunciando después de una larga carrera diplomática para aceptar un puesto corporativo muy bien pago en Miami. En su último cargo, Arcos había defendido a menudo —las más de las veces sin éxito— una política estadounidense antidrogas más agresiva con México. Cuanto más tiempo Washington, D.C., se mantuviera callado sobre la corrupción del narcotráfico en México, más terreno ganarían los narcotraficantes en ese país, y más difícil sería para el propio México desarraigar los cárteles de la droga, sostenía.

Entonces ¿qué tenían que hacer los Estados Unidos?, le pregunté. ¿No sería contraproducente iniciar una pelea a gritos con el gobierno mexicano, considerando que muchos políticos y hacedores de opinión en México podían usar la escaramuza como excusa para poner en el tapete toda la relación bilateral?

Había varias cosas que los Estados Unidos podían hacer sin violar la soberanía nacional de México, dijo Arcos. Entre ellas, podía aumentar el nivel de contactos del gobierno estadounidense —y no sólo del Congreso— con dirigentes de la oposición, a fin de darles un perfil superior dentro de la sociedad mexicana y contribuir así a acelerar la transición del país a un sistema donde los funcionarios públicos ya no gozarían de inmunidad para sus delitos.

Tradicionalmente, los diplomáticos estadounidenses sólo celebraban reuniones discretas con dirigentes oposición y líderes cívicos independientes en México, por temor de ser acusados por el gobierno de interferir en los asuntos internos del país. Pero con el fin de la guerra fría y el TLC,

317

había cada vez menos motivos para que Estados Unidos se abstuviera de enfrentar a la elite gobernante mexicana sobre temas que afectaban a ambos países.

"Deberíamos hablar más con los críticos legítimos del sistema, de igual a igual", propuso Arcos. "Ellos, y no el gobierno de los Estados Unidos, deberían ser los responsables de desafiar al sistema en temas como la impunidad de funcionarios corruptos y el narcotráfico."

Otros expertos señalaban que Estados Unidos tenía que hablar más abiertamente sobre lo bueno y lo malo en México, en el marco de un diálogo cada vez más abierto —y sincero— entre ambos países. ¿No había contribuido el Tesoro de los Estados Unidos a la crisis económica mexicana de 1994 al callarse lo que sabía y hacer declaraciones públicas optimistas, cuando sus propios memos internos advertían sobre una caída peligrosa de las reservas internacionales de México?, preguntaban.

Había algo de cierto en que los tiempos habían cambiado desde las épocas en que cualquier declaración de México o Estados Unidos sobre su vecino era interpretada como una burda intervención en los asuntos internos. A fin de cuentas, el gobierno mexicano condenaba públicamente la Propuesta 187 de California, y denunciaba en todos los foros internacionales la política estadounidense con Cuba. La asociación del TLC había abierto las puertas a una relación más abierta entre los dos socios, muy parecida a la de los miembros de la Unión Europea. Acaso los países miembros de la comunidad europea no se atacaban constantemente por diversos temas, sin que ello afectara su desarrollo colectivo? A medida que ambos países se preparaban para entrar en el nuevo milenio, la vieja diplomacia del "no veo ni escucho" se estaba volviendo cada vez más obsoleta.

Los miembros del círculo íntimo de Zedillo, en especial los tecnócratas educados en los Estados Unidos, parecían resignados a la idea de que el narcotráfico y la corrupción oficial se convertirían en fuente de crecientes disputas entre Washington, D.C., y México —especialmente a medida en que se acercaban las elecciones norteamericanas— aun cuando caracterizaban las nuevas tensiones como síntomas de una relación más madura.

Y México tenía sus propias —y justificadas— quejas contra Estados Unidos en materia de narcotráfico, que expondría cada vez más abiertamente cuando se sintiera injustamente atacado. Los funcionarios mexicanos decían que Estados Unidos tenía que hacer mucho más para reducir el consumo de drogas en su propio territorio si quería reducir el narcotráfico. Asimismo, Estados Unidos tenía que empezar a hacer algo sobre lo cual casi nunca se hablaba en los medios informativos norteamericanos: reprimir enérgicamente a los cárteles de la droga estadounidenses.

"Ustedes no dejan de hablar de los cárteles mexicanos de la droga, pero qué pasa con los cárteles norteamericanos?", me preguntó un alto asistente de Zedillo. "¿Me vas a decir que, en un negocio de 30 mil millones de dólares anuales de trafico de drogas a Estados Unidos, todos los malos están al sur de la frontera?"

Tenía toda la razón del mundo. Virtualmente todos los grandes periódicos norteamericanos habían escrito largas investigaciones periodísticas sobre los cárteles mexicanos de la droga en los últimos tiempos, pero pocos —si es que alguno— había siquiera mencionado la posibilidad de que hubiera jefes del narcotráfico en Estados Unidos. Era un problema que debía ser airado públicamente si los dos países se proponían en serio colaborar en la guerra contra las drogas.

16

Caída y resurrección

Es inútil mantener que el progreso social ocurre por sí mismo, poco a poco... En realidad, es un salto hacia adelante que sólo tiene lugar cuando la sociedad se ha decidido a intentar un experimento. Esto significa que la sociedad tiene que haber permitido ser persuadida, o por lo menos tiene que haber permitido ser sacudida, y el sacudón siempre es dado por alguien.

— Henri-Louis Bergson, filósofo francés (1859-1941)

Cuando me encontraba concluyendo la investigación de este libro a fines de 1995, México estaba pasando por su peor crisis económica en la historia reciente. El impacto de la devaluación de diciembre de 1994 en la vida de los mexicanos había sido devastador: el producto nacional bruto se desplomó un 7% en 1995 —su mayor caída desde los años treinta— y no se proyectaba que subiera en términos reales en 1996; las tasas de interés en los últimos meses habían llegado al 100%; las ventas de coches habían caído en picada un 70%; más de diez mil comercios habían cerrado sus puertas y muchos más estaban amenazados por un círculo vicioso de ventas paralizadas y deudas impagables; más de un millón de personas habían sido despedidas, y la tasa extraoficial de desempleo había alcanzado un récord del 13%. México, para decirlo suavemente, estaba sufriendo una dramática recesión.

Uno no tenía que esforzarse mucho para darse cuenta de la gravedad de la crisis: cada día se veían más mujeres vendiendo artesanías en las banquetas y más muchachos lavando parabrisas en las calles; las estadísticas de asaltos y robos a mano armada subían por las nubes, y los letreros de "se renta" proliferaban por todas partes. En el barrio residencial de la Ciudad de México donde me alojaba entonces, se podía medir la magnitud de la crisis por el número de personas que llamaban a la puerta: un flujo aparentemente interminable de vendedores callejeros llegaba para ofrecer de todo, desde limones hasta trabajo temporario como jardineros. En el pasado, la mayoría de estos vendedores habían sido mujeres de mediana edad, muchas de ellas indígenas con sus vestimentas típicas, que vendían frutas o verduras. Ahora, muchos eran hombres jóvenes que acababan de llegar de estados como Chiapas, Hidalgo y Michoacán, víctimas de la devaluación que había obligado a rancheros y comerciantes agobiados por las deudas en las zonas rurales a despedir a buena parte de sus trabajadores.

"¿Hay algún trabajito que pueda hacer?", me preguntó un joven llamado Pedro, uno de los tantos vendedores de puerta en puerta, con las manos agarradas a los barrotes de la verja. Pedro venía de Michoacán, donde se había quedado sin trabajo, y no había podido encontrar ningún empleo en la capital. "¿No puede darme una ayudita para mi familia? ¡No sea malo! Tenemos que comer..."

"Después de todo lo malo que nos ha estado pasando, estamos empezando a pensar que dentro de México hay aún un pequeño grupo, muy pequeño, de malosos... que les gustaría que las cosas siguieran como antes", dijo el presidente Zedillo a sus compatriotas un viernes por la mañana mucho después de los asesinatos de Colosio y Ruiz Massieu. El presidente había hecho esta declaración en un momento que el país estaba nuevamente en estado de conmoción, esta vez por el asesinato de un prominente juez de la Ciudad de México y el enigmático suicidio de dos tiros al corazón del funcionario de la Ciudad de México que supervisaba las finanzas de la empresa de autobuses Ruta 100.

¿Había, en efecto, una conspiración de "malosos" detrás de todos los males que había sufrido México desde el levantamiento zapatista del primero de 1994? A medida que pasaban los meses, el presidente mexicano había empezado a hablar de un plan de "desestabilización", supuestamente concebido por un pequeño grupo de criminales cuya verdadera identidad Zedillo admitía seguía siendo un misterio hasta para él.

Los mexicanos reaccionaron con característico escepticismo a sus palabras, y tenían razón. Para entonces, después de la historia de los dos Aburtos y de docenas de comunicados contradictorios del gobierno sobre los asesinatos políticos que habían conmovido al país, importaba poco lo que podían decir los funcionarios sobre quienes eran los malosos: el gobierno había señalado —y después descartado— a tantos sospechosos, que sus nuevas revelaciones ya no serían tomadas muy en serio por muchos. La elite gobernante mexicana enfrentaba una crisis de credibilidad que era aún mayor que su tradicional crisis de legitimidad.

Una futura decisión de encausar a Salinas, como gran parte de la prensa independiente lo estaba exigiendo, podía calmar a los críticos mexicanos por un tiempo, pero —dentro del pandemonio de acusaciones provenientes de todos lados y ante la ausencia de instituciones cuyos dictámenes gozaran de credibilidad— no lograría explicar los males recientes del país, ni tampoco alcanzaría para superar la crisis. Uno o dos titulares dramáticos no serían suficientes para hacer cicatrizar las heridas aún sangrantes del país.

El sistema político mexicano no estaba enfrentando una clásica revolución popular, sino un gradual desmoronamiento interno. Los asesinatos políticos que habían sacudido al país a mediados de los noventa no venían de abajo ni de los márgenes, sino del centro mismo del sistema. Los vínculos económicos y las relaciones de complicidad que habían mantenido unidas a las tribus políticas del PRI durante mucho tiempo se estaban resquebrajando. El partido ya no tenía a un presidente fuerte —temido y reverenciado por todos— para resolver sus disputas internas, ni una ideología "revolucionaria" que lo mantuviera unido, ni los recursos económicos para dirimir sus peleas internas mediante el desembolso de toneladas de dinero. La ola de privatizaciones había reducido significativamente el margen de maniobra económico de la elite gobernante, y esto constituía un fenómeno dramático en un país donde, como lo había observado el escritor Alan Riding en su libro de 1984 *Vecinos Distantes*, la corrupción era el aceite que hacía girar la maquinaria del gobierno y el pegamento que mantenía unidas a las alianzas políticas. Ahora, cada camarilla del PRI estaba luchando por su propia supervivencia, compitiendo por trozos de un pastel económico cada vez más pequeño.

Lo más probable es que no había un sólo grupo de malosos detrás de los asesinatos de Posadas, Colosio, Ruiz Massieu y los que vinieron después de ellos, sino muchos. Los cientos de bandas criminales dentro de las 2.400 agencias de la ley, los diversos caciques regionales del PRI, los dirigentes de las camarillas del partido gobernante que habían sido marginados del poder en los últimos años, los ex funcionarios del gobierno de

Salinas que querían extender su influencia política más allá de su sexenio, todos tenían motivos para hacer una demostración de fuerza en un intento por sobrevivir en un sistema de alianzas políticas que se estaba deshaciendo. Esto no era México en los años 1910; era Chicago en los 1930.

La decadencia de la elite gobernante de México —ejemplificada en las brutales luchas internas que salieron a relucir tras el arresto de Raúl Salinas— no era sólo un subproducto de la apertura económica. El lento ocaso de la "familia revolucionaria" había empezado mucho antes, y era el resultado de lo que el politólogo Lorenzo Meyer describía como algo parecido al deterioro biológico. Así como experimentos científicos con ratones demostraban que los cruces entre miembros de un misma especie durante varias generaciones producían monstruos, la elite gobernante de México sufría de un fenómeno similar de degeneración progresiva. Las primeras generaciones de políticos escogidos a dedo por los presidentes mexicanos después de la Revolución —en base a sus vínculos de familia o razones de negocios— habían presentado defectos menores, que se habían acentuado a lo largo de los años. Después de varias décadas de funcionarios salidos de un círculo relativamente pequeño de familias políticas, cada vez más miembros de la clase política gobernante presentaba serias deformidades psicológicas, que había convertido a algunos de ellos en criminales.

Aunque la teoría parecía un chiste, los acontecimientos de los últimos años demostraban que tenía algo de cierto. Gran parte de la violencia en los niveles más altos del poder no era fruto de una confrontación ideológica sobre el futuro económico o político del país, sino de disputas sobre temas tan terrenales como quién se quedaba con una planta de procesamiento de maíz en Guerrero, o quien decidía sobre las vacaciones europeas de la hija de 15 años de "Pepe" Ruiz Massieu y Adriana Salinas. Como en las antiguas monarquías, la clase gobernante estaba consumiendo sus energías en luchas palaciegas en medio de una atmósfera general de decadencia progresiva.

El fuego cruzado dentro de la clase política de México no era el resultado de una lucha entre dinosaurios y reformadores políticos, como con tanta frecuencia se presentaba en la prensa. La ideología era sólo uno de varios factores del conflicto, y probablemente uno de los menos importantes. Para entender la crisis de México había que tener siempre presente el carácter tribal de la clase política, y la naturaleza personal de muchos de sus conflictos, como quién había roto qué pacto con quién, sobre qué asunto, y quién saldría más perjudicado. Los vínculos que unían a la elite gobernante de México estaban basados en buena medida en la ayuda mutua y el chantaje recíproco. Y los miembros de la elite política tenían una historia tan larga de resentimientos mutuos sobre promociones, destituciones y decisiones sobre quién se quedaba con qué negocio —tensiones que a veces se remontaban a varias generaciones— que solían odiarse más entre ellos que a sus adversarios políticos.

El debilitamiento del poder del presidente mexicano en los turbulentos meses que siguieron a los asesinatos de Colosio y Ruiz Massieu había hecho más difícil la resolución pacífica de los conflictos internos del PRI. En el pasado, las disputas entre las diversas tribus del partido se habían resuelto rápidamente mediante la intervención del presidente, que las solucionaba de acuerdo con su voluntad y evitaba que cualquier rumor de conflicto interno se hiciera público. Según las antiguas reglas del juego, la decisión del presidente era sagrada: había un entendimiento generalizado dentro de la clase gobernante que la palabra presidencial sería aceptada por ganadores y perdedores.

Pero los tiempos habían cambiado: la creencia —por muy infundada que fuera— de que Salinas había maquinado los asesinatos de Colosio y Ruiz Massieu, o que por lo menos había encubierto la participación de su hermano Raúl en uno de ellos, había dejado a los líderes de los centenares de tribus priístas con inquietantes sospechas sobre su jefe máximo. Si el presidente o sus ayudantes habían recurrido a la violencia para deshacerse de adversarios internos, ¿cómo podían saber si ellos no serían sus próximos blancos?, se preguntaban.

Como señaló el politólogo Castañeda en el momento de máximas sospechas públicas de que Carlos Salinas podría haber ordenado los asesinatos de Colosio y Ruiz Massieu, "más que ser una fuente de estabilidad, continuidad y paz, la presidencia mexicana se ha convertido en una institución de inestabilidad, discontinuidad y violencia".

Complicando la situación, Zedillo había declarado poco antes de su toma de posesión que él dejaría de ser el dirigente máximo del PRI, y se convertiría en un "miembro pasivo" del partido. Y aunque la promesa de Zedillo era en buena medida retórica, la posibilidad de un vacío de poder en la cúpula del partido hacía que los jefes del PRI sintieran que cada uno estaba por las suyas, y debía luchar por su cuota de poder.

Octavio Paz, que en sus ochenta años había visto gran parte de la historia contemporánea de México, se contaba entre los muchos que temían que las luchas internas del PRI, aunadas a una escalada de huelgas, protestas callejeras y tal vez hasta ataques guerrilleros, podían desembocar en un futuro caótico.

El debilitamiento de la presidencia planteaba la amenaza de que México no fuera capaz de controlar las diversas fuerzas que estaban socavando la ley y el orden desde adentro y afuera del poder, señaló. Sentado en el sofá de la biblioteca de su departamento, Paz veía algunas analogías entre lo que estaba pasando ahora y la situación en el país en 1911, después del colapso de la dictadura de Porfirio Díaz y la toma de poder del presidente Francisco I. Madero. El país había estado dividido en docenas de facciones, ninguna de las cuales había sido lo bastante fuerte como para prevalecer sobre las otras. Lo que siguió fue un conflicto armado que duró más de una década. Si se permitía una situación similar en el México actual, existía el peligro de que viniera un período de inestabilidad, quizá seguido por una dictadura, dijo Paz. Como muchos moderados de todos los rincones del espectro político, Paz creía que sólo un acuerdo político entre las diversas facciones podía hacer que el país volviera a su carril.

"Estamos presenciando el fin del sistema del PRI, y esto puede abrir la historia de México hacia un régimen de varios partidos", dijo el laureado escritor. "Pero si no tenemos eso, si las diferentes fuerzas no logran ponerse de acuerdo entre ellas para hacer un tránsito pacífico hacia otra situación política, vamos a tener agitaciones, probablemente violencia en las ciudades y el campo, luchas intestinas, y finalmente un período de un régimen de fuerza, una dictadura o algo semejante."

"A la larga, el México aperturista, moderno, democrático, prevalecerá", concluyó Paz. "Pero será un camino muy penoso, muy difícil."

¿Cómo podía encontrar México una nueva —y más democrática— fuente de estabilidad? Por lo que pude concluir tras presenciar de cerca los dramáticos acontecimientos de mediados de los años noventa, la respuesta era: reconociendo que el problema del país era escencialmente político, y actuando en consecuencia. Los incidentes que habían desencadenado la última crisis económica —Chiapas, el asesinato de Colosio y el crimen de Ruiz Massieu— eran de carácter político, y no desaparecerían simplemente con correcciones económicas. El país no saldría de sus periódicas tragedias económicas a no ser que terminara su conversión en una democracia funcional, entre otras cosas llegando a un acuerdo con los partidos de oposición para hacer reformas de fondo en las leyes electorales, en los medios de comunicación, en los sindicatos, en la educación, y en la lucha contra la corrupción.

Era muy poco probable que el PRI, que ya había realizado cientos de reformas cosméticas a lo largo de los años, hiciera estas reformas trascendentales por su propia voluntad. En momentos de escribir estas líneas, Zedillo aún dependía mucho del PRI, y aseguraba que las reformas internas del partido convertirían a México en una democracia plena. Pero hasta algunos de sus propios colaboradores dudaban de que el partido renunciara voluntariamente a los privilegios que ayudaban a mantenerse en el poder.

"En las circunstancias actuales ya no creo que el PRI sea refundable", me dijo su oficina, bajo el retrato oficial del presidente Zedillo, Genaro Borrego, el ex presidente del PRI que ahora era director del Instituto Mexicano de la Seguridad Social (IMSS), con 230.000 trabajadores a su cargo. "El PRI tradicional cumplió su ciclo. Ahora tiene que surgir una nueva opción que ante nuevas condiciones sostenga los principios originales del partido".

En las oficinas del gobierno se escuchaban cada vez más comentarios como este, declaraciones que hubieran sido impensables dos años antes. En este caso, el escepticismo provenía del mismo funcionario que, como presidente del PRI, había organizado el banquete para recaudar fondos de los multimillonarios para las elecciones presidenciales de 1994. Como otros funcionarios, Borrego había llegado a la conclusión de que México necesitaba cambios espectaculares para encontrar una nueva fuente de equilibrio político. "Para que cambie el PRI, tendría que encontrarse en una posición de derrota", decía. "Es muy difícil cambiar un PRI triunfador, porque muchos priístas tradicionales dicen: "Para qué vamos a cambiar, si acabamos de ganar las elecciones con 17 millones de votos?". La mayoría de los analistas independientes coincidían en que lo mejor que podía sucederle a México sería que Zedillo rompiera con el pasado, renunciara al partido, nombrara a más políticos de oposición en su gabinete, y creara un gobierno de coalición para que todos los partidos políticos acordaran un programa para la transición a una democracia plena. Haciendo esto, Zedillo tendría asegurado su lugar en la historia como el fundador de un México plenamente democrático.

El gobierno mexicano, tal como estaban empezando a descubrirlo cada vez más funcionarios, necesitaba hacerse a la idea de que la diversidad política, económica y geográfica no eran una amenaza, sino una fuente de creatividad y progreso. Durante demasiado tiempo, el gobierno había utilizado el concepto de la soberanía nacional como una excusa para aplastar la soberanía individual de los mexicanos. La elite gobernante había mirado con desconfianza por mucho tiempo la democracia plena y el pluralismo político como ideas peligrosas que podían dividir y debilitar aún más al país. Lejos de ello, la diversidad política y económica era la clave para el futuro de México.

Así como la diversidad política exigía que Zedillo aceptara las propuestas de la oposición de reformas políticas de fondo, la diversidad económica y geográfica exigía que reconociera que lo que era bueno para el México del norte no era necesariamente lo mejor para el México del sur. Sin regresar al populismo calamitoso de los setenta ni dar marcha atrás en su apertura al mundo, México necesitaba permitir bolsones de paternalismo económico para sus zonas más atrasadas del sur, por lo menos hasta que éstas estuvieran preparadas para competir en la economía global. Las ideas absolutas y las políticas rígidas ya no tenían sentido en el nuevo entorno mundial.

Había numerosas razones para ser optimista sobre el futuro de México. A pesar de que no había indicios al momento de escribirse estas páginas de que el gobierno estuviera dispuesto a implementar reformas democráticas radicales, el país se dirigía a tropezones hacia una democracia moderna.

Había un aspecto positivo en la explosión de acusaciones dentro de la elite gobernante, y entre los diversos partidos políticos. El estado de confusión y agitación constante en que se encontraba el país no era un síntoma del fin de un sistema político que podría haber dado a México muchos más años de estabilidad, sino que señalaba el ocaso de un orden corrupto cuyos cimientos se habían empezado a agrietar hacía mucho tiempo.

Era muy probable que un esfuerzo por apuntalar el viejo sistema o retardar la creación de uno nuevo sólo empeoraría las tensiones internas del país, y provocaría una violencia aún mayor en el futuro. En ese sentido, la crisis de mediados de los noventa era tanto un síntoma del colapso del viejo orden como un anticipo del inminente nacimiento de otro nuevo, y mejor.

Había un progreso innegable en varios frentes, pequeños destellos de una renovación político-moral que estaba convirtiendo al país, aunque con frecuencia de una manera errática, en una sociedad más dinámica. México era un país significativamente más abierto que el que yo había visitado en los setenta y ochenta. En el pasado, entrevistar a funcionarios del gobierno era como hablar con *aparatchiks* del bloque soviético: era sumamente amables, sonreían todo el tiempo, y no hacían más que repetir la línea del partido. Ahora, en México, todos decían todo —tal vez porque nadie sabía cuál era la línea del partido— y aunque algunos eran eximios practicantes del arte de la desinformación, otros hacían un esfuerzo sincero por abrir lo que había sido una sociedad cerrada y llena de tabúes.

Zedillo había iniciado incluso la práctica de dar conferencias de prensa mensuales, en agudo contraste con los presidentes anteriores, que hacían sus declaraciones a través de entrevistas individuales con sus reporteros favoritos. Publicaciones como *Reforma*, *Proceso* y *La Jornada* estaban empujando poco a poco al resto de la prensa a informar de una manera más independiente.

La creciente presión social a favor de una mayor imparcialidad en los medios de comunicación electrónicos y la creación de la nueva cadena Televisión Azteca —que entre otras cosas había empezado a transmitir a los mexicanos el programa *NBC Nightly News* de Tom Brokaw— estaban empezando a presionar a la Televisa de Azcárraga para que abriera sus programas de noticias a puntos de vista no gubernamentales. Cada vez más programas de noticias norteamericanos, muchos de ellos en español, estaban llegando a un público pequeño pero influyente a través de televisión de cable, haciendo cada vez más difícil al gobierno ignorar o suprimir noticias importantes.

La cultura del engaño distaba de haber sido desterrada de la clase política mexicana, pero ya no era tan tolerada por los medios de comunicación, como lo había demostrado el escándalo de los títulos académicos de los ministros de Zedillo. Salvo un giro inesperado de los acontecimientos, el gobierno mexicano parecía no tener más remedio que aceptar un flujo cada vez mayor de la información. El TLC había puesto al Congreso estadounidense en la ecuación de las relaciones mexicano-norteamericanas, abriendo un nuevo foro de último recurso a los mexicanos de oposición si su gobierno les cerraba todas las puertas en su país, y si Casa Blanca decidía —como solía hacerlo— no hacer olas con México.

En el frente político, el gobierno había sido forzado a permitir que observadores nacionales con ayuda externa y "visitantes internacionales" supervisaran las elecciones de 1994, abandonando sus excusas previas de que semejantes observaciones electorales violaban la soberanía nacional. Grupos ciudadanos como Alianza Cívica, la coalición de organizaciones que había monitoreado las elecciones de 1994, afloraban por todas partes, se estaban convirtiendo en importantes observadores independientes de las prácticas del gobierno, y sus opiniones tenían cada vez más peso interno e internacional. El candidato del partido gobernante había sentado otro precedente importante al participar del primer debate televisado a nivel nacional, permitiendo a millones de mexicanos ver por primera vez cómo un candidato del PRI podía ser vapuleado por sus rivales en vivo y en directo.

Miembros de los partidos de oposición estaban ocupando puestos cada vez más importantes a nivel nacional, como el cargo de procurador general, y gobernaban casi media docena de estados y más de diez ciudades importantes. Gobernando estados clave como Jalisco y Baja California, el PAN estaba derribando los mitos propagados por el partido gobernante de que sólo sus miembros tenían suficiente experiencia para ocupar puestos públicos de impotancia.

Dirigentes moderados de la oposición como los panistas Carlos Castillo Peraza y Vicente Fox, el líder del PRD Porfirio Muñoz Ledo y el ex secretario de Relaciones Exteriores Camacho, que abandonó el partido gobernante a fines de 1995, estaban ayudando a desvirtuar la leyenda de que una victoria de la oposición lanzaría al país al caos. Tanto el PAN como la oposición de centro-izquierda esperaban importantes avances en las elecciones para diputados en 1997, y confiaban en que un eventual cambio en la relación de fuerzas en la Cámara de Diputados convirtiera a esta última en un verdadero poder legislativo autónomo. Un nuevo México se estaba abriendo camino a la modernidad, centímetro a centímetro.

Y había algunas razones para confiar en que Zedillo se decidiría a romper con el pasado, y a convertir a su país a una democracia moderna. Zedillo había hecho una advertencia sin precedentes a la elite gobernante al poner en la cárcel al hermano de un ex presidente; había nombrado procurador general a un político de oposición, y había iniciado su período presidencial ofreciendo un acuerdo político a los partidos de oposición para redactar un código electoral nuevo y más ecuánime.

A fines de 1995, Zedillo había dado otro paso potencialmente importante al proponer la creación de una Contraloría General dirigida por la Cámara de Diputados para supervisar las cuentas y los gastos del gobierno. En un país en que nadie salvo el presidente solía supervisar el gasto público y en el que gran parte del poder de la elite gobernante procedía de su capacidad de gastar a su antojo, el nuevo plan allanaba el camino para un auténtico sistema de frenos y controles si la oposición obtenía un número importante de escaños en el Congreso.

Zedillo tenía algunas cartas valiosas que jugar: era un presidente accidental con una imagen de honestidad que había ganado las elecciones menos objetables en la historia de México, y por un amplio margen. Era un hombre inteligente, y un administrador pragmático. Estos eran atributos políticos nada desdeñables que le daban una reserva de credibilidad que podía ayudarle, si así lo decidía, a sacar al país de su atolladero.

El peligro era que el probablemente inevitable paquete de rescate de 50 mil millones de dólares y el subsiguiente optimismo de la administración Clinton sobre la recuperación económica de México le dieran a Zedillo un falso sentido de seguridad y que, una vez más, México postergara las urgentes reformas políticas que necesitaba para encontrar una fuente de estabilidad más sólida.

Esto había sucedido en cada ocasión después de las crisis económicas de México en 1954, 1976, 1982 y 1987, y podía pasar nuevamente. Una continuación del viejo sistema, por muy disfrazada que fuera, estaba destinada al fracaso: la economía mexicana dependía en gran medida de inversionistas extranjeros y nacionales, que exigían el tipo de estabilidad que el vetusto sistema político mexicano ya no estaba en condiciones de garantizar.

Para continuar su apertura comercial y hacer crecer su economía, México necesitaba un sistema que pudiera canalizar las tensiones sociales —incluidas las batallas dentro de la elite gobernante— de una manera constructiva. Sin renovar el sistema, el país seguiría en el círculo vicioso que periódicamente lo conducía a sus crisis económicas: un sistema en el que un gobierno sin contrapesos despilfarraba dinero a su antojo, pagaba sus excesos con inversiones externas, se iba a la quiebra periódicamente, y después imponía medidas de austeridad draconianas a los pobres para pagar sus deudas internacionales.

Cuando este libro iba a entrar en prensa, había indicios de que protagonistas claves del drama mexicano de los noventa no habían aprendido las lecciones del pasado, y de que, una vez más, postergarían las reformas políticas de fondo a la espera de tiempos mejores. Ni siquiera había pasado un año desde que la administración Clinton había rescatado a la economía mexicana y el gobierno de Zedillo ya estaba emitiendo inquietantes señales de triunfalismo, a pesar de que poco se había hecho para curar las enfermedades crónicas del país.

"Tras siete meses de disciplina y arduo esfuerzo, los indicadores más importantes de las finanzas nacionales muestran ya una mejoría", decía Zedillo, pronosticando mejores tiempos para 1996. "En los mercados cambiarios, en las tasas de interés, en el índice de inflación, vemos ya algunos indicios claros de que pronto superaremos esta crisis." Lo que era más, Zedillo afirmaba que no era el momento de "actos de audacia" o "golpes de timón". Como sus predecesores, Zedillo se basaba en una serie de cuidadosamente escogidos indicadores macroeconómicos para proyectar un futuro prometedor. ¿No era una película repetida, que el pueblo mexicano había visto hacía poco tiempo?, se preguntaban los escépticos.

Ni siquiera habían pasado dos años desde el levantamiento zapatista, y altos funcionarios mexicanos rechazaban con vehemencia informes de prensa de que había media docena de grupos guerrilleros entrenándose en el estado de Guerrero, como en su oportunidad lo habían al negar la existencia de rebeldes en Chiapas. Después de violentos choques en junio de 1995 entre militantes de izquierda y militares que habían dejado un saldo de 34 campesinos muertos, el gobernador de Guerrero, Rubén Figueroa, declaró: "En Guerrero no pasa nada".

Funcionarios de la administración Clinton, ansiosos de evitar que México se convirtiera en un tema de campaña para los populistas antiTLC o los republicanos antiinmigración, seguían tratando a la elite gobernante de México como si esta fuera la mayor garantía de estabilidad del país. "Hoy, las señales de éxito son sustanciales" dijo el secretario del Tesoro Rubin al Congreso norteamericano a mediados de 1995. Los funcionarios estadounidenses hacían lo que podían por vender la idea de que México se estaba recuperando antes de lo esperado, y que el país tenía muchas cosas a su favor: incluido un presidente joven, educado en Yale, y que estaba verdaderamente comprometido con las reformas del libre mercado. Eran virtualmente las mismas palabras que se habían pronunciado seis años antes respecto a Salinas, y que habían lanzado a este al estrellato internacional.

Cobrando un nuevo empuje gracias al paquete de rescate de Estados Unidos, el mercado de valores mexicano había dado un viraje espectacular: apenas ocho meses después de la devaluación de diciembre de 1994, su índice en pesos había vuelto a sus niveles previos a la crisis. Es más, inversionistas que habían adquirido valores mexicanos dos meses después del colapso cambiario de diciembre de 1994 habían hecho su agosto: el índice del mercado mexicano de valores había subido más del 50% en el transcurso de los seis meses siguientes.

"La economía mexicana ha doblado la esquina", proclamó el presidente Clinton, mientras le ofrecía una suntuosa bienvenida a Zedillo en Washington, D.C., en septiembre de 1995. "El éxito de México es un tributo, en primer lugar, al liderazgo del presidente Zedillo, a su valor, y al resuelto compromiso de su gobierno de llevar a cabo severas reformas económicas."

¿Estaba la Casa Blanca ayudando a construir un nuevo castillo de naipes sobre un frágil terreno político? ¿Estábamos entrando en un nuevo ciclo de encantamiento de Wall Street con México, grandes ganancias, elogio desmedido por parte de Washington, D.C., y los medios de comunicación norteamericanos al gobierno mexicano, y sorpresivo derrumbe financiero (seguido, como era ya costumbre, de gigantescos paquetes de rescate de los Estados Unidos)? Tal vez los recientes pasos de México hacia una mayor apertura ayudarían a impedir una repetición del ciclo, pero el hecho de que hubiera sucedido tantas veces en el pasado reciente —y de que quedaran tantas reformas de fondo sin llevarse a cabo— hacían difícil descartar esa posibilidad.

Al terminarse este libro, Morgan Stanley & Company tomaba la delantera en Wall Street, haciendo a un lado las sombrías predicciones posteriores a la devaluación de 1994 y aumentando su cartera de valores mexicana de una posición "neutral" del 24% de su inversión en los mercados emergentes a una recomendación de compra del 26% del total. "México tiene las mejores posibilidades a cercano plazo de cualquiera de los principales mercados latinoamericanos", anunció Morgan Stanley, dando por finalizada la crisis. Otros fondos de inversión importantes de Nueva York, que no se querían quedar atrás, inmediatamente siguieron sus pasos.

Muy pronto, el rebaño estaba nuevamente en marcha. Había una atmósfera jubilosa en Wall Street, como en aquel martes negro, cuatro días antes de la Navidad de 1994, del que ya pocos se acordaban.

Fuentes

Capítulo 1

Escena del 20 de diciembre en Salomon Brothers, reacción de John Purcell a la devaluación mexicana, de entrevista telefónica del autor con Purcell, 26 de mayo, 1995, y entrevistas con otros tres ejecutivos de Wall Street. Antecedentes de la división de mercados emergentes de Salomon, de "On the Campaign Trail with a Mexico Analyst", de Jonathan Kandell, *Institutional Investor*, octubre, 1994.

Nombramiento de Salinas como Hombre del Año por la revista *Time*, sección "Man of the Year", "The World's Other Newsmaker", *Time*, 4 de enero, 1993, p. 44.

Cifras de la inflación mexicana, baja del 160% anual a niveles de un solo dígito, de "Balance de la transformación económica durante la administración del presidente Carlos Salinas de Gortari", por el secretario de Hacienda Pedro Aspe, 12 de julio, 1994.

Clasificación de la revista *Forbes* de las personas más ricas del mundo, "You can't any longer think of Mexico as the Third World", de "Meet the World's Newest Billionaires", *Forbes*, 5 de julio, 1993, p. 76.

Cita del presidente Clinton, "Enorme admiración por el presidente Salinas...", de conferencia de prensa de Clinton en la Casa Blanca, 23 de marzo, 1993.

Cita de Clinton, "Uno de los principales reformadores económicos....", de palabras de Clinton ante la Comisión Binacional Estados Unidos-México, 21 de junio, 1993.

Cifra de 11 millones de dólares al año en relaciones publicas, de *La Jornada*, 29 de noviembre, 1994.

Privatizacion de 252 empresas, ingresos de 23 mil millones de dolares, etc., del "Libro blanco" de las privatizaciones de la Secretaría de Hacienda de México, reproducido en *Reforma*, 13 de julio, 1994, p. 26.

Transición de México de país con una dependencia petrolera del 78% a principios de los ochenta a uno que dependía de bienes manufacturados para el 81% de su ingreso externo en 1993, de "Balance de la transformación económica durante la administración del presidente Carlos Salinas de Gortari".

Relato y detalles de la fiesta de fin de año de Salinas, de entrevistas separadas del autor con tres gobernadores que asistieron a la fiesta, incluido el gobernador de Nuevo León Sócrates Rizzo; y entrevistas del autor con un invitado particular a la fiesta, y un ayudante presidencial.

Capítulo 2

Relato de la ceremonia de transferencia del bastón de mando en la selva de Chiapas, himno zapatista, ritual indígena, de *La Jornada*, crónica de Hermann Bellinghausen, 19 de noviembre, 1994, pp. 1 y 20.

Relato de la toma zapatista de San Cristóbal de las Casas, de entrevistas del autor con el subcomandante Marcos, en la selva de Chiapas, 23 de julio, 1994; comandante del cuartel militar de Rancho Nuevo, general José Rubén Rivas Peña, San Cristóbal de las Casas, 19 de julio, 1994; antropólogo de San Cristóbal de las Casas, Arturo Lomelí, uno de los primeros en ser testigo de la rebelión zapatista en las primeras horas del primero de enero, 1994, que lo grabó en su cámara de vídeo casera; así como informes de prensa mexicanos y estadounidenses.

Cita del comandante Felipe, "Hemos venido a San Cristóbal de las Casas a hacer una revolución...." y su saludo de las siete de la mañana "Viva la Revolución mexicana", etc., del vídeo casero grabado por Lomelí, y mostrado por este último al autor.

Papel original del comandante Felipe como portavoz zapatista y su primera conferencia de prensa, del diario *La República*, de Chiapas, 2 de enero de 1994, y entrevista del autor con el subcomandante Marcos, el 23 de julio de 1994. Los reporteros de *La República* fueron de los primeros en llegar a la plaza pública de San Cristóbal poco después del levantamiento.

Cita de Marcos, "Una, la (necesidad) prioritaria, es que tenemos que cuidar mucho el protagonismo", de "No nos dejaron otro camino", sección especial Perfil de *La Jornada, La Jornada,* 19 de enero, 1994, p. 2.

Cita de Marcos, "Siempre los que estamos más guapos tenemos que protegernos", de "No nos dejaron otro camino", p. 2.

Anécdota sobre el miedo de los turistas, su intercambio de palabras con el subcomandante Marcos y citas de Marcos que empiezan "Fue un accidente: ni siquiera...." de entrevista del autor con Marcos, selva de Chiapas, 23 de julio, 1994.

Anterior apoyo de Salinas a políticas estatistas, crítica de Pazos, de *El Prinosaurio: La bestia política mexicana,* de Manú Dornbierer, Editorial Grijalbo, Ciudad de México, 1994, pp. 58-59, citando historias de Salinas en *Excelsior,* 23-26 de septiembre, 1981. La veracidad del texto fue confirmada al autor por Pazos.

Los zapatistas mejor armados de lo que se informó originalmente, de entrevistas del autor con Marcos, selva de Chiapas, 23 de julio, 1994; Rivas Peña, San Cristóbal de las Casas, 19 de julio, 1994; y grabación en vídeo de Lomelí.

Enojo del comandante en jefe Germán por el protagonismo de Marcos, visita a la casa de la subcomandante Elisa, antecedentes de Elisa, fisuras dentro de la organización guerrillera, de testimonios firmados por Salvador Morales Garibay (subcomandante Daniel), 8 de febrero, 1995, y la confesión de María Gloria Benavides Guevara (subcomandante Elisa), 9 de febrero, 1995. Benavides después dijo que su confesión había sido firmada bajo tortura, pero fuentes cercanas al liderazgo zapatista confirmaron parte de su testimonio en una entrevista con el autor en la Ciudad de México.

Cita del hermano de Salazar, "Estaba afuera y le toco una bala", *La Jornada,* 3 de enero, 1994, citado en "Chiapas: La línea de fuego", de Carlos Tello Díaz, *Nexos,* enero 1995, p. 46.

Cita de Robert Felder, "Al principio pensé que era un chiste", de entrevista con el autor, Washington, D.C., 8 de junio, 1994.

Declaración de Salinas de que el levantamiento fue resultado de "un fracaso total de los sistemas de inteligencia del Estado", de entrevista del autor con Salinas, Cartagena, Colombia, 15 de junio, 1994.

Relato de la batalla de Monte Corralchén, de *La rebelión de las Cañadas,* de Carlos Tello Díaz, Editorial Cal y Arena, Ciudad de México, 1995, pp. 168-169.

Declaración del ejército afirmando que el combate en Monte Corralchén había sido "contra un grupo de individuos, cuyo número no ha sido determinado...", de *Proceso,* 7 de junio, 1993, citado en *La rebelión de las Cañadas.*

Cita de Patrocinio González, "Definitivamente, no hay guerrilla en Chiapas", y "Hay invasiones de tierras...." de entrevista del autor con González, Ciudad de México, 25 de junio, 1993.

Cita de Marcos, "El ejército hizo lo que hacen los ejércitos...," de entrevista del autor con el subcomandante Marcos, selva de Chiapas, 23 de julio, 1994.

Cita de Luis Donaldo Colosio, "Mirando hacia atrás....", de entrevista del autor con Colosio, Mazatlán, Sinaloa, 22 de marzo, 1994.

Capítulo 3

Venta de Aviacsa por 5 millones de dólares por parte de Patrocinio González, *Proceso*, 14 de febrero, 1994, p. 29.

Asesinatos de travestis en Chiapas, cita de Patrocinio González sobre el escándalo causado por grupos gays "que en los ultimos meses no han podido...", de *El Día*, 12 de agosto, 1992, por César Espinosa, citado en *La muerte viste de rosa: El asesinato de los travestis en Chiapas*, de Víctor Ronquillo, Ediciones Roca, Ciudad de México, 1994, p. 18.

Jefe de policía de Chiapas calificando los asesinatos de travestis como "crímenes pasionales" de *La muerte viste color de rosa: El asesinato de los travestis de Chiapas*, p. 18.

Sección sobre la rebelión en el gabinete de Salinas, citas de Manuel Camacho que empiezan, "Mi acuerdo es muy simple..." de *Yo Manuel: Memorias - ¿apócrifas? de un comisionado*, Rayuela Editores, México, 1995, pp. 91-92. La historia fue confirmada al autor en una entrevista con un alto asesor de Camacho, Ciudad de México, 30 de enero, 1995.

Memorando confidencial de Ernesto Zedillo a Colosio del 19 de marzo, 1994, del texto completo del memo, tal como se publicó en *Reforma*, 3 de octubre, 1995. La autenticidad de la carta fue confirmada más tarde por Zedillo.

Cita de *60 Minutes* de CBS, "Lo que Robin Hood fue para el pueblo....", de *60 Minutes*, CBS News, 21 de agosto, 1994. Transcripción de Burrelle's Information Services.

Programa de las Fuerzas de Liberación Nacional, planes para "formar un partido político único basado en los principios del marxismo leninismo" de "Estatutos de las Fuerzas de Liberación Nacional", artículo seis, 1980. El documento fue dado a conocer por el gobierno, y su autenticidad no fue desmentida por fuentes cercanas a la dirigencia zapatista en entrevistas con el autor.

Los principales enemigos de las FLN eran "el imperialismo, sobre todo el norteamericano, sus socios locales, la burguesía mexicana", de "Estatutos de las Fuerzas de Liberación Nacional".

El levantamiento zapatista llevado a cabo por "los pobres, explotados y miserables de México", etc., de *El Despertador Mexicano*, órgano oficial del ejército zapatista, 1 de diciembre, 1993.

"Declaración de la Selva Lacandona", declarando la guerra a la "dictadura de Salinas", enumerando once demandas básicas, "trabajo, tierra, techo....", prometiendo "avanzar hacia la capital del país, venciendo al ejército federal mexicano", etc., de *El Despertador Mexicano*, 1 de diciembre, 1993.

Cita del subcomandante Marcos, "El cambio fue una respuesta del Comité indígena a los ataques gubernamentales....", etc., de entrevista del autor con el subcomandante Marcos, selva de Chiapas, 23 de julio, 1994.

Documento de 1993 de las FLN estableciendo como su meta "instaurar la dictadura del proletariado...", de la "Declaración de principios" de las FLN, citado en *La rebelión de las Cañadas*, de Carlos Tello Díaz, Editorial Cal y Arena, México, 1995, p. 157.

Biblioteca de Marcos, de "Sin dejar rastros....", *El Universal*, 17 de febrero, 1995.

Cita de Marcos a *La Jornada* sobre amenaza de toma del gobierno por "la derecha fascista" encarnada en el PAN, de "No sería un golpe militar", de Carmen Lira, *La Jornada*, 25 de agosto, 1995, p. 1. Posteriormente, Marcos suavizaría sus referencias al PAN.

Reforma agraria nunca llevada a cabo en Chiapas, situación de las tierras, etc., de Democracy and Human Rights in Mexico, de Andrew Reding, World Policy Papers, World Policy Institute, Nueva York, 1995, p. 18.

Artículo 225 del Código Penal de Chiapas, estableciendo penas de cuatro años para quienes "obstruyan las arterias de comunicación", citado en *La rebelión de las Cañadas*, p. 147.

Cifras de explosión de la población en Chiapas, de "Latin Rates of Growth Explosive", de Andres Oppenheimer, *Miami Herald*, 31 enero, 1994, p. 8.

Analfabetismo de más del 50% en comunidades indígenas, 75% de los hogares en Altamirano sin electricidad, etc., del Instituto Nacional de Estadística y Geografía (INEGI), XI Censo General de Población y Vivienda, 1990.

Cita de Josephine Jiménez, "Ya habíamos visto que la guerrilla en Colombia..", de entrevista telefónica del autor con Jiménez, 27 de junio, 1995.

Cantidad de 3.700 canchas de baloncesto en Chiapas, 12.000 equipos de baloncesto, de *Proceso*, 17 de enero, 1994, p. 70.

Cita de Gonzalo Ituarte, "Hicieron esas preciosas canchas....", de entrevista del autor con Ituarte, San Cristóbal de las Casas, alrededor del 10 de enero, 1994.

Resultados de las elecciones en Chiapas, La Trinitaria, etc., de "Chiapas, se acabó la madre de todos los carros completos", *El Financiero*, 20 de agosto, 1994, p. 16.

Cita de Marcos sobre Chiapas, "Hay una ley de la guerrilla...", de *Proceso*, 23 de febrero, 1994, p. 15.

Capítulo 4

Cita del subcomandante Marcos, "De qué tenemos que pedir perdon...", etc., de carta del subcomandante Marcos del 20 de enero, 1994, a *Proceso*, *La Jornada*, *El Financiero*, y *Tiempo*, publicada por *La Jornada*, 21 de enero, 1994, p. 13.

Cita del subcomandante Marcos, "Propongo lo siguiente: yo estoy dispuesto...", etc., de carta del 20 de enero, 1994 a *Proceso*, *La Jornada*, *El Financiero* y *Tiempo*, publicada por *La Jornada*, 21 de enero, 1994, p. 13.

Cita del subcomandante Marcos, "¿Qué?, ¿Yo presidente de Mexico?....", de entrevista del autor con el subcomandante Marcos, selva de Chiapas, 23 de julio, 1994.

Citas del subcomandante Marcos, "Hola, soy Marcos...", y "Chocolate....", de entrevista del autor con el subcomandante Marcos, selva de Chiapas, 23 de julio, 1994.

Carta del subcomandante Marcos a Carlos Fuentes, "Debo hacer todo lo posible....", de *La Jornada*, 4 de julio, 1994, p. 13.

Cita del subcomandante Marcos, "Es que son líderes de opinión", de "Si sólo fuera Marcos...", por Elena Poniatowska, *La Jornada*, 31 de julio, 1994, p. 1.

Cita del subcomandante Marcos, "Es el tipo de vida que llevo...", de "Mexico's Poet Rebel" de Ann Louise Bardach, *Vanity Fair*, julio 1994, p. 135.

Cita del subcomandante Marcos, "Escucho la Voz de America...." de entrevista del autor con el subcomandante Marcos, selva de Chiapas, 23 de julio. 1994.

Cita del subcomandante Marcos, "Cuando llegamos, lo hicimos...", de entrevista del autor con el subcomandante Marcos, selva de Chiapas, 23 de julio, 1994.

Cita del subcomandante Marcos, "Tengo el honor de tener como mis superiores...", de carta a *Proceso*, *La Jornada*, *El Financiero* y *El Tiempo*, 20 de enero, 1994, publicada por *El Financiero*, 24 de enero, 1994, p. 54.

Cita del subcomandante Marcos, "Yo siempre fui el jefe militar...", de entrevista del autor con el subcomandante Marcos, selva de Chiapas, 23 de julio, 1994.

Citas del subcomandante Marcos, "En enero, cuando el gobierno empezó a referirse...", y "Me ven igual que antes...", de entrevista del autor con el subcomandante Marcos, selva de Chiapas, 23 de julio, 1994.

Sección sobre el pasado del subcomandante Marcos, la reacción de los zapatistas a las ofertas del gobierno en las pláticas de paz, "Lo vieron como otra maniobra del gobierno...", citas sobre quitarse el pasamontañas y el apoyo de la "linea dura del partido" a Zedillo, de entrevista del autor con Marcos, selva de Chiapas, 23 de julio, 1994.

El partido gobernante no es un elemento fundamental de la elite política, etc., de *La segunda muerte de la Revolución Mexicana*, de Lorenzo Meyer, Editorial Cal y Arena, Ciudad de México, 1992, p. 142.

Entre 1928 y 1971, sólo 14% de los miembros de los sucesivos gabinetes del gobierno mexicano habían ocupado altos cargos dentro del partido, de Peter H. Smith, *The Labyrinths of Power*, citado en *La segunda muerte de la Revolución Mexicana*, p. 141.

Los hijos favoritos del PRI, casos de nepotismo dentro del círculo íntimo del PRI, de *Después del milagro*, de Héctor Aguilar Camín, Editorial Cal y Arena, Ciudad de México, pp. 134-135.

Citas del mayor zapatista Rolando, empezando con, "Si hay fraude o si no se permite...", de entrevista del autor con el Mayor Rolando, La Garrucha, Chiapas, 20 de julio, 1994.

Capítulo 5

Relato del banquete del PRI para recaudar fondos, de entrevistas separadas del autor con media docena de organizadores y participantes en la cena, incluido el presidente del PRI Genaro Borrego (Ciudad de México, 9 de septiembre, 1993); el presidente de la ICA Gilberto Borja (Acapulco, 17 de mayo, 1994); y senador Miguel Alemán (Ciudad de México, 2 de marzo, 1993).

El presidente Salinas en Davos, el reducido público conmovió a Salinas, de *Continental Shift: Free Trade and the New North America*, de William A. Orme Jr., The Washington Post Company, Washington, D.C., 1993.

Cita de Salinas, "Está cada vez más claro...", de entrevista del autor con un funcionario mexicano que acompañó a Salinas a la reunión de Davos, 10 de agosto, 1995.

Aumentos de las tarifas de Telmex, de *El Financiero*, 7 de enero, 1991 y 9 de enero, 1991.

Cita de Lorenzo Meyer, "Con aumentos salariales del 18%...", de *La segunda muerte de la Revolución Mexicana*, de Lorenzo Meyer, Editorial Cal y Arena, México, 1992, p. 189.

Cita de Lorenzo Meyer, "Descubrieron cuán conveniente les resultaba...", de *La segunda muerte de la Revolución Mexicana*, p. 188.

Financiamiento del Consejo Mexicano de Hombres de Negocios, de *El Financiero*, 19 de enero, 1993.

Citas de Gilberto Borja, empezando con "Creo que estoy dedicando unas 30 horas..." de entrevista del autor con Gilberto Borja, Acapulco, 17 de mayo, 1994.

Cita de Octavio Paz sobre la Revolución Mexicana como "un compromiso de fuerzas opuestas...", de *El laberinto de la soledad*, de Octavio Paz, Fondo de Cultura Económica, Ciudad de México, 1950, p. 195.

Resultados de encuesta preguntando a los mexicanos si se consideraban "muy orgullosos" de ser mexicanos de *Convergencia con Norteamérica: Comercio, Política y Cultura*, de Ronald Inglehart, Miguel Basáñez y Neil Nevitte, Siglo XXI Editores, Ciudad de México, 1994, p. 119. Una encuesta similar había aparecido originalmente en *Este País*, abril 1991, p. 7.

Resultados del sondeo de MORI sobre la devaluación del 20 de diciembre de 1994, dados al autor por los directores de MORI Enrique Alduncin y Miguel Basáñez, Ciudad de México, 24 de enero, 1995. La encuesta consistió en 1.450 entrevistas y fue realizada del 26 al 28 de diciembre de 1994.

Encuesta patrocinada por Banamex sobre las simpatías de los mexicanos hacia los Estados Unidos, de *Los valores de los Mexicanos*, Volumen 2, de Enrique Alduncin, Fomento Cultural Banamex, México, 1991, p. 69.

Citas de Miguel Basáñez, "Yo pensaba que...", y "Es un mito...", de entrevista con el autor, Ciudad de México, 24 de enero, 1994.

Afirmación de Carlos Fuentes de que no había habido una Revolución mexicana sino por lo menos dos, de *El espejo enterrado*, de Carlos Fuentes, Fondo de Cultura Económica, Ciudad de México, 1992, p. 321.

Cita de Alfonso Zárate, "Son mitos cohesivos..." de entrevista con el autor, Ciudad de México, 2 de mayo, 1995.

Estudio de mercadotecnia de Coca-Cola, de entrevista del autor con la jefa de mercadotecnia de NutraSweet en México, Alexandra Freeland Magin, Ciudad de México, 27 de enero, 1995.

Cita de Alexandra Freeland, "En Estados Unidos, la gente...." de entrevista del autor con Freeland, Ciudad de México, 27 de enero, 1995.

Cita de Jesús Silva Herzog sobre la política como la profesión más lucrativa en México, de *La Revolución Mexicana en crisis*, de Jesús Silva Herzog, Cuadernos Americanos, 1944, pp. 33-34, citado en *The Politics of Mexican Development*, de Roger D. Hansen, John's Hopkins University Press, Baltimore 1971, p. 125.

Anécdota sobre el diálogo de Porfirio Díaz con su viejo amigo González, de "Giro del gobierno zedillista", de Elías Chávez, Proceso, 8 de mayo, 1995, p. 25.

Sección sobre cómo se hizo pública la historia del banquete para recaudar fondos, de entrevista del autor con el director de *El Economista*, Luis Enrique Mercado, Ciudad de México, 13 de septiembre, 1993, y con el reportero de *El Economista* Francisco Barradas, Ciudad de México, 12 de septiembre, 1993.

Cita de Luis Enrique Mercado, "Los escuché hablar y no dije nada...." de entrevista del autor con Mercado, Ciudad de México, 13 de eptiembre, 1993.

Cita de Gilberto Borja, "Como todas las cosas que no se difunden bien...." de entrevista del autor con Borja, Acapulco, 17 de mayo, 1994.

Citas del senador Miguel Alemán que empiezan, "Aqui se asustaron el otro dia..." de entrevista del autor con Alemán, Ciudad de México, 2 de marzo, 1993.

Cita de Salinas, "En reiteradas ocasiones....", de "Comentarios al discurso del presidente del PRI Genaro Borrego", de Salinas, enviados por fax al autor por la oficina presidencial de México, 9 de marzo, 1993.

Capítulo 6

Escena en los estudios de televisión Qualli, intentos de Zedillo de grabar un comercial para la campaña, luchando contra las lágrimas, de entrevistas separadas del autor con dos ayudantes presidenciales que presenciaron la escena, Ciudad de México, 6 de julio y 13 de septiembre, 1994.

Cita de Ernesto Zedillo, *Pinche Donaldo, dónde estás...*, de un alto funcionario de la campaña de Zedillo que presenció la escena, en entrevista con el autor, Ciudad de México, agosto 1994.

Datos de la biografía oficial de Zedillo, de *Ernesto Zedillo, arquitecto de un*

México moderno: Perfil y políticas de un candidato a presidente, Partido Revolucionario Institucional, Ciudad de México, 1994. También de "Siete en punto", de Javier Lozada, septiembre 1993, p. 316.

Cita que empieza "En la escuela primaria, Ernesto..." de entrevista del autor con un ex compañero de clase de Zedillo, Ciudad de México, junio 1995.

Cita que empieza, "Era flaquito, paliducho..", de entrevista telefónica del autor con la amiga de la familia Zedillo, Rosalba Castro, en Mexicali, 5 de mayo, 1995.

Cita de Fernando Prince, "En la primaria, le tomábamos el pelo...", de "Hace más de 30 años quiso ser presidente", *Reforma*, edición especial, 30 de marzo, 1994, p. 26.

Las citas sobre la personalidad de Zedillo de la Seccion de Analisis de Líderes de la CIA fueron leídas al autor por un diplomático estadounidense con acceso a los informes de inteligencia de los Estados Unidos y confirmadas por otro funcionario estadounidense familiarizado con los informes, en Washington, D.C.

Cita del Presidente Zedillo, "Llevaba una vida bastante monacal...", y anécdotas de la época del presidente en Yale, de entrevista del autor con Zedillo, Acapulco, 17 de mayo, 1994.

Cita del Presidente Zedillo, "El primer año fue de una intensidad...", de entrevista del autor con Zedillo, Acapulco, 17 de mayo, 1994.

Carrera de Zedillo en el gobierno, de la biografía oficial y "Hace más de 30 años quiso ser presidente", *Reforma*, p. 26.

Declaración del Presidente Zedillo de que se hacía la cama y de que su guardarropa consistía en media docena de trajes, "uno para cada día de la semana", de entrevistas del autor con Zedillo, Acapulco, 17 de mayo, 1994, y Ciudad de México, 6 de diciembre, 1994.

Cita de Carlos Salinas, "A las pocas horas de la dolorosa muerte...." de la declaración de Salinas de ocho páginas a los medios de comunicación fechada el 3 de diciembre, 1995, que fucionarios mexicanos dijeron que fue enviada por el ex presidente desde Cuba, de "Salinas acusa a Echeverría", *Reforma*, 4 de diciembre, 1995, y "Texto íntegro de la declaración de Carlos Salinas de Gortari", *La Jornada*, 4 de diciembre, 1995.

Cita de Salinas recordando que Echeverría "se presentó de improviso....", de "Texto íntegro de la declaración de Carlos Salinas de Gortari", *La Jornada*, 4 de diciembre, 1995.

Citas del gobernador Manlio Fabio Beltrones que empiezan "¿No lo ves?...", y "Esta claro como el agua...." de entrevista del autor con Beltrones, Sonora, 4 de febrero, 1995.

Relato del descubrimiento de Beltrones de la cinta de Colosio, conversación con Zedillo, de entrevista del autor con Beltrones, en Sonora, México, 4 de febrero, 1995.

Relato de la reunión del 29 de marzo, 1994, en la que Zedillo fue nombrado candidato del PRI, de entrevista del autor con Beltrones, Sonora, 4 de febrero, 1994. También de "Ante la incipiente rebelión priísta, Salinas aplacó a Ortiz Arana", de Elías Chávez, *Proceso*, 4 de abril, 1994, pp. 6-11, y artículos de *La Jornada* la semana del 28 de marzo, 1994.

Cita de Zedillo, "Asumo esta responsabilidad con el aliento de saber que los priístas....", de transcripción del discurso de aceptación de Zedillo, *Reforma*, suplemento especial, 30 de marzo, 1994, p. 31A.

Cita del Presidente Zedillo, "En ese momento, había en mí una mezcla muy extraña...", de entrevista del autor con Zedillo, Acapulco, 17 de mayo, 1994.

Capítulo 7

Cita que empieza, "Después de la rebelion zapatista...", de entrevista del autor con un alto asistente del presidente del PRI, Ciudad de México, 12 de septiembre, 1994.

Estudio de la cobertura de la campaña por televisión por el Instituto Federal Electoral, de "Al PRI, 44% de la cobertura...", por Mireya Cuéllar, *La Jornada*, 3 de julio, 1993, p. 1.

Relato del incidente de los travestis de "El gobierno veracruzano pagó a los travestis", por Ricardo Ravelo y Rodrigo Vera, *Proceso*, 4 de octubre, 1993, pp. 6-7, y "Otra provocación...", por Alejandro Caballero, *La Jornada*, 24 de septiembre, 1993, p. 5.

Cita de Cuauhtémoc Cárdenas, "La informacion veraz....", de *Proceso*, 4 de julio, 1994, p. 16.

En la semana final de la campaña, Cárdenas tuvo 6.1 minutos de tiempo en el aire en *24 Horas*, etc., de "Las elecciones federales en México, según seis noticiarios de televisión", por la Academia Mexicana de Derechos Humanos y Alianza Cívica, agosto 1994.

Cita de Emilio Azcárraga, "Somos soldados del presidente de la Republica...", de "Soldados: Azcárraga", *Reforma*, 28 de marzo, 1995. La misma cita fue dada ese día por la agencia oficial de noticias, Notimex.

Anuncio de la radio por emisoras de la Ciudad de México que empieza, "Hola...", de "Voto razonado o miedo", por Jessica Kreimerman, *Reforma*, 27 de agosto, 1994.

Escena de *La guerra de Galio*, de *La guerra de Galio*, de Héctor Aguilar Camín, Editorial Cal y Arena, Ciudad de México, 1991, p. 113.

Citas del director de *Excelsior*, Regino Díaz Redondo, que empiezan con "No hay ningún contrato secreto...", de entrevista del autor con Díaz Redondo, Ciudad de México, 1 de febrero, 1995.

Cita del editor de *La Jornada* "Ojalá algún día podamos....", de entrevista con el autor en 1992 citada en "Mexican Media Remain in the Ruling Party's Pocket", de Andrés Oppenheimer, *Miami Herald*, 31 de julio, 1992.

Cita del fundador del Partido del Trabajo, Teodoro Palomino, "Anaya hizo una larga presentacion....", de entrevista del autor con Palomino, Ciudad de México, 25 de agosto, 1994.

Cita del dirigente del Partido del Trabajo Alberto Anaya, "En este país, todos los partidos....", de entrevista del autor con Anaya, Ciudad de México, 27 de septiembre, 1994.

Cita del gobernador de Chiapas Javier López Moreno, "Decidí proporcionar apoyo a la reunión porque...." de entrevista del autor con López Moreno, Ciudad de México, 27 de enero, 1995.

Cita del presidente Salinas, "El nivel de nuestras reservas....", de Sexto Informe a la Nación de Salinas, primero de noviembre, 1994.

Historia de Pedro Mendoza, citas, de entrevista del autor con Mendoza, Ciudad de México, 5 de abril, 1994.

Citas del dirigente de la Union de Boleros David Betancourt, de entrevista del autor con Betancourt, Ciudad de México, 20 de abril, 1994.

Encuestas confidenciales de Jorge Matte Langlois, facilitadas al autor por Matte Langlois tras la aprobación de la oficina del presidente Zedillo, abril de 1995.

Citas de Matte Langlois que empiezan "Si te fijas en la cobertura....", de entrevista del autor con Matte Langlois, Ciudad de México, 31 de enero, 1995.

Citas del decano de la Escuela de Economía de la UNAM Juan Pablo Arroyo que empiezan "Estábamos frente a una tremenda crisis...", de entrevista del autor con Arroyo, Ciudad de México, 1 de febrero, 1995.

Relato de la visita del encuestador chileno Juan Forch a México, de *Vamos a ganar*, de Adolfo Aguilar Zinser, Editorial Océano, México, 1995, p. 175.

Cita de Adolfo Aguilar Zinser, "Veía los procesos electorales...", de *Vamos a ganar*, p. 193.

Capítulo 8

Cita del presidente Zedillo, "Lo que pasa es que tengo piel de elefante...", de conversacion del autor con Zedillo al finalizar su reunión con los corresponsales extranjeros, el 21 de agosto de 1994.

Cita del secretario de Hacienda Jaime Serra Puche, "El gobierno reaccionó ante cada evento....", de entrevista del autor con Serra Puche, Ciudad de México, 27 de abril, 1995.

Setenta y cinco por ciento del contrabando de drogas a Estados Unidos procedente de México, del director de la Drug Enforcement Administration de Estados Unidos, Thomas A. Constantine, citado en *Proceso*, 8 de mayo, 1995, p. 15.

Ganancias anuales de las mafias mexicanas de la droga entre 10 mil millones de dólares y 30 mil millones, del informe sobre drogas de la oficina del procurador general de México, *La Jornada*, 16 de mayo, 1994, p. 60, y "Rise of Drug Cartels Is Feared in Mexico", de Steve Fainaru, *Boston Globe*, 18 de marzo, 1995.

Cargamento de drogas el 4 de agosto en el jet Caravelle Aeroespacial de fabricación francesa, de "Trail of Cocaine Shipment in Mexico Points to Official Corruption" de Tim Golden, *New York Times*, 18 de abril, 1995.

Descenso histórico del voto del PRI, de cifras del Instituto Federal Electoral de México, citado en Center for Strategic and International Studies (CSIS), *The 1994 Mexican Election, Post-Election Report*, de John Bailey, CSIS Americas Program, 8 de octubre, 1994.

Desglose de votantes por edad, el PAN ganador entre los votantes más jóvenes, de "1994: ¿Quién votó por cuál partido y por qué?", de Julio Madrazo y Diana Owen, *Nexos*, octubre 1994, p. 20.

Cita de José Luis Salas "Los jóvenes de 1969 eran..." de entrevista del autor con Salas, Monterrey, 3 de octubre, 1994.

Cifras del descenso de votos del PRI entre mexicanos urbanos, con estudios universitarios, de "1944: ¿Quién votó por cuál partido y por qué?", p. 20.

Proyecciones de alfabetismo para el año 2000, citadas en Después del milagro, de Héctor Aguilar Camín, Editorial Cal y Arena, México 1993, p. 153, citando *Estadísticas históricas de México*, tomo I, Educación, y Antonio Alonso, "Foro México 2010. Escenario Base Común".

Victoria electoral del general Alvaro Obregón por 1.660,453 votos en favor y cero en contra, citada en *La segunda muerte de la Revolución Mexicana*, de Lorenzo Meyer, Editorial Cal y Arena, México, 1993, p. 52.

El número de organismos no gubernamentales ascendió a 1.300 a mitad de los noventa, del Directorio de Organizaciones Cívicas de la Secretaría de Gobernación, citado en "ONG: Los nuevos protagonistas" de Daniel Moreno, *Enfoque*, revista dominical de *Reforma*, 25 de junio, 1995.

Cita de Superbarrio, "La lucha social no tiene....", de entrevista del autor con Superbarrio, Ciudad de México, 28 de enero, 1995.

Artículo de *Excelsior* diciendo que el programa estaba dirigido a "manipular las emociones del público", etc., de "Corruption Cure: Adopt a Politician", *Miami Herald*, 31 de octubre, 1994, p. 8.

Historia de Manuel "El Meme" Garza, citas de Garza, de entrevista del autor con Garza en su casa de Ciudad de México, 6 de octubre, 1994.

Historia de don Fernando Gutiérrez Barrios, citas, de entrevista del autor con Gutiérrez Barrios en sus oficinas de Ciudad de México, 25 de abril, 1995.

Citas de Carlos Hank González que empiezan "Noo, don Andrés...." de entrevista del autor con González en su casa de Ciudad de México, 13 de mayo, 1994.

Fortuna de 1.3 mil millones de dólares de Hank González, de "Evolution of a Dinosaur", de Joel Millman, *Forbes*, 5 de diciembre, 1994.

Cita del presidente Zedillo, "Está equivocado...." de conversación con el autor al final de informar a un pequeño grupo de corresponsales extranjeros, 21 de agosto, 1994.

Capítulo 9

Relato de casi un choque entre la guardia personal de Carlos Salinas y agentes del gobierno, de *Epoca*, 6 de marzo, 1995, pp. 10-22, y de entrevistas del autor con funcionarios del gobierno cercanos al incidente, marzo 1995.

Cita del general Miranda, "Detengan la accion..", de *Epoca*, 26 de marzo, 1995 y de entrevista del autor con Miranda a bordo del avión presidencial, 21 de abril, 1995.

Cita del presidente Zedillo, "El gobierno no es un lugar para amasar riqueza....", de discurso de toma de posesión de Zedillo, primero de diciembre, 1994.

Cita de Carlos Salinas, "Buena suerte, Ernesto...", de "Zedillo y Salinas, del amor al odio", de César Romero Jacobo, *Epoca*, 6 de marzo, 1995, p. 11, y de entrevista del autor con alto ayudante de Zedillo, 15 de marzo, 1995.

Cita de José Francisco Ruiz Massieu, "Tengo que interceder....", de *La Jornada*, 29 de septiembre, 1994, p. 3.

Relato del asesinato de Ruiz Massieu, de "Vuelve la pesadilla", *La Jornada*, 29 de septiembre, 1994; y *La Jornada, Reforma, El Financiero*, 30 de septiembre, 1994.

Testimonio de Rodríguez González de que había actuado "por órdenes directas" del diputado Muñoz Rocha, etc., de comunicado de Procuraduría General de la *República* no. 665/94.

Cita de Mario Ruiz Massieu, "No existen las condiciones para avanzar", de carta de renuncia de Ruiz Massieu, 23 de noviembre, 1994, reimpresa en Caso Ruiz Massieu, un folleto escrito y publicado por Ruiz Massieu, p. 21.

Historia de Mario Ruiz Massieu, citas, de entrevista del autor con Mario Ruiz Massieu en su casa de Ciudad de México, 24 de enero, 1995.

Antecedentes de José Francisco Ruiz Massieu, cita que empieza "En la mayoría de los gobiernos estatales...", de entrevista del autor con José Francisco Ruiz Massieu, Ciudad de México, 16 de julio, 1994.

Capítulo 10

Cita de Manuel "El Meme" Garza, "Mezclaron agua con aceite...", de entrevista del autor con Garza, en Ciudad de México, 13 de marzo, 1995.

Relato del fiscal Pablo Chapa Bezanilla de cómo la investigación condujo a Raúl Salinas de Gortari, de entrevista del autor con Chapa Bezanilla en su despacho de Ciudad de México, 10 de marzo, 1995. También, de entrevista del autor con el fiscal José Cortés Osorio, ayudante de Chapa Bezanilla, en su despacho, el 10 de marzo, 1995.

Llamada telefónica de Manuel Muñoz Rocha a Raúl Salinas y el reclamo de este último de que no había visto al diputado "en más de veinte años", de comunicado de la Procuraduría General de la *República* no. 213, 28 de febrero, 1995.

Citas de Chapa Bezanilla que empiezam "Le preguntamos quien era....", de entrevista del autor con Chapa Bezanilla en su despacho, Ciudad de México, 10 de marzo, 1995.

Cita de José Cortés Osorio, "Nosotros creemos que Mario...", de entrevista del autor con Cortés Osorio, Ciudad de México, 10 de marzo, 1995.

Historia de los hermanos de Salinas, de "Juntos crecieron", de Francisco Ortiz Pinchetti, *Proceso*, 6 de marzo, 1995, p. 21.

Cita de *El Universal*, "Cuando le preguntaron que había pasado...", de *El*

Universal, 18 de diciembre, 1951; cita de *La Prensa* sobre la irresponsabilidad de los padres de Salinas, de *La Prensa*, 18 de diciembre, 1951.

Afirmación de Tomás Borge de que un amigo de la familia fue "el autor del accidente", de "Salinas: Los dilemas de la modernidad", de Tomás Borge, Siglo XXI Editores, Ciudad de México, 1993, p. 62.

Dedicatoria de Carlos Salinas, "A Raúl, compañero de cien batallas", de Proceso, 27 de noviembre, 1995, p. 13, y *El Financiero*, 27 de noviembre, 1995, p. 42.

Uso de Raúl Salinas de pasaporte falso con el nombre de Juan Guillermo Gómez Gutiérrez, de "Se descubrió que Raúl tenía un pasaporte oficial con otro nombre", *La Jornada*, 28 de octubre, 1995. La historia fue confirmada más tarde por la Procuraduría General.

Cita del presidente Zedillo, "Conforme a derecho...", de entrevista del autor con el procurador general Antonio Lozano Gracia en su despacho de Ciudad de México, 14 de marzo, 1995.

Relato de llamada de Salinas a la emisora de televisión, citas de Salinas que empiezan "Por favor, pongame en el aire..." y "No puedo dejar pasar esas afirmaciones..", de "La llamada que desató la guerra", *Epoca*, 6 de marzo, 1995, pp. 12-13.

Cita de Carlos Salinas, "completamente convencido...", de "Former President's Brother Is Held in Mexican Assassination", de Tim Golden, *New York Times*, primero de marzo, 1995.

Relato de la reunión secreta Salinas-Zedillo, de entrevistas aparte del autor con altos funcionarios del gobierno, incluido uno que estuvo presente en la reunión, Ciudad de México, junio 1995.

Cita de alto funcionario, "No se llegó a ningún acuerdo", de entrevista del autor con alto funcionario que estuvo presente en la reunión, Ciudad de México, junio 1995.

Declaración de Zedillo a través de su secretario privado, Liébano Sáenz, "Nunca cerré ningun trato...", de entrevista del autor con Sáenz, Los Pinos, palacio presidencial, Ciudad de México, 29 de noviembre, 1995.

Historia del procurador general Antonio Lozano Gracia, citas, de entrevista del autor con Lozano Gracia en su despacho de Ciudad de México, 14 de marzo, 1995.

Declaraciones de Fernando Rodríguez que no se hicieron públicas en su momento, de entrevista del autor con Lozano Gracia en su despacho, Ciudad de México, 14 de marzo, 1995.

Afirmación de Mario Ruiz Massieu de que alrededor del 18 de octubre le dijo a Salinas que algunos de los presos detenidos en el caso mencionaban el nombre de Raúl, de *Reforma*, 8 de mayo, 1995.

Cita del doctor Sergio Sánchez Pintado, "En el fondo, Raúl....", de entrevista del autor con Sánchez Pintado, Ciudad de México, 18 de junio, 1995.

Cuenta en un banco suizo por 83.9 millones de dólares de Raúl Salinas, corporaciones y bienes raíces, de comunicado de prensa de la Procuraduría General de la República, 23 de noviembre, 1995; "La esposa de Raúl Salinas, detenida", *La Jornada*, p. 1, 24 de noviembre, 1995; y "Cecilia Occelli, socia de Raúl Salinas", *El Financiero*, 30 de noviembre, 1995, p. 31.

Cita de Carlos Salinas, "Nada de lo que ha pasado en México...", de "Texto íntegro de la declaración de Carlos Salinas de Gortari", *La Jornada*, 4 de diciembre, 1995.

Capítulo 11

Llegada del secretario de Hacienda Jaime Serra Puche a su oficina, diálogo con el presidente del Banco de México Miguel Mancera, cita que empieza "¿Ha visto las noticias?", de entrevista del autor con Serra, Ciudad de México, 27 de abril, 1995.

Serra se sintió víctima de la era de la información, cita que empieza, "Señor presidente, ha sido un día fatal", de entrevista del autor con Serra, Ciudad de México, 27 de abril, 1995.

Relato de la reunión del embajador Jorge Montaño con Sandy Berger, cita de Montaño, "Esto es lo que la prensa mexicana dice", de entrevista del autor con Montano, Ciudad de México, 2 de agosto, 1995.

Cita del embajador Jesús Silva Herzog, "No cabe duda de que se manejó mal....", de entrevista del autor con Silva Herzog en su despacho, Washington, D.C., 2 de junio, 1995.

Cita del secretario del Trabajo, Santiago Oñate, "No era una invitacion para una reunion común", de entrevista del autor con Oñate en su despacho, Ciudad de México, 14 de marzo, 1995.

Salida de México del Montgomery Fund para invertir en Brasil, etc., de entrevista telefónica del autor con Josephine Jiménez, 27 de junio, 1995, e "Innocents Abroad", de John Anderson, *Smart Money*, marzo 1995, p. 107.

Magnate de la televisión Emilio Azcárraga convirtiendo pesos en dólares antes de la devaluación, cita de *El Financiero*, "Previsión afortunada?.....", de *El Financiero*, 5 de enero, 1995, p. 21.

Explicación del subsecretario del Tesoro de los Estados Unidos Lawrence H. Summers de que los 6 mil millones de dólares de los Estados Unidos "no se tenían que usar...", de testimonio preparado de Summers ante el Comité del Senado sobre Banca, Vivienda y Asuntos Urbanos, 10 de marzo, 1995.

Llamada de Serra al secretario del Tesoro Lloyd Bentsen, citas que empiezan "Lloyd, tengo que hablar con usted...", de entrevistas del autor con Serra, Ciudad de México, 27 de abril y 14 de junio, 1995.

Llamada de Serra al secretario del Tesoro Robert Rubin, cita de Serra, "Felicidades...", de entrevista del autor con Serra, Ciudad de México, 27 de abril, 1995.

Viaje de Serra a Nueva York, diálogo con inversionistas enojados, de entrevistas del autor con Serra, Ciudad de México, 27 de abril y 14 de junio, 1995.

Cita de John Purcell, analista de Salomon Brothers, "No me parecio convincente....", de "Crisis en México", de Anthony De Palma, *New York Times*, 22 de diciembre, 1994.

Viaje de Serra a Washington, D.C., citas que empiezan "Trabajaron y lo intentaron con ahínco", y "Señor presidente, necesitamos....", de entrevista del autor con Serra, Ciudad de México, 27 de abril, 1995.

Relato de la reunión el 20 de noviembre en la casa de Salinas, de entrevistas del autor con tres participantes en la reunión, incluido Serra, y relato del ex secretario de Hacienda Pedro Aspe, "Razones de la política cambiaria", de Pedro Aspe, *Reforma*, 14 de julio, 1995, y "Mexico's ex-finance minister sets the record straight", de Pedro Aspe, *Wall Street Journal*, 14 de julio, 1995.

Cita del presidente Salinas, "El primer presidente en veinticinco años que no devalúa la moneda", de entrevista del autor con un alto funcionario mexicano que estaba presente en la escena, Ciudad de México, 2 de agosto, 1995.

Disparidad entre declaraciones públicas y privadas de la administración Clinton sobre la economía de México, comunicado de Summers, de "Mexico Crisis Report and Chronology", declaración del senador estadounidense Alphonse D'Amato, 19 de junio, 1995.

Citas de Lloyd Bentsen, "Empecé a preocuparme...", y "Por Dios...""", de "How Mexico's Crisis Ambushed Top Minds in Officialdom, Finance", *Wall Street Journal*, 6 de julio, 1995, p. 1.

Cita de Jeffrey Sachs, "La tragedia de Rusia es que...", de "Mexico, Sí. Rusia Nyet", de Jeffrey Sachs, *The New Republic*, 6 de febrero, 1995.

Cita de Patrick Buchanan, "Este país...", de "Clinton's peso rescue is politically risky", de Marcia Stepanek, *Hearst Newpapers*, 22 de febrero, 1995.

Citas de funcionarios estadounidenses que empiezan "Lo primero que se dijo en la reunión...", de entrevista del autor con un alto funcionario estadounidense que participó directamente en las discusiones de la Casa Blanca sobre el rescate mexicano, junio 1995.

Declaraciones del presidente Zedillo a ABC, de "Economía zedillista" de Luis E. Mercado, *El Economista*, 6 de septiembre, 1994.

Relato de Luis Enrique Mercado, citas, de entrevista del autor con Mercado, Ciudad de México, 26 de abril, 1995.

Disposición del acuerdo Estados Unidos-México pidiendo datos "oportunos y precisos" de reservas externas mexicanas, de "U.S. Agrees to Give Mexico $20 Billion to Recsue Its Economy", de Robert A. Rosenblatt y Juanita Darling, *Los Angeles Times*, 21 de febrero, 1995.

Cita de Zedillo, "Es una tragedia", de entrevista del autor con alto funcionario mexicano, palacio presidencial de Los Pinos, Ciudad de México, 14 de junio, 1995.

Capítulo 12

Relato de la carta de Salvador Morales Garibay, deserción, de entrevista del autor con el procurador general Antonio Lozano Gracia en su despacho, Ciudad de México, 14 de marzo, 1995, y entrevista con alto oficial del ejército mexicano involucrado en asuntos de inteligencia, marzo 1995.

Antecedentes de Morales, de transcripción de la confesión de Morales, 8 de febrero, 1994, entregada al autor por un alto funcionario del gobierno, y entrevistas del autor con Lozano Gracia y cuatro funcionarios de inteligencia mexicanos, enero 1994-septiembre 1995.

Cita de Alberto Hijar Serrano, "La escuela de diseño gráfico...", de entrevista del autor con Hijar Serrano, Ciudad de México, 17 de junio, 1995.

Relato de las diferencias Marcos-Daniel sobre el choque con el ejército en Las Calabazas y cargamentos de armas, de *La rebelión de las Cañadas*, de Carlos Tello Díaz, Editorial Cal y Arena, Ciudad de México, 1995, pp. 168-174, y entrevistas con oficiales militares mexicanos, junio 1994-septiembre de 1995.

Cita del procurador general Lozano Gracia, "La carta no se tomó en cuenta....", de entrevista del autor con Lozano Gracia, Ciudad de México, 14 de marzo, 1995.

Memorando confidencial del secretairo de la Defensa general Enrique Cervantes, Operación Arco Iris, de "Templo Mayor", de F. Bartolomé,

Reforma, 9 de febrero, 1995 y entrevistas con dos oficiales militares, febrero-marzo de 1995.

Comunicado del grupo de mercados emergentes del Chase Manhattan Bank sobre necesidad de "eliminar" a los zapatistas, de "Rebel Mexican Army, Chiapas Rebels Warn", de Tod Robberson, *Washington Post*, 17 de febrero, 1995.

Cita de Morales, "Marcos era un ex profesor de diseno grafico...", de transcripión del testimono de Morales ante el Ministerio Publico Federal, 8 de febrero, 1995.

Citas del presidente Zedillo que empiezan, "Debo informar a la nación....", de discurso televisado de Zedillo a la Nación, 9 de febrero, 1995.

Cita del subcomandante Marcos sobre sector "disimétrico", diálogo, de entrevista del autor con el subcomandante Marcos, selva de Chiapas, 23 de julio, 1994.

Relato de la juventud de Marcos, trabajo como chófer y organizador sindical de Ruta 100, de la entrevista grabada de la periodista alemana Rita Neubauer con los padres de Rafael Guillén, Alfonso Guillén y María del Socorro Vicente, en Tampico, 27 de julio, 1995.

Relato de Marcos en la universidad, activismo politico, de entrevistas del autor con ex profesores de Rafael Guillén, incluidos Hijar, Ciudad de México, 17 de junio, 1994, y Cesáreo Morales, Ciudad de México, 4 de agosto, 1995.

Cita de Marcos, "Ayer éramos un punado de hombres...", de entrevista del autor con Hijar, Ciudad de México, 17 de junio, 1995.

Citas de la tesis de Rafael Guillén que empiezan "Está sentado en la posición "flor de loto"....", etc., de "Filosofía y Educación: Prácticas discursivas y prácticas ideológicas", de Rafael Sebastián Guillén Vicente, Universidad Nacional Autónoma de México, Facultad de Filosofía, octubre 1980.

Antecedentes de Fernando Yáñez (comandante en jefe Germán), de entrevistas del autor con media docena de oficiales del ejército mexicano y de la inteligencia civil, enero 1994-septiembre 1995; entrevista del autor con el hermano de Yáñez, Margil Yáñez, Ciudad de México, 16 de junio, 1995; y entrevista con el ex dirigente guerrillero de la Liga 23 de Septiembre Gustavo Hirales, Ciudad de México, 15 de marzo, 1995.

Anécdota de despedida de Yáñez de sus padres, cita de Margil Yáñez, "Mi padre los aprobaba....", de entrevista del autor con Margil Yánez, Ciudad de México, 16 de junio, 1995.

Cita de Gustavo Hirales, "Los hermanos Yáñez eran fundamentalistas....", de entrevista del autor con Hirales, Ciudad de México, 15 de marzo, 1995.

Cita de los Estatutos de las Fuerzas de Liberación Nacional, "Las FLN luchan contra la ideología imperialista...", de documento de 1980 entregado al autor y otros corresponsales extranjeros por altos funcionarios mexicanos en 1994, y reconocido como auténtico por fuentes allegadas a las FLN.

Ayuda económica al ejército zapatista, de fuentes de inteligencia mexicana y *La rebelión de las Cañadas*, de Carlos Tello Díaz, Editorial Cal y Arena, Ciudad de México, 1995, p. 144.

Activos de la Ruta 100, cifra de 46 millones de dólares, de revista *Epoca*, 24 de abril, 1995, p. 12; cifra de 600 millones de dólares de *Proceso*, 20 de marzo, 1995, p. 43.

Citas de ex dirigente guerrillera salvadoreña Ana Guadalupe Martínez que empieza, "Les dijimos que era una locura...", de entrevista del autor con Martínez, Cartagena, Colombia, 5 de mayo, 1995.

Carta del subcomandante Marcos a periódicos mexicanos que empieza "La madrugada del día 15 nos íbamos a beber....", de carta del 5 de marzo de Marcos a *Proceso, La Jornada, El Financiero* y *Tiempo*.

Capítulo 13

Titular periodístico sobre el libro del senador Miguel Alemán, "Fue broma lo del pase de la charola", *Reforma*, 14 de junio, 1995.

Referencia de academia norteamericana a la caverna de Platón, de entrevista del autor con Delal Baer, del Center for Strategic and International Studies (CSIS), Washington, D.C., 2 de junio, 1995.

Encuestas que muestran que 87% del pueblo mexicano tiene "poca" o "ninguna" confianza en su gobierno, sólo 18% tiene "mucha" confianza, etc., de *Convergencia en Norteamérica: Comercio, Política y Cultura*, de Ronald Inglehart, Miguel Basáñez y Neil Nevitte, Siglo XXI Editores, México, 1994.

Cita de Lorenzo Meyer, "Es una enorme masa de documentos....", de "Tabasco o la profundidad de la crisis", de Lorenzo Meyer, *Reforma*, 15 de junio, 1995.

Estudio de mercadotecnia de Coca-Cola, de fuentes industriales y entrevista del autor con Jorge Matte Langlois en su despacho de Ciudad de México, 31 de enero, 1995.

Cita de Jorge Matte Langlois, "Encontramos que la palabra 'verdad'....", de entrevista del autor con Matte Langlois, Ciudad de México, 31 de enero, 1995.

Cita de Octavio Paz, "Mentimos por placer...", de *El laberinto de la soledad*, de Octavio Paz, Fondo de Cultura Económica, Ciudad de México, 1950, p. 44.

Cita de Paz, "La extraña permanencia...", de *El laberinto de la soledad*, p. 95.

Cita de Paz, "La historia no ha curado a nuestros intelectuales...", de "Chiapas, ¿nudo ciego o tabla de salvación?", sección La recaída del intelectual, *Vuelta*, suplemento especial, febrero 1994, p. C.

Cita de Paz, "Creo que nos estamos moviendo en esa dirección...", de entrevista con el autor, Ciudad de México, 27 de enero, 1995.

Capítulo 14

Citas de colaborador del secretario de Educación que empiezan "Quién es este país no ha....", de entrevista del autor con asesor de Fausto Alzati, Ciudad de México, 15 de junio, 1995.

Cita del director de *Reforma* Alejandro Junco, "Fue una primera prueba de independencia...", de entrevista del autor con Junco en su despacho, Ciudad de México, 26 de junio, 1995.

Citas de Junco que empiezan, "El fenomeno de los titulos universitarios es algo que ilustra....", de entrevista del autor con Junco, Ciudad de México, 26 de enero, 1995.

Más vuelos a Dallas que a la Ciudad de México, inversionistas mexicanos nortenos con 60% de los valores bancarios mexicanos, de "Northern Pioneers Drive Mexico's Industrialization", de Esther Schrader, Knight-Ridder Newspapers, 10 de agosto, 1994.

Cita de Víctor Zúñiga, "En Monterrey, hay una tradicion capitalista...", de entrevista del autor con Zúniga, Monterrey, 27 de septiembre, 1994.

Posición del PAN de que la administración de Cárdenas había desairado valores básicos como "trabajo, sacrificio y perseverancia" y llevado a México de nuevo "al espejismo de las soluciones desde arriba....", de "Historia del Partido de Acción Nacional 1939-1989", Partido de Acción Nacional, p. 6.

Cita del padre fundador del PAN Manuel Gómez Morín diciendo que había fundado el partido "en abierta oposicion a la colectivización de la economía...", de "Definida desde su fundación por Gómez Morín....", de Enrique Maza, *Proceso*, 5 de junio, 1995, p. 23.

Cita de Ernesto Coppel Kelly "En absoluto: *Aquí no pasa nada....*", de entrevista del autor con Coppel Kelly, Mazatlán, Sinaloa, 22 de marzo, 1994.

Citas del gobernador de Sonora Manlio Fabio Beltrones sobre inspecciones de alimentos, que empiezan, "Inspeccionamos todo lo que entra....", de entrevista del autor con Beltrones en su despacho, Hermosillo, Sonora, 4, de febrero, 1995.

Casi 1.8 millones de mexicanos migraron a ciudades de la frontera norte en 1994, de entrevista del autor con María Eugenia Anguiano, investigadora en el Departamento de Estudios Sociales del Colegio de la Frontera Norte, Tijuana, 6 de febrero, 1995.

Cita de Beltrones, "Hay un sentimiento creciente de aislacionismo....". de entrevista del autor con Beltrones, Hermosillo, Sonora, 4 de febrero, 1995.

Cita del alcalde de Ciudad Juárez Francisco Villarreal, "Luchamos por nuestra libertad...", de "Northern Revolt Over Bridge Tolls Targets, Mexico's Old Political Ways", de Thaddeus Herrick, *Houston Chronicle*, 16 de julio, 1995.

Cita de Roderic Ai Camp, "Tal vez a México le cueste más....", de "Northern Revolt Over Bridge Tolls", *Houston Chronicle*.

Nueve por ciento de la población activa de Tijuana trabaja en ambos lados de la frontera, etc., de entrevista del autor con el director académico del Colegio de la Frontera Norte, Eduardo Zepeda, en su despacho en Tijuana, 6 de febrero, 1995.

Cita del músico Pablo Jesús Martínez, "El sábado pasado, tocamos en una boda en Tucson, Arizona....", de entrevista del autor con Martínez en Nogales, Sonora, 3 de febrero, 1995.

Relato sobre el conductor de radio Joel Bojórquez, citas que empiezan "Me enfatizan los temas mexicanos....", de entrevista del autor con Bojórquez en los estudios de la estacion radial XENY, Nogales, Sonora, 3 de febrero, 1995.

Historia del psiquiatra Francisco J. García Encinas, cita que empieza "En cuanto cruzamos la línea....", de entrevista del autor con García Encinas en su consultorio de Nogales, Sonora, 3 de febrero, 1995.

Cita de la escritora Guadalupe Loaeza, "México está perdiendo algunas de sus más preciadas tradiciones...", de entrevista del autor con Loaeza en su casa de Ciudad de México, 6 de marzo, 1993.

Niveles de ingreso de México del norte y del sur, de "Liberación comercial, equidad y desarrollo económico", de Diana Alarcón González, Eduardo Zepeda Moramontes, patrocinado por la Friedrich Ebert Stiftung, 1992; "The Welfare Effect of Structural Adjustment in Mexico and Its Differential Impact by Gender", de Diana Alarcón, Oficina de Desarrollo Humano, Programa de las Naciones Unidas para el Desarrollo, enero 1995; y entrevista del autor con Alarcón, Tijuana, 7 de febrero, 1995.

Cita de la investigadora Diana Alarcón González que empieza "El libre comercio ha provocado....", de entrevista del autor con Alarcón González, Tijuana, 7 de febrero, 1995.

Citas del magnate cementero Lorenzo Zambrano que empiezan "Se está produciendo una importante...", de entrevista del autor con Zambrano en sus oficinas de CEMEX, Monterrey, 3 de octubre, 1994.

Los estados del norte de México representan sólo 16% de la población, de "Los Estados Unidos mexicanos: Sumario general del XI Censo general de población y vivienda", Instituto Nacional de Estadística y Geografía (INEGI), capítulo II, 1990, pp. 2-24.

Capítulo 15

Antecedentes de Héctor "El Güero" Palma, historia de Rafael Enrique Clavel, de "Corruptor, criminal y vengativo, Palma cayó", *Epoca*, 3 de julio, 1995, p. 22.

Palma cabalgando por las calles de Tepic, Colt.38 con diamantes, de "No me cabe la menor duda: El Güero Palma era protegido por judiciales", de Felipe Cobián, *Proceso*, 10 de julio, 1995.

Informe en periódico local de la silla de montar de plata de Palma, Realidades, Tepic, 19 de abril, 1995, citado en *Proceso*, 10 de julio, 1995.

Relato del choque el 7 de noviembre de 1992 entre agentes del gobierno, de *Democracy and Human Rights in Mexico*, de Andrew Reding, World Policy Papers, World Policy Institute, Nueva York, mayo 1995, p. 26.

Más de novecientas bandas en México, de entrevista del autor con alto funcionario de la Secretaría de Gobernación, 7 de julio, 1995.

Más de cuatrocientos miembros de la policía judicial federal fueron expulsados o suspendidos a lo largo de los tres años terminando a mediados de 1995, de "Incluidos, delegados de la procuraduría hasta agentes del Ministerio Público", de David Aponte y Juan Manuel Vegas, *La Jornada*, 30 de junio, 1995.

Cita de investigador antinarcóticos mexicano, "Cada día es más difícil....", de "Mexico's Cartels Sow Seeds of Corruption, Destruction", segunda parte de la serie "The Rise of Narco Politics" de Sebastián Rotella, *Los Angeles Times*, 16 de junio, 1995.

Existencia de 2.400 fuerzas de la policía mexicana, de "Inseguridad y violencia en el país", de Ernesto Zavaleta Góngora, *Epoca*, 17 de marzo, 1995, y *Democracy and Human Rights in Mexico*, p. 26.

Sólo la Ciudad de México tenía 627 compañías privadas, muchas de ellas dirigidas por ex oficiales de policía con antecedentes criminales, con un total de 27,500 hombres, de "Más policías privados que preventivos en el Distrito Federal", de Ricardo Olayo, *La Jornada*, 19 de julio, 1995.

Relato de las "madrinas", que no figuraban en los libros, de *Democracy and Human Rights in Mexico*, p. 25.

Historia de Juan Carlos Valerio Roldán, cita, de "The Greedy Get Silver and the Honest Get Lead", de Peter Slevin, Miami Herald, 5 de junio, 1995, p. 1.

Cita del presidente Zedillo, "Nada ni nadie...", de "Zedillo's Challenge: Mexico Lives by Virtual Law", de Anthony De Palma, *New York Times*, 27 de marzo, 1995.

Informe filtrado al *Washington Post* diciendo que agentes aduanales de los Estados Unidos habían informado a funcionarios del Departamento del Tesoro que un pariente de Colosio estaba involucrado en narcotráfico, de historia del *Washington Post* de Pierre Thomas y Daniel Williams, 17 de marzo, 1995.

Relato y citas del segundo subsecretario de Estado de los Estados Unidos Crescencio Arcos, citas que empiezan "Tratamos a México como a un intocable....", de entrevista del autor con Arcos, Washington, D.C., 31 de mayo, 1995.

Capítulo 16

Cita de Henri-Louis Bergson, "Es inútil mantener que el progreso social...", citado por Arnold Toynbee en *A Study of History*, Portland House, Nueva York, 1988, p. 140.

Cita del presidente Zedillo, "Después de todo....", de "Malosos detrás de las cosas que ocurren: Zedillo", *La Jornada*, 24 de junio, 1995, p. 1.

Referencias de Lorenzo Meyer a la "decadencia biológica" de la clase gobernante, de "Una clase política en descomposición", de Lorenzo Meyer, *Reforma*, 27 de abril, 1995.

Cita de Jorge G. Castañeda "Más que ser una fuente...", de entrevista del autor con Castaneda en su casa de Ciudad de México, 22 de junio, 1955.

Citas de Octavio Paz que empiezan "Estamos presenciando.......", de entrevista del autor con Paz en su casa de Ciudad de México, 27 de enero, 1995.

Cita de Genaro Borrego, "En las circunstancias actuales....", de entrevista del autor con Borrego en su despacho, Ciudad de México, 23 de junio, 1995.

Cita de Zedillo, "Tras siete meses de disciplina y arduo esfuerzo....", de discurso de Zedillo en Altamira, Tamaulipas, 27 de junio, 1995. Transcripción de la Oficina de Prensa de la Presidencia.

Cita de Zedillo sobre "actos de audacia" y "golpes de timón", de discurso de Zedillo a la Asociación Mexicana de Pilotos, Ciudad de México, 4 de agosto, 1995. Transcripción de la Oficina de Prensa de la Presidencia.

Cita del gobernador de Guerrero Rubén Figueroa, "En Guerrero no pasa nada", de "Crece la efervescencia política en el país", *Epoca*, 17 de julio, 1995, p. 29.

Cita de Robert Rubin, "Hoy, los signos de éxito son sustanciales", de "Statement of the honorable Robert E. Rubin", secretario del Tesoro, ante el Comité del Senado para la banca, la vivienda y asuntos urbanos, 14 de julio, 1995.

Citas del presidente Clinton que empiezan "La economía mexicana....", de "Zedillo, Clinton See Mexican Economic Rebound" de Gene Gibbons, Reuters, 10 de octubre, 1995, y transcripciones de declaraciones del presidente Clinton, Oficina de Prensa de la Casa Blanca, 10 de octubre, 1995.

Informe de prensa de Morgan Stanley & Company, "Morgan Stanley increases recomended weighting of Mexican stocks", de Morgan Stanley Corporate Communications Division, Nueva York, 2 de agosto, 1995.

Bibliografía

Aguilar Camín, Héctor, *Después del milagro*, Ciudad de México, Editorial Cal y Arena, 1993.

—. *La guerra de Galio*, Ciudad de México, Editorial Cal y Arena, 1991.

Aguilar Camín, Héctor y Lorenzo Meyer, *In the Shadow of the Mexican Revolution*, Austin, University of Texas Press, 1993.

Ai Camp, Roderic, *Who's Who in Mexico Today*, Boulder, Colorado, Westview Press, 1993.

—. *The Zedillo Cabinet: Continuity, Change or Revolution?*, Washington, D.C., Center for Strategic and International Studies (CSIS), 1995.

Alemán Velasco, Miguel, *Las finanzas de la política*, México, Editorial Diana, 1995.

Basáñez, Miguel, *El pulso de los sexenios*, Ciudad de México, Siglo XXI Editores, 1990.

Borge, Tomás, Salinas: *Los dilemas de la modernidad*, Ciudad de México, Siglo XXI Editores, 1993.

Burbach, Roger y Peter Rosset, *Chiapas and the Crisis of Mexican Agriculture*, San Francisco, Institute for Food and Development Policy, 1994.

Castañeda, Jorge G., *The Mexican Shock: Its Meaning for the U.S.*, Nueva York, The New Press, 1995.

Cornelius, Wayne A. y Ann L. Craig, *Politics in Mexico: An Introduction and*

Overview, San Diego, Center for U.S.-Mexican Studies, University of California, 1988.

Dornbierer, Manú, *El prinosaurio: La bestia política mexicana*, Ciudad de México, Editorial Grijalbo, 1994.

Fuentes, Carlos, *El espejo enterrado*, Ciudad de México, Fondo de Cultura Económica, 1992.

—. *Nuevo tiempo mexicano*, Ciudad de México, Aguilar, 1994.

Grayson, George W. y Delal Baer, *A Guide to the 1994 Mexican Presidential Election*, Washington, D.C., Center for Strategic and International Studies (CSIS), 1994.

Hansen, Roger, *The Politics of Mexican Development*, Baltimore, John Hopkins University Press, 1971.

Huchim, Eduardo, *México 1994: La rebelión y el magnicidio*, Ciudad de México, Nueva Imagen, 1994.

Inglehart, Ronald, Miguel Basañez y Neil Nevitte, *Convergencia en Norteamérica: Comercio, política y cultura*, Ciudad de México, Siglo XXI Editores, 1994.

Kandell, Jonathan, *La Capital: The Biography of Mexico City*, Nueva York, Henry Holt and Co., 1988.

Krauze, Enrique, *Por una democracia sin adjetivos*, Ciudad de México, Joaquín Mortiz-Planeta, 1986.

—. *Textos heréticos*, Ciudad de México, Editorial Grijalbo, 1992.

Márquez, Enrique, *Por qué perdió Camacho: Revelaciones del asesor de Manuel Camacho Solís*, Ciudad de México, Editorial Océano, 1995.

Meyer, Lorenzo, *La segunda muerte de la Revolución Mexicana*, Ciudad de México, Editorial Cal y Arena, 1992.

Orme, William A. Jr., *Continental Shift: Free Trade and the New North America*, Washington, D.C., The Washington Post Co., 1993.

Pastor, Robert y Jorge Castañeda, *Limits to Friendship: The United States and Mexico*, Nueva York, Alfred A. Knopf, 1989.

Paz, Octavio, *El laberinto de la soledad: Postdata y vuelta al laberinto de la soledad*, Ciudad de México, Fondo de Cultura Económica, 1993.

—. *Los signos en rotación y otros ensayos*, Madrid, Alianza Editorial, 1971.

Perot, Ross y Pat Choate, *Save Your Job, Save Our Country*, Nueva York, Hyperion, 1993.

Puga, Christina y Ricardo Tirado, *Los empresarios mexicanos, ayer y hoy*, Ciudad de México, Ediciones El Caballito, 1992.

360

Ramírez, Carlos, *Cuando pudimos no quisimos*, Ciudad de México, Editorial Océano, 1995.

Reding, Andrew, *Democracy and Human Rights in Mexico*, Nueva York, World Policy Papers, World Policy Institute, 1995.

Reyes Heroles, Federico, *Sondear a México*, Ciudad de México, Editorial Océano, 1995.

Riding, Alan, *Distant Neighbors*, Nueva York, Random House, 1984.

Rodríguez Castañeda, Rafael, *Prensa vendida*, Ciudad de México, Editorial Grijalbo, 1993.

Ronquillo, Víctor, *La muerte viste de rosa: El asesinato de los travestis en Chiapas*, Ciudad de México, Ediciones Roca, 1994.

Romero Jacobo, César, *Los Altos de Chiapas*, Ciudad de México, Planeta, 1994.

Sáenz, Liébano, *Colosio: un año ayer...*, Liébano Sáenz Ortiz, edición privada, 1995.

Samaniego, Fidel, *En las entrañas del poder*, Ciudad de México, Rayuela Editores, 1995.

Scherer García, Julio, *Estos años*, Ciudad de México, Editorial Océano, 1995.

Smith, Peter H., *Labyrinths of Power: Political Recruitment in Twentieth-Century Mexico*, Princeton, N.J., Princeton University Press, 1979.

Schulz, Donald E., *Mexico in Crisis*, Strategic Studies Institute, U.S. Army War College, 1995.

Schwarz, Mauricio José, *Todos somos Superbarrio*, Ciudad de México, Planeta, 1995.

Tello Díaz, Carlos, *La rebelión de las Cañadas*, Ciudad de México, Editorial Cal y Arena, 1995.

Trejo Delabre, Raúl, *Las redes de Televisa*, Ciudad de México, Claves Latinoamericanas, 1988.

Wager, Stephen J. y Donald Schulz, *The Awakening: The Zapatista Revolt and Its Implications for Civil-Military Relations and the Future of Mexico*, U.S. Army War College, Strategic Studies Institute, 1994.

Zaid, Gabriel, *Cómo leer en bicicleta*, Secretaría de Educación Pública, 1986.

—. *El progreso improductivo*, Ciudad de México, Editorial Contenido, 1991.

—. *Adiós al PRI*, Ciudad de México, Editorial Océano, 1995.

Zoraida Vázquez, Josefina y Lorenzo Meyer, *The United States and Mexico*, Chicago, University of Chicago Press, 1985.

Index

Garza, Isaac, 291.
Garza, Luz Marina, 185.
Garza, Manuel ("El Meme"), 184-7, 200, 204-6.
Garza Sada, Bernardo, 96, 98.
Garza Sada, Eugenio, 288, 290.
Germán, comandante en jefe. *Ver* Yáñez, Fernando.
Gingrich, Newt, 228.
Glockner, Fritz, 250n.
Glockner, Napoleón, 250.
Godínez Bravo, Miguel Angel, 32.
Gómez Flores, Raymundo, 118.
Gómez Gutiérrez, Juan Guillermo, 212, 220.
Gómez Morín, Manuel, 292.
González Blanco Garrido, Patrocinio, 29, 47, 52-4, 90, 116, 152.
Gore, Al, 195.
Granados, Otto, 27.
Greenspan, Alan, 235.
Guajardo, Jesús, 112.
Guevara, Ernesto (Che), 58, 62, 162, 257.
Guillén, Alfonso, 258-9, 261.
Guillén, Paloma, 259.
Guillén, Simón Carlos, 259.
Guillén Vicente, Rafael Sebastián, llamado subcomandante Marcos, 14, 30-1, 35-7, 39-42, 44, 46, 48, 56-8, 60-2, 65-8, 73-4, 76-89, 92-5, 108, 111, 153-4, 161-2, 165-6, 225, 244-51, 253-9, 261-2, 265-8, 270, 273-4, 281, 283.
Guillermo, 211.
Gurría, José Angel, 174.
Gutiérrez Barrios, Fernando, 131, 187-9.
Guzmán, Joaquín "El Chapo", 312.

H

Hank González, Carlos, 89, 190, 279.
Hank Rohn, Carlos, 97.
Harp Helu, Alfredo, 74.
Helms, Jesse, A., 314.
Hernández, Roberto, 96-8, 100, 104, 106.
Hernández, Silvia, 284.
Hijar Serrano, Alberto, 246, 259.
Hirales, Gustavo, 264.

Ho Chi Minh, 166.
Hopkins, John, 182.

I

Ibarz, Joaquín, 43, 172n.
Ituarte, Gonzalo, 70.
Iván, 247.

J

Jacobo, 265.
Javier, 244-5, 250.
Jiménez, Josephine, 66-7, 232.
Johnson, 249.
Jones, James, 171.
Josué, 247.
Juan Pablo II, 156.
Junco, familia, 286.
Junco de la Vega, Alejandro, 284, 287-8.

L

La Gaby, travesti, 53.
"La Malinche", 280.
Leal, Edgar, 301.
Loaeza, Guadalupe, 300.
López, Félix, 288.
López Mateos, Adolfo, 25, 105.
López Moreno, Javier, 153.
López Obrador, Andrés, 276.
López Portillo, José, 37, 102, 214.
Losada Gómez, Angel, 97-8, 117.
Lozano Gracia, Antonio, 195, 205, 210, 212, 217-20, 250.

M

Madero, Francisco I., 325.
Madrazo, Roberto, 276.

Madrid, Miguel de la, 90, 101, 148.
Mancera, Miguel, 128-9, 225, 230.
Manuela, 210-1.
Mao Tse Tung, 109.
Marcos, subcomandante. *Ver* Guillén Vicente, Rafael Sebastián.
Martí, Farabundo, 92, 266.
Martínez, Ana Guadalupe, 266.
Martínez, Pablo Jesús, 297.
Marx, Karl, 167, 260.
Matte Langlois, Jorge, 162-5, 278.
Mauricio Legizamo, Juan Manuel, 49.
Mazo, Alfredo del, 90.
Mendoza, Pedro, 157-9.
Menem, Carlos Saúl, 195, 221.
Mercado, Luis Enrique, 117-8, 241.
Meyer, Lorenzo, 103-4, 276, 323.
Miranda, Roberto, 194, 214.
Moisés, mayor, 83.
Monsiváis, Carlos, 84.
Montaño, Jorge, 227-8, 238.
Montes García, Miguel, 75n.
Morales, José Luis, 42.
Morales Garibay, Salvador, subcomandante Daniel, 59, 245-51, 253, 256-8.
Moreno, Luis Miguel, 267.
Muñoz Ledo, Porfirio, 329.
Muñoz Rocha, Manuel, 199-200, 205, 207, 217-9.

N

Nelson, Willie, 300.
Newman, Paul, 205.
Niños Héroes, 113-4, 132.

O

Obregón, Alvaro, 75, 112-3, 180.
Occelli de Salinas, Cecilia, 20-1, 29.
O'Farril, Rómulo, 105.
Oñate, Santiago, 229, 284.
Orozco, José Clemente, 96, 109.
Orozco, Samuel, 255.
Ortega Saavedra, Humberto, 56.

Ortiz Arana, Fernando, 130, 133, 136.
Ortiz Mena, Antonio, 95, 97, 99-101, 104-6, 117, 271.
Ovalle, Ignacio, 219.

P

Palma, Guadalupe, 305.
Palma, Héctor "El Güero", 304-6.
Palma, Jesús, 305.
Palma, Nataly, 305.
Palomino, Teodoro, 151-2.
Paz, Marie-José, 282.
Paz, Octavio, 108, 279-82, 285, 324-5.
Pazos, Luis, 37-8.
Pedro, subcomandante, 35, 59, 245, 247.
Perot, H. Ross, 120, 239.
Pinochet, Augusto, 169.
Pintor, Apolinar, 306.
Piñeiro, Manuel, 266.
Platón, 274.
Ponce de León, Guillermo, 125.
Poniatowska, Elena, 84.
Posadas Ocampo, Juan Jesús, cardenal, 176, 322.
Prince, Fernando, 126.
Purcell, John, 17-9, 234-5.

R

Rafael, indígena, 46.
Riding, Alan, 322.
Rivas Peñas, José Rubén, 37n.
Rivera, Diego, 96, 109.
Rivera, Nora, 250.
Riviello, Antonio, 27.
Rizzo, Sócrates, 27.
Rockfeller, John D., 104.
Rodríguez, Fernando, 198-9, 207, 218-9.
Rolando, mayor, 92-4.
Romo, Alfonso, 303.
Rubin, Robert, 234, 239, 331.
Ruffo Appel, Ernesto, 293.
Ruiz García, Samuel, obispo, 48, 59, 64, 66, 69.
Ruiz Massieu, José Francisco, 14, 26,

Y

Yáñez, César Germán (llamado "El Hermano Pedro"), 262-4, 266.
Yáñez, Feliciano, 262.
Yáñez, Fernando, comandante en jefe, llamado Germán, 39-41, 58-9, 247-9, 254, 261-4, 265n, 266.
Yáñez, Margil, 262-3.
Yáñez, Margil, Jr., 262.
Yeltsin, Boris, 239.
Yolanda, 247.

Z

Zabludovsky, Abraham, 213.

Zabludovsky, Jacobo, 142n, 144n.
Zacarías, 247.
Zambrano, Lorenzo, 96, 117, 302-3.
Zapata, Emiliano, 27, 43, 82, 108-9, 112-3, 166.
Zárate, Alfonso, 114.
Zedillo, Rodolfo, 125, 273.
Zedillo Ponce de León, Ernesto, 13-4, 56-7, 89, 106-7, 110, 113-4, 122-38, 141-7, 149-51, 154-5, 157-62, 165, 169, 171, 172n, 173-80, 184, 186-7, 190, 192, 194-6, 203, 209-10, 212-9, 221-2, 224, 226, 228, 230-1, 233-8, 241-2, 244, 251-6, 265n, 267-8, 273-4, 276, 278, 284, 293n, 310-1, 318-9, 321-2, 324, 326-31.
Zedillo Ponce de León, Luis Eduardo, 125-6.
Zedillo Velasco, Ernesto, 310-1.
Zepeda, Eduardo, 301.
Zúñiga, Víctor, 290.